百年甘南实录

5

中国人民政治协商会议甘南藏族自治州委员会 编

民族出版社

《百年甘南实录》编委会

编辑部组成人员

目录

领导视察

亲力亲为

社会巨变

脱贫移民

领导视察

永难忘却的记忆

——忆胡耀邦同志视察甘南

李德奎[①]

每当听到“蓝蓝的天上白云飘，白云下面马儿跑……”这首脍炙人口、传唱不息的歌曲，我就会情不自禁地想起曾经工作、生活过的辽阔、深邃、神奇、多彩的甘南草原。每每回味在这里度过的难忘岁月，曾任中共中央总书记胡耀邦同志视察甘南草原所留下的光辉足迹，总会像放电影一样一幕幕浮现在眼前。他那慈祥的面容、可亲的微笑、朴实的作风、深厚的情谊，深深嵌在我脑海里，成为我终生难以忘却的美好记忆……

那是1986年5月初的一天，我接到甘肃省委办公厅的电话，要我到兰州有重要事情商量。第二天我赶到兰州，时任省委秘书长刘毓汉同志正在等我。不大一会儿，时任省委书记李子奇也来了，告知耀邦同志5月中旬视察甘肃时要专程到甘南，让我到兰州就是研究耀邦同志在甘南视察期间的有关安排和接待问题。记得在子奇书记的主持下，当时主要商定了三件事：一是视察地点。提出合作和夏河二选一，主要考虑便于直升机起降。二是安全保卫。耀邦同志视察期间要在甘南过夜，根据甘南条件住什么地方

① 李德奎，省人大常委会原副主任，时任甘南州委书记。

要及早确定，做好准备。三是准备汇报材料。要求州委拿出方案报省委定。得知耀邦总书记要到甘南视察，我心里既激动又深感责任重大。并再三向省委领导表示，一定按省委安排和要求做好接待工作。

接受任务之后，我立即返回甘南，投入紧张的准备工作。州委和省委先前派来的工作组商定，把视察地点选在了州府所在地合作，主要考虑这里交通通信条件较好，地势开阔便于飞机起降。让我们犯难的是住宿问题，因为当时合作还是个镇，没有一家像样的宾馆。经过反复研究，我们决定把甘南军分区办公大楼作为住宿和接待地。这是个独立的大院，便于警卫。楼房宽敞，设施齐全，还有机关食堂，稍作改造就可利用。我们的接待方案得到省委批准。时任甘南军分区司令员尕布藏、政委杨作彬全力配合，仅用两天就把办公大楼腾出。与此同时，在离市区不远处选了一块平地，在专家现场指导下，建成了一个临时直升机停机坪，几次试飞完全符合要求。就这样，在各方齐心协力、密切配合下，接待准备工作紧锣密鼓地有序进行。在那些日子里，我同参与准备工作的每个同志一样，终日忙碌，大家都把接待耀邦同志亲临甘南视察，当做一项无比光荣、无比自豪的工作，无不满怀崇敬之情，期盼着耀邦同志视察甘南这个大喜日子早日到来。

甘南各族人民期盼的日子终于来到了！1986 年 5 月 16 日上午，甘南蓝天白云，绿草如茵，景色迷人。伴着徐徐清风和金色阳光，上午 11 时，一阵飞机的轰鸣声打破了草原小城合作镇宁静的天空。两架直升机沿当周山的松林绕了一周，徐徐降落在临时停机坪。当耀邦同志健步走出舱门，早早就迎候在此的时任省委副书记卢克俭、省人大常委会副主任杨复兴、省政协副主席贡唐仓·丹贝旺旭以及州上四大班子、军分区的负责同志立即迎上前去，热烈鼓掌欢迎总书记的到来。在子奇、克俭同志的介绍下，耀邦同志接受了贡唐仓大师敬献的哈达，并和迎接的同志们一一握手。机场附近的群众认出了耀邦同志，“总书记来了！”消息很快一传十、十传百，四面八方的群众纷纷涌向公路两旁，沿途几千名各族干部群众有的挥动着洁白的哈达，有的挥动着帽子，有的挥动着双手自发地夹道热烈欢迎，耀邦同志频频向欢迎群众招手致意。

耀邦同志当时已年过70，他早晨从北京起飞，中途又转乘直升机到达海拔3000米的甘南合作镇。我们都为耀邦同志能不能适应这么高的海拔而担心。可耀邦同志一踏上甘南草原，精神矍铄，神采奕奕，没有丝毫的倦意。在驻地稍作休息后开始吃午饭。我被安排与耀邦同志一桌用餐。饭菜严格按四菜一汤准备，突出了藏餐特色。耀邦同志饶有兴致地吃了手抓羊肉。吃饭过程中他突然问有没有奶茶，我马上应答有奶茶。原来，耀邦同志曾视察过四川牧区，对奶茶留下很好的印象。其实我们也有一早就准备好的奶茶。一壶香喷喷的奶茶端上来，耀邦同志连喝两碗，还称赞奶茶浓香可口。过去，虽然经常在电视上看到耀邦同志的身影，看过不少介绍耀邦同志的书籍或文章，但能与耀邦同志同席就餐，近距离感受耀邦同志的音容笑貌、谈吐风采还是头一回。耀邦同志的平易朴实，打消了我们在场每个人的拘谨，大家度过了一段与总书记共进午餐的美好时光。

下午3点，在军分区二楼会议室，耀邦同志听取了州委的工作汇报。会上，耀邦同志神采飞扬，谈笑风生，一会儿坐着，一会儿站起走着，不时提问、插话、看地图，作了许多重要指示。汇报会一开始，耀邦同志拿起参加汇报会人员名单（州县19人），一一询问每个人的姓名、年龄、籍贯、学历、民族及任职时间。还向县委书记逐个问起了各县名的含意、全县的基本情况。当夏河县委书记张世彪回答自己是临洮人时，耀邦同志说：“啊，临洮。”说着，他吟起了“北斗七星高，哥舒夜带刀。至今窥牧马，不敢过临洮”这一首由西鄙人写的唐诗《哥舒歌》，我们在场的人无不为耀邦同志的博闻强记而惊叹不已。世彪同志说：“现在临洮还有石碑，刻着这首诗。”耀邦同志听后微笑着连连点头。汇报会一直开到下午6点结束。

当我汇报我们贯彻总书记“反弹琵琶”的重要指示，实行退农还牧的情况时，耀邦同志询问了全州粮食生产情况。当得知牧民的基本口粮——青稞，因产量低、价格低，群众不愿种，还要从外地调进一部分时，耀邦同志说：“把青稞的价格拉开，比小麦价格高一些，群众就愿意种了嘛。”当汇报到牧区草原建设时，耀邦同志强调，光靠围栏、翻播，面积有限，要搞大面积飞播试验，要采用多种方法改良牧草。在谈到调整农村产业结构时，他一再强调带领群众脱穷致富是我们的根本任务，要解放思想，开阔视野，发展商品经济。他说，商品经济的对立面是自然经济，发展商品经济需要克服的主要问题是小农观念。农村旧观念束缚着人们的头脑。比如菩萨观念、宗族观念、小农观念，尤其甘肃这个地方，地处偏僻，交通不便，信息闭塞，更要注意学习外地先进经验。商品观念不是固有的，是随着生活条件的改变而变化的，我们的责任就是要去指导。他强调发展商品生产要发挥当地的资源优势。他说：“从长远看你们这里乡镇工业的方向，一个是牛羊身上，畜牧业是个优势，牛、羊、皮、毛、肉、奶都大有前途；再一个是草地上的、林子里的，要从这方面打主意。一县一乡要因地制宜抓几个项目，两三年就能见效。”他特别指出培养人才的重要性。他说没有人才，资源再多没人去开发，也不能变成财富。汇报中，耀邦同志详细询问了牧民的住房情况。当得知甘南牧民还在住帐篷时，他说，我到过四川牧区，这种帐篷我去过，外面下雨，里面漏雨，也不挡风，风夹着雨往里面刮，牧民睡在草地上，很潮湿，这怎么能不生病呢？虽然现在牧民的生活改善了，但穿的，特别是住的还没有从根本上解决，这个问题一定要解决。要解决防雨、防潮、防风问题，指导牧民过好生活。要分期分批解决，三年解决不了五年解决，五年解决不了八年解决。从省上到州上都要认真考虑这个问题，这是一大建设。他还对白龙江林区改革，正确处理林、地矛盾，发展水电，搞塑料大棚解决吃菜问题等作了重要指示。汇报会轻松风趣、亲切感人，给与会人员留下了深刻印象。

这次随耀邦同志视察甘南的，还有时任国务院副总理田纪云及有关方面负责同志。甘肃省委书记李子奇、副书记侯宗宾和卢克俭同志陪同视察。

5月17日晨8时许，耀邦同志在军分区办公大楼前一一询问了等候在那里的七县县长的情况，还双手合掌向藏族干部连连说："扎西德勒！扎西德勒！"接着又分别与参加汇报会的同志、工作人员照相留念后，满怀着对甘南五十多万各族人民的深厚情意，乘直升机离开了合作，结束了在甘南20个小时的视察活动。

总书记视察甘南，极大地鼓舞了全州各族干部群众。州委先后召开常委扩大会、全委扩大会集中学习总书记讲话，研究贯彻落实措施。讲话精神很快传达到了基层，家喻户晓，出现了上下共商致富大计、共奔致富路的局面。经过学习讨论，我们在以下几方面取得了共识。第一，增强对总书记亲临视察甘南重大意义的认识。学习中大家认识到，总书记视察甘南是党中央对甘南各族人民的关怀，是甘南政治生活中的一件大事。他的讲话贯穿实事求是的思想路线，句句浸透着对人民的真诚关爱。有个县委书记深有感触地说："我们天天在牧区跑，却对牧民的住房没有细细地想过。总书记日理万机，却想到了住在帐篷里的牧区群众的疾苦，把老百姓的事情真正放在了心上。"总书记的讲话中论述了许多重要思想观点，教给我们正确的思想方法和工作方法，使大家耳目一新，眼界大开。学习中普遍对照查找在思想观念、群众观念、发展思路、工作方法等方面存在的问题和差距，较好地统一了认识，为贯彻落实总书记的指示奠定了思想基础。第二，对发展商品经济的认识有了新的提高。认识到甘南基本处于自然经济状态，总书记指出的“三种观念”普遍存在。这与时代的进步和“四化”建设的要求是不相适应的。只有积极引导群众大力发展商品经济，才能加快脱贫致富奔小康的步伐。我们还认识到，甘南发展商品经济，要按总书记的要求，立足本地资源，以乡镇企业为突破口，发展畜产品、林产品、农副产品的初加工、深加工。要改变交通封闭落后的状态，加快县、乡、村道路建设，让老百姓从大山深处走出来，让丰富的资源从深山里运出来，让人和物活起来、动起来，为发展商品生产创造便利条件。第三，进一步明确了甘南经济发展的方针。根据甘南的资源特点，按照三个自然经济区的不同特点，因地制宜，进一步明确了经济发展方针。畜牧业是振兴甘南的根本，纯牧区要保护、建设、利用好现有草原，要“反弹琵琶”，实行科学养畜，以销促养，大力发展商品畜牧业和乡镇企业，改善群众生活条件，使牧区群众首先达到小康水平。林区以保护为主，充分挖掘林间资源，发展畜牧业和林产品加工业，落实省委、省政府给林区的优惠政策，走多种经营的路子，实现兴林致富。半农半牧区要科学种田，调整产业结构，种草种树，开展多种经营。要利用作物秸秆发展舍饲畜牧业，以农促牧，以牧促农，良性发展，力争早日解决温饱。明确经济方针，为甘南发展指明了方向和目标，使全州经济建设更符合实际，更有成效。第四，把群众的冷暖温饱提上重要议事日程。总书记关心牧民群众的衣食住和生活卫生情况，指示要把改善牧民住房当做一件大事。充分体现了总书记的爱民之心，为我们树立了人民公仆的榜样，也是对我们工作的极大鞭策，使我们受到深刻教育。我们必须牢固树立群众观念，转变作风，深入实际进行调查研究，从建设家园、料理家务、扶持生活等最基础的方面做起，体察群众疾苦，帮助群众实实在在地解决生产生活中的实际问题，在发展生产的同时使群众生活得到根本改善。学习讨论中，我们还认识到发展民族教育、培养人才的重要性和紧迫性。

随着学习的深化，耀邦总书记提出的一系列重要指示也在实践中逐步得到落实。

我们首先从抓脱贫入手，解决群众的温饱问题。州委、州政府制定了一系列扶贫工作的政策措施，把扶贫摆到了全州工作的首要位置。一是针对牧民以牲畜头数论贫富，只求数量，不求效益，惜售思想突出的问题，在全州特别是纯牧区实行了草场划分到户承包经营责任制，实行牧区第二次改革。经过两年的努力，基本实现了牲畜、草场“双承包”责任制，以草定畜，既解决了超载放牧、草场“吃大锅饭”问题，也提高了牲畜的商品率。有些县、乡还采取定存栏数、征收过牧费等办法，扩大牲畜出栏量，加快周转，增加牧民收入。不少乡、村还把过去被开垦的草山全部退耕还牧还草还林，增加载畜量，提高经济效益。二是针对甘南交通不便、信息闭塞的情况，各地狠抓流通工作。各地充分发挥国有商贸机构在发展商品生产中的作用，县乡成立牧工商联营公司，为农牧民提供信息、技术、资金支持，指导群众生产加工农副产品，并帮助销售，起到了主渠道作用。各县利用国家以工代赈政策，修建了几十条县、乡、村公路，各种交通工具入山进村，改变了祖祖辈辈靠人背畜驮的局面。公路通了，各类专业户、专业村蓬勃兴起。加工专业村、运销专业户把过去零散甚至当做“废料”的产品集中收购加工，统一外运销售，不仅增加了收入、方便了群众，也影响带动了大批群众。这对于解放思想，开阔视野，搞活农村经济，发展商品生产，起到了至关重要的推动作用。州委、州政府先后推广了十多个专业村的典型经验。遵照耀邦同志视察期间的重要指示精神和对我们的深切嘱托，我与州委的领导们一道，深入牧区、深入草原调查研究，全力以赴解决群众生产生活中的实际困难和问题，还亲自总结了几个典型，所写的调查报告先后在《甘肃日报》和当地报纸发表。用典型引路，使群众看得见、摸得着，好学易懂，起到了示范作用。三是针对林区贫困面大的实际，我们借助总书记视察的有利时机，积极落实省委、省政府给予甘南林区“划地、让利、留材、招工”四项政策，从白龙江林区给甘南林区县划分林地50万亩，由县、乡自己管理，自主经营；从白龙江林管局木材收益中每年给地方让利100万元，留给林区县自主使用；由林管局每年给地方一定数额的木材经营指标，由州、县自行销售，增加地方财政收入；白龙江林管局从甘南林区县招收5000名林工，优先从困难家庭招收，争取通过招聘一名工人进而改变一个家庭。还组织林区群众开展劳务输出，积极参加林区各项建设，综合利用林区资源。这些政策的落实，使林区群众真正得到实惠，加快了脱贫致富的步伐。

随着生产发展，改善牧区群众居住条件的工作也在有序推进。牧区流动性大，牧民随季节逐水草而居。关于如何解决住房问题，经过调查研究逐步找到了几种办法。夏秋季住帐篷是牧民暂时不可改变的一种生活方式，主要应解决防雨和睡地铺潮湿阴冷的问题。州上通过招商展销的方法，邀请多家厂商展销适合在帐篷中使用的隔潮床和轻便耐用的新材料帐篷，连续搞了几年，充气床得到了不少群众的认可。还学习外地经验，推广可拆卸、轻便、易搬运的木板床。这些在当时受到不少群众欢迎。冬季是甘南最严寒的季节，解决冬季牧场过冬问题是个紧迫任务。各牧区县、乡把草场承包到户与建房结合起来，因势利导，帮助牧民规划设计，提供建材和技术指导。经过几年的努力，冬季牧场普遍建起了光照充足、避风保暖的砖瓦房。冬季居住条件差的状况因草场承包到户迎刃而解。分散游牧，使老人看病、孩子上学都不方便，定居已成为牧民群众的迫切愿望。于是，各牧区县、乡积极推广定居点建设，碌曲县还在紧靠公路的村子盖起了样板房，让群众参观学习，开阔眼界，牧民看到集中定居的好处后，投资建房的热情更高了。各县、乡经过长期不间断的努力，依村庄、依乡镇、依县城、依寺院建造的牧民定居新村鳞次栉比，基本实现了定居、半定居。牧民住上了宽敞舒适的新房，生活方便了，健康改善了，告别了冬不避风雪、夏不挡冷雨、潮湿阴冷的日子。总书记当年的关切得到了较好的落实。

人才建设是总书记关心的又一件大事。总书记要求我们搞好人才培养，这是历史责任，也是现实要求。培养人才的关键是发展民族教育，提高整个民族的受教育水平。我们在原有基础上，进一步加强了民族教育。州委提出要像抓经济工作一样抓教育工作。每年都召开专题会议研究教育问题。针对甘南实际，我们突出了“双语”教育（藏族居多的地方，授课以藏语为主，同时教授汉语；汉族和其他民族居多的地方，以汉语授课为主，同时教授藏语）。为了解决牧区适龄儿童入学率低、藏语师资不足的问题，牧区县充分发挥寺院的作用，让活佛入户动员家长送子女入学，聘请有学问的喇嘛到学校帮助教授藏文，取得了非常好的效果。甘南在“双语”教材编写、师资培训、学校设置等方面形成了较为完整的体系，得到甘肃省政府、国家教委的肯定。1988 年夏天，国家教委还在甘南召开了五省区（西藏、青海、四川、云南、甘肃）藏语教育座谈会。时任国务委员、国家教委主任李铁映到会作了重要讲话。为了提高教学质量，集中优质资源办学，几个牧区县都压缩了村办、民办学校，县、乡办起了寄宿制小学、中学，州、县在财力物力上给予大力支持，仅干部职工捐资助学就达到 300 多万元。改善了办学条件，保证了办学质量。就在总书记视察的当年，甘南合作民族师专正式奠基建设，这是甘南有史以来第一所高等学府，几年后又升格为甘肃民族师范大学，专升本，专业设置较全，为甘南培养了一批又一批人才。

蓦然回首，30 载岁月已逝，耀邦同志离开我们也有 20 余年。值得欣慰的是，他曾经视察过的甘南这片热土，经过几代甘南人的努力，已经发生了翻天覆地的变化。一座座新城拔地而起，高速路、柏油路、飞机场使闭塞的甘南天堑变通途，发达的网络通信拉近了草原与世界的距离。藏族和其他各族群众的生活有了根本改善。耀邦同志曾牵挂和所期望的“让牧民过好生活”正在变为现实。有哲人说过，岁月就像一条河，翻滚不息的浪花，总会留下无法忘却的回忆。今天，当尘封了30余载的耀邦同志视察甘南草原的记忆又一次重现在眼前时，我依然有一种回味无穷的美好感觉。今天写下《永难忘却的记忆》一文，既是对耀邦同志的深情怀念，也是对我曾经工作生活过的甘南草原的深深眷恋。愿我们永远铭记耀邦同志视察甘南那个美好时刻，在以习近平总书记为核心的党中央领导下，建设甘南草原更加幸福美好的明天，以此告慰耀邦同志的英灵！

2019年2月

胡耀邦视察甘南

龚国栋

1986年5月16日，是甘南各族人民难忘的一天。这天，中共中央总书记胡耀邦到甘南进行了视察。

中午12时左右，一架直升机降落在现合作民族师范专科学校以北的开阔地。这时等候欢迎胡总书记的上万名甘南各族群众沸腾了。在一片欢呼声中，由甘南藏族自治州党政军主要领导人，代表甘南54万各族人民，向胡总书记和陪同来访的国务院副总理田纪云、甘肃省党政军主要负责同志，以藏族最崇高的礼仪敬献了洁白的哈达。

当天下午，胡总书记不顾辛劳，在高海拔缺氧的情况下，立即听取了甘南州和各县主要负责同志的工作汇报。

胡总书记在听取州、县汇报的同时，对甘南的经济建设、农牧业、乡镇企业和民族工业、交通、电力、生产及交换、分配等方面的问题进行了指导。

在谈到林业方面的工作时，胡总书记说：要在保持国营权属的条件下，内部实行多层次、多形式的承包经营，解决好国营与群众、外来林业工人与当地群众两对矛盾，搞好林业本身和林区经济的多种经营。康县的办法是一种形式，但不是唯一模式，各地应从自己的实际出发。

在谈到草原建设时，胡总书记说：在草原建设上，不能满足现有的办法和路子，可以用飞机撒播的办法大面积改良草原。胡总书记还对甘南的乡镇企业和农业作了指示，他说：乡镇企业和民族工业要充分利用当地资源，把牲畜身上的、草地上的、山林里的东西加工利用好，用加工业带动经济发展步伐。在农业上，要重视青稞生产，用价格政策调动群众种植青稞的积极性，还要发动和组织机关单位、群众、专业户搞塑料大棚种菜，解决“吃菜难”的问题。

胡总书记视察甘南时，非常重视改善群众生活的问题，他详细询问了牧民群众的住房、吃饭、穿衣和生活卫生情况，并与他视察川北时看到的情况作了比较，还分析了内蒙古、河西和甘南的不同气候特点，对改善甘南群众的生活条件提出了明确的要求和许多具体办法，并向在座的州、县负责同志指出：“既要解决生产方针问题，又要指导牧民生活，把改善群众生活同提高群众生产的积极性密切联系起来。”责成州、县领导要把改善牧民住房当做一件大事。他说：“现在要指导牧民过好生活，把牧民住房作为一大建设，用五年、八年的时间，使牧民的住房在90年代有一个根本改善。”胡总书记还十分关心在甘南工作的广大职工、干部的生活。他从种菜谈到改善职工的福利问题，并说要使职工有菜吃、吃到便宜菜。

在座谈中，胡总书记对甘南的各项工作询问得非常详细，并在认真听取州、县汇报的同时，强调指出转变干部工作作风的重要性，他说：“解决实际问题，不是给上面看。”总书记的这句话，甘南各级领导表示要作为座右铭，时刻牢记不忘，以解决实际问题、让群众得到实惠为目的，进一步树立扎实的工作作风，埋头苦干，不搞形式，不图虚名，真正干出实绩。

胡总书记还对如何发展商品经济作了指示，他说：商品观念不是固有的，是随着生产和交换的发展而产生的。生产不发展，就没有东西去进行商品交换；价格压得低，群众就没有商品生产的积极性，商品观念就上不来。所以，在商品观念问题上不能怪群众，要从我们的工作方面看问题。

胡总书记听完州、县的汇报后，当晚兴致勃勃地为甘南第一所高等学府——甘南合作民族师范专科学校和《甘南报》挥笔题写了校名和报头。

17日上午8时，胡总书记离开合作，乘机前往兰州。州委立即召开六届三次全委扩大会议，就如何学习领会和贯彻落实胡总书记对甘南工作的指示，进行了认真的学习和讨论。

18日，合作民族师专在胡总书记来甘南视察乘机起降的地方，举行了隆重的奠基仪式，省委副书记卢克俭讲话，他说：我们今天在师专新校址举行具有特别意义的奠基仪式，不是因为甘南州第一所高等学校奠基兴建，更重要的是胡耀邦总书记在视察甘南时应邀为师专题写了校名，为《甘南报》题写了报头。这是胡总书记对我们甘南地区民族文化教育事业的关怀。

胡总书记在甘南视察时，他关心甘南各族人民生活和建设的许多指示，成为各族人民建设新甘南的动力。

本文选自《甘肃文史资料选辑》，第三十八辑，甘肃人民出版社，1994年9月。

深切的关怀　难忘的记忆

——温家宝总理两次到舟曲指导抢险救灾，慰问受灾群众

房小东[①]　谈天生[②]

一

2010年8月7日23时，舟曲县城东北部山区突降特大暴雨，引发特大山洪泥石流灾害，造成大量房屋损毁、人员伤亡，泥石流涌入白龙江，形成堰塞湖。

8日清晨，在获悉有关灾情后，中共中央政治局常委、国务院总理温家宝十分着急，多次打电话给甘肃省有关负责人了解情况，随后乘专机赶往舟曲灾区。

泥石流灾害使淤泥和石块堆满了道路，温总理踩着淤泥和砾石，先来到受灾最严重的三眼峪。地方负责人告诉总理，泥石流带从沟口到白龙江边长约2公里，泥石流堆积物平均厚度3～4米。参加抢险救灾的解放军、武警和公安消防官兵正在这里奋力抢险救人。

---

① 房小东，政协舟曲县委员会主席。

② 谈天生，舟曲县政协文史资料和学习宣传委员会主任。

温总理沿着河沟走了300多米，实地察看灾情，详细了解受灾情况："多少人遇难？""救出多少人？""倒了多少间房子？"……当地干部告诉总理，泥石流掩埋了河沟两旁300多户人家，冲毁大小楼房20多栋；经过全力抢救，救出受灾群众680多人，医护人员正在全力救治70多名伤员。

温总理来到废墟前，看望慰问正在救援的解放军官兵，叮嘱大家：当前，第一位的是集中力量救人，这次受灾区域比较集中，要科学制订方案，合理部署兵力；第二是科学处置堰塞湖；第三要妥善安置受灾群众。

在一处被淤泥掩埋的废墟前，十多位解放军官兵正在抢救幸存群众。温总理来到挖出的救援洞口前，询问正在救援的战士："废墟下有几个人？""两个人。"温总理弯下腰，仔细向洞口内察看，可以看见身穿蓝色衣服的被困群众。总理向他们大声喊道："老乡，要坚持，子弟兵正在救你们。"此时，废墟下传出被困男子的声音："总理，您放心。我能挺住。"声音虽然有些微弱，却十分清晰，让现场人们紧张的心情感到稍安一点。"老乡，你再坚持一下，马上就把你救出来。"温总理再次鼓励地说。

温总理看着战士们紧张抢救，叮嘱大家一定要周密设计好救援方案，争分夺秒，抢救受困群众。

随后，温总理又来到白龙江边。泥石流裹挟着大量沙石冲进白龙江，形成堰塞湖，回水使县城南北滨河路被淹，白龙江城区段两岸大部分楼房和平房严重受浸，部分房屋倾斜。当地干部告诉总理，泥石流将河床抬高了约5米。

接着，温总理又到连接县城两岸的城江大桥，实地察看水情。看到白龙江里有两栋倾斜的房子，地方负责人告诉总理，桥边浸泡在水中的房子是被泥石流逆流从几十米远处冲过来的。不远处，原本6米多高的电线杆基本被淹在水里。温总理说，要抓紧处置堰塞湖，使湖水安全下泄，同时要加快河床整治。温总理叮嘱大家，据预报今夜还可能有雷阵雨，要做好最坏的准备。

一路上，温总理看到街道两边的群众，不时停下脚步和大家亲切握手，询问群众受灾情况，鼓励大家坚定信心，共渡难关。

8日18时许，温总理在县政府机关主持召开会议。在听取有关汇报后，他就抗洪抢险救灾工作作出进一步部署。温总理指出，党中央、国务院高度重视舟曲特大山洪泥石流灾害，胡锦涛总书记对做好抢险工作作出重要批示。提出救人、清理淤泥、堰塞湖处置、抢修基础设施、转移安置群众、卫生防疫、灾后恢复重建、抢险救灾报道等8项措施。

21时，温总理到县人民医院看望受伤群众，了解伤情，鼓励大家安心治疗，早日康复。

23时，温总理再次主持召开会议，就抢险救灾措施落实情况听取有关部门情况汇报，进一步部署抗洪抢险救灾工作，会议持续到9日凌晨近2时。

这次会上，温总理指出，这次灾害区域集中，必须对救灾的难度和特殊性有充分的估计。现在离灾害发生正好24小时，仍然处在救援的黄金期。第一，要进一步扩大搜救范围，对受灾地区进行拉网式排查，全力搜救幸存人员；第二，迅速处理城区淤泥，要摸清地质情况和泥石流影响范围，科学制定处理方案；第三，堰塞湖处置是这次抢险救灾的关键，要通过局部爆破等方式，疏通河道，使洪水尽快下泄；第四，做好受灾群众安置工作，切实落实受灾群众临时生活安置政策，确保各项政策及时到位；第五，切实加强地质调查，排查危险地带，及时转移群众避险；第六，组织医护人员全力救治伤病群众，将重伤员全部转送到外地。

8月9日一大早，温总理再次来到灾情最严重的三眼峪抢险现场，与地方、军队和国务院有关部门负责同志一起，察看抢险救灾进展情况，现场研究下一步抢险救灾措施。

总理一眼望去，只见救援队伍明显增加，身着迷彩服的救援队伍带着生命探测仪、搜救犬等，正在各个救援点抓紧时间救人、清淤。看着紧张繁忙的救灾场面，温总理对甘肃省负责同志说，当前有几项重点、难点工作：一是救人要扩大搜救范围，二是按照安全、科学、迅速的原则排除堰塞湖险情，三是科学处置这次灾害形成的180万立方米夹杂着大量石块的淤泥，四是必须加大工作力度，尽快解决群众饮水问题。

看到总理再次来到抢险现场，参与救援的官兵们群情振奋，斗志昂扬。兰州军区某部团长蒲军礼快步上前，向总理报告："昨天，我们成功营救出15名幸存者。"

"昨天我去的那个地方，被埋压的群众救出来没有？"温总理关切地问。

"您走以后没多久，被埋压的群众就救出来了，一个母亲带着一个小孩。"蒲军礼回答。听到这话，温总理的眉头稍微舒展开来，他紧握团长的双手说："谢谢你们，你们辛苦了。"他叮嘱这位团长，现在还处在生命救援的重要时刻，一定要争分夺秒，尽全力抢救生命。

在三眼峪抢险救灾现场，温总理不时向正在救援的解放军、武警和公安消防官兵表示亲切慰问。昨天连夜赶到的兰州军区"邱少云部队"政委告诉总理，部队前两天刚从玉树地震灾区撤回营地，接到任务后就立即赶往灾区投入救人。温总理对他们连续作战的精神表示赞赏，称赞他们不愧是一支英雄部队。

9日上午，根据凌晨会议决定的局部爆破方案，工兵部队对堰塞湖坝体进行了爆破。温总理十分关心堰塞湖的处置情况。他不顾劝阻，又踩着松软淤泥上的石头和木板，深一脚浅一脚来到白龙江边，认真察看堰塞湖和白龙江水情。浑浊的江水向下游滚滚流淌，流速明显比昨天快，水位已经有所下降。温总理叮嘱地方和军队干部，要加快对堰塞湖的处置步伐，尽快消除这个安全隐患。

随后，温总理又来到城区江边一条街道上察看水情。街道两侧低洼处的房子仍然浸泡在水里。

温总理十分惦记在特大山洪泥石流灾害中受伤的群众。上午10时许，他来到县医院住院部看望重伤员。在一个个病床前，温总理轻声询问重伤员的伤情，鼓励大家安心养伤。他告诉伤员们，兰州的3家医院已经准备了60张床位，今天就把大家转移出去。他勉励医护人员要全力以赴救治伤员。

二

8月21日晚，灾害发生已有两个星期，温总理再次来到舟曲，于20时30分许抵达舟曲县城关镇，看望受灾群众，慰问坚守在救灾一线的部队官兵，实地指导抢险救灾和恢复重建工作。

夜幕降临，温总理一进县城，就直奔设在舟曲县第一中学的受灾群众安置点，看望了那里的群众。这次灾害中共有2万多人受灾，有1.5万多人投亲靠友，5100多人临时安置在帐篷里，舟曲一中安置点共安置了700多名受灾群众。

温总理说："灾害已经过去两个星期了，在这次灾害中遇难的人们已经长眠在这里，我们活着的人都要振作起来，团结起来，用自己的双手建设一个新的舟曲，舟曲不会屈服，舟曲人民也不会屈服。"

学校操场上，整齐排列着一顶顶帐篷。温总理先后走进两顶帐篷看望受灾群众，嘘寒问暖，摸摸床上的被褥，和群众交谈，了解他们的受灾和生活情况。温总理坐在行军床上，向抱着婴儿的藏族妇女王芳芳询问她家的受灾情况。王芳芳告诉温总理，孩子出生才11个月，叫南卡旺姆。谈到受灾情况，她轻声告诉总理，丈夫是位公安干警，在灾害中不幸遇难，家里还有4口人也遇难了。听到这里，温总理心情十分沉重，面色也变得凝重。看着失去父亲的南卡旺姆天真明亮的眼睛，温总理把孩子抱在怀里，爱抚地在孩子的小脸蛋上轻轻摸了摸。他安慰王芳芳不要难过，要把孩子培养成人。

舟曲发生特大山洪泥石流灾害后，温总理就一直十分关注堰塞湖的处置情况，多次强调要尽快稳妥处理堰塞湖。

22日一大早，温总理来到瓦厂桥察看堰塞湖治理和白龙江河道疏浚进展情况。在这次灾害中，位于白龙江城区段下游的瓦厂桥桥墩被堵。温总理走到河边，只见眼前水流翻滚，快速通过瓦厂桥爆破处的缺口下泄。白龙江两岸，数十台长臂挖掘机分成几个作业区域正从河道中挖沙石，进一步疏浚河道。温总理向大家表示慰问，对前一阶段的工作给予了充分肯定。

接着，温总理来到三眼峪沟、罗家峪沟，了解罗家峪应急排洪沟的建设和三眼峪危房拆除情况。灾害发生后，这里曾满地淤泥、一片废墟，现在救援官兵已经基本清理了沟旁倒塌的楼房，在两条沟的泥石流带上挖出了一条排洪槽。温总理叮嘱有关负责人说，排洪槽的修建为下一步灾害治理打下了基础。在恢复重建中要合理避让，注意安全。

温总理又步行来到白龙江上连接两岸城区的城江大桥察看水势。桥下河道内，水流湍急。和灾害发生时相比，水位已经有所下降，但部分楼房和电线杆仍然浸泡在水里。温总理叮嘱当地干部说，现在舟曲城区积水还没有完全退去，必须尽快处置好堰塞湖，疏通白龙江河道，这样才能降低被淹城区水位，也才能进行淤泥清理、开展灾损评估以及市政设施修复等工作。要在确保堰塞湖不出现新险情的条件下，想方设法加快河道泄流和城区积水排放。

从瓦厂桥到城江大桥，从三眼峪到罗家峪，灾区处处可见人民子弟兵忙碌的身影。每到一处，温总理都要向参加抢险救灾的部队表示慰问和敬意。他深情地说，在舟曲抢险救灾斗争中，解放军、武警部队从将军到士兵，都发扬了我军光荣传统，不怕疲劳，连续作战，千方百计抢救被困人员，妥善安置受灾群众，科学稳妥处置堰塞湖，清除了大量淤泥。你们为人民利益舍生忘死，不辱使命，不愧是人民的子弟兵。人民感谢你们，永远不会忘记你们。

温总理的话，深深鼓舞着参加救援的官兵，掌声和口号声一次次在白龙江两岸、在三眼峪响起……

之后，温总理一行来到舟曲县政府对面的街道，亲切慰问当地群众。温总理与路边的群众亲切握手并交谈。当地群众特意做了写有“温总理，您辛苦了”“温总理，您是人民的好总理”的条幅，以示感谢。75 岁的张风秀身背竹篓，与其他群众一起在街边欢迎温总理的到来。温总理走到她面前，握着老人的手询问她的身体情况，并请她多保重。

温总理还沿街察看商贸恢复情况。城区街道上的淤泥基本得到清理，一些商店、超市已经开门，当地群众在路边摆起了蔬菜摊。温总理向大家挥手致意，不时和群众握手交谈。

温总理再次到舟曲灾区的消息迅速传开。安置点里的群众都围拢了过来。温总理走出帐篷，来到群众中间，大家争相和总理握手。温总理说：“乡亲们，这场灾害过去两个星期了。在灾害中遇难的人们长眠在这里，全国人民都悼念他们。我们活着的人要振作起来，团结起来，用自己的双手建设一个新的舟曲。”

人们屏息静听，现场十分安静……

温总理凝重的声音清晰有力：“我这次来，就是要同省里、国家有关部委和部队的领导同志，还有科学家们一起研究论证舟曲的重建工作。我们要建设一个美好的舟曲，必须首先保障人民群众的安全，同时还要使各项公用设施能够满足人民群众的需要。明天，我们将再一次到受灾现场实地察看，研究重建的措施和政策，成立舟曲恢复重建指导协调小组以及专家咨询组，从组织上保障舟曲的恢复重建工作有一个科学的规划和合理的布局。”

“舟曲不会屈服！舟曲人民不会屈服！”温总理略微停顿后接

着说，“虽然我们在重建工作中还会遇到各种困难，但只要有党和政府的坚强领导，军民团结，干群一心，就一定能克服艰难险阻，建设一个新的家园，建设一个更加美好的舟曲！”

听了温总理的话，大家心情十分激动。人群中不时爆发出“舟曲不倒”的呼喊声。

贾庆林主席视察甘南简记

白德斌

2008年7月7日至10日，中共中央政治局常委、全国政协主席贾庆林来到甘肃省甘南藏族自治州，了解民族地区经济社会发展和维护稳定情况，并就如何保持民族地区经济又好又快发展作了调研。在甘南，贾庆林与当地干部群众谈维护稳定、话发展大计，把党中央的关怀送到了甘南草原。

全国政协副主席、中共中央统战部部长杜青林，中共中央统战部常务副部长朱维群，全国政协民族和宗教委员会主任田聪明，国家宗教局局长叶小文，全国政协经济委员会副主任李德水，全国政协副秘书长蒋作君等一同视察。

贾庆林在陆浩、徐守盛、陈学亨、刘伟平、刘立军、姜信治等省领导的陪同下，冒着烈日酷暑，远赴甘南藏族自治州和宗教界人士见面。

几个月前，受“3·14”事件影响，甘南也发生了一些不稳定事件。在省委、省政府的坚强领导下，事件很快得到平息，甘南正常的经济社会秩序全面恢复。

7月的甘南，风景秀丽，气候宜人。青山绿水环绕的河谷地带，黄色的油菜花和绿色的青稞相间着，宛如一幅绝美的画卷。

7月9日上午，沿着奔腾不息的大夏河，贾庆林走进了拥有

300 年历史的拉卜楞寺。拉卜楞寺是我国藏传佛教格鲁派六大宗主寺之一，是一座有着 6 大学院、8 大教区和 108 个属寺的大型寺院。

在阳光的照耀下，拉卜楞寺大经堂金碧辉煌，庄严宏伟。贾庆林接过德哇仓活佛送上的洁白哈达，在僧侣的引导下，参观了这座飞檐丽阁、雕梁画栋的藏式建筑。寺院里最多的建筑是排列整齐的僧舍，那是寺里喇嘛居住的地方。贾庆林看望了住在拉卜楞寺下院 159 号僧舍的僧人。

僧舍占地约 60 平方米，进入大门就是一个小而精致的院落，院落的三面建有藏式平房，分别是宿舍和厨房。卧室布置得很有生活气息，书架上摆满了藏文书籍，桌上整齐地摆着佛事用具和生活用品，厨房里还有一台冰箱。

贾庆林轻轻地打开冰箱，里面冷藏着酸奶、大饼等食物。贾庆林关切地询问了僧人们的生活情况。

贾庆林叮嘱大家说："各级党委和政府要重视藏传佛教工作，要关心和帮助僧人的学习、生活，替他们解决一些实际困难，同时把社会公共服务向寺庙延伸，让僧人也过上现代文明生活。"

在拉卜楞寺，贾庆林还和宗教界人士和高僧大德进行了面对面的交流。

在见面会上，贾庆林提出了三点希望：继续继承和发扬爱国爱教的光荣传统，在关系到国家、民族根本利益的时候，要坚决站在党和人民一边，维护民族团结、社会稳定和国家安全；遵守法纪，守持戒律，做一个爱国爱教的僧人，做一个知法守法的公民；潜心研究佛学，加强个人品德和学识的修养，发扬惠国惠民、慈悲为怀的大爱精神，做政治上靠得住、学识上有造诣、品德上能服众的爱国爱教的宗教人士。

贾庆林还叮嘱在场的各级党政领导，要和宗教界人士共同努力，维护社会稳定，维护社会主义法制，维护人民群众根本利益，促进经济社会又好又快发展。

陆浩说，甘南受拉萨“3 · 14”事件影响而发生的不稳定事件之所以能很快得到平息，是党中央坚强领导的结果，各级党委、政府和基层组织对维护藏区稳定做了大量艰苦细致的工作，同时也和广大爱国爱教的宗教界人士所做的努力分不开。甘南州绝大多数寺庙和僧人都是旗帜鲜明地反对分裂的，是坚决站在党和政府一边的。我们要认真贯彻贾庆林主席的重要指示精神，把促进甘南改革发展稳定的工作做得更好。

本文选自《甘肃日报》，2008 年 7 月 14 日。题目为编者所加，原文题目《风雨过后是阳光——贾庆林视察甘肃纪行》。

俞正声主席在甘南

顾瑞珍

2013 年 7 月 7—8 日，中共中央政治局常委、全国政协主席俞正声专程来到甘肃省甘南藏族自治州，深入乡镇和农牧区，与基层干部群众共商发展稳定大计。他在甘南藏族自治州调研时强调，要全面贯彻落实中央支持藏区经济社会发展的各项政策措施，紧紧抓住发展和稳定两件大事，加快提高广大农牧民生活水平，旗帜鲜明地深入开展对达赖集团斗争，确保藏区长期繁荣稳定。

俞正声十分重视和关心藏区群众生产生活。在桑科草原游牧民定居点，他走进牧民家中实地察看生产生活情况，与他们手拉着手唠家常、话发展。他来到王格尔塘镇卫生院，进药房，看诊室，和医务人员亲切交谈，询问收入怎么样，还有什么困难。在雪顿牦牛奶生产线项目建设现场和安多循环经济产业园，他认真了解产品销售情况和未来发展规划。俞正声指出，藏区首要任务是抓发展，发展的重点是改善广大农牧民生活，只有群众生活得到改善，才能更好地把他们团结到党的周围，维护稳定才有可靠的基础。要在环境可承受范围内运用先进科技提高农田、草场产出能力，开拓新产业，同时要鼓励和帮助更多人走出去寻求就业和致富的机会。

俞正声一直牵挂民族地区教育的发展。在王格尔塘镇中心小学，他亲切看望师生，详细了解他们的教学和学习情况。俞正声指出，在少数民族地区推行“双语”教育，有利于提升学生未来的就业致富能力，也有利于增进各民族的了解和团结，“双语”教育要从儿童学龄前教育抓起；要多办、办好职业学校，使更多青年人及早掌握一技之长，提高在市场上的竞争力。

俞正声还来到拉卜楞寺看望宗教界人士，鼓励他们发扬藏传佛教护国利民的光荣传统，培养更多爱国爱教又具有较高宗教造诣的僧才。

俞正声在与省州县相关负责同志座谈时，充分肯定甘南州在高原艰苦条件下做了大量工作，取得显著成绩。在谈到达赖问题时，他指出，十四世达赖长期从事分裂祖国的活动，既违背了全国各族人民的共同利益，也背离了藏传佛教的传统，他提出的以“大藏区高度自治”为目标的“中间道路”，是同中国宪法、中国民族区域自治制度完全对立的。为了国家统一和藏区发展稳定，必须旗帜鲜明地深入开展对达赖集团斗争。要教育引导藏传佛教界人士在政治上划清同十四世达赖的界限，坚决反对一切分裂国家、破坏党的领导和社会主义制度的行为。中央对十四世达赖本人的政策是一贯的、明确的，达赖只有公开声明西藏自古以来就是中国不可分割的一部分，放弃“西藏独立”的立场，停止分裂祖国的活动，才谈得上改善与中央的关系。

本文原载《人民日报》，2013年07月10日，现标题为编者所改，原文题目为《俞正声：加快发展改善民生　确保藏区繁荣稳定》。

李铁映视察甘南工作

梁依群

1988 年 7 月，甘南草原五彩斑斓，山清水秀，正是一年一度的黄金季节。中共中央政治局委员、国务委员兼国家教委主任李铁映专程来甘南参加甘青川藏滇五省区藏族教育研讨会，并视察指导工作。

7 月 14 日，李铁映同志在国家民委和国家教委联合召开的五省区藏族教育研讨会开幕式上发表重要讲话说：党的十一届三中全会以来，教育事业有了很大发展，可以说是新中国成立以来教育事业的黄金时期之一。但是，人民群众还很有意见，主要原因是教育同改革开放、发展商品经济的新形势很不适应。几十年来，我们的教育都是为计划经济服务的，是一个高度集中统包统分的体制。而现在，我们的商品经济已经有了迅速发展，市场调节部分越来越大，指令性计划比例很小，这就使经济基础与作为上层建筑的教育发生了矛盾。人民群众对教育不满意，一方面反映了我们存在的问题，另一方面也体现了国民中有识之士对教育的重视，对国家命运和民族前途的关心。

李铁映指出：当前，我们必须一手抓经济，一手抓教育。改革开放和经济建设的热潮必然带来一个教育热潮。劳动者的素质，从根本上讲是个教育问题。我们中小学培养出来的学生劳动技能差，不适应社会上的需要。教育脱离经济，脱离实际，这个问题不彻底解决，我们的国家就改变不了贫穷落后的面貌。在大干四化、振兴中华的今天，看一个领导合不合格，就要看你懂不懂教育，重视不重视教育，会不会抓教育。这就要求我们搞经济工作的同志要大力支持教育，搞教育工作的要面向经济。目前，我们相当一部分同志仍对教育的重要性认识不足。我们应清醒地看到，一个民族文化素质不高，就不足以进入世界民族竞争的行列。谁掌握了21世纪的教育，谁就能更好地进入21世纪。我们国家是一个发展中国家，教育原本十分落后，劳动者的素质也不高，所以振兴教育、发展教育、改革教育是一切教育工作者的首要任务。

李铁映同志在强调了教育的重要性后说："我看了一下甘南州从实际出发办教育的做法，值得我们很好地来总结。教育之热是民族希望之光，一百年后也是永恒的主题。教育是人民的事业，必须依靠人民、依靠全社会、依靠各行各业来办。"

藏族教育怎么搞？李铁映同志谈了四点意见：

第一，我国地域广阔，条件各异，办教育必须从实际出发，走自己的路子。藏族教育怎么搞，希望大家共同研究，大胆探索。藏族人口比较集中的地方，教育要和当地的经济发展状况相结合，和人民的实际相结合。我们不可能把城市教育的模式搬到老少边地区来，但也要摆脱本地传统观念模式的束缚。就整个藏区而言，在自然地理条件、社会发展、宗教、历史文化传统及生产生活方式等各方面都有着很大的差异，因此发展藏族教育事业，必须从各地的实际出发，统筹协调，实事求是，因地制宜，量力而行，讲求实效，走出一条符合客观规律的路子。

第二，在藏族地区实行"双语"教学，是符合历史发展规律和民族团结方针的，也是适应改革开放、适应世界新技术革命挑战形势的，这一方针必须坚持下去。在搞好藏汉语双语教学的同时，我们还要加强外语学习，提高外语水平，以便走向世界。

第三，关于文化教育与技术教育相结合的问题，我们的普通教育存在很大问题，只重视培养文化人，不重视培养技能人。所以藏族教育的方针应该是重点加强基础教育，优先发展师范教育，积极发展职业技术教育和成人教育，巩固提高高等教育。藏族地区的基础教育，要切实搞好农村牧区中小学教育这个重点，要以增加当地农牧区人才拥有量和培养当地中初级实用人才为主，并兼顾向上一级学校输送合格人才，逐步推行不同年限的义务教育。要在发展中形成基础教育、职业技术教育和成人教育的合理结构。要知道，一个民族的素质是不能输入的，一个产品的质量也是不能输入的。提高民族素质的根本问题是教育问题。

第四，积极发挥宗教界人士办教育的积极性。面对藏区的实际情况，处理好教育与宗教的关系，充分发挥宗教界人士办教育的积极性，对藏族教育的巩固和发展有着重要的作用。各地区教育部门都应在党委、政府的领导下，协同统战宗教部门，从各地实际出发，认真探索发挥宗教界人士积极办教育的途径和形式。

李铁映同志特别指出：藏族群众分布广，地处边远地区，经济比较落后，搞好藏族教育，不仅能加快商品经济的发展步伐，造福藏族同胞，而且在国家统一、民族团结等方面都有着极为深远的意义。

在研讨会开幕式上，李铁映同志还代表国家教委向长期在民族地区，特别是藏族地区从事教育工作的同志表示衷心地慰问，称他们是“对民族的兴旺有大功劳的人”。

7月14日上午，李铁映同志在国家教委副主任柳斌、国家民委副主任江家福、甘肃省委副书记卢克俭、副省长刘恕的陪同下，在甘南州政协副主席、合作民族师专副校长、宗教界人士赛仓·洛桑华尔旦家中，亲切会见了为民族教育事业作出积极贡献的热旦加措、尕藏成来、仪拉久买等人，并同他们共进午餐。赛仓用丰盛的藏餐招待李铁映等领导同志，客人们吃得津津有味，并向宗教界人士详细询问了他们的经历和各寺院以寺养寺的情况。李铁映同志称赞他们办教育“是为我们民族作了一个很大的贡献”。

李铁映同志在甘南期间，还游览了拉卜楞寺，视察了夏河县藏中、藏小，并为学校题了词。

本文选自中共甘南州委党史资料征集办公室：《甘南党史资料》，第四辑，1993年1月。

班禅副委员长视察甘南的回忆

马登昆[①]

全国人大常委会副委员长、全国佛教协会名誉会长班禅额尔德尼·确吉坚赞大师1982年视察甘南已过去16年了，当年的情景依然历历在目，永不逝去。我怀着对班禅大师的崇敬心情，将此甘南历史上的重大盛事作整理，以飨读者。

从中央到省上对班禅副委员长视察甘南非常重视，在班禅未到之前，我们接到中央统战部、国家民委和省上有关部门的多次指示和通知，州委、州政府也十分重视，召开会议研究。我具体参与和负责这一工作的全过程。为了确保班禅副委员长视察顺利进行，我们通过书面、电话自上而下，自下而上，对视察的内容、时间、路线、日程反复研究，大体确定下来，最后还待班禅本人和中央来的同志的确定。

班禅副委员长既是国家领导人，又是藏传佛教领袖人物，视察过程中既要突出政治、突出工作，还要进行宗教活动，州委、州政府要求各级干部群众，特别是各级领导干部要解放思想，统一认识，实事求是，如实报告工作，严肃认真地做好接待工作，确保视察工作顺利进行。州委、州政府决定由州人大主任卢世仁、州委副书记旦正甲、州政府副州长马登昆、州政协副主席热旦加

① 马登昆，甘南州政协原副主席。

措活佛负责陪同和接待工作。并抽调干部从住宿、交通、通信、安全保卫、卫生检验等方面，组织专人分工负责，各司其职。在接待工作中，要充分考虑到信教群众的宗教热情，既要保证班禅副委员长工作视察、宗教活动满意，又要做到干部群众的满意。

班禅副委员长来甘南途中在临夏停留一天，我和卢世仁、旦正甲等同志于 9 月 19 日下午 5 时赶到临夏时，班禅副委员长已到达临夏州招待所。首先我们联系了陪同班禅副委员长视察的国家民委副主任薛剑华和任仁处长，简要汇报了我州的接待准备情况，薛主任表示赞同。随后，经任处长引见，我们拜见了班禅副委员长，敬献了哈达，代表州委、州政府邀请并欢迎他来甘南视察。班禅副委员长见了我们很高兴，他说：“这次到甘南视察是实现了 1980 年中断视察的夙愿。”并对我们讲述了在临夏时受到当地群众自发夹道欢迎的情景。我们简要汇报了视察的县、乡、寺院、路线、日程等，班禅副委员长表示原则同意，具体方案由我们和任处长安排。班禅副委员长谈笑风生、平易近人，给我留下了深刻印象。晚上临夏州设便宴，我们也应邀参加。陪同班禅副委员长视察的有国家民委副主任薛剑华，省政府副省长黄正清，省政协副主席、省佛教协会会长嘉木样，省委统战部副部长、省民委主任沙里士，省政协常委、省佛教协会副会长贡唐仓等。

9 月 20 日早餐后，我们暂时告别班禅副委员长一行提前返回土门关，这时，夏河县的党政领导已在此恭候。约莫过了一个多小时，班禅副委员长一行到达土门关，我们举行了欢迎仪式，敬献了哈达，班禅副委员长、薛剑华副主任同大家一一握手。我们陪同班禅副委员长到清水公社晒经滩佛塔前茶帐。当时有数千名信教群众集聚在此朝拜。我们几位同班禅大师坐在一顶帐篷内饮茶，大师风趣地对我们说：“你们在此喝茶、休息，我去上班。”逗得大家一片笑声。清水乡佛事活动毕后，路过麻当红墙对面的红教寺，僧人在路旁设坛，大师下车撒了青稞，祝福寺院昌盛。

然后到完尕滩的德尔隆寺，赛仓活佛向大师敬献哈达，在大经堂进行佛事活动，顶礼膜拜。

当日下午，班禅副委员长一行到达夏河县城时受到万余各族干部、群众、僧尼的热烈夹道欢迎。在拉卜楞寺举行了隆重的宗教仪式，高僧大德们向大师敬献了哈达。班禅大师首先到曼巴扎仓磕拜了恩师拉科仓活佛的灵塔，然后在嘉木样活佛陪同下前往大经堂，大师端坐在法座上，接受了嘉木样、贡唐仓活佛和数百名喇嘛的朝拜。

9月21日上午，班禅大师给近万名群众摸顶祝福。下午由省州负责同志陪同在拉卜楞寺对面的大林棵听取拉卜楞寺文物管理委员会的汇报，这时，大师家乡青海省循化撒拉族自治县的领导专程来看望大师。大师高兴地对他们说了一些感谢话。这天大师的兴致很浓，拉卜楞寺为大师牵来一匹膘肥体壮的高头大白马，配着金黄色的鞍子，从头至尾挂着五彩缤纷的绸缎，大师骑着马向密林深处第一世嘉木样修炼的地方走去，为了大师的安全，几位身强力壮的年轻僧人簇拥陪同。大师骑马下山后，和大家合影留念。之后，班禅副委员长视察了夏河县藏族中学。数百名身着节日盛装的藏族学生挥舞哈达、鲜花，跳着欢快的迎客舞热烈欢迎班禅副委员长一行。夏河县藏中是当年新建成的一所全日制普通藏族中学，办学方式以寄宿为主，学制为初、高中各三年，主要招收藏族学生。班禅副委员长听了学校领导的汇报后非常高兴，并在学校师生大会上讲了话。他说:“藏中的学生要在学好藏语文的基础上学好汉语文和数理化。学生要认真学，老师要认真教，德、智、体全面发展，争当三好学生。”

9月22日，班禅副委员长向甘南、阿坝两州朝拜的群众发表广播讲话。他说：“我这次奉党中央指示并受全国人大常委会委托来甘南、阿坝两州视察访问。首先，向这些地方的各民族人民群众致以亲切的问候和崇高的敬意。我这次的任务，一是了解这些地方总的情况，特别是对党的民族政策、宗教政策和统战政策的贯彻落实情况，向中央汇报，同时也向地方提出发扬优点、防止缺点的建议；二是向这些地方的各族人民和干部职工表示亲切的慰问，并向他们转达党中央一贯给予少数民族地区和人民的巨大关怀和照顾；三是向各民族人民和干部宣传党的十二大精神，为正确贯彻党的民族政策和宗教政策，加强民族团结，发展安定团结的形势出一把力；四是朝拜现存于拉卜楞寺内的恩师拉科多吉强活佛的灵塔及各寺庙的佛像、佛塔、佛经，并举行祈祷开光仪式，祝愿佛教昌隆，众生平安。”

当天，夏河县向班禅副委员长汇报工作。班禅副委员长听完汇报后作了重要指示，“听了夏河县的汇报很高兴，和 1980 年 11 月份我到夏河时相比，各方面发生了较大变化，取得了很大成绩，关于提出的问题，我向党中央、省、州反映，需要向群众说的，我向群众说，当前困扰民族地区安定团结的主要是草场纠纷，我到青海时对他们讲，过去闹草场纠纷的是土官头人，现在闹纠纷的是干部，这是有根据的，这件事说起来容易，做起来头痛。今天州上的领导在场，要对群众进行教育。今年的草场纠纷又多起来，这是什么问题，像治疮一样一定要根治，不能这里治了，那里又出来了。过去阶级斗争、政治运动一个接一个，现在没有了，可是民族内部的草场纠纷接二连三地发生。要种草，发展草场，而不能只抢占别人的草场来扩大自己的草场。应该说，草场纠纷要一起比一起好解决，而不能越来越难解决……我们一定要教育群众，加强团结，只有团结才能发展本地区的经济，才能安居乐业。”

9 月 23 日，班禅副委员长结束了对夏河县和拉卜楞寺的视察，前往州府所在地合作镇。沿途经过唐尕昂、下卡加、那义、美武，当地群众设茶帐，举行隆重的朝拜和摸顶活动。当班禅副委员长一行进入合作市区时，州党政军负责同志在乳品厂门前迎接，并敬献哈达。这一天合作市区整洁有序，彩旗飘扬，两万多名各界干部群众走上街头自动排队在乳品厂门前到州委招待所沿途。6时许，班禅副委员长抵达合作，顿时，列队欢迎的群众热烈鼓掌，僧俗群众脱帽虔诚合十致礼，少年儿童奏起鼓乐，挥动花环，欢呼雀跃，班禅副委员长笑容满面地下了车，同前来欢迎的党政军负责同志亲切握手，随后改乘敞篷车进入市区，向大家招手致意。

这天，合作天气晴朗，风和日丽，虽是秋天，却无凉意。到下午天气突变，阴云密布。当班禅副委员长一行刚到下榻的招待所时，突然雷声大作，下起倾盆大雨，信教群众认为这种自然现象象征吉祥。当大家住宿停当后，我们即去向班禅副委员长问安。班禅副委员长对合作地区的群众欢迎场面十分感动。他对我们说，没有想到州府所在地会有这么多干部群众夹道欢迎，要是我们今天下午不去美武直接进入合作市区就好了。我们说，州级机关干部职工早就盼望大师的莅临，班禅副委员长高兴地笑了。晚上，举行了隆重而热烈欢快的晚宴。

9月24日上午，班禅大师前往合作寺院进行佛事活动，给三万名群众摸顶。

9月24日下午，班禅副委员长在合作人民会堂会见了州级机关县级以上各单位和企事业单位负责人及离休老干部，并同大家一一握手，合影留念。会见结束后，在州招待所西三楼大会议室，由我代表州政府向班禅副委员长汇报了全州工作。听完汇报，班禅作了重要指示：甘南自治州的工作在省委、省政府领导下取了很大成绩，畜牧业连续三年快速增长，牧民的收入越来越多，生活有了较大改善，农业生产稳步发展，工业从无到有，由小到大，已经形成牧业、农业、工业生产的经济体系，自治州的落后面貌正在改变。党的十一届三中全会以后，全国上下拨乱反正，党的各项政策都得到落实。甘南自治州在这方面做得很好，在全国藏族自治州来说是走在前头的，尤其是在落实党的民族政策、宗教政策方面做得更好，各方面的反映是好的。希望你们继续努力，在现有的基础上认真学习贯彻党的十二大精神，把自治州各方面的工作做得更好。甘南是藏族人口占多数的民族自治地方，同时还有近一半的汉族和四万回族人民，加强各民族之间的团结是至关重要的。自治州工作中还存在不少困难和问题，这是前进和发展中的困难，我一定向上反映。我也相信自治州党政领导、广大干部群众一定能够在前进的道路上克服困难，战胜困难。自治州繁荣昌盛、扎西德勒！

9月24日下午6时，任仁处长通知晚饭后班禅副委员长要到州上几位藏族领导干部家中去看望，我接到通知后，心中既十分高兴，又十分紧张。这几天陪同班禅副委员长，感受到他的和蔼可亲、平易近人，他是全国人大常委会副委员长，是国家领导人，更是全体藏族人民崇敬、信仰的藏传佛教领袖。心中虽有紧张，却充满喜悦。我和家人匆匆忙忙打扫院落和室内卫生，略备茶水、饮料、糖果恭候。约莫在晚上7时半，班禅副委员长在黄正清、嘉木样、贡唐仓几位省领导陪同下到达我家，我向班禅副委员长敬献了哈达。班禅一进院中，看见三间寒舍时说："你的房子是藏汉结合式的，这好啊！"在客厅坐稳后，班禅说："今天晚上抽时间到你们几位领导干部家中看一下，你还要陪同我们去玛曲等县。""你的老家是哪里的？"我回答："临潭县。"班禅说："西道堂就在临潭县城吗？""是。""这次到临潭要去看一下西道堂。"这时贡唐仓指着我对班禅说："这是个好人，我们彼此熟悉。"班禅笑着说："这就好。"我的左邻右舍听说班禅副委员长到家中的消息，男女老少都跑来，大师都一一摸了顶。这天晚上，班禅副委员长还去了杨应忠、金巴、卢世仁、旦正甲、郭发永、范茂华等人家中。

9月25日上午，班禅副委员长冒雨到甘南军分区看望全体指战员，受到全体指战员的夹道欢迎。班禅对军分区的领导说："我受党中央的指示和全国人大常委会的委托到甘南视察工作，来看望你们，并通过你们向甘南的人民解放军表示慰问。”随后还视察了甘南乳品厂，听了厂领导的汇报，看了工人的操作，同工人亲切握手。他勉励大家努力生产，为国家多做贡献。特别强调要培养民族技术人员。询问了厂里有多少少数民族工人和技术人员，厂领导一一作了回答。

9月25日下午，班禅副委员长视察甘南民族学校，受到了全体师生的热烈欢迎。他听取了汇报，并在全体师生大会上作了重要讲话。他指出：加强民族教育，提高民族文化素质非常重要。甘南州对发展民族文化教育很重视，各县办起了藏族中学、小学，这对普及民族教育起了很大作用。藏族中小学要以藏语文为主，也要兼学汉语文和其他文化知识，要努力学习文化知识，为藏族人民服务。

9月26日上午，班禅副委员长在薛剑华副主任和省、州领导陪同下前往玛曲视察，这次州上陪同的领导有州政协副主席热旦加措活佛，此前他没有参加陪同，而是专程到贡巴寺、沙冒寺做接待班禅大师的准备工作。从州上临出发前他对我耳语说，他年纪大了，眼睛看不见，耳不灵，行动也不便，更没经历过如此高规格的陪同任务，要我一路多加关照和指点。我安慰他，“没有问题，请放心，咱们一定能够共同圆满地完成光荣而艰巨的任务的。”从这天起我俩基本上在一块。这位可敬可爱的爱国老人，深受班禅大师、嘉木样大师的器重。大概是1987年，他荣任拉卜楞寺上续部学院的法台。

在去玛曲途中，班禅大师专程到科才寺院进行佛事活动，并给信教牧民摸顶；下午到玛曲县时，县领导和数千人参与了马队迎接。9月27日上午，在尼玛乡给近两千名牧民摸顶。附近牧民都把马、牛、羊赶到尼玛寺院两边的山坡上，班禅大师看着满山、满坡的牛羊，高兴地说：“牛羊满山坡啊！”

9月27日下午听取玛曲县工作汇报后，班禅副委员长指出：你们县统计的文盲里面把识藏文的人列入是不合适的。西藏有人在大会上提出要在15年后不用藏文，这行得通吗？藏族自治地方不要藏语文，还叫什么自治呢！在我们国家来说，汉族人口占多数，汉文是主要通用文字，但在藏区，藏文是主要的。玛曲县在培养民族干部方面取得了一定成绩，县公社两级领导中，藏族占多数，但干部总数里面藏族还是比较少，今后还要继续培养民族干部，尤其是要培养科级干部。党的十一届三中全会以后，主要是搞经济建设，要以此为方向培养干部。同日下午，班禅副委员长还视察了县藏医院。

9月28日，班禅大师到欧拉给牧民摸顶，当日返回。

9月29日上午，班禅大师从玛曲县城出发去齐哈玛寺院，路过采尔玛茶帐，有近千名牧民朝拜，大师为他们摸顶。之后一行人要过黄河，渡船装饰一新，五彩缤纷，船夫都是精心挑选的身强力壮、水性好的青壮年男子。这天烈日炎炎，牧民们从四面八方赶来朝拜班禅大师。下午大师摸顶完毕后返回，天气变阴下起了雨，一行人和车辆过了河。几位州领导打前站，遇到不好走、打滑的路段招呼后面的车辆缓行，雨越下越大，车队走走停停，晚11时才安全到达阿万仓公社，我们一路绷紧的神经才松弛下来。

9月30日上午，雨过天晴，但地上已是一层冰凌。然而，因为班禅大师的到来，数千名阿万仓牧民群众的心里都是热乎乎的。大师为前来朝拜的僧俗摸顶祝福，满足了他们虔诚的心愿。之后，一行人从阿万仓出发前往曼尔玛公社。因头天夜里下了一场较大的雨夹雪，此时道路泥泞，坑坑洼洼，加之地皮冻层使车打滑，大师乘坐的红旗轿车底盘低，不好在山路上行驶。为了大师的安全，我们请大师改乘老式“巡洋舰”车，即使这样，车辆行驶中还是扭来扭去的，让人十分担心，好在没有多少险段路面。经过三个多小时的颠簸，终于安全到达曼尔玛公社恭迎大师的前站。此处侧山坡上搭有一顶供人暂时休息的帐篷，前面垒着一座很大的煨桑台。我们跟随大师向帐篷走去，这时等候大师的人们点燃起桑火，顷刻间桑烟弥漫在山坡上，班禅大师、经师、黄正清、嘉木样、贡唐仓等在桑烟中绕着煨桑台转了三圈，向桑台中撒去众神的供品，祈祷祝愿。这个活动我们事先不知道，也不在日程之列。休息时班禅大师才告诉我们，这是他的经师提前一天去曼尔玛和当地有关人士研究决定的。其用意是希望一些基层干部不要过多干涉群众正常的宗教活动，如煨桑、念经等，可以很好地全面贯彻党的宗教信仰自由政策。大师在曼尔玛寺院举行了宗教活动，并为朝拜的群众摸顶祝福，还视察了曼尔玛小学。曼尔玛小学多次受国家有关部门和省、州、县的奖励，这和担任校长的玛曲县政协副主席尕藏成来活佛的努力是分不开的。班禅大师在曼尔玛还亲临帐圈，走访了几户牧民，询问他们的生活生产情况。在返回县城途中，大师到河曲马场为该场的牧工进行了摸顶活动。到达县城时已是晚上 10 点了。

10 月 1 日，大师结束了在玛曲的视察前往碌曲，途中访问了郎木寺公社尕娘和若尔盖县麦西公社，进行了摸顶活动。大师到达郎木寺时，受到当地僧俗群众最高礼节的欢迎。之后大师先在甘肃管辖的郎木赛赤寺进行了佛事活动，为数千名僧俗群众摸顶。然后到四川管辖的格底寺进行佛事活动和摸顶。还视察了该地清真寺，勉励阿訇要和当地藏族群众搞好团结，和睦相处，共同发展，提高人民的生活水平。

郎木寺地区的这两座寺院是甘川两省较有影响的寺院，信教群众多，佛事活动和摸顶持续时间长，活动结束后，大师到达碌曲县城时已是晚上 10 点半了。

从 10 月 1 日至 4 日，班禅大师先后到郎木寺、阿拉、双岔、西仓、玛艾、尕海、拉仁关等公社进行了佛法仪式和摸顶活动。从碌曲返回合作途中，大师亲临玛艾一队帐圈访问，与牧民亲切交谈，询问了生产生活情况。在牧民旦巴家走访时，旦巴十分紧张地把一碗浓香的奶茶敬上，班禅大师谈笑中一松手，碗摔在地上打破了，大师笑着说：“吉祥，吉祥！”结束玛艾的访问后，大师来到夏河麦西公社僧众设在公路旁的茶帐、阿木去乎寺院、博拉寺院，进行佛法仪式和摸顶活动。结束对上述寺院、公社的活动回到合作时已是晚上10点多钟了。

班禅副委员长在整个视察活动中，除了进行佛事和摸顶活动外，主要教育群众要听党的话，听当地政府的话，加强民族团结，特别是藏族内部的团结。不要闹草山纠纷，更不能持刀杀人、抢牛羊。遇到有争议的草场要通过各方协商的办法，合情合理地解决。不能做贼人，要做好人，做爱国守法的公民。搞好草原建设，实行科学养畜，改变落后的生产、生活方式，加快牧区经济发展的步伐，努力改善生活水准。要学习文化知识，开阔眼界，到内地多走走，多看看，只有这样才能改变本地区的落后面貌。

10月6日，州级机关举行了藏族干部座谈会，班禅副委员长出席并接见了与会人员，作了重要讲话。会议由我主持，我将参加会议的五十余名藏族干部的姓名、单位、职务等一一向班禅副委员长作了介绍。班禅副委员长高兴地说：“甘南藏族自治州成立快三十年了，执行党的民族区域自治政策，行使管理本民族内部事务、当家做主的自治权利，一大批藏族干部茁壮成长，自治州一级党政领导干部中藏族所占比例较高，这是件很好的事，对促进本地区的社会稳定、经济发展起很大的作用。实行民族区域自治的关键在于培养本民族干部。甘南州过去培养了大批藏族和其他民族干部，根据党的十二大精神在全面开创社会主义现代化建设新局面的时期，不仅需要大批德才兼备的党政干部，还要有大批高素质的专业技术干部和懂经济管理的行家。在座的都是藏族干部，我希望你们努力学习马列主义、毛泽东思想，学习党的十二大制定的路线、方针、政策，提高思想水平和工作能力，负起责任，做好工作。同时要积极主动地团结汉族干部和其他民族干部，尊重他们的职权，学习他们的长处。汉族干部也应当认真地帮助藏族干部和其他民族干部增长才干，做好工作。藏族干部要严格要求自己，锻炼自己，要树立全心全意为人民服务的思想。搞好民族团结的关键在于各民族干部之间的团结，遇到问题各自多做自我批评，才能真正加强团结，只有这样才能带领全州各族人民共同建设好美丽富饶的甘南。”

10 月 7 日上午，合作地区州级机关、学校、企事业单位的各族职工在人民会堂隆重集会，热烈欢迎班禅副委员长来甘南视察。大会由州委书记杨应忠主持。班禅副委员长作了重要讲话。他说：“这是我第四次来甘南。由于党中央的亲切关怀，实现了来甘南各县了解情况、看望各民族广大干部群众的夙愿，感到格外高兴。我同甘南州的许多党政领导干部、民族宗教爱国朋友以及牧民群众中的不少人是老相识、老朋友了，老朋友见面总要谈谈心。今天自治州的领导机关召开这样隆重的职工大会欢迎我们，我想借此机会就甘南工作中需要经常注意的几个问题提出自己粗浅的认识，同大家谈谈心。”接着班禅大师就加强民族团结，维护祖国统一，认真总结经验，把民族区域自治工作提高一步，全面正确地贯彻执行党的宗教信仰自由政策等方面的工作，作了指示。

班禅副委员长在合作暂住期间，还到多河、加门关等地视察访问。在加门关寺院为数千名夏河、卓尼两县的信教群众摸顶至天黑，接着在该寺高僧老人们的簇拥下到寺院前方山坡上一眼泉水处举行了伏宝驱魔的宗教仪式，祈愿当地群众免受麻风病的困扰。大师在百忙中每天为众多的来自青海、四川、天祝、肃南、肃北等州外前来拜望者摸顶。

10 月 8 日早，班禅大师离开合作，前往临潭县视察访问。临行前，在招待所西楼门前与全体工作人员合影留念，并向每位工作人员赠送一支刻有“班禅”字样的钢笔作纪念。工作人员无不兴高采烈，欢欣鼓舞。

在前往临潭县途中，大师受到沙冒、白石崖、江可寺等地僧俗群众的朝拜。行驶至卓尼境内的大路什山梁时，班禅副委员长下车举目望远，崇山峻岭，林海雪峰，雄伟的迭山山脉格外壮观，大师高兴地席地而坐，感叹万分，并和我们在此合影留念。当班禅大师一行进入临潭县城时，从四路八乡赶来的群众人山人海，把整个街道围得水泄不通。到下榻的县政府不到一公里路程行驶了近一个小时。这充分说明了各族人民对班禅大师的仰慕和崇敬之情。

10月9日上午，班禅大师专程到卓尼县的恰盖寺进行了佛事和摸顶活动，当天下午返回临潭县城。到县城后，班禅副委员长在县政府接见了当地回族阿訇并合影留念。会见时，班禅副委员长重申了党和国家的宗教信仰自由政策，并希望阿訇们搞好团结，要相信党，听党的话；要团结，也要搞好本民族教派之间的团结，这样大家都心情舒畅，生活愉快。会见结束后，副委员长在州县党政领导的陪同下视察了城关的五座清真寺。首先到西大寺参观，以敏生光教长为首的西道堂上层人士同广大穆斯林群众夹道欢迎副委员长。在西大寺参观大殿时，班禅副委员长脱掉鞋赤脚进入大殿，陪同人员及随员都跟着脱鞋。他说："我们要尊重穆斯林的风俗习惯信仰，要互相尊重、互相团结、共同进步。"接着，他参观了上、下大寺和南大寺、南小寺等清真寺。

10月10日，班禅大师赴卓尼县视察访问，受到县领导和上万名僧俗群众的夹道欢迎。在县上稍作休息，便到禅定寺进行佛事和摸顶活动。这天，卓尼县中部地区的信教群众聚集在寺院等候朝拜大师。摸顶进行了一个多小时，由于群众多，十分拥挤，摸顶无法正常进行，于是中断了摸顶。县上通过高音喇叭说服教育群众，并抽调大批干部维持秩序、组织编队，使下午的摸顶十分顺利。摸顶结束后，大师作了重要讲话，他说："我这是第一次来到卓尼视察工作，过去听人讲，卓尼地区的藏族已经不懂藏语。这次我亲眼看见卓尼地区的藏族是雪域藏族的一部分，无论是服装语言、风俗习惯，都有很浓郁的藏族特点。只是由于地理环境，在藏汉杂居的地方，有些藏族不懂藏语，但改变不了藏族的本质。我希望不懂或不用藏语文的群众要学好藏语藏文。同时，藏族要搞好同汉族和其他兄弟民族的团结，共同建设自己的家园。”

10 月 11 日，班禅大师赴贡巴寺、牙路寺（也叫迭当寺）进行了佛事和摸顶活动。车巴沟的信教群众在 1980 年大师视察夏河时就做了迎接准备，后因故未能如愿。这次他们在州政协副主席热旦加措活佛和县、社干部的精心组织下，准备比较充分，把通往车巴沟这条十分难走的道路修整得干干净净，畅通无阻。在贡巴寺，班禅大师坐在宝座上，热旦加措活佛念诵颂词，他那宏厚高亢的声调博得大师的赞赏。晚上，大师在下榻的喇嘛嘎绕佛宫邀请热旦加措活佛，请他再诵念白天所诵的颂词，似乎大师没有听够热旦加措那宏厚高亢的声调。这件事是热旦加措活佛第二天告诉我们的，他对此十分高兴和荣幸。

大师下榻的佛宫内晚上生了木炭火，早晨大师起床后，略觉不适，经查看方知是炭烟中毒。大师虽觉身体不适，但在返回县城途中仍然坚持按日程安排到临潭县的牙关、术布和卓尼的卡车、达子多等地为恭候的群众进行了摸顶。到县上后，我们从干部家中端来一碗浆水请大师服用，大师服后顿时觉得舒适，高兴地说道：“这浆水也能治病呀！”第二天，根据大师的身体情况，决定在卓尼休息一天。下午，我们请大师到博峪沟散散心，在草地上我和杨积德、景丹珠、蒙俊臣为大师跳了一段卓尼藏族民间歌舞“阿加”，大师还高兴地笑着要我们“再来一个”。傍晚时回到县城。

10 月 14 日，大师一行离开卓尼前往舟曲县视察访问。途中在岷县受到热情接待，到达宕昌县稍事休息后来到两水白龙江林管局下榻，局领导设宴款待。

10月15日，班禅副委员长到舟曲县的拱坝、武坪等地视察。在武坪寺进行了佛事活动，并为前来朝拜的教徒摸顶祝福。

10月16日赴舟曲县城途中，大师在两河口为来自八楞、三角坪、中牌和博峪的信教群众摸顶。在那里，信教群众头碰大师的坐车，加之拥挤，几乎把汽车抬起来了。晚上到达舟曲县城，县上举行了文艺晚会，博峪（当时还未划归甘南）的青年男女为副委员长表演了“乐乐舞”。他看后高度赞扬了他们，并说道：“这里山大沟深，生活条件又艰苦，藏汉杂居，藏族依然保持着自己的宗教信仰、风俗习惯、语言文字等，真不简单。”下午，大师专门为县城数千名信教群众摸顶，之后视察了县医院。

10月17日上午，班禅副委员长听取了县工作汇报。下午在城关小学操场举行了万人欢迎班禅副委员长一行的大会，会上班禅副委员长作了重要讲话。他在讲话中强调指示：“舟曲县是一个贫困县，但是这里的人民艰苦奋斗、吃苦耐劳的精神令人敬佩，愿佛祖保佑，解脱人民的贫困。希望各族干部和人民群众在县委、县政府的领导下，听党的话，紧密团结，奋发图强，从本地的实际出发，努力发展以农业为主的多种经济，改善人民生活，把舟曲建设好。”欢迎大会结束，班禅大师等领导刚离开主席台，虔诚的群众顷刻间涌向主席台，争先恐后地抢班禅大师坐过的沙发，他抢一块沙发布，你抢一块板子，不到一分钟连沙发的影子都不见了，当地群众对班禅大师的敬仰可见一斑。他们把抢到的一块板子或一块布当做吉祥圣物，供奉在自己家中最圣洁的地方。

10月18日，班禅副委员长离开舟曲前往在甘南视察访问的最后一个县——迭部县。途中经过舟曲的黑峪寺时进行了佛事和摸顶活动。下午到达腊子口，在腊子口与桑坝岔路口为在此设帐恭候的善男信女摸顶祝福。晚上下榻在腊子林场。

10月19日，从林场出发，经过腊子口战役纪念碑时，全体人员下车，班禅副委员长瞻仰了纪念碑并献上一束鲜花以表对先烈的追思。在碑前，班禅大师同杨应忠、金巴、卢世仁、旦正甲和我合影留念。此时大师兴致很高，他提议，学习当年红军爬雪山、过草地，一不怕苦、二不怕死的革命精神，带领我们大家一起攀登纪念碑前面的高山密林。之后大师乘车西行并在麻牙、旺藏寺进行了佛事活动。来到电尕拉路村时，当地本教寺院的僧俗向大师敬献了哈达，在寺内，大师向本教祖师希热茂傲齐像献了哈达。晚上，迭部县设宴招待，县文工队演出了民族歌舞节目。随着歌舞的进行，来宾和演员们一起跳起了欢快的藏族锅庄舞，大家一轮接一轮，跳呀唱呀，大师非常高兴，气氛欢快热烈。

10 月 20 日，班禅大师在电尕寺院进行佛事活动，给数千名前来朝拜的信教群众摸顶。这一天，班禅副委员长即将结束在甘南为期一个月的视察访问活动。我同卢世仁、旦正甲到他的住所问安，并征求他对整个接待工作的意见。班禅副委员长客气地对我们说："你们都是好样的，整个陪同、接待工作做得周密细致，你们跟着我吃了不少苦头，感谢你们。我在甘南的视察访问和宗教活动得以圆满完成，与你们的努力是分不开的，我们现在是朋友了，你们有机会去北京到我家中来。"我们感谢副委员长在视察甘南时对我州各方面工作，尤其是民族工作、宗教工作、统战工作、维护祖国统一、加强民族团结、牧业及其他各项经济建设事业、草场纠纷等所作的一系列重要指示。并向他保证，一定要按指示精神尽快落实，努力工作，请班禅副委员长放心。

10 月 20 日晚 8 时，班禅副委员会长亲自主持召开在甘南视察活动的总结会议。出席会议的有薛剑华、任仁、黄正清、嘉木样、杨复兴、沙里士、贡唐仓、杨应忠、金巴、卢世仁、旦正甲等同志。班禅首先作了总结讲话。他说："在甘南为期一个月的视察访问活动即将结束，这次视察活动，在州、县的精心组织安排下进行得很顺利，借此机会深表谢意。党的十一届三中全会以后，拨乱反正，落实了党的各项政策，我也是被落实的一个……现在全国上下在中国共产党第十二次代表大会精神指引下解放思想，实事求是，全力以赴搞经济建设。甘南藏族自治州也同全国一样，自从党的十一届三中全会以来，短短几年间各方面的工作都发生了显著的变化。政治上安定团结，社会进步，经济发展，尤其是在落实党的民族平等团结政策、宗教信仰自由政策和党的统一战线政策方面做了大量卓有成效的工作，得到了广大人民群众、民族宗教界人士的好评。我希望你们在中共甘肃省委、省人民政府的正确领导下，认真贯彻最近胜利闭幕的党的十二大精神，加强各民族人民的团结，振奋精神，以经济建设为中心，把各项工作搞好。甘南州是以牧业经济为主的民族自治地方，理所当然要把发展牧业放在首要位置，在牧业生产上要逐步改变落后的生产经营方式，实行科学养畜，加强草场建设，提高牧业的经济效益，进一步改善人民生活。与此同时，要加强民族教育，提高民族素质，要学文化、学科学。在学习科学文化知识的同时，还要学好本民族语文，在牧区首先要学好藏语言文字，加强藏语文的教学。甘南州已在这方面做出了一定成绩，今后必须努力更进一步地做好这方面的工作。在一个月的视察中，州县都反映了很多困难和问题，我回到北京将向党中央、国务院如实反映。关于草场纠纷的问题，涉及邻省的我也向有关省反映，我愿做中介人，该向群众讲的我在视察访问过程中已向群众讲了，我想群众还是会听的。在草场纠纷中，我再提醒干部是关键，你们要加强对各级干部的教育，正确对待草场争执，不要拿群众的生命财产当儿戏。要以团结为重，把主要精力放到经济建设上，只要这样，民族自治地方的各项事业一定会兴旺发达。”

10 月 21 日上午，班禅副委员长结束了在甘南长达一个月的视察访问，离开迭部县城时，当地干部群众夹道欢送，省、州负责同志专程将班禅副委员长送行到四川省若尔盖县铁部区境。四川省若尔盖县的负责同志早已设帐迎接，欢迎的群众手持哈达，毕恭毕敬地朝拜班禅大师。

陪同送行的有黄正清、嘉木样、杨复兴、沙里士、杨应忠、金巴、卢世仁、旦正甲、马登昆、杨丹珠、热旦加措、杨作彬等。在若尔盖县茶帐吃饭稍作休息后，我们向班禅副委员长敬献了哈达，依依不舍地告别离开班禅副委员长，返回州府合作。我们接待和陪同十世班禅副委员长在甘南的视察访问活动的任务也就圆满完成了。

1998 年忆撰

本文选自甘南州政协文史资料和学习宣传委员会编:《甘南文史资料》，第十七辑，2004 年 12 月。

十世班禅大师在甘南

丹正嘉[1]

1982年（9月20日至10月21日）秋，在甘南草原秋高气爽的季节，我们敬爱的十世班禅额尔德尼·确吉坚赞大师一行（大师和经师嘉雅活佛、父亲尧西·贡保才旦、母亲索朗卓玛等30多位），在国家民委副主任薛建华及省、州、县有关领导（甘肃省副省长黄正清，省政协副主席嘉木样，省政协常委贡唐仓，省民委主任沙力士，甘南州领导杨应忠、金巴、卢世仁、马登昆等）陪同下，不辞辛劳，历时一个月，行程4000多公里，先后视察了甘南州7个县的50多个乡镇，走遍了甘南的山山水水。从大夏河流域到玛曲大草原，在洮河沿岸、白龙江畔的崇山峻岭之中都留下了大师的足迹。时任州公安局副局长的我有幸参与了视察活动的安保工作，自始至终在大师身边，听取了大师的教诲，目睹了大师在甘南日理万机、忘我工作，感受到大师对甘南草原的真诚热爱和对甘南人民群众的情怀，也感受到甘南人民对大师的热爱和欢迎，使我深受教益。

视察期间，大师同甘南四十多万各族人民见了面，受到各族人民最热烈而隆重的欢迎。各地都设了迎接活动点和佛事活动点，

---

① 丹正嘉：九届甘肃省政协常委、民族和宗教委员会副主任，曾任中共甘南州委副书记、州政协主席、州人大常委会主任等职。

广大僧俗民众以藏族传统迎接贵宾的仪式迎接大师一行，所到之处都有成千上万各族干部群众、僧侣手捧哈达和鲜花夹道迎接大师一行的到来。

各地的佛事活动点还有大型僧侣仪仗队和乐队，他们列队手持长号、海螺、铜管、铜铙等各种法器，奏起佛教乐曲，举着经幡、华盖，点燃松柏煨桑；许多迎接点还有迎接仪仗马队，骑士们在离各活动点十几里远的公路两旁排队牵着自己的骏马，手捧洁白的哈达迎候班禅大师一行。当班禅大师一行的车队缓缓行驶通过欢迎的马队时，骑士们个个策马随车队奔驰，高呼“拉加罗”口号，同时往空中抛撒雪花般的“龙达”。法号齐鸣、鼓锣喧天、香烟缭绕、清香四溢，整个欢迎场面呈现出一派空前隆重的节日气氛。那激动人心的场面令人终生难忘。

大师在视察期间进行了大量政务活动和佛事活动。在甘南的30个日日夜夜里，听取了州县党政部门及林业、厂矿企业的汇报，视察了学校、医院、厂矿企业，看望了社会知名人士，举行了40多场大型佛事活动。大师所到之处，传达党的十二大精神，传递党和国家对各族人民的关怀，宣传党的民族、宗教政策，勉励各族人民和广大干部互相尊重、互相学习、亲密团结，为民族地区的发展繁荣做出贡献。大师在甘南视察期间，几乎每天都工作十几个小时，为了满足信教群众的心愿，有时一天在坎坷不平的便道上颠簸十来个小时，有时一天内就摸顶赐福数万信徒。除了政务活动，每次佛事活动中，大师为僧众诵经祈福后都要讲话，宣传党的方针政策，号召僧众爱国爱教。10月19日，大师在结束甘南州的活动前夕，在迭部县召开的党政干部会议上作了总结讲话。根据我自己的记录，将大师的一些重要讲话精神整理如下。

大师在迭部座谈会上说，这次到甘南州视察受到州县党政领导和各族群众非常热情的欢迎，十分感动。在这里表示衷心感谢。薛建华副主任、黄老（黄正清）、沙力士主任、嘉木样副主任、贡唐仓活佛及州上领导自始至终陪同，表示感谢。

班禅大师在视察期间，十分关心甘南的经济社会发展情况。他在讲话中充分肯定甘南州解放以来，特别是党的十一届三中全会以来，各方面取得的巨大成就。他说，过去甘南许多地方不通路，连马都过不去，如今有了平坦的公路，建立了许多学校。州、县都有医院，经济建设也有很大发展，建起了一批工厂和水电站，出现了一批初具规模的新兴小城镇，到处呈现出一派兴旺景象。这一切都生动地说明，只有社会主义才能救中国，只有在中国共产党领导下，坚持社会主义道路，各民族才能兴旺发达，各族人民才能真正过上幸福生活。

大师在迭部腊子口同林业部门谈话时说，要保护好甘南的森林。在接见迭部“792 矿”负责人时指示，要注意环保问题，防止环境污染，不要留下骂名。

培养一支既爱祖国、又爱民族的高素质新一代少数民族干部队伍是班禅大师在视察期间最关心的一件大事。大师在视察期间曾多次强调要培养一支高素质的民族干部队伍，重视对少数民族专业技术人员的培养，改变民族地区科技人员奇缺的落后面貌。一再强调民族干部要努力学习，努力提高自身素质。

在迭部座谈会上，大师也用较大篇幅谈了这个话题。他说：甘南州在培养民族干部方面做了大量工作，培养了不少民族干部，出现了一批地州级的干部。但总体而言，还是数量少，中间弱，行政干部多，技术干部少，去的几个企业就没有本民族技术干部。要多培养高水平的民族干部。民族地区的建设，民族干部要担起责任，对党、对国家、对本民族负起责任，要起桥梁作用。要敢于代表本民族说话，否则就起不到民族干部的作用。民族地方建设需要汉族干部。民族干部离不开汉族干部，汉族干部也离不开藏族干部。要搞好民族团结，互相学习，互相尊重。汉族干部也要安心工作。

班禅大师非常重视民族教育事业的发展。多次强调民族教育事业是关系到一个民族生存与发展的大事。民族教育是百年大计。大师特别强调要重视学习和使用藏语言文字的工作。在视察期间，班禅大师视察访问了甘南州民族学校、夏河县藏族中学、玛曲县藏族中学和舟曲藏族中学等。据不完全统计，班禅大师给玛曲藏中等几个学校捐献十多万元，勉励学生要尊敬教师，遵守纪律，热爱祖国，热爱人民，勤奋学习，努力掌握现代科学技术，为民族地区的“四化”建设贡献力量。大师在肯定甘南民族教育工作的同时指出，许多地方入学率低，办学质量差，有的学生上学七八年，连信都不会写。近年来有些地方退学的多，有些当和尚去了，主要原因是母语与汉语教学的关系没有处理好，如果先学母语，再学习第二语言文字，就不会这样。许多学校没有开设藏文课。民族自治地方连自己的文字都没处学，把懂藏文不懂汉文的视作文盲，自治地方单位的门牌和图章上没有藏文，这是很不正常的。这是关系到民族团结的大事。藏文没有人教，没有地方深造，最大的问题是藏文没有地方用。学藏文的找不到“饭碗”。招生、升学、招干考试中藏文不算数。这种现象要改变，五年可以改变过来吧。从小学到中学、大学都要开设藏语文课，还要有藏文的数理化。同时也要搞好汉语文教学。汉语是通用语，很重要；民族学生在学好母语的同时也要学好汉文。藏文没处用的问题一定要解决。自治州机关要用，医疗等服务窗口和报刊、广播等部门应藏汉文并重，在招生、升学、招工、干部考核等方面藏文必须同汉文一样记分，一样看待。不仅在纸面上，在实际中也要确保藏文的政治地位和使用价值。这是宪法、民族区域自治法赋予民族自治地方的基本权利。

大师在视察期间讲话中多次强调要进一步贯彻党的民族政策，加强民族团结，发展社会主义民族关系，维护祖国统一。

大师指出，加强汉藏等各族人民的团结，维护祖国的统一，是中华民族的根本利益所在，是“四化”建设的重要保证。汉藏干部要团结，汉藏人民要团结，各民族内部要团结。在民族区域自治的地方，要积极主动地团结自治地方内的其他民族，要尊重其他民族的平等权利，要互相支持、互相帮助、互相学习，相爱相安，和睦共进。人民群众要拥护党和政府的干部，党和政府的干部要爱护人民群众，想人民所想，为人民办实事。

针对有些地方发生的草场纠纷等问题，大师一再强调：民族内部团结非常重要，有关草场、森林、边界等争议问题，要平心静气，互谅互让，一律在党委和政府的领导下妥善解决，绝不允许出现互相械斗残杀的蠢事。残杀和械斗是罪孽，是犯罪，这是十分可耻的行为。要扬善摒恶、尊老爱幼。坚持劳动致富光荣，反对偷盗、抢劫等行为。

视察期间，班禅大师对贯彻落实党的宗教政策极为重视。他说，尊重和保护宗教信仰自由，是党对宗教问题的基本政策。班禅大师还指出，甘南州在贯彻党的宗教政策方面是好的，群众是满意的，要进一步加强对宗教工作的领导。宗教工作搞好了，有利于安定团结，有利于调动各方面的积极性。有的宗教活动点没有经堂，应帮助解决。同时也教育各寺庙不能在喇嘛的多少或寺庙的大小上互相攀比，不能一下子都建起来，也没有必要恢复到原来的规模，不能影响群众的生活，要逐步解决，有活动场所就行了。儿童入寺问题，中央 19 号文件有明确规定。各寺庙要搞好不同教派之间的团结，拥护党的领导，爱国爱教，走以寺养寺的路，僧侣要钻研佛学，提高僧侣素质，弘扬佛业。

大师一再强调，宗教界人士要在政治上热爱党、热爱国家、热爱社会主义，要做党和政府满意、群众欢迎的僧人；要教育教民爱国、爱社会主义，遵守国家法律法规，依法进行正常的宗教活动，不要让宗教场所变成商业场所。

各级政府要进一步落实党的宗教政策。宗教界的冤假错案要平反，健在的要平反，去世的也要平反，不要抓住一些细节不放。僧人也是知识分子，其中有些是高级知识分子，有天文历算、医药等方面的，宗教也是知识，中央对知识分子有政策，僧人也要落实知识分子政策。要注意爱国宗教人士的培养，有条件的寺院比如拉卜楞寺，招收一些条件好的僧人，举办佛学班，重点培养，提高宗教界的素质，壮大爱国宗教界队伍。

2017 年 8 月于兰州

费孝通考察甘肃纪行（节选）

张忠诲　整理

全国政协副主席、全国人大常委会副委员长、民盟中央主席费孝通同志，是一位在国内外有影响力的著名社会学家。1984 年以来，他虽已年逾古稀，仍不避寒暑，不辞辛劳，多次到甘肃进行考察。费老壮心不已、志在千里的精神，是对我们崦嵫勿迫、不鞭自奋的激励，特记其甘肃之行。

一、甘南合作行

甘南位于青藏高原的东北隅，在长江和黄河的分水岭上，海拔约 3000 米。甘南是甘肃省藏族聚集区，人口相当于西藏藏族的十分之一，所以成立了甘南藏族自治州。甘南首府合作，意为羚羊出没的草滩，藏语语音近汉语“作”字，当地人士取民族团结之意加上一个“合”字，成了“合作”。费老是研究中国民族的社会学家，早在 30 年前即有访问藏胞之心。1956 年，陈毅老总率中央代表团去西藏，他那时还未过半百，就报名要去，但行前因患高血压被医生劝阻未能成行。1984 年，他率民盟一批专家到定西考察种草种树，听说从兰州坐汽车一天就能到藏区，于是又动了上高原的念头。1985 年 8 月，他第二次到定西考察，便与专家们分道扬镳，单独南行去了甘南。

在去甘南合作的路上，费老一路虽不习惯高原气候，有些高原反应，感到头痛、憋气，但仍然笑语欢声，不时与陪同同志引经据典地谈论藏族的历史。他说：我们一提到藏族，就很容易想到居住在自治区境内的藏族。其实，生活在西藏自治区的藏族只有 174 万人，不到全部藏族的一半，有一半以上的藏族是住在自治区以外的青藏高原上，分别建立 10 个自治州，甘南藏族自治州就是其中之一，其他分别分布在青海、四川、云南等地。他告诉同行的同志，藏族和汉族人民之间的接触，最早就发生在现在的甘青地区。现在讲改革开放，藏族要现代化也必须和其他民族一样，走熟门熟路的渠道，这样甘南的历史地位就很值得重视，提出这个历史背景也是因为它还有现实的意义。说到在青藏高原上一些民族的来源，他说，他对西北各民族还不很熟悉，过去只限于一些书本知识，而他现在的想法，这些包括汉、回在内的民族，有可能并不是本地人，大多是从别地方迁来的移民。只是来源不同的民族，一上青藏高原，就逐步接受这里的生活习惯和藏族文化，而和藏族相融合。从历史记载来看，汉族进入甘肃，最早很可能起源于秦汉之前。他借到过一本顾颉刚先生写的《西北考察日记》，这本日记是抗战初期 1937 年 4 月至 1938 年 1 月间写的，日记有一段话说："洮河流域一带的汉人都说祖先来自南京、徐州、凤阳三地"，乃"明初戡乱来此，遂占田为土著"。许多人家还有家谱，记录其可以追溯到明代封过官的祖先，证明曾有在这一带用过兵的明代中原军队，那时确实带进来一批移民。后来，费老在访问甘南时，也听到过当地藏族说，他们的祖先曾经在洮河流域居住过。他设想，原来有一些居住在青藏高原外围的民族，很可能是在某一个时期由于某些原因，迁移高原逐渐为藏族所吸收，成为现在居住在青藏高原北部的藏族，即自称为"安多娃"的藏人。

费老到甘南的第二天即 8 月 14 日上午，他和甘南领导同志讨论了教育和人才问题。讨论中，大家都说甘南的教育问题是人才流失太多，说有些老师反映："上珠穆朗玛峰不怕，因为下得来，上甘南不成，一去不会回来。"费老提出最好的办法是在甘南联办师院，在人才上采取造血措施。但是这样又远水解决不了近渴，当务之急是要引进一些手艺人、技工和工程师，尤其要引进他们的技艺，培养一些本地工人，撒种出芽，落地生根。那天中午，一位同志的鞋跟掉了到街上修鞋，那位同志告诉他街头有很多内地来的修鞋艺人，说有一位女工是浙江诸暨人，在合作摆摊修鞋已经两年，同她一起到甘南的还有20多人，他们一年修鞋收入除吃用之外，还能每年带回2000多元。费老笑着说："看，甘南并不是真的吸引不来人才。"下午，他参观了合作市区的皮鞋厂，接待他的是该厂负责人——一位藏族转业军人。他告诉费老，厂里近三分之一都是藏族，1985年一年生产皮夹克2万件，利润8万多元，费老赞扬这是甘南工业化的种子。那位藏族转业军人告诉他有三位南京同行与该厂建立了联系，他们不但给合作毛革厂传递信息，送来技术支援，还在每次到甘南时给皮革厂带来所需机械和化学药品，费老也很赞成这种超远距辐射，他说应该鼓励这种吸引技术的办法，可以通过扩大这种交情，代之以支边的各种渠道。

二、夜宿临夏和途经林牧区

费老是在去甘南的路上夜宿临夏的，只住了一个晚上。临夏海拔1986米，离兰州160公里。令他惋惜的是没能下乡访问，他说自己是研究民族的，却因为时间不许可而错过了那个多民族地区考察。他说，不仅临夏本身是个少数民族自治的地方，即回族自治州，在它的境内还包括两个自治县，即东乡族自治县和另一个多民族联合自治县——积石山保安族东乡族撒拉族自治县。

夜宿临夏时，他和许多同志谈起临夏"回回"的历史。他说，过去有些回胞同志告诉过他，说他们的祖先早在13世纪时就在这个地区定居了。那是蒙古军队征服中亚回戈东征时，把中亚信奉伊斯兰教的各族人民编成了“探马赤军”，遣发东来才成为“回回”。以后，回族人民相当重要的一部分便在甘肃河州一带“屯聚牧养”，一直繁衍至今。费老又说，在临夏，回民制作的羊肉味道鲜美，是地地道道的靠得住的清真，他还建议与阿拉伯建立贸易关系，开拓伊斯兰市场。临夏与阿拉伯国家有不少民族交往，再加上有合同的保证，实施这样的计划是可行的。

途中，费老一行的汽车经过了白龙江，在那里，山坡上有草、有灌木，偶尔还能看到一些范围不大的密林。公路两旁有两排粗壮的钻天杨，村落有绿树为屏，不像昔日定西那样到处是光秃秃的黄土丘壑和剥光了皮的山头。向导看到费老被满山绿色所陶醉，打趣地说，假如您老在20年前来这里看看，那您更会心旷神怡的！费老回答说，但愿有一天甘肃会再有当年的面貌。

黄河在玛曲绕了大半圈，人们都说九曲黄河那里是第一曲，因此藏族为黄河起了个藏名叫玛曲。黄河的两大支流——大夏河和洮河也在那里起源。该地水源充沛，开阔滩地也多，又有宽广的河谷，形成一片片适于长草的平岗，被称为亚高山草甸，是理想的优良牧场。费老在归途中，本打算前往牧业重点县玛曲访问，但因那里气候变化无常，忽而晴空万里，忽而大雨倾盆，六月也会飞雪，被人竭力劝阻不要去，最后他选择在夏河县参观了牧场。当车子快到夏河时停下休息，他看到草地上到处都是草花，有白、有紫、有黄，煞是好看，便停下欣赏。他关切地对向导说：“这里满地都是花了，草地退化太快了。”当地人又回头告诉费老，开花的不是好草，有不少还是毒草，牛羊都不吃。到了夏河，当地人支起三个帐篷，在里面款待费老一行。费老感到草场退化是一个严重问题，便约请一些同志边吃边谈，设想能否找到一种改良草地、防止退化的办法。当地人告诉他草场退化的原因是多年来畜量超载，好草被牲畜吃掉，来不及长起来，毒草蔓生，这才造成草场退化。由于草地超载，秋天牛羊吃不饱，抓不到膘，一到冬天，牛羊很容易死亡。费老听说甘南出了一种办法，就是在严冬降临之前把畜群赶到北面的临夏去出售。他很赏识这种做法，他说，要有效地利用草地，就必须从自给牧业转变为商品牧业，能在临冬前把畜群售掉，让临夏家户从甘南牧民手里买回牛羊，再舍饲一冬天，长得肥肥的过年上市，这是商品牧业的开始。

三、访问拉卜楞寺

访问拉卜楞寺是费老多年的宿愿，他说人类学这门学科里最难念的一课应当说是宗教，一个无神论者想认识一个民族的宗教精神世界，耳闻不如眼见，因此他总想有个机会亲自访问藏族地区的藏传佛教寺院。既然到了甘南，当然不能错过访问闻名遐迩的拉卜楞寺的机会。

1985 年 8 月 16 日，车子从合作启程，汽车在曲曲折折的山冈里走来走去，夕阳刚刚下沉，就到拉卜楞寺所在地夏河了。远远望去，坐落在山谷里的寺院，寺顶金光闪烁，眼前豁然开朗。车行至市区，一切都是风格迥异，费老感到自己是真正置身于藏区了。

费老虽然是第一次到拉卜楞寺，但他对拉卜楞寺的历史却久已知晓。他读过该寺创始人嘉木样一世的传记。他说那是一位很有造诣的藏传佛教教徒，他好学勤思，不只是把拉卜楞寺建成了奉祀神明的寺院，更主要的是使它成为藏传佛教的高等学府，可以同拉萨匹敌的藏传佛教佛学中心。从那时起（清康熙四十七年，即 1708 年），在拉卜楞寺建立后的 230 多年中，陆续建立起了六大学院，不仅在神学上，而且在天文、历算、医药、艺术等学科上也有专业设置。

费老还说，拉卜楞寺最早称扎希奇寺，后来因嘉木样大师名声大振，而把他称拉卜楞寺的住所习用为寺名。再后，则随着拉卜楞寺势力的扩大，沿袭成该寺控制地区的地名。费老在追溯为什么要在该地建寺时说：拉卜楞寺建于清康熙年间，正是《亲征平定朔漠方略》编成的一年，是年，是清朝统一版图的鼎盛时期。其时，与清皇室联盟的青海和硕特蒙古前首旗黄河南亲王创议在其势力范围内的甘青地区建寺，是为了迎合清廷“兴黄教即所以安众蒙古”的政策，同时用宗教巩固其势力范围。他物色到了本地出生、正在拉萨学习的嘉木样大师，便迎他返籍选择扎希奇谷地建筑了这个寺院。

费老对到拉卜楞寺被嘉木样大师奉为上宾，并和他同起同坐、同车出游非常感激，同时又对出行时遇到藏民都毕恭毕敬地低着头、鞠着躬，车子一停就一拥而上把头伸过来要求摸顶，甚至用头冲撞汽车，极为感慨。他们流露出的发自内心的虔诚令人尊敬，“我很想祈求他们所信奉的神明能允许他们在现世预支他们后世应得的报应。但是我是个无神论者，也为他们为了这一理想而付出的艰苦不安。”

离开拉卜楞寺返回兰州时，费老在车上口吟了一绝：

朝辞甘南古寺前，
千寻高原早入秋。
草香醇处如容辞，
牛羊同群不羡仙。

本文选自《甘肃文史资料选辑》，第三十八辑，甘肃人民出版社，1994 年 9 月。

肖华同志三次到甘南视察

杨应忠[1]

肖华同志曾于1976年6月（正逢端阳节）经土门关到夏河，由于时间紧张，只看了看拉卜楞寺院藏传佛教文化，就返兰州了。第二次是1978年9月经岷县到迭部，也由于安排紧张，只是看了腊子口以及茨仁那红军途经地后就经武都返回了。1981年5月，他第三次来甘南，从康乐经冶力关到卓尼、临潭再到合作。

肖华同志上两次来甘南除对地方工作作了指示，还对保护拉卜楞寺文化，以及腊子口及迭部其他地区红军遗迹保护作了指示，指出在修腊子口公路时，未注意腊子峡口的保护，批评开挖的口子太大了，没有过去的险要了。还指出腊子口纪念碑要修好，碑文先拿个草稿，送他审查修改。

第三次来甘南时，肖华同志走了一些县社，同干部、农牧民群众接触，到州上后，还听取了州委的工作汇报。

1981年5月25日，州上召开了州委、州政府各部、委、办、局党员负责同志会议。肖华同志在会议上讲话，他说：

我的一个感觉是自从党的十一届三中全会以来，甘南自治州党委在贯彻三中全会以来的党的路线、方针、政策，贯彻甘肃省委的指示方面是坚决的、积极的，做出了不少成绩，甘南的形

① 杨应忠，时任甘南州委书记，后任甘肃省民委主任。

势同全国、全省的形势一样大好。我这一路看到的就是你们实践当中证明的，中央的同志所说的，经济上是新中国成立以来少有的好形势，政治上是60年代以来最稳定的时期，这两个论断是正确的。甘南在三中全会路线的指引下，无论在人民的精神面貌上，在农牧业的建设上，还是在经济工作的开展上，以及文化教育战线、工业的调整和组织路线的贯彻等各方面都有了比较大的变化。从去年州党委、州人民政府工作会议后，州党委所确定的甘南应该“以牧业为主，农林牧综合经营的方针”是完全正确的。各级党委、干部做了大量工作，对最近中央会议精神、文件做了比较深入的传达和落实，贯彻中央调整的方针也是坚决的。这些都为今后甘南的经济发展和安定团结局面的巩固和发展打下了比较坚实的基础，为我们整个四化建设创造了有利的条件。我想这一点，我们首先应当肯定。但是我们不能满足于这些成绩，也就是说，我们的工作同一些个别的先进地区比较起来，还有很大的差距。我们的工作同中央对我们的希望、对我们的要求也是有距离的。因此，我们的工作还不能够完全同客观形势的发展相适应，还有自己的薄弱环节，所以，正视这些缺点，特别对我们工作中的薄弱环节要很好地加以克服，这样可以使我们的工作做得更好。我想就几个问题谈一些意见，这些意见不一定成熟，不一定正确，同志们有的生长在甘南，应忠、金巴同志是甘南的，有的汉族干部已在甘南工作20多年了，也可以说本地化了，你们对情况比较熟悉。

第一个问题，甘南的牧业问题，也是你们方针中的主要问题。

你们的指导方针就是以牧业为主，这个问题是应该如何落实的问题，如何在实际工作中去做好的问题。我想，甘南发展牧业是有很多客观条件的，是有依据的。第一个依据就是甘南土地辽阔、地广人稀，有广大的草场、森林，草原有5000多万亩，可利用草场3000多万亩。草场中有高山草原、森林草原、峡谷草原。

第二个依据是甘南的海拔平均在2400米以上，是一个高山阴湿的山区，无霜期很短。临潭县绝对无霜期是9天到11天，而且多冰雹，是个冰雹地带。从玛曲、碌曲、岷县、宕昌、舟曲到武都一线都是冰雹地带，每年都有雹灾发生，有时颗粒无收。这使甘南农作物的生长和发展受到了很大限制。这一地区总的来说宜牧不宜农，对牧业的发展是有利的，对农业的发展则有许多客观条件的限制。第三个依据是甘南近50万人口当中有一半多是藏族和其他兄弟民族，这些兄弟民族有着悠久的从事牧业生产的经验和技术，就是汉族居住的地区也是半农半牧的地区占多数，农民不光是从事农业生产，还从事牧业生产，也有一定的从事畜牧业的经验。可以说，牧业经济历来是甘南主要的经济组成部分，甘南离开了牧业就无法生存。当然不是说不要农业。第四个依据就是现在甘南的牧业已经具备了一定基础，现在甘南共有牲畜260多万头（只）（不包括当年仔畜），其中大牲畜是87万多头，山绵羊是160多万只。在藏族人民的食物结构中，肉食、奶酪是占相当比重的。甘南也是毛纺工业原料产地之一，那么，走向四化，实现四个现代化的伟大任务中，牧业现代化是一个重要的内容。因此，在甘南发展牧业有很多有利的条件和广阔的前景。所以，既定的“以牧为主”的方针必须从观念上牢固树立起来。

生产关系和生产力相适应是个规律，不掌握这个规律，牧业很难搞上去，要充分调动牧民的积极性，使牧业能够适应客观的经济规律，能够适应甘南的特点。新中国成立后，虽改变了生产资料所有制，但是我们的生产力受“左”的影响，并没有完全解放，我们的生产关系和一些“左”的政策束缚了生产力的发展，除了少数社队的生产搞得较好、牧民的生产较好外，一般而言，牧民的生活水平还是很低的。

牲畜的存栏率和商品率还是很低的，牧民的积极性还没有被充分调动，潜力还没有充分挖出。这些是现象，透过现象抓本质，本质的问题是过去我们办农业没有完全从实际出发，没有很好地掌握牧业的经济规律，也就是说生产关系还没有完全适应和促进生产力的发展。因此，我认为不仅应在农业上实行生产责任制，在牧业上也要实行生产责任制，实行包产到户、包干到户。实践证明，这一政策充分调动了群众的积极性，群众的积极性空前高涨。

第二个问题，关于发展农业和多种经营的问题。

甘南地区凡是适合务农的地区要继续把农业搞好，农业问题首先要解决的是责任制的问题，也是解决生产关系和生产力相矛盾、生产关系不适合生产力的问题。解决这个问题就是责任制问题和经营管理的问题。听了临潭县委的汇报，临潭县是百分之百的包产到户、包干到户，农民积极性大大提高，农业增产幅度很大，他们现在对农业的信心很足，觉得农业有奔头，可以搞上去了，多年没解决的问题解决了。从中央出台两个农业文件后，特别是实行责任制后，农业生产有了可喜的变化，我很欣赏他们的汇报，有内容、有事实、有分析，扁都公社的情况就用事实作对比，很有说服力，很能说明问题。甘南是高寒地区，搞农业的条件不同于内地，没有像内地海拔 1000 米以下的条件，办农业是步履艰难的，所以非走这条路子不可。就是说除了少数富队，经营管理好的，可以实行其他生产责任制外，我是赞成大部分实行包产到户、包干到户的，或者是统一经营、联产到劳的办法。我了解到在陕西等地方最受欢迎的一个是包产到户、包干到户，另一个是统一经营，联产到劳，农户不但没吃回销粮而且交公粮，很能说明问题，大力推广，不要怕。我在省委会上讲了，前年去年都讲了，如果这个问题搞错了，我首先检讨。思想认识可是不容易的，我们的思想认识往往赶不上形势，总转不过弯子，越是不下决心，生产发展就越受影响，我们加以引导，不要被动，你们可以把临潭的经验加以推广，条例化、有计划地指导。农业的增产靠什么，除了责任制问题外，要靠提高单位面积产量，精耕细作，多施肥，改良种子，科学种田。过去地里一大块石，妨碍拖拉机，谁也不管，现在不仅把大石头搬得干干净净，连小石头都拣完了；肥料过去拉往自留地种菜用，现在是一车一车地往地里拉。我们还要搞一些小型水利。干旱的问题主要是五六月份时，很多地方有水，但没有利用起来，好多水白白流走了。水是农业的命脉，小型水利可以搞，有些吃水困难的可以搞一些池子、地窖，把水贮存起来，有些地方还可以发展喷灌。

第三个问题，保护和发展林业的问题。

甘南森林资源很丰富，森林的面积有 800 多万亩，木材蓄积量 9464 万立方米，森林覆盖率 14.2%，覆盖率并不高，但比甘肃其他干旱地区好得多。毛主席说：一棵树等于一个小水库。森林对于改良气候、改善干旱、调节空气、防止污染、增加绿肥、增加饲料都有好处。我们要大力宣传保护森林，破坏森林对子孙后代来说是犯罪，也是对不起老祖宗，现在森林的砍伐这么严重，这个问题很值得警惕。除了保护森林外，要大力提倡各家各户、个人、各机关都要植树造林，每年大力绿化荒山秃岭，不断扩大森林覆盖面积，我看你们合作种的树不少，如果你们所有的县城、所有的城镇都和合作一样那就好了，把周围的山绿化起来，现在的主要问题是森林破坏得太严重。现在林业局“以林为主”和农民在利益上有严重的冲突。1958 年后，林业国有化，国家把地方经营的和农牧民经营的林权统统收归国有，受到国有的限制，没有兼顾地方、集体、个人的利益，国家、集体、个人的利益没有结合起来，这是森林资源破坏的主要原因之一。所以体制有问题，妨碍了森林的发展，妨碍了这个地区农牧民护林的积极性。这个问题要省委加以解决，我回去后可以把这个意见反映上去，解决的精神中央有12号文件中的一段话，怎么样既对保护国家森林有利，又照顾到集体和农民的利益，究竟采取联营的办法还是采取什么办法，你们州委讲了几条意见，我没权答复，因为这是个全国普遍性问题。我是主张联营的办法，究竟怎么联法，还要好好研究，现在省委派葛士英副省长正在迭部试点。洮河林业局向我汇报了，他们也很棘手，我说你们也拿出意见，我把这些意见都带回去。但是各个社队、各家各户都要种树，增加收入，美化环境，绿化环境，我一路看到牧区的地方没树，是不是不能种树。种树是百年大计，前人种树，后人乘凉，造福子孙，造福未来，造福四个现代化。要从长远着眼，一是眼前的经济利益，二是长远利益，不能只顾眼前不顾长远。有些荒山秃岭是不是可以鼓励集体、群众、机关、个人种树，谁种了归谁，特别是洮河林业局管辖的林区现在一片一片地剃光了头，没种树，水土流失很大，对庄稼和草山的危害很大。

第四个问题，加强民族团结，贯彻民族政策。

总的来说，我们的民族团结是好的，民族政策的贯彻基本是好的。但不能说没问题。但是民族之间的隔阂还是要一步步地缩小，民族团结首先是汉族干部和少数民族干部的团结，有些地方不团结主要是干部的影响，首先是干部问题。很多汉族干部长期在这里工作，有的安家落户，有的对牧业、对少数民族、对甘南的建设事业做出了很大的贡献，大家多少年来忘我的劳动，为农牧民服务，在这个地方干二三十年没有为人民服务的精神，没有共产党员的精神，没有坚强的意志是不容易的，而且很多干部在这里受到了广大少数民族的爱戴。当然汉族干部不是没缺点，但这些缺点可以通过教育不断克服。我们既然是民族自治州，就要特别注意培养少数民族干部，少数民族干部不是太多了，而是太少，当然现在培养了不少少数民族干部，特别是州一级领导干部，占了可观的比例，这是很好的，他们适应这个地区，熟悉这个地区。我们要长期建设，要发展经济，发展文化，一是要培养少数民族干部，二是要培养专业技术干部，比如懂牧业的、兽医等，现在少数民族专业技术干部太少。藏族知识分子很多在寺庙，寺庙既是一个宗教中心，又是一个文化教育中心，对反映藏族古代文化有好处。

第五个问题，城市要为农业、牧业服务。

我们的城市要搞好商业、加工业和其他文化教育事业。所有的城市都要加以改造，特别是新建的城市一定要规划好，而且要照顾到长远利益，现在的城市住房占地太多，合作是新建的城市，规划得比较好。新中国的城市应该生气勃勃，房子的建筑、街道、基本建设、绿化、地下水道、电这些问题都要搞好。因为城市会影响乡村，城市的文化会影响到乡村，所以城市规划很重要，街道要整整齐齐，房子既要经济又要美观，城市的生活习惯也会影响到农牧民生活习惯的改革。

第六个问题，加强政治思想工作，开展“五讲”活动。

现在党政要分开，党主要抓路线、方针、政策的贯彻，抓思想领导。党委、支部主要抓政治思想工作。树立好人好事、好风气。“五讲”“四美”应该作为共青团、妇联、工会当前的中心工作来抓，这个活动的重点是教育青少年，不仅是青少年，要从各家各户、从干部自己做起。这是改变人们精神面貌，提高思想境界，改变社会风气，树立新的道德，树先进、赶先进、学模范、赶模范、学雷锋、树新风的活动。这个活动不是短期的，这是长期的，也是不断发展的。所以要把“五讲”“四美”当做移风易俗、改变社会面貌、改变社会风气的活动，客观存在的影响是深远的，会促进各个方面的变化，不要当成一件小事，这是一件大事情，也是思想工作的主要内容。

甘南是个广阔的天地，大有可为，潜力很大，前途光明，所以你们无论是少数民族干部或者是汉族干部，受党的委托，受人民的委托，在甘南自治州工作是很光荣的。我们安心在这里工作，造福广大兄弟民族，造福各个民族的子孙后代。我们要把甘南变成一个牧区的示范地区，变成一个先进地区。

1981 年 5 月

本文选自《杨应忠文集》，青海人民出版社，2004 年 9 月。

第十一世班禅在甘肃举行佛事活动和参观学习

谭飞

2003 年 8 月 13 日至 21 日，第十一世班禅额尔德尼·确吉杰布在甘肃省甘南藏族自治州参观学习和举行佛事活动，受到当地有关领导和各族群众的热烈欢迎。

8 月 16 日，著名的藏传佛教寺院拉卜楞寺以隆重的宗教仪式迎接第十一世班禅额尔德尼·确吉杰布的到来。寺院喇嘛为第十一世班禅奏古典迎佛曲，敬献“曼札”、哈达、奶茶、蕨麻米饭和酸奶。拉卜楞寺所在的甘南藏族自治州夏河县的信教群众沿途以“煨桑”、抛撒“隆达”等方式迎接第十一世班禅。紧邻拉卜楞寺的夏河县城各族群众自发列队欢迎第十一世班禅额尔德尼·确吉杰布。

8 月 17 日，第十一世班禅额尔德尼·确吉杰布在拉卜楞寺讲经台主持隆重的长寿灌顶法会，1300 多名喇嘛和信教群众参加了灌顶法会。长寿灌顶法会结束后，第十一世班禅为大金瓦寺举行了开光仪式。

8 月 18 日到 19 日，第十一世班禅额尔德尼·确吉杰布先后为拉卜楞寺的德哇仓文殊佛殿、贡唐宝塔、赞康护法殿、大经堂一至五世嘉木样灵塔、十世班禅大师像举行了开光仪式。8 月 18 日，十一世班禅还在夏河县桑科草原过“林卡”，并接见桑科乡牧民代表。8 月 19 日，十一世班禅在拉卜楞寺拉章措木欠殿参加了祈祷长寿的宗教仪式，随后在德阳殿接见了当地民族宗教界人士，并在大经堂和拉科活佛灵塔殿分别举行了佛事活动。

8 月 17 日到 19 日，第十一世班禅额尔德尼·确吉杰布在拉卜楞寺大经堂先后为 2.6 万多名僧侣和信教群众摸顶赐福，赠送照片和金刚护身结。

在甘肃期间，第十一世班禅额尔德尼·确吉杰布还先后前往敦煌鸣沙山、月牙泉、莫高窟和嘉峪关古长城参观学习。

甘肃省委、省政府十分重视这次参观学习活动，对佛事活动进行了周密安排。甘肃省委书记苏荣、省长陆浩看望和会见了第十一世班禅额尔德尼·确吉杰布一行，并向来宾介绍了甘肃省情和民族宗教工作情况。第十一世班禅额尔德尼·确吉杰布发表了讲话，他祝福甘肃各族人民在以胡锦涛为总书记的党中央领导下，民族团结，经济发展，社会稳定，在西部大开发和全面建设小康社会的征程中取得更大的进步。

本文选自新华网，2003 年 8 月 21 日。

阎海旺书记的一次甘南之行

郝洪涛[①]

我在甘南工作期间，阎海旺同志先后任甘肃省委副书记、省长、省委书记。他非常关心、理解、支持我们的工作，多次听取汇报，多次作出批示，多次来甘南调研，多次与我们面对面地共同商议、解决难题。我印象最深的是1994年11月16日至22日阎海旺书记的甘南之行。

11月16日下午，我和杨镇刚、陈志逊等到土门关接阎书记。在夏河县，阎书记视察了甫黄电站、皮革公司、桑科草原旅游点。在拉卜楞宾馆吃晚餐后赶回合作。

17日，阎书记到临潭县视察，看望了因灾绝收的田全村群众，还视察了水泥厂、地毯厂。他指出，要发动干部群众，全社会动员，打好扶贫攻坚战。改变临潭面貌，单靠一条不行，要走综合发展的路子。要重视农业，依靠科技，在吃饭问题上想些办法，如发展经济林、铺设地膜、调整作物结构等。发展畜牧业有潜力，可以走舍饲、短期育肥的路子。劳务输出也是一条好路子。水泥厂要把机制搞活，把营销机制彻底放开，什么办法都用，企业就有希望。要抓好教育。教育是百年大计，是长远的大事。没文化干什么都不行。农村劳动力至少要有小学文化程度。一定要让孩

① 郝洪涛，时任甘南州委书记，后任甘肃省高级人民法院院长，已退休。

子都上学。要抓基层组织建设，注意选拔年轻干部，优秀的可以选到乡上来。要把群众生活安排作为一个重点工作。采取救济、以工代赈、劳务输出相结合的办法，保证困难群众的生活。

当晚，返回合作，阎书记不顾劳累，听取了州委、州政府的汇报。他充分肯定了甘南工作的成绩。并指示：第一，关键要抓好落实。落实要从基层抓起，搞好基层组织建设。农牧村是各项工作的落脚点，基层组织搞好了，工作就能落到实处。第二，要把民族团结进步放在重要位置上。这是做好一切工作的基础。结合甘南实际，搞好民族团结进步教育，树立马克思主义民族观，树立“两个离不开”的思想，进一步增强民族团结，促进甘南的发展和稳定。第三，加快民族地区经济社会的发展。既要看到优势，又要看到不足。要立足实际，转变思想观念。在建立社会主义市场经济的过程中，甘南转变思想观念的任务更重。有些自己能办的事自己积极去办，有些需要省上支持的省上支持，有些需要用改革的办法解决。第四，安排好群众生活。不能让贫困户和受灾群众挨饿。还要保证完成财税任务，兑现职工工资。

18 日，阎书记到碌曲、玛曲县调研，视察了碌曲县藏族中学、花盖村、玛曲县牧民市场、大水金矿、虹鳟鱼场。在藏族中学，阎书记强调：振兴民族的希望在教育，振兴经济的希望也在教育，振兴教育的希望在教师。藏中办得不错，关键是有一支好的教师队伍。要把优先发展教育作为各级领导班子的集体行为，像抓经济那样抓教育。民族地区要注意把中学办好。教育上不去，一切无从谈起。尽管目前财政困难，但教育一定要保证。再穷不能穷教育，再苦不能苦孩子。希望把碌曲藏中办成民族地区的一所样板学校。

19 日，阎书记在迭部县调研，视察了木器厂、酒厂、迭部林业局白云苗圃、纤维板厂、792 矿、水冶厂。在 792 矿，阎书记看望了干部职工，动情地说：“20 年后再来迭部，看到地方变化很大，感到很高兴。但看到矿上正面临困难，心里又不是滋味。792矿是为国家做出了贡献的。现在由于国际大环境的变化，生产任务少了。自力更生克服困难，这也是对国家的贡献，转产转好了更是贡献。面临困难，一要国家支持，二要省、地、县的支持。要利用现有设备、队伍，立足甘南资源优势，认真论证转产项目，把生产恢复起来。要考虑与地方协作，能用的设备利用起来，开发金矿资源，搞木材综合利用，是大有文章可做的。”

20日，阎书记从迭部到舟曲县调研，沿途看了迭部县尼傲电站、化工厂、腊子口纪念馆、舟曲县立节乡占单村农田基建工地、憨板乡崔彦明果园、丰迭乡农田基建工地、沙川坝电站坝址。阎书记对群众的精神面貌和苦干精神给予了赞扬。他说：“能够把群众组织起来这样干，说明基层组织是能够发挥作用的。舟曲县条件差，要打好扶贫攻坚战，就要靠这样的苦干。”

21日，阎书记在舟曲县调研，视察了坪定金矿、乱石湾农田基建工地和四级提灌工程、舟曲林业局。阎书记指示：白龙江林区是长江上游一片重要的水源涵养林。在林业生产上，要坚持营林为主、限额采伐，多种经营、综合利用，兼顾地方和企业利益。环境保护是全球性大问题。要从长远看问题，对营林生产给予重视。基本生产方针应该明确，并抓好落实。林业与地方是利益共同体，林业上做到采伐不过量，地方上给予支持，就可以找到共同点。企业当前有些困难，长远的保护又十分重要，出路在于战略上的转产。转产问题，态度要积极，工作要细致，把大路子找准，把人转出去才行。企业和地方要进一步加强团结协作。企业向地方党委请示、汇报工作，这是我们党的规矩。当然地方党委支持企业也是应负的责任和义务。要在造林、育林、营林上共同想办法，做好林业工作。关于金矿开发和水力开发，阎书记表示：甘南资源比较丰富，要加快水电和金矿开发。已经在建的四座电站要作为重点工程，加快建设，发挥效益。开发金矿资源抓得好，县上抓住这个项目，改善财政状况就有了希望。民族地区的资源开发和经济建设，国家、省上应给予更大的支持。初步考虑由中央和省上分别拿出资金，建立民族地区基金。省上正在向中央积极争取。

这天晚上，阎书记与我谈话，就财政补助、生活安排、项目投资、推荐干部等具体问题，讲了明确、中肯的意见。

22日，我们顺路送阎书记回兰州。从舟曲到岷县，我坐在他的车上，走了一路，聊了一路，非常愉快。到岷县后，握手告别，我们即回合作。

说明两点。一是阎书记轻车简从，省上三辆车，州上两辆车，县上车辆只在现场等，不搞迎送，不搞层层陪同。二是所有谈话都是即席讲的，没有稿子。

2008年3月12日于兰州

本文选自郝洪涛：《甘南纪事》，甘肃人民出版社，2009年1月。

宋照肃省长在卓尼视察工作

格日才让 [①]

2000年8月8日，甘肃省委副书记、省人民政府省长宋照肃率领省计委、财政、扶贫、水利、乡镇、林业等部门的负责人，在州领导罗笑虎、丹正嘉、贡保甲、董怀德、沙拜次力、刘志民等的陪同下来到卓尼视察工作。

8月8日，卓尼县委书记卓玛加、县人大主任康尔寿、县政府县长杨宇宏、县委副书记张振国、副县长杨文信和县委办公室主任杨永福等前往上卓梁迎接，向宋省长一行敬献哈达，表示欢迎。

上午，宋省长一行风尘仆仆深入卓尼洮砚厂，观看砚工雕刻情况，并与厂长卢俊福亲切交谈，听取了企业创建、生产经营情况的简要汇报，了解了卓尼洮砚的历史和现状。州人大主任丹正嘉与雕刻大师张建才亲切交谈，询问了张建才的生活情况。接着宋照肃省长一行前往卓尼青稞酒厂视察指导，在听取了卓尼青稞酒厂宁学仁介绍酒厂情况后，宋省长又到陈展室观看了卓尼青稞酒系列品牌。之后宋省长一行前往卓尼县木耳乡西尼沟村了解群众的生产生活情况，视察了科技示范点塑料大棚的蔬菜种植。在农户董永平家，大家吃中午饭，一根大蒜、半块馍馍、黄瓜萝卜、麦索尔、蕨菜、洋芋、青豆儿、一锅面就是省长要求的四菜一汤，

---

① 格日才让：卓尼县政协文史资料委员会主任。

他还了解了农牧民群众家庭生活和收入状况，详细询问了孩子学习等情况。

下午返回卓尼后，宋省长莅临禅定寺视察，寺管会主任格桑嘉措向宋省长敬献了哈达，在大经堂内，宋省长向宗喀巴像献了一条哈达，禅定寺向宋省长赠送了小“木塔”礼品。一行人参观了禅定寺文物殿收藏的珍贵文物，看望了残疾雕刻艺人安嘛尼，宋省长拉住安嘛尼手赞扬说：“你是全省残疾人的榜样。”

8 月 9 日上午，宋省长一行在卓尼县委三楼会议室听取了州委书记罗笑虎、县委书记卓玛加、县长杨宇宏的工作汇报，并答应解决州、县提出的部分困难和问题。

汇报会上，宋省长在充分肯定工作成绩的同时，对今后工作提出了三点具体意见：“一是甘南州要做一个整体全盘开发规划，分清哪些是主要的，哪些是次要的，同时要制定对外开放开发规划。二是要突出城市化和城市建设，牧区在发展市场经济的过程中，首先要把城市发展起来，把市场培育起来，这对于带动牧区的发展至关重要，你们提出的‘从我州实际出发，以县城改造为重点，加快城镇建设，特别是合作市要按照州府所在地和县级市的要求进行规划，加大资金筹措力度，加快建设步伐，争取三年见成效，在全州经济发展中起到示范带动作用。同时，扶持发展一批重点集镇，进行小城镇建设，改变落后面貌’，这个想法非常好，我赞成这个思路，希望你们按此思路开展工作。三是要更好地借鉴东部地区开放、开发的成功经验。并千方百计吸引他们的资金、高新技术和人才等来甘南投资办厂，充分利用他们在制造业、出口业等方面的优势，采取建立广泛联系的办法，利用他们的地方出口，或者利用他们的出口企业到甘南投资，把甘南的产品打出去，推向国际市场，以促进甘南的发展。要把旅游业作为一项产业来发展，旅游本身就是开放，是扩大对内对外开放的一个办法，既是一个产业，也是对外开放的一条路径，这些办法都是好的。你们的工作思路很清晰，我很欣赏，提出的有些问题，我们都想到了，有些项目已经列入国家、省上的规划，但在具体工作中，关键要搞好项目的前期论证，把前期工作搞好。”

中午，宋省长一行离开卓尼。

亲力亲为

我走过的路

卢克俭 ①

范长江是中国著名的进步的新闻工作者。六十多年前他曾到过大西北，写有《中国的西北角》报告文学集。今日一批热心的同志沿着范长江当年走过的路实地考察，作历史的对比，写了《今日中国西北角》电视系列专题脚本和文集，歌颂中国共产党，歌颂社会主义，这是非常有意义的，我很赞赏。他们认为，这个历史性的大变化在我身上反映得也很突出，约稿要我写写自己，我没有也不应该有什么理由推辞。

的确，没有这个历史性的大变化，也不会有我的今天。范长江 1935 年走访大西北时，我还不满四岁，我当然不可能见到他，但这年有件事留给我的印象很深。记得有一天，我父亲不在家，家里只有我和母亲，村上来了不少穿土黄色衣服的人，他们把煮熟的两碗大豆送给我和母亲吃，态度很和善，我和我母亲很受感动。走后，人们说这是“红军”。这是我第一次听到“红军”这个名字。事过六十多年了，天翻地覆，换了人间。现在的我已在省级干部岗位上工作十多年了（任中共甘肃省委常委一年多，任省委副书记九年多，任省人大主任七年，中间有段交叉任职）。这个变化，我连做梦也没有想到。

---

① 卢克俭，甘肃省人大常委会原主任，已退休。

范长江曾经到过的卓尼县，行政区划已有很大变化。所辖洮砚乡，大小有九个纯藏民居住的村庄，村名前后有不同的变化，按现在的叫法有：上达勿（原藏族村名叫德欧甫，下同）、下达勿（德欧斗）、耐里（耐瑞）、卡古（卡屋）、丁尕（今尕）、卡儿山（卡儿拉）、界拉（尖热）、沙扎里（章才）、加麻沟（则热），前八个村相距 1 ～ 5 里，后一个村即加麻沟，距前八个村的最近距离是 20 里。新中国成立前，几个村的隶属关系也不一样，前八个村实行土司制，属卓尼杨土司管；后一个村即加麻沟村实行保甲制，抗日战争前属岷县管，抗日战争胜利后，设立了会川县，属会川管，甘南藏族自治州成立后，这里又划归卓尼县管。这里与上述三个县城的距离都在 120 里以上，全是徒步行走。这些村的群众，过去在本村或村之间都说藏话，与汉民交往用汉话，有不少汉民也能听懂甚至会说藏话。所以，这里的藏汉民之间基本上没有语言隔阂。这些村的藏族群众与周围的汉民群众一样，都耕田务农。虽有畜牧业，但占的比重不大。生产力低下，二牛抬杠，粗放经营，广种薄收，还属自然经济。麦穗脱粒，全用牛拉碌碡碾，或用连枷打。运输全靠人背、牲畜驮。地势稍有平缓的村庄，偶尔见到的牛拉车，也都是有点手工艺的木工粗制的非常简陋的大轱辘木车。如往地里运粪，一车粪能顶得上十个人用背斗背的数量。运输能力很低，平缓地面少，所受限制和风险很大。生产、生活用具中，买的或自制的粗笨的木器多，铁制的少，犁地的铧是最必需且最需爱惜的铁器。喜欢铜器和瓷器，但能拥有的人家很少，有些吃饭用的瓷碗，补了又补，钉了又钉。商品交换只是偶尔发生，如群众把积蓄的鸡蛋或猪鬃从串乡串村的货郎那里换点针线或火柴等。因为是林区，住的房子都还可以，全是木头盖起的平房。生活条件好的盖两层楼房，室内全是板装，外有土墙包起来，讲究“内不见土，外不见木”。说到服装，男的基本着汉装。妇女出嫁后编三个辫子，未出嫁的姑娘编两个辫子，辫形也不一样。妇女的服装是长袍（或长衫）坎肩，腰里系一个宽布腰带。几个藏民村办婚事、丧葬等风俗相同，迎送新娘都有特殊仪礼。藏民村之间通婚多，亲戚多，感情很融洽。实行火葬，尸体火化后把骨灰埋在坟里。这里的藏民有不少独特的地方，考究其历史渊源的人少，能说清楚的人也不多。由于旧社会的黑暗统治，阶级压迫、民族压迫都很厉害，群众中缺吃少穿的人很多，出门乞讨的人也不少见。尤其藏族群众，被欺凌的更严重。在我的记忆中，国民党保长借口我家未交什么款，关押我父亲，手抓着我母亲的辫子打我母亲，想起这些事真叫人心酸。文化教育更落后，旧社会时周围几十里内除了有几所“以庙为校”的私塾学校外，没有一所完小。识汉字的人太少了，每年临过春节时很难找到写对联的人，由此带来识汉字者欺骗不识汉字者的奇事不少。比如张王两家互相买卖房屋和房地基，两家都不识字，中间由于买方王家给写契约的人钱少了，结果写契约的人把已写好的“上卖房屋，下卖地基”的契文，在“下”字左下旁加了一撇。成了“上卖房屋，不卖地基”。过了几年写契约的人就唆使张家逼王家拆房要地基。这类的故事很多，传得也很广，影响很大。

我家就在前面说到的九个纯藏民村中的加麻沟村。我听父亲说，我爷爷外出讨饭没有回来。我二爷是喇嘛，外出念经，后住在一个寺庙里。我父亲开始也跟着我二爷当和尚念经，我伯父过乞讨生活死后，眼看我家就要断根了，于是我二爷让我父亲还俗回家，又用他念经积蓄的一点钱帮助我父亲成了家。等我长到8岁时，父亲就送我到离家一里多的一个私塾上学。要求不高，只希望我识些汉字，看住家里的文书，免受人欺骗。这个私塾学校在一个庙里，有一个长方形的院子，东端是庙，里面有一个泥塑的神像，门常锁着。西端是戏台，每年六月初六庙会唱戏用。南北两面是土围墙，北边靠墙修有几间土房，除看守庙的人住外，还有一位请来教书的老先生住。这就是我们的学校，没有教室，没有课堂，没桌，没凳，只有十多个学生，墙根、墙拐角和戏台沿上就是我们每天读书的地方，膝盖就是桌子，伴随我们的除了毛笔、砚台和书以外，就是泥土。按教师规定的任务，天天熟读书，逐个顺序熟背书（背对老师、背对书本背书）。教师在学生手心打板子是经常发生的事。我在这里先读了《三字经》《百家姓》《千字文》《弟子规》等，又读完了《四书》《幼学琼林》。死读书，读死书，全未开讲，囫囵吞枣。后来父亲又赶着毛驴，驮着面粉，从途中背着砍到的干柴，送我到 120 里外的会川县城上完小四年级，一日三餐全由自己做。直到上了中学，学数理化，学英语，又读了不少古文，直到 1949 年新中国成立。

1950 年元月八号是我开始新生活的日子。这天我突然接到中共会川县裕民区区委书记的一封信，要我到区上帮助收粮。经父母亲同意，这天我就到了区里。这我才知道，区委书记的信是经我在区上工作的同学向区委书记介绍推荐才有的事。区上同志们说，书记知道我在语言、文字方面有一定表达能力，故安排我做区委宣传委员（也有叫宣传科长的）。给我发了一套灰色的棉衣服，又给了一支步枪。我就这样进入了干部队伍。接着就忙着下乡做当时的中心工作，如学习宣传政策，做建立健全基层政权、维护社会治安、催交公粮、催交军鞋等工作，直到后来的动员群众参军、抗美援朝、减租反霸、土改等。一因自己对党的方针政策了解太少，二因工作任务的需要，自己对学习抓得较紧。这里值得一提的是，有一天我在区上找到一本宣传马克思主义的通俗读物。其中讲到，私有制发展的结果必然两极分化，一极是财富的积累，堆积如山；另一极是贫穷的积累，也堆积如山。两极又不能互相离开，少数财富所有者由多数贫穷者供养，多数贫穷者为使自己生存还得受少数财富占有者的压迫和剥削。这种社会财产分配的不公，发展到一定程度，必然为一些有识之士所认识，产生一种新的革命的思想，唤起众多贫穷者，爆发革命，推翻维护少数财富占有者的政治统治，剥夺者被剥夺，实行公有制，建设社会主义和共产主义新世界等等道理，我读得入了迷。自己从农村土地慢慢集中于少数地主手中，多数农民慢慢走向赤穷的事例来想，越读越爱读，越读思想越开窍。推想，既然农村是这样，城市等其他生产领域生产资料的占有也会这样，全社会、全国乃至全世界都会是这样。这个思想一学习，自己对党、对党的政策理解更容易、更深刻了。可以这样说，从此以后我在学习时的发言，包括我下乡给群众做宣传，我思考问题、分析问题、写材料等，总和这个思想联系在一起。我认为，这是我新的世界观产生的萌芽和基础，对我后来的发展起了很大的作用。

时间过了半年多，会川县裕民区和中寨区合并了。我在县上参加会议填干部登记表时，县委宣传部长发现我不是共产党员，于是就批评我们区委书记说，你们怎么把不是党员的人安排做区党委宣传委员。接着就安排我做区委青年主任（也有叫区团委书记的）。当时发展团员要经区青年主任批，但我这时也不是团员。记得一天区委书记把我叫去说："你现在已经是团员了。"这个时间就成了我至今填写入团的时间。上述未入党就做区委委员的事，未入团就审批团员的事，1954 年我在甘肃日报社整党试点中（当时我已是党员）就取证搞清了，组织上做了历史清楚的结论。我在会川参加完三期土改（每期我都任工作组长），当时国家正转入经济建设时期，组织上就送我到中共甘肃省委党校学习。乡里人第一次进省城，一切都是新鲜的。新旧冲撞，笑话多，故事多，长见识，收获不小。在校学员都安排住若干个大房间，每人一个木板简易床。我到的晚，夜里到宿舍只剩下挨门的一张木床，床顶上一盏灯。我睡下就琢磨正好在床顶上的这盏灯，估计这就是别人说的"电灯"了，但弄不清这灯是怎么添油、开关的，没想清楚就入睡了。早上醒来时，同房近十个人除我以外都起床了，灯还亮着，我为了弄清这个灯的秘密，就有意迟起床，暗暗观察着，我看到，最后有位学员去了一下门背后，接着有个声响，灯就灭了。等室内剩我一人时，我就到门背后看，发现墙上吊着一条绳子，我大胆一拉线，灯亮了，再一拉线，灯灭了。“乡下人”如此就知道了电灯怎么开关。后来遇到这类事不少，如坐电梯、打电话等，除个别事经求教别人掌握外，多数都是在自己勤观察、勤学习中掌握和弄清的。当时新中国成立不久，发展党团员控制得很严。学校讲，在这期学员中（约 1000 人），首批只发展 2%的党员。我当时是班上的团委书记，虽申请入党，但自觉希望不大。加上为办墙报的事，我和班党支部组织委员吵过一次嘴，以为没有希望了。结果呢，我首批就入党了。介绍我入党的两个汉族党员中有一位就是曾和我吵了嘴的党支部组织委员。这件事对我教育很大，这里不仅反映了我与这位党支部组织委员之间思想修养上的差距，也反映了我当时在民族问题上的偏见。这在我入学后要求调换宿舍的问题上也有反映。因为我是少数民族，刚入学时班上就把我和回民学员安排住在同一宿舍，因受旧社会民族不团结观念的影响，我向班上提出，我要和汉族学员住在一起，不愿和回民学员住在一起。为什么呢，旧社会时我常受错误宣传的影响，对回民从心理上有些怕。后来，房子没有调，由于思想观念不断更新，我和回民学员之间关系处得很好，亲如弟兄。

从省委党校毕业后不久，我就被分配到甘肃日报社做编辑和记者工作。这一段对我在政治上、写作能力上的提高不小。在报社党组织的关怀教育下，我几乎年年被评为报社机关和省级机关的优秀党员。1956 年，组织上分配我到甘南工作，先在《甘南报》当副总编辑，后任中共甘南州委副秘书长、州委书记处候补书记。记得 1958 年时我 27 岁，有一天，州委书记处几位同志给正在甘南检查工作的省委书记张仲良汇报工作，张书记问我是不是叫卢克俭，我说是，他就让我坐在他身旁，摸着我的头，鼓励我好好工作。我对党的关心很受感动。后来，毛主席在《工作方法六十条》中要求党内要培养一批“秀才”。为贯彻这一精神，中共中央组织部、宣传部和中央党校（当时叫中央高级党校）三家联合发文招生，一年只招120人，学制四年，前两年是基础课，后两年是专业课。条件就是要有一定的文化程度和写作能力，并做过几年县级以上党的领导工作。三家派人下来考察，大体合格后就集中在中央党校考试，不及格的要退下来。我被录取后就开始了在中央党校的学习生活。

入学那年是1960年，我们的班名就叫“六〇班”。基础课先学“三史”，即世界通史、中国通史、国际共产主义运动史。接着就从读马克思、恩格斯、列宁的基本著作起，直读到斯大林、毛泽东的代表著作。经本人报名、学校征求本单位领导意见后分专业。我选的是哲学专业，基础课、专业课学完，用了5年时间。这5年除读书外，还规定每人每两周交一篇论文。学习生活是紧张而艰苦的，尤其这一段是国家经济困难时期，吃饭就比较紧张。但又是很幸运的，和工作单位一样，一切待遇不变。党给了我这么长一段时间的学习机会是很难得的，在学习中，我除按进度要求学完规定的读书任务外，还做了很多笔记、卡片和索引，基本上掌握了马克思主义的“门牌号数”。有些难读的书，如《资本论》一卷的价值形态部分，在读不懂的地方就打个问号，请教老师。还用红蓝两种铅笔在重点地方划道道，做眉批。老师讲到不同版本的译文，我们就按老师用的版本译文修改自己用的译本。毕业后，学校按组织分配加本人志愿的原则，进行了分配。我因父母在甘肃，就要求回到甘肃。省委开始分配我到省哲学社会科学研究所，我考虑自己提拔得早，又脱离岗位学习了这么长的时间，就要求到实际中去锻炼，并具体提出到某公社（当时没有乡）去任个副职，这样既能得到锻炼，有个头衔也便于工作。最后省委让我先参加社教，社教后分配我到天祝县，任副书记兼县长。

不出几个月，“文化大革命”开始了。有人揭发我是“杨献珍（中央党校副校长、马列主义哲学家）的徒弟”，于是就抄了我的家，发现书上有涂改，有问号，就以此为据，给我加了一个“篡改马列主义经典著作”的罪名，进行了6年多的审查。后随形势的变化，此事终结。随后又分配修水库、办党校、在一个千人的企业里做领导工作。党的十一届三中全会刚结束，省委通知我到省委党校任副校长，管教学工作。这期间，在省委书记宋平的主持下，党校连续办了好几期讨论真理标准的学习班，后又让我参加了在北京召开的全国理论务虚会。这中间，我就如何评价毛泽东同志，如何解放思想、实事求是、从实际出发贯彻党的思想路线方面写过不少文章，也主编过这方面的书，努力宣传马克思主义的唯物论和辩证法。1983年，我进了省委班子。

上述在我身上所发生的变化，可以说是《今日中国西北角》所说变化中的一个缩影，真是天翻地覆，换了人间。

我非常孝敬父母。原来在会川上学时，那儿常销售兰州五泉山所产的水烟，每学期回家时，我总是用学习中节省的钱给父亲买上一些水烟，从一百多里外背回家里，又把地埂子生长的蒿秆折上几捆放在家里，作为我父亲点烟用。我每次回家，总是给母亲用热水洗个脚，给她梳梳头。尽管这起不了什么作用，但我会觉得心里好受一些，因为父母辛辛苦苦养育了我，我却不能陪在他们身边。但我更热爱共产党，她给了我新的生活，给了我新的思想，使我成长为国家干部。我身上的一切好东西、进步的东西，是我父母亲给的，更是党和人民给的，我只有好好工作，才能对得起他们。

现在我的家乡已经发生了很大变化，有了公办学校，有了公路，生产工具、运输工具、人民的生活用具都有了很大改变，电灯代替了油灯，汽车代替了步行，人民生活水平也有了明显的提高。今日的中国西北角远不是当年的西北角了。随着改革开放春风的脚步，我国各个角落都在发生着翻天覆地的变化。随着大西北的开发，这个变化的前景将是非常光明的。

1999 年 11 月于兰州

本文选自王道义主编:《今日中国西北角》，甘肃人民出版社，2000 年 1 月。

我给杨复兴副主任当秘书

鲁太科[①]

1991 年初，经甘南藏族自治州军分区原司令员尕布藏推荐，单位确定我为甘肃省人大常委会副主任杨复兴当专职秘书，直到杨主任去世的近十年时间里，他谦和的态度、务实的作风、豁达的胸怀、顽强的意志深深地感染着我。至今，陪杨主任一起外出考察、下乡调研的情景仍一幕一幕出现在我的眼前，脑海中经常出现杨主任的音容笑貌，多次在梦中仍和杨主任在一起。给杨主任当秘书的经历，在我心灵中印上了深深的烙印。

杨主任是共产党的高级领导干部，又是藏族地区影响广泛的民族人士。我在任秘书期间，随杨主任走遍了甘南藏族自治州卓尼县、迭部县、舟曲县的全部乡镇和村寨。每到一地，都受到当地群众高规格的迎接，庞大的马队在十里之外列队迎候，威武的骑士穿戴藏服盛装，脚蹬马靴，斜挎猎枪；寺院的僧侣们夹道相迎，吹着近十米的长号，敲着法鼓，撑着华盖护送杨主任前行。路两旁香炉桑烟缭绕，龙达漫天飞扬，当地群众手捧哈达鞠躬迎候，藏族老阿婆手摇嘛呢诵经祈祷。山坡上、树林旁、草地上到处是等候的群众，大人们抱着小孩，年轻人搀扶着老人，整个村寨基本上是全家出动，几百里外牧场的牧民也专程赶来参加这一

① 鲁太科：甘肃省人大常委会退休干部。

重大盛会，村寨中、草原上一派节日的景象。杨主任一到目的地，各族群众便蜂拥而上，围得里三层外三层，满脸都是期待的表情，并期望得到摸顶授盖，得不到摸顶授盖则不肯离去。这样盛大和庄重的场面，使初当秘书的我感到惊讶，后来这种场面见得多了，也就习惯了。我对杨主任的敬仰和尊重日渐增加，更增强了我当秘书的责任感。在近十年的秘书工作中，杨主任对共产主义的坚定信念，对家乡人民的热爱和深厚感情使我难以忘却，铭记在心。

一、呼吁保护甘南林业生态

森林是甘南各族人民赖以生存的重要资源，多年砍伐使该地区林业资源遭到严重破坏，生态逐年恶化，泥石流、洪水等自然灾害多有发生。几十年间被砍伐的木材被汽车川流不息地外运，洮河放筏，加之地方上马驮、牛拉、人扛等盗伐活动不断，有的山头已基本上剃了光头，砍伐愈演愈烈。1993 年我随杨主任去舟曲县弓子石乡调研，该乡已无一棵松树，因土地面积有限，地里只能种一些玉米和洋芋，群众连基本的生活做饭用柴都没有，没办法只有上山拔草根当柴烧，由于山高坡陡，几十年来从山上摔死的达十人之多。我们去了一户群众家，家里的男人在去年捡柴拔草根时从山上跌落摔死了，家里的口粮只有堆放在墙角的一点洋芋，做饭缺少柴火，更不要说冬季取暖。杨主任看了特别心酸，将身上仅有的几十元钱留了下来，并嘱咐县上陪同的人大常委会主任李边玛、政协主席全尼西要关心此类家庭。

甘南林业生态保护一直是杨主任心中的牵挂。在甘肃省人民代表大会第八届二次会议甘南小组会议上，杨主任首先发言大声疾呼：“甘南的森林已到了毁灭的边缘，如不立即阻止并采取保护措施，我们这一代人将会成为历史的罪人。”出于对森林资源破坏现状的痛心，杨主任发言时因过于激动而休克近半小时。当时参加会议的有省人大常委会卢克俭主任，甘南州委郝洪涛书记、杨镇刚州长和甘南代表团全体成员。杨主任对甘南人民的强烈责任心使参会所有人员都非常感动和钦佩。会议第二天，杨主任夫人达芝芬、胞弟杨丹珠、甘南州人大副主任杨积德考虑杨主任身体情况，劝说其在家休息，但他还是坚持参加会议，上午便去解放军代表团向参加会议的省委书记阎海旺汇报了甘南森林遭到破坏的情况，并在解放军代表团的会议上讲了他在甘南团发言的内容。大会结束后，又专门去青年农场省领导家属院找了省长孙英同志，反映甘南林业资源遭受严重破坏的情况。杨主任对森林禁伐、林权体制改革的建议和思路比国务院制定的森林禁伐、林权改革条例还要早几年。杨主任对甘南森林的保护在多次会议和适当的场合不断呼吁，胡耀邦总书记到甘南视察时他亲自汇报了甘南的林业情况。1996 年在全国政协小组会议上，杨主任专门就森林保护和林权改革进行了发言，同时提交了关于甘南林业生态保护的议案。

二、关心家乡的教育事业

杨主任每到一地，首先去的是学校，看望的是教师。召开群众大会首先强调要摆脱贫穷，必须重视教育，没有知识办任何事情都很难成功，家里再穷也不能不让娃娃上学，有了知识才能发展，藏区经济落后主要因为教育落后。1992 年 9 月、1993 年 5 月，杨主任曾两次让我专程将他去甘南时群众布施的一些钱和自己积攒的 13000 多元送到卓尼县柳林小学，当时学校召开了有县委书记雷和平、县长徐登参加的捐赠大会。书记、县长讲话表示感谢；学生代表发言：“一定不辜负杨爷爷的期望，努力学习，争取获得优异成绩，报效家乡。”

卓尼藏族中学教学设备落后，学校宿舍条件很差，杨主任积极和省有关单位联系，为该校捐赠了几台电视和英语教学无线设备，并从省财政厅申请了3万元作为该校补助，用以改善教学和住宿条件。

三、维护民族地区的安定团结

甘南地区畜牧业经济所占比例较高，矿产资源分布较广。改革开放以来，畜牧业发展迅速，草山纠纷随之增多。卓尼县车巴沟江车村和尼巴村为草山争斗得很激烈，多年打斗伤亡近二十人。两村代表各自多次来兰州到杨主任家控诉告状，我也收到十几封两村告状控诉信，杨主任了解情况后很痛心。1997年，他专门去了卓尼，当时两村的纠纷正处于胶着状态，杨主任执意要去车巴沟进行调解，在县委书记卓玛加、县人大主任康尔寿的陪同和公安人员的保护下，他去了车巴沟。当天在刀告乡召开了两村代表和村干部、乡领导参加的座谈会。会上杨主任进行了耐心的劝说，强调不能再打斗下去了，坚决不能伤人，这样做，伤害的还是百姓，损害的还是群众自己的利益，有事情、有纠纷只要坐下来协商，总有办法解决，要相信政府，坚决不能将事态继续扩大。在杨主任的劝说下，事态再未扩大，最终得以协商解决。

杨主任大到重视维护民族地区的安定团结，小到关心各家的家庭和睦。卓尼县恰盖乡村民尕东加家常年闹矛盾，不团结。其弟不管家庭生活，不劳动，不放牧，整天在外喝酒闲逛，经常打骂老婆、孩子，为此事尕东加专门来兰州求杨主任教育其弟。杨主任在去卓尼调研时专门去了尕东加家里，对其弟进行了耐心的说服教育，其弟跪在地上承认了错误，保证以后不再犯错。杨主任在调解甘南草山及其他纠纷、促进地区安定团结和家庭和睦中发挥了重要作用。

四、看望老领导习仲勋和部分老同事、老同志

1993年12月下旬，我随杨主任及夫人达芝芬去广东省、海南省考察。在广东省去了肇庆、番禺等地，后又去了深圳，当时习仲勋在深圳迎宾馆休养。因新中国成立初期习仲勋任西北军政委员会副主任、主任时，杨复兴任西北军政委员会民族委员会委员，工作、学习、开会、参加培训时与习老多有接触，达芝芬阿姨和习仲勋夫人齐心也很熟悉。到深圳后杨主任提出想见一下老领导习仲勋，我向深圳市人大常委会反映了这一愿望，经与深圳市委和中央办公厅的秘书联系，定于12月30日下午去习老的居住地见面，但时间不能超过20分钟。按照约定时间，杨主任、达芝芬阿姨及深圳市委、市人大的同志一同前往拜会。习老脚穿黑色布鞋，面色红润，看起来精神很好，夫人齐心着装简朴，在门口迎接。杨主任一见面就问习老："您还认识我吗？"习老带着浓厚的陕西口音高兴地说："你是杨复兴，我怎能不认识，当年你年轻有为，英俊潇洒，是我们西北军政委员会最年轻的干部，你的夫人是蒙古阿拉善王达理扎雅的姑娘。"习老的思维很清晰，语气铿锵有力，精神饱满。齐心同志语言朴实，平易近人，达芝芬阿姨和她拉一些家常话，互问了子女的一些情况。在场的有深圳市委、市人大、甘肃省农副贸易公司驻深圳办事处总经理王瑜等同志，还有习老的田秘书和深圳市委的一名秘书。由于老同志见面有说不完的话，气氛亲切热烈，会见持续了一个多小时，远远超出预定的时间。

杨主任一直对曾在一起工作的老领导、老同事怀有深厚的感情，时刻挂念着他们，尤其晚年对他们的思念之情更加强烈。1996年6月25日，由我和西北民族大学藏学专家杨士宏教授陪同，杨主任到西藏考察调研自治区法制建设和地方立法期间，拜会了自治区党委副书记、区人大常委会主任热地。并不顾路途劳

顿，乘车前往林芝地区八一镇参观奇正制药厂，去米林县洛峪乡洛峪村看望刚搬迁下山定居的珞巴族群众。返兰途中，杨主任在成都拜会了四川省委原书记、西藏自治区区委原书记天宝，四川省政协副主席杨岭多吉等。1998 年 10 月，我和杨士宏教授陪杨主任从省城兰州出发，专程从陇东庆阳取道西安，拜见了甘肃省委原副书记孙作宾，国务院副秘书长常黎夫，原西藏工委副书记、西藏军区副政委范明和彭德怀秘书张养吾。后又陆续在北京拜见了中央组织部原副部长刘华峰，国家民委原副主任卓加，司长扎喜旺徐，敦煌研究院原院长常书鸿先生；去南京看望了甘肃省委原书记张仲良的夫人；去西宁拜见了十世班禅的母亲尧西·索朗卓玛；去夏河拉卜楞大经堂修复委员会驻地看望了甘肃省原副省长黄正清；到兰州柏树巷看望了甘肃省政协副主席贡唐仓活佛等。

五、杨复兴副主任最后的日子

1999 年 8 月初，杨主任由长子杨正、孙女杨卓龙陪同和我一起去甘南，在甘南州府合作召开了有州委书记罗笑虎、州人大主任丹正嘉参加的“关于修建卓尼杨积庆烈士陵园”的协商会。杨正介绍了修建情况后，罗笑虎书记首先表示：“修建杨积庆烈士陵园不仅是个人的事，而且是甘南地区藏族人民的事，杨积庆当时能够支援红军开仓放粮的精神是很可贵的，杨积庆对中国革命是有贡献的，家里人提出这样的要求不过分，我们州上和各县都有责任支援，建成后对青少年后代也是个教育基地。”丹正嘉主任讲话说：“卓尼的历史就是杨家的历史，杨土司在藏区是很有影响的，修建方案由卓尼县制定后应尽快报省民政厅审批，争取省上资金扶持。”参加会议的其他领导同志都表示赞同。

在卓尼县招待所居住几天后，一天早上刚起床，杨主任突然叫我赶快去他的房间，说：“我的眼睛怎么模模糊糊看不清楚，时隐时现。”当天我们就赶到卓尼县人民医院做眼科检查，但未查出原因。回到兰州后，到甘肃省人民医院眼科也未查出原因（其实主要病因是眼底动脉硬化）。隔了大概十几天，杨主任突然感觉左大腿疼痛，去了兰州军区总医院、省人民医院检查，医院只是考虑骨头问题，未查出病症根源。两天后左脚开始发紫，而且向上发展很快，疼痛也越来越厉害。达芝芬阿姨赶快和北京协和医院的亲戚齐续敦（协和医院器材处处长）联系。9月16日12时30分，在达芝芬阿姨、长子杨正、三儿媳宋文芳、省人民医院一名护士长和我的陪同下，杨主任乘飞机去了北京。一到北京协和医院，等候的齐处长及达芝芬阿姨六妹达锐、妹夫王年等已预约备好了病床，主治医生一看症状立即确诊为腿部主动脉血栓堵塞，必须立即手术。下午3时就进了手术室，5时手术完毕。

在漫长的康复过程中，杨主任一直顽强地与病魔作斗争，从未看到他显露出十分痛苦的样子，而是积极地配合各种治疗，还不时与陪护人员和前来探望的人谈笑风生。他曾几次对我说：“小鲁，我觉得我的腿还在，等康复出院了我还可以继续工作，我要跨世纪。”杨主任让我联系好上海装假肢的工厂，我和杨主任四儿子杨达还联系了准备出院后进行康复的医院。住院期间，全国政协副主席齐续春，甘肃省委原书记、时任中国人民银行副行长阎海旺，甘肃省人大常委会主任卢克俭，时任甘肃省委组织部部长王安顺，甘肃省人大常委会原副主任王道义，甘南州人大常委会副主任杨积德专程到医院探望。甘南藏族自治州州委副书记沙拜次力代表甘南州四大班子、卓尼县县长杨宇宏代表卓尼县四大班子专程到北京探望，卓尼县禅定寺也派代表到北京看望杨主任。由于杨主任年事已高，加之手术创面大，给康复带来了很大难度，伤口迟迟不能愈合。2000年1月1日14时左右，病房里只有我和其四子杨达守候，杨主任突然呼吸困难，大口喘气，非常难受，且面色通红。医生紧急将杨主任转往急救室进行抢救。15时10分，杨主任永远离开了我们。1 月 2 日，由甘南州夏河县县长杨晓南主持，在协和医院举行了简单的吊唁仪式，参加吊唁的有北京高级佛学院活佛、在京的亲朋好友以及甘肃省政府驻京办的同志等。

按规定，在北京去世的遗体不能出京，由于杨主任的特殊身份，报甘肃省委同意，经中组部、民政部特批，1 月 3 日，在其子女、孙子及驻京办、甘南州四大班子、卓尼县四大班子代表的护送下，灵车从协和医院出发，经王府井、长安街、天安门广场后出京，沿河北省、山西省、陕西省一路将遗体送回甘肃省甘南卓尼老家。1 月 4 日，经过兰州榆中和平镇时短暂停留，由甘肃省人大常委会主任卢克俭主持，举行了简单的追悼会。参加追悼会的有甘肃省人大常委会干部职工和在兰州的甘南籍干部、学生 200 多人。然后继续向卓尼老家前行，在通往甘南的道路上，甘南州委书记罗笑虎、州长贡保甲带领州四大班子成员在土门关等候迎送直至卓尼，沿途二百余里，无数各族群众在路两旁手持哈达默迎灵车，迎送的 240 多台车辆排成长龙。从上卓梁至卓尼县城十余里，全县各行各业的干部群众及学生，依次排列在路两旁手捧哈达等待迎候，所有机关单位停止办公举行悼念，全县沉寂在悲痛的气氛当中，停止一切娱乐活动。北京八宝山开灵车过来的司机焦师傅感慨地说："周恩来总理逝世时我见过这样的场面，为杨主任送葬这样庄重的场面我是第二次见。"灵堂设在县政府招待所二楼大会议室内，甘南州各县和各族群众前来吊唁，络绎不绝，卓尼各寺院僧侣轮流诵经祈祷，时任中共中央政治局常委、国家副主席胡锦涛送了花圈。卓尼的老人们讲，这样的葬礼是卓尼历史上最庄重的一次。

六、两件未完成的遗憾事情

杨主任的一生是辉煌的一生，不平凡的一生，也是曲折的一生。他曾多次与西北民族大学卓尼籍藏学专家杨士宏商量，想写一份自传，暂定名为《我的前半生》，根据我的笔记记录，提纲为：“一、家庭背景；二、博峪事件；三、8岁继任卓尼土司、洮岷路保安司令；四、19岁国民党南京陆军大学受训，授少将司令军衔；五、内蒙古阿拉善成亲；六、反对保甲制度的斗争；七、1949年率部起义前后；八、当选中华人民共和国全国人民代表大会一、二、三届代表，西北军政委员会民族委员会委员；九、加入中国共产党的过程及思想变化；十、24岁任甘南藏族自治州副州长、军分区副司令员并授大校军衔；十一、1958年反封建斗争；十二、迭部禁鸦片及任甘南剿匪副总指挥；十三、‘文化大革命’期间；十四、和疾病作斗争；十五、当选五、六、七届甘肃省人大常委会副主任兼民族委员会主任，八、九届全国政治协商会议委员。”

杨主任曾三次去西藏，参加了五世至九世班禅灵塔开光典礼，拜谒了布达拉宫、大昭寺、小昭寺、扎什伦布寺、哲蚌寺、罗布林卡、雍布拉康、藏王坟等。他有个心愿，想在有生之年带上我和西北民族大学杨士宏教授，从新疆经阿里藏北草原乘车进藏，经川藏公路到甘孜藏区考察，因为他没有去过藏北和康区两地。两件事终因身体原因未能如愿，实为遗憾。

后有西北民族大学杨士宏教授赋诗一首：

洮水东去永不返，船行不待岸上人，
岷山作证情未撼，天蓝地绿慰忠魂。

我所接触的黄正清副主席

师纶[①]

政协甘肃省委员会第二至第七届委员、常务委员、副主席黄正清，是一位传奇式的人物。在甘肃省，一提起这个名字，一个威武雄壮的形象立即会在人们的脑际显现。到了甘南以至整个安多地区，一说黄正清，更是尽人皆知。

20世纪80年代初，我调来省政协工作，与这位主席有较多接触，他的文字事务大多由我承担，后来他的一生回忆录也是我为他整理完成。接触多了，相互熟悉了，有时免不了开一些玩笑，这时黄老就开怀大笑，丝毫没有上下级、党内外和民族之间的隔阂，如果到了他的住所，总少不了享受一杯原汁原味的酸奶。

黄正清讲述自己一生经历时，已是九十高龄的老人了，他总是侃侃而谈，如行云流水，许多大事的发生年代、进展情节和结局，与有关记载一对照，都大体吻合，显示出非凡的记忆力。说到他的幼年，更是趣味横生，似乎又恢复了当年的童真。黄正清1903年出生于西康理化县（今四川理塘县）的一个藏族家庭，父亲是清末县里的八品官，民国时为该县东路保正（相当于区长）。父亲思想比较开明，在黄正清7岁时把他送到县里仅有的一个新式学校读书。“父亲把我领进学校，老师便让我们排队去县政府见

① 师纶，甘肃省政协离休干部，曾任省政协办公厅秘书处处长。

县长，我们都给县长磕了头，县长发给每个同学一顶帽子、一包点心，然后整队回校。发现父亲不在了，我便放声哭了起来。后来，老师教我们学汉文，我的汉名也是老师给起的。还教我们写毛笔字，交上去之后，他用红笔批，好的打红圈，一个红圈奖给一个铜板，不好的打叉叉，一个叉叉打一下手板。因此，写字都不敢马虎。他还让同学们轮流给他捶背，其他同学乐得悄悄溜出教室外玩耍。这样学了一年半光景，给我的汉文汉语打下了一点基础。”尔后，他坚持自修，汉语文达到了小学水平，从而办成了许多大事。

由于黄正清的胞弟被选为夏河拉卜楞寺寺主嘉木样五世大活佛，他们全家便于1920年随活佛到了拉卜楞寺。当时该地属于宁海镇守使马麒管辖，开始马家对黄家还比较客气，马麒之弟马麟与黄正清之父结拜为兄弟，黄正清则与马步芳结拜为兄弟。后来马家就露出了真面目，马家仗势剥夺了黄家对拉卜楞寺的管理权，收缴了活佛卫队和黄氏父子佩带的枪支，加重了对该地藏民的税收剥削。黄家向甘肃督军陆洪涛控告，陆派实业厅长车玉衡前来查办，21岁的黄正清在大庭广众之下，以不太流利的汉语，慷慨激昂地揭发马家的种种暴行，车玉衡为之动容。之后，马麒虽暂时有所收敛，但不久竟调动强大兵力向拉卜楞地区发动进攻，屠杀藏民上万，焚烧寺院30多座。于是，青年黄正清便率领100多人的代表团到兰州，向甘肃督军进行了旷日持久的申述。后来，他有幸遇到了共产党人宣侠父（时任甘督刘郁芬的政治处党务特派员），即向其倾诉。宣侠父给予全力帮助，亲赴甘南查看现场，起草了《甘边藏民泣诉国人书》，终于使拉卜楞寺脱离了马家的控制，改为直隶于甘肃省政府的设治局，恢复了嘉木样活佛对拉卜楞寺的一切权益。在此期间，宣侠父向黄等讲述了民族平等等思想，使之茅塞顿开，黄、宣二人成为知心朋友，宣教黄汉文，黄则教宣藏文，并为宣侠父起了个扎西才让的藏名。

拉卜楞地区历史上长期政教合一。黄家当家后，黄正清认真实行民族平等，包容各民族在拉卜楞立足生活，因而在该地经商的回民达到800多户，并在街市内建起了清真寺。当回民做礼拜，在高处喊人，遭到一些藏民的反对时，黄正清说："各有各的习俗，不能干涉人家。"一些汉民要修关帝庙，他同样允准，并加以资助。1928年，马仲英起事反国民军，从临夏退至甘南后，大肆烧杀。拉卜楞地区的行政机关人员和回、汉商逃至寺院内，原来寺院不准女人进入，此时也打破了这条戒律。马仲英以万余人包围了拉卜楞寺，黄正清仅有三个团的兵力，关键是为保护寺院，不能交火。黄正清便乘黄昏率部护送商民百姓、僧侣撤至科才。马仲英部进入寺院后，大肆抢掠，又要下令焚烧，赖有回民士绅向其叩头求情，寺院才免此一劫。马仲英撤走后，国民军李松昆旅进入夏河，李见市内许多戴白帽的回民，起了杀心。黄正清阻止说："他们给马仲英下跪求情，保护了寺院，该是一功。如果不分青红皂白地乱杀一气，不是越杀越乱吗！"马仲英另一部在黑错（今合作）要杀12个回民，黄正清闻讯，连忙前去制止。由于这一系列护民行动，回民还联合起来给黄正清送了一顶万民伞，上面领衔签名的是在回族中有一定地位的马鸿宾、马麟等人，影响甚大。

马步芳在青海当政后，对青海藏民进行了残酷的镇压，有些藏民逃到拉卜楞地区躲避，黄正清都予以安置，划给他们牧场，使之维持生计。马步芳向甘肃省主席谷正伦告"黄正清挑拨纠纷，收容逃犯"。谷给黄下令"不准收藏逃跑者"。黄则回复说："老百姓逃难，赤手空拳，分散各地，又没人向我报告，我没法管。"马步芳向甘肃陈兵相威胁，黄也调兵与之对峙。这对结盟兄弟，实际是政敌。

1948年8月12日，王震兵团刚刚解放了临夏，黄正清便派其副司令张子丰（当时还未公开共产党员身份）等三人前去联系，在夏河宣布起义，迎接解放军进驻。他本人则到兰州见了彭德怀司令员，从此积极投入革命工作。后蒋介石通过流窜于甘南的匪首马良给黄正清发来一纸由“蒋中正”签署的任命状，任命他为“守备司令”。他一笑上缴了事，随即不辞劳苦地在甘南各地进行慰问，参加指挥剿匪工作，终于活捉了马良，稳定了甘南的局势。他相继被任为西北军政委员会委员、畜牧部副部长、民族事务委员会副主任，西北行政委员会副主席，甘肃省副主席（后改为副省长）等要职，并于1955年被授予少将军衔。

在“左”祸肆虐时，黄正清遭到无端的批判斗争，奉命到甘南做群众工作，却被反诬为“到甘南走了一趟，封建就复辟了”，被扣上了“反革命”的帽子。获得平反后，从80年代初开始，黄正清作为政协副主席，多次率领代表团到各地、各省市视察、参观、访问。由于他全国政协常委、著名爱国民主人士的身份，所到各省、市，除统战部门领导接待之外，多由其省、市党政主要领导出面会见，对沟通甘肃省与兄弟省、市的关系起到了重要作用。1982年春，黄正清和王世杰一道到上海、江苏、浙江、江西等地参观访问，笔者是随员之一。所到之处，黄正清大力宣传甘肃，在宴席上彬彬有礼，酒不过三杯。要知道他是以“一次能喝五斤酒不醉”而闻名的。事后，我问他，面对好酒，为什么不尽兴呢？他说：“这是重要场合，以甘肃声誉为重，必须有所节制。”登高山时，山下有滑竿，招揽黄正清乘坐，黄正清拒绝，仍由我们轮流搀扶徒步攀登。事后我问他为什么不坐，原来他认为坐滑竿会让人想到旧社会，他说：“旧社会有钱人拿穷人当牲口使，今天我们是革命者，就得有个革命者的样子，况且我还能走。”

黄正清性情豪爽，好结交朋友。他说有几位党内领导同志是他的良师益友。首先是宣侠父、钱青泉，没有他们早年的思想引导，他不会那么坚决地率部起义。新中国成立后，是彭总的教诲，把他引上了革命道路。在西安（西北大区）工作期间，“习仲勋同志在工作中经常给我鼓励，在思想上、生活上对我十分关怀。后来他也受到了不公正的对待。1978 年，我参加刚恢复的全国政协会议，在北京京西宾馆见到他时，我难以控制自己的感情，竟拥抱着他痛哭起来。”黄正清认为曾任甘南州委书记的赵子康是他的一位知心朋友。1962 年，他们一同下到玛曲做群众工作，事后遭到诬蔑，被批判斗争。赵子康丝毫不推卸责任，实事求是地反映当时的情况，因而和黄正清一样受过。黄正清认为，这才是真正的“肝胆相照，荣辱与共”。黄正清对省委统战部部长王世杰，更有亲切的情感。在 20 世纪七八十年代之际，省委统战部大力进行落实政策的工作，为省统战系统十多万人平了反。那是冒了很大风险的，当时曾刮起一股风，说平反过头了。王的部长职位也摇摇欲坠。黄正清则是统战部后来升任副部长的任兆瑞专程从天水监狱里接出来，陪同回到兰州平反的。黄正清说：“党内有这些好同志，就能团结好党外同志，就能搞好合作共事关系，我们的事业就一定会兴旺发达。”

黄正清是虔诚的佛教徒，虽然不是活佛，可是藏族同胞却像对待活佛一样地敬重他。1985 年秋，他曾以半个多月的时间，深入玛曲县的 7 个乡进行调研，此次笔者有幸随同，大开眼界。沿途成群结队的藏民骑手，从四面八方赶来，早早列队于公路两旁迎候。当黄正清乘坐的汽车到来时，立即掀起一片欢呼之声，震撼云霄；接着便于汽车两侧，跃马相随达数十里之遥。每到一处驻地，早有搭好的帐篷，帐篷内摆好以全羊为主的食品，供黄正清休息食用，并汇报工作。黄正清则有针对性地提出诸如加强民族团结、爱护草山、发展牧畜生产等意见。广大群众排队前来，请黄正清为每人摸顶，并敬献哈达。那种欣喜、热烈的感情，充分显示了藏族同胞虔诚的宗教信仰、牢不可破的凝聚力量，令人感动、钦佩。黄正清一到广阔的草原就兴奋不已，中途频频下车，他在美丽的草地上，时而赤脚行走，时而全身仰卧，有时还引吭高歌，将自己完全与大自然融合在一起。这种对草原的深厚情感，是十分难能可贵的。

黄正清出于宗教信仰，对佛教四大名山之一的普陀山情有独钟。1982 年，他特意二次到普陀山，而且不顾年迈，每个寺院必到，到必焚香行礼，极其虔诚，1997 年 10 月临终前遗嘱将自己骨灰的一部分归葬于普陀。治丧委员会遵嘱照办。惜乎当时我在外地，未能为他送行，成为我的一大遗憾。愿借此小文，敬献心香一瓣，略弥补于万一。

本文选自政协甘肃省委员会:《风雨同舟 60 年》，2009 年 8 月。

为黄老祝九十大寿

刘学福[1]

这里的“黄老”，指黄正清老先生，藏族，甘肃省少数民族爱国人士，时任省政协副主席。1993 年 3 月，正逢黄老九十华诞（黄老生于 1903 年 3 月），黄老在宁卧庄宾馆设寿宴，庆祝九十大寿。

出席宴会的有省委书记顾金池、省人大主任卢克俭、省长贾志杰、省政协主席申效曾，陪同的有省委统战部部长牟本理和时任副部长的我。黄老乘车到达后，早已迎候在北楼门外的牟本理和我快步迎上前去，热烈握手，导引黄老进入宴会厅。几位省领导起立鼓掌，逐一握手。宾主入座后，顾金池书记首先致辞。他简要评价了黄老在革命和建设时期，为全省在牧区、草原建设，调解边界纠纷，在民族宗教政协工作中做出的突出贡献。特别指出，黄老今年已九十高龄，九十年的风雨历程，九十年的光荣业绩，充分体现了黄老忠于祖国，热爱人民，拥护共产党，坚定走社会主义道路的高风亮节，赢得了全省人民的热爱和尊敬，值得我们学习和发扬。他提议，大家举杯，敬祝黄老生日快乐，健康长寿。大家起立，与黄老碰杯，祝他寿比南山，福如东海。宴会厅内气氛热烈，大家都兴致很高，谈笑风生，推杯换盏，觥筹交

① 刘学福，八届省政协常委、民族宗教和三胞联络委员会副主任，曾任中共甘肃省委统战部副部长。

错，一派祥和融洽和谐的氛围，其乐融融，其情绵长。

那天黄老的心情特别好，在座的各位轮流给他敬酒，他来者不拒，一饮而尽。当三轮酒敬过以后，黄老更是神采飞扬，脸泛红光，眼展笑容，一面吃菜，一面喝酒，一面作着新旧社会的对比，以他切身的体会赞扬共产党的伟大、社会主义的美好，感谢省委和政府政协领导对他的关心和照顾。他说："没有共产党，就没有我黄正清的今天，没有社会主义，就没有我今天的幸福生活，我永远和共产党心连心。"他越说越兴奋，越说越激动，禁不住老泪纵横，爽朗的笑声就着甜蜜的眼泪，折射出老人胸中一股强烈的正义之气，一股饱经沧桑、百折不回、勇往直前的追求光明、追求进步的浩然之气。

了解黄老的人都知道，他在旧社会也是有地位的。他曾是拉卜楞寺的保安司令，国民党政府曾授予他少将军衔，还是"国大代表"。这些地位并没有埋没他善良的本性，更没有遮住他观察真理的眼睛。他对国民党压迫人民，特别是压迫和剥削少数民族的黑暗统治深恶痛绝，早就怀着追求光明、追求民族平等的理想。为了保卫甘南藏族人民生命财产的安全，他多次与国民党反动派殊死搏斗。在他年轻时，有一次，反动军阀马麒侵犯甘南草原，烧杀掳掠，无恶不作。青年黄正清组织藏族群众奋起抵抗，他抡起大刀，一马当先，带领群众冲入敌阵，杀得敌人落荒而逃，保卫了一方安宁。1925年，他就与中共甘肃地下党的负责人宣侠父有过密切接触，初步了解了一些革命道理，他特别拥护共产党各民族一律平等的主张。1935年，红军长征经过甘南藏区，他不仅不执行西北"剿总"第一路军总司令朱绍良要他带兵堵击红军的命令，还暗中派人送去了粮食等红军急需的物资。因为他知道，红军是中国各民族人民的军队，他们是要北上打日本鬼子的。1949年他率部起义，加入革命队伍。今天大家齐集一堂为他祝寿，更勾起他对旧社会的憎恨，对新社会的热爱，对共产党的拥护。这种深厚的感情，燃烧在胸中，洋溢于脸上，激动得他不知说什么好，不断地向各位领导频频敬酒，他自己也一杯杯酒下肚，酒水和泪水交融，话语和笑声共振，使宴会的气氛达到高潮。因为担心黄老饮酒太多，引起身体不适，我便自作主张，离开席位，退到后堂，叮嘱服务员将黄老的杯中酒换为矿泉水。第一杯他没有察觉，一饮而尽，第二杯他就品出味道不对，将杯中之物倒掉，并说，这是水，不是酒，拿酒来！大家哈哈大笑，笑声掩盖了我的尴尬。黄老说，人逢知己千杯少，你们不用担心，我还没有喝够。宴会继续进行。当天宴会上的菜数量不多，八个凉菜八个热菜，还有四样点心，都是宁卧庄宾馆的经典菜肴，有烤小猪、烤羊腿、手抓羊肉、松鼠鱼等黄老爱吃的美味佳肴。厨师们也知道这个宴会的意义，拿出了浑身解数，每道菜都是色香味形俱佳，做得特别“烂”“软”“酥”，很适合老人的口味，黄老赞不绝口。

这次寿宴在融洽祥和快乐的气氛中持续了两个多小时。最后大家起立举杯，共祝黄老健康长寿，为人民再立新功。黄老与大家一一握手、再三致谢后，意犹未尽、依依不舍地离开了宾馆。

申效曾主席对他的亲密副手格外关心。他吩咐我，要安排医生给黄老作体查。他担心黄老喝酒伤身体。我立即给人民医院打电话，请他们派一位内科主任到黄老家。我到不久，医生也到了。他给黄老量了血压和脉搏，又做了听诊。他说，除了心跳稍快以外，一切正常，九十高龄的老人有如此健康的身体，令人钦佩。黄老爽朗地说：“我说没事，你还不放心。领导是担心我酒喝多了，其实还差得远呢！我今天很高兴，本可以打破我的喝酒纪录，放个卫星，才喝了不到三斤，就拿水蒙我，失去了一次打破纪录的绝好机会。”他指着我说：“小伙子，你要负责啊！”说完便哈哈大笑。“我当然明白，你们是关心我，为我负责。请你们放心，我还没有收到释迦牟尼佛的请柬，我很健康，还要活下去，今天这样的幸福还要享下去，还要为甘肃人民继续做贡献！”

1997年10月6日，黄老仙逝，至今离开我们已经12年了。他的音容笑貌，他的丰功伟业，他的奋斗精神，他的风趣豪爽，不时在我脑海中浮现，尤其是九十寿宴上的情景，仿佛就在昨天，令我终生难忘。纪念政协成立六十周年，我把这件盛事记载下来，以纪念这位长期担任政协领导职务，为政协、为全省的各项工作做出重大贡献的可敬可佩的长者。

本文选自政协甘肃省委员会:《风雨同舟60年》，2009年8月。

省政协葛士英主席视察舟曲扶贫开发回忆

张世虎①

光阴似箭，日月如梭。转眼间，我离开曾经生活并长期工作的甘南草原已经7年了，但记忆的时钟却总是停留在青山绿水间的甘南。每当想起在甘南工作时的点点滴滴，想起曾经参与甘南开发建设的一些往事，不由人心潮澎湃、思绪万千，特别是脑海里不时浮现出25年前陪同时任省政协主席葛士英等省上领导视察舟曲县扶贫开发工作的情景，葛士英主席等省上领导视察工作时因地制宜的指导，切合实际的思路，对贫困群众的真情关怀，至今历历在目，让人难以忘怀……

那是1992年5月，初夏的舟曲，白龙江畔微风轻拂，两岸一片片果园飘来脉脉清香，沁人心脾；石坎田上的层层麦浪频频荡漾，向人们诉说着对新生活的喜悦和向往。

此前，面对舟曲严酷的自然条件，无奈的人们只能摇头叹息，后来，面对一片生机盎然的农田和果园，人们才看到了辛勤汗水换来的欢乐。那年5月9日至10日，省政协主席葛士英，省委常委、省两西建设总指挥韩正卿，省政府副省长杨怀孝等领导同志，在甘南州委书记郝洪涛，副书记、副州长杨镇刚以及舟曲县党政领导同志的陪同下，视察了舟曲县扶贫开发情况。9日上午，葛士

① 张世虎，时任中共甘南州委秘书处信息督查科副科长，现为甘肃省林业厅副厅长。

英一行察看了梁家坝、土桥等村的农田和果园，下午参观了憨班村崔彦民的果园，听老崔详细介绍了他靠双手兴办果园的经历与苦乐。他们还和一些村民进行了亲切的交谈，耐心询问了群众的生产生活情况。他们沿路边看边对一些乡村尚待开发的地方进行现场研讨，对舟曲县扶贫开发工作给予了高度肯定。

9日晚，县政府办公室里热闹非凡，应州、县领导的邀请，葛士英主席为舟曲县挥毫题词："引水半山石坎田，广植林果椒锁边。生态农业脱贫策，喜看舟曲换新颜。"接着，韩正卿总指挥也题了词："舟载百宝在深山，曲曲牧歌换新颜。振奋精神同心干，兴旺发达永向前。"在场的州、县领导深受鼓舞。

10日上午，省上领导在县政府招待所会议室听取了杨镇刚同志关于甘南州扶贫开发情况的汇报和何世昌同志关于舟曲县扶贫开发情况的汇报，就舟曲县扶贫开发的方针、内容、措施等问题畅谈了自己的意见。随后，葛士英说，舟曲的生存条件差，要把开发和移民结合进行，重点应放在当地综合开发上。舟曲有不少地方还可以开发，但必须水上半山，修石坎梯田，低半山同引提结合。杨怀孝提了四方面的建议：一是"三西"扶贫要延长，舟曲、临潭要纳入范围。要抓住这个有利时机，尽快拿出进入两西建设的项目及实施方案。投入的资金数量、标准随项目走，重点用在改变生产条件上。二是舟曲要生存，必须以开发为主，走人工造田、移土造田、引水灌溉的路子。三是要提高现有土地的生产水平，走高产高效的发展路子。四是林业方面，白龙江林区的生产方针早已确定，以营林为主，"八五"期间要执行这个方针。在谈到甘南牧业时，杨老说，每个基地都要建设好，发挥效益；继续狠抓草原建设，缓解草畜矛盾。韩正卿总指挥接上话题说，要突破舟曲一方水土养活不了一方人的禁区。他将舟曲的扶贫开发概括为八句话，即综合开发大决战，治水改土果菜园；护林种草最紧迫，两育科技硬攻关；金木水土人为本，开发移民自当先；三动三苦齐心干，高产高效换新颜。郝洪涛书记作了总结，他说：省上领导深入乡村调查，为振兴舟曲确定了重点，指明了方向，我们深受教育、鼓舞，一定要尽快认真落实。

如今，距省上领导视察舟曲县扶贫开发工作已经过去了25年，这25年来的扶贫工作实践使我们认识到，扶贫开发是一项惠民工程，是一项政治任务。事实证明，省委、省政府对甘南乃至全省扶贫开发做出的决策部署是完全正确的。

几十载艰辛扶贫，几十载硕果飘香。舟曲县走过了不平凡的扶贫开发之路，也为全县的扶贫史留下了辉煌的一页。新的起点、新的目标，省委、省政府对全省的脱贫攻坚提出了新的要求。面对更加艰巨的任务、更加重大的责任，我们将在“决战全面小康、不负人民期望”的精神引领下，以更加饱满的工作热情，更加务实的工作作风，万众一心，艰苦奋斗，攻坚克难，加快发展，为推进甘南经济社会快速发展谱写更加瑰丽的篇章！

2017年8月26日

我在甘南工作的二十年

杨应忠

1963年春到1983年夏，我在甘南草原工作了20年。

20年的甘南岁月，藏区春秋，曲曲折折，坎坎坷坷，我有过许多透骨的、动心的经历。我参与过1958年平叛中反封建遗留问题的处理，参加过社教运动，经历过“文化大革命”“农牧业学大寨、工业学大庆”运动，亲自参加过改变农牧区贫困面貌的斗争。

为了工作，我走遍了甘南的山山水水，东南面我跋涉了境内的岷山山系，走遍了大年、贡坝、察岗、铁坝、武坪、八楞、南峪、中碑、弓子石的山山沟沟，森林草场，沟地峡谷，山地平滩。为了解决弓子石群众的燃料问题，不让他们为采集烧柴而丧生的痛心事再次发生，我同舟曲县委书记梁生华等同志徒步在无路可走的山沟里，像野猴一样抓着树梢走进金钱沟森林深处，同技术员探寻煤矿。当探明金钱沟煤矿储量，又修通了去矿上的山路时，那喜悦、那场景至今记忆犹新。当与县、乡同志一起在弓子石根据群众的传说采集到煤矸石，并在乡上烧起有史以来的第一壶开水，大家分头品尝时，我情不自禁地说：“谁说弓子石没煤，这就是弓子石救命的宝。”当我和舟曲又一任县委书记张汉相同志为增加县财政收入、解决财政困难到了武坪煤矿高卧武坪山头时，心中想着：人说武坪山是神山，你真是神山就让舟曲再多采若干年煤，多给人民一些财富。当我们一行到大年、武坪、八楞的山头与群众一起吃着当地的山羊肉，品尝着当地的青稞蜂蜜酒时，总感到这一带的山美、水美、人美，民情、民俗更美，心里总想着这些美能伴随着社会主义建设事业的发展，使我们林区人民很快走向繁荣富裕；当白龙江沿岸、贡巴河畔，麦子发黄、玉米抽穗、柿子飘香的时候，藏区的生活会一天天走向幸福。

在甘南的岁月里，我走完了西南端所有的高寒阴湿草原和丘陵草原以及森林、灌丛、峡谷草场，走过黄河第一湾曲部的八百里全段。为设想修电站，看过了李卡如山的洮河源头的惊险风光，走过玛曲大草原的群强、齐哈玛、策日玛、阿万仓、欧拉、尼玛、郎木寺、尕海、拉仁关、阿拉、双岔、西仓、玛艾等地，特别在乔科草原和科森托洛草原时，感到自己的心境也同大草原一样广阔。为了修通阿万仓到群强的公路，解决牧民长途运输口粮难的问题，我住在草原深处的公路工地上时，除了舒畅的心情，其他都觉得是多余的了。当玛曲大桥建成，牧民渡河伤亡的痛苦从此成为历史时，我的心中有着无法形容的欢乐。在慰问工程技术人员时，大家不由地跳舞欢唱。当工程竣工时，我提出在州委、州政府献的锦标上写上“一桥飞架南北，天堑变通途，工人辛勤建造，牧民从此得福”的献词。

当在甘南首府的南端迭部、卓尼原始森林巡视穿梭时，当为祖国建设运送出源源不断的木材时，我的心中不由感到骄傲，因为这也是甘南人对祖国社会主义建设事业一个不容忽视的贡献。但是，当看到许多地方的山岭不是科学采伐，而是一片一片剃光头式的采伐，致使不少沟壑一眼眼山泉干涸，造成水土流失带来后患时，心中又有难以控制的伤痛。如此下去这一带能不能留住人，能否生存下去，一直心存忧虑。当国家号召而且明令禁止乱砍滥伐，而要有计划进行，要为后代着想时，我相信我们会有恢复植被和创建森林的优势和力量的，有了国家的法令和党的政策，森林是不会消亡的。

为了研究牧草的种类和分析饲草营养以及处理草山纠纷，我多次考察州政府所在地东部的美武、买仁、完冒、申藏、卡盖、柏林、洮砚、羊沙、八角、冶力关等地区的森林、灌丛草甸草场以及丘陵草场。我还不止一次爬过西北部甘加滩以及海拔4000米以上的达里加山，在山顶上只见全是高高低低的茫茫山头，真可谓“登高山复有高山”，“倒海翻江卷巨澜”。望着眼前的一片，看清的、看不清的都是属于甘南州的地盘，45000平方公里啊，如何在这里建设好社会主义的牧区、农区、林区，怎么能改善农牧民的居住条件，怎么能修好乡乡村村的公路。想到这里，首先闪现在脑际的是经费、资金哪里来。当想到国家逐年增多的扶持项目，地方财政的增加，人民生活的改善，我看到了希望之光，树起了胜利之念。每当这时，我感觉不到高原的不适，也感觉不到下山路的难行，不知不觉地同相伴的人到了山脚下牧民的帐篷。

一日，《人民日报》登载了关于焦裕禄同志的文章，看了之后，对自己的灵魂有很大触动，深感他是一位致力于解除劳苦大众痛苦的人民公仆。这年的4月，省上组织参观学习团到兰考学习，我随甘肃去的几位同志自兰州出发到郑州报到，由国家民委派负责同志带队到兰考参观学习，看了焦裕禄植树治沙、改造盐碱地的典型事例，慰问了焦裕禄关心过的特困户、饲养员，看望了焦裕禄的家属，瞻仰了墓碑。回到兰州后，由省委统战部副部长王育年主持召集了省级统战系统职工大会，让我汇报学习情况。之后，又让我向省级统战系统党外朋友进行了传达汇报。回州后，我又向州、县机关进行传达。1966年10月国庆节来临，中央决定各省分别组织工农、解放军、少数民族赴京观礼团，省上让我担任少数民族观礼团团长，临夏州政协副主席马峰同志任副团长。这一年是我永生难忘的一年。我随观礼团登上了天安门，国庆节前夕又到中南海做客，国庆节当日上午受到了毛主席及中央其他领导同志的接见。我代表观礼团参加了周恩来总理在人民大会堂举行的宴会。节日当晚在天安门观看了烟花表演。我还参加了贺龙副总理代表毛主席举行的所有少数民族代表团参加的宴会。人们沉浸在节日的喜悦中。喜庆的兴致未尽，又组织我们到北大、清华参观。但在北大听了聂元梓的讲话后，深感北京的政治气候已经不同往常了。清华大学到处有“中国的赫鲁晓夫”的标语，有的地方已经贴上了揭批刘少奇同志的大字报，我深感一场斗争将要来临了。

北京活动结束后又去大寨、延安参观。之后到了西安，当时西北局还在，三位部门领导接见我们，讲到少数民族干部要正确对待“文化大革命”，要经受“文化大革命”的锻炼。回到兰州后，省委扩大会议即“三干会”开始，传达中央工作会议精神，实际上大批判已经开始，会议气氛很紧张。省委会议完了，大家分头散去，地县的“文化大革命”也开始了。一股史无前例的狂潮卷进了所有的人。

我自己作为一个小当权派（按组织安排是中央下放的中央民族学院副院长党组副书记时任夏河县委书记苏克勤的接替人），自然受到了冲击。

“文化大革命”后期以来，党和国家的领导干部利用各种机会，强调改善党的作风，重视理论学习，重视生产、经济，加强法制并打击犯罪，增强团结以促进社会政治稳定，使人们的思想逐渐转移到建设事业上来了。在农村牧区，人为的破坏有所减少。广大党员、干部和群众开始意识到“文化大革命”所带来的恶果。

我在甘南的岁月里，在机关、在牧区、在农区、在林区、在工矿、商业、学校、宗教寺院等场合的调查、视察、访问、研究诸项活动，得到过许多同志的帮助和支持，对于他们在这里不可能一一提到，只能对一部分同志、朋友并通过他们对所有同志、朋友深表感激之情，他们是：张月安、胡培玉、李巨荣、张宝元、吴连有、梁巨镛、胡培珍、薛青萍、刘存良、豆格嘉、姚禧荣、孟兴荣、葛文杰、李述俊、安永福、洪廷秀、赵凌汉、博金嘉祥、格热才项、嘉洋老哲、赵克甲、黄加老、韩文俊、班志明、郭永福、易恩德等。

本文选自《杨应忠文集》，青海人民出版社，2004 年 9 月。

我亲历的合作森林公园建设

郝洪涛

20世纪80年代初，我在康县任县长，曾与县委书记刘守业，副书记高玉峰，副县长张汉良、文丕谟、赵麟祥、高同友同志共同谋划，兴建了“白云山公园”，改变了康县县城没有公园的历史。

到甘南工作后，在1991年的一次“浪山”中，我萌生了在合作建一公园的念头。提出后，班子成员一致赞成。

1992年，州委、州政府领导共同商议，在合作选定了公园地址，定名为“合作森林公园”“高原植物园”，并开始建设工作。

4月13日，四大班子领导察看公园地址，商议春季植树问题。议定：长期规划占河滩地460亩，其中164亩栽植云杉4.5万株，其余留作设施建设、道路用地，划分地段，由各单位按规划、规格、要求栽植；树苗款27万元，围栏款6万元，由相关部门一次付清；征地款由副州长赵祯祥与夏河县商量，一次定妥。次日，州直机关召开动员大会。接着，声势浩大的植树活动开始了。至5月12日，参加单位112个共4526人，植树2.52万株共240亩。征地款68万元、树苗款22万元以及围栏款基本付清。12日在现场议定：造、管并重，一栽就管，一管到底，落实管护措施；规划道路、设施建设；1993年园内要建杜鹃园、探春园，铺鹅卵石道路，以后再建高山植物园、温带植物驯化试验园。

5月22日，确定副州长拜一民主管合作公园建设事宜。

8月15日，省人大副主任王道义、林业厅副厅长禹贵民视察公园。禹贵民答应从林业上支持100万元。王道义指示："公园要建成独具风格的旅游点。山上是森林，山下是草原。曲曲河流水，高原植物园。园中能跑马，湖中能行船。草地观藏舞，帐内吃藏餐。"

10月14日，州农林局审查了公园设计，总体规划占地3000多亩，包括当周沟草地以及当周山上的森林。规划按照地势在河滩低洼处开挖一个琵琶形的湖面，将挖出的草皮移植到新建的合作体育场，挖出的土石堆积成一座山丘，山丘之上修亭，起名为"民族团结亭"。16日开始，动员机关职工参加义务劳动，挖湖、堆山、植草坪，各级领导带头劳动，解放军、武警官兵亦积极参加，一连数日。尽管已降大雪，天气寒冷，可大家仍干得热火朝天。

11月9日，我与杨镇刚同志在北京参加"青藏高原东部藏区资源开发座谈会"，抽空前往林业部，汇报森林公园建设事宜，林业部有关领导表示支持。

1993年春天，森林公园抓紧施工，建设玉带桥、民族团结亭、接待小院等。并从高山移植、种植杜鹃，形成"杜鹃园"。丹正嘉同志将自己在州委大园内精心培育的"探春"幼苗，全部移植到公园，形成"探春园"。我记得还规划保留了一片白杨树，皆为大树，形成白杨林。到8月举办州庆时，公园已初具规模，可以接待游人了。

1994年，公园建设继续进行。

5月4日，州委领导在公园现场开会，协商有关设施修建问题。随后连续数日搞义务劳动，我也参加了两天。13日，我与杨镇刚在公园大门口栽植了12株柏树。

8月29日，我们在森林公园验收修成的油路、停车场。

9月8日，省长张吾乐在甘南调研时，视察森林公园。他对此举大加赞赏，认为是办了一件好事，有魄力、有远见。并认为甘南这两年有很大进步，精神面貌很好，看了很受鼓舞。

这年夏天，公园游人很多。只见树阴下纳凉的、打牌的、唱歌的、跳舞的，湖面上划船的、推着气垫玩耍的，草坪上坐着的、躺着的、猜拳喝酒的，欢声笑语，热闹异常。此情此景，令人欣慰。

在公园里，我们还多次接待各界宾客，接待过省上领导、军队领导，接待过黄正清先生，嘉木样、贡唐仓、德哇仓等宗教人士，还接待过林佳楣同志，她为拟建的“儿童乐园”题写了园名。

2008年3月3日于兰州

本文选自《甘南纪事》，甘肃人民出版社，2009年1月。本文标题为编者所加。

我与德哇仓活佛的友情

郝洪涛

1944 年农历九月十五日，德哇仓出生于四川省若尔盖县一个藏民家庭。1949 年，他被选定为活佛，农历九月二十二日在夏河拉卜楞寺坐床。后在拉卜楞寺学经，又至西北民族学院教育师范汉文专业及甘南州政协政治训练班学习。“文化大革命”中，他在拉卜楞寺、桑科乡红旗大队劳动学习。1979 年任夏河县政协副主席。1981 年任夏河县副县长。1983 年 11 月任夏河县人大副主任兼拉卜楞寺管委会主任。其间，在北京高级佛学院藏语系学习。1991 年 5 月任甘南州人大常委会副主任。2003 年任甘肃省政协副主席。2008 年 2 月连任省政协副主席。任第八届、九届全国人大代表，第十届、十一届全国政协常委。德哇仓是拉卜楞寺四大赛赤之一，甘肃省宗教界著名人士，在藏传佛教寺院和信教群众中享有相当高的威望。

我在甘南工作时，有幸和德哇仓活佛相识、相知。他是我的一位藏族朋友，也是我在宗教界的一位朋友。这种友情，如高山流水，地久天长。

在甘南期间，我任州委书记，他任拉卜楞寺管委会主任。中央、省上领导凡来甘南，必到拉卜楞寺，不到拉卜楞寺，就像没到甘南。这里的接待任务量非常大。一年四季，几乎每周我都要去拉卜楞寺，几乎每次接待，都是我们共同承担的。每次活动，他都热情接待，安排周到，举止得体，我们的配合也很默契，给客人留下了美好的印象与回忆。接待程序是：寺院大门口迎接，贵宾室献哈达，赠纪念章及宣传资料，喝奶茶，到寺院逐一参观，大经堂楼顶照相留念，最后以藏餐招待。有些客人还有特殊接待，但大体上都是这样。

我和德哇仓活佛都是八届全国人大代表。从1993年到1997年，我们共同参加了五次全国人大代表会，其中四次我们住在一个房间。每次会议半个多月时间，我们形影不离，无话不说。一起按时到会，一起去餐厅吃饭，一起晚上散步、早上晨练，一起交流学习心得，讨论发言提纲，甚至连开大会穿什么衣服、怎样向领导献哈达都要认真商量。如召开大会时，他要穿藏装，我要穿西装或警服，我们都互相检查，穿着一丝不苟，很是正规。我们都喜欢字画。雪祁老师给我写了几幅字，他看了喜欢，我很快求老师也给他写了一幅。北京爱新觉罗家族有人给他画了一幅花鸟画，我看了表示赞赏，他也求其给我画了一幅。1998年，他当选为九届全国人大代表。2003年，他为全国政协委员。2008年，连任全国政协委员。近十年来，他每次参加全国“两会”，都会给我寄来亲笔签名的纪念封，从来没有忘记。

我对他的另一个印象是学习认真，掌握新知识比较快。每次拜访，都见他认真学习时事政策。我们一起参加人代会时，发现他对手机、照相机、电子钟、电脑等都用得很熟练。他汉语流利，汉文、藏文书法都很好。

我到兰州工作后，几次搬家，德哇仓活佛每次都来祝贺乔迁之喜。他在夏河拉卜楞寺新的囊欠修成后，我专程赶去祝贺。他在兰州二干所的新居入住后，我也前去庆祝。每逢春节，他都派工作人员前来拜年。他是活佛，但也有普通人的人情世故，也是性情中人。

我离开甘南后，我们仍然保持密切联系。无事也要打个电话，互道问候。只要我去甘南，或我的朋友、同事去拉卜楞寺，他都会做周到的安排。尤其令我难忘的是，2006 年 8 月，我去西藏考察，除公务外还参观了寺院，他联系有关人员，提供了具体的帮助。临行前，他特别叮嘱我：海拔高，要注意身体。

2006 年农历闰七月十一至十三日，德哇仓活佛在碌曲县西仓寺举行了时轮讲经大法会，约有 10 万僧众参加。大法会举办顺利，在安多藏区产生了积极的影响。法会前后，我都向他表示祝贺。

近日报载：全国政协第十一届会议上，德哇仓被选为全国政协常务委员。我衷心祝愿他在参政议政方面发挥更大的作用。

2008 年 3 月 18 日于兰州

2008 年 5 月 25 日修改于兰州

本文选自《甘南纪事》，甘肃人民出版社，2009 年 1 月。

贡唐仓活佛圆寂前后

杜颖①

我与省政协原副主席贡唐仓·丹贝旺旭大师的结缘早在20世纪80年代。我担任省粮食局局长时，大师就曾到过局下属企业，为我们祝福；他的六十寿辰、“囊欠”（家）开光等，我都曾应邀前往祝贺。1998年元月，我当选为省政协副主席兼任省委统战部部长后，又荣幸地与大师在一起工作，我们不仅成了同事，还成了朋友。在多年相识、相交和相知的日子里，我深感大师是我的良师益友，是我尊敬的长辈，是我心中的“活佛”。

贡唐仓大师尽管已离开我们九个多年头了，但与他相处时的情景还是那样使人记忆犹新，他那慈祥的笑容还是那么亲切，大师圆寂前后的一切仿佛历历在目……

2000年1月30日下午，正在参加省委、省政府“党政军春节团拜会”的我，突然接到大师管家图丹的电话，说正在珠海治病的大师准备大年初一（2月5日）从珠海返兰。我当时不由地心中一沉，心想这肯定是大师的病情严重了，于是立刻向孙英书记等主要领导做了汇报。此事得到省委、省政府高度重视，孙书记当即与有关领导研究决定：一是统战部立即派员前往珠海接人；二

① 杜颖，八届省政协副主席、六届全国人大代表、九届全国政协委员，曾任中共甘肃省委统战部部长，十届甘肃省人大常委会副主任。

是联系返兰飞机，做好一切安全保卫工作；三是遵照大师意愿，返兰后治疗事宜由兰州军区陆军总院负责；同时要求我们做好所有迎接准备工作。

由于初一当天没有直达航班，经与大师本人商量，决定行程改至初五。

2月9日（初五）下午3点，时任省委副书记的陆浩同志、我以及省政协、省委统战部的有关同志等候在停机坪前。大家手捧鲜花和洁白的哈达，看着徐徐降落的飞机，心中都在为大师的健康默默祈福。

飞机停稳了，大师虽然坐着轮椅，但仍像往常一样笑容满面，与我们一一亲切握手，回赠大家敬献的哈达。汽车刚驶出机场，早已守候在此的数百名僧人和群众便都虔诚地围拢上来，双手合十，献上哈达，致敬祝福。大师微笑着，频频颔首，向大家致意。离开机场，车队一行直抵陆军总院，院方早已为治疗做了极为周到详细的安排。

2000年2月27日，凌晨不到6点，一阵急促的铃声将我惊醒。是管家图丹的电话，他的语气很急迫："杜部长，佛爷请你马上来一下，他有话要对你说……"我立刻赶往总院，一进病房，大师就让我直接坐在他的病榻旁，握着我的手，缓缓而凝重地说："马上就要召开全国'两会'，但我去不了了，请你到北京替我向李瑞环主席、向兆国部长问好！告诉他们我去不了了。"我霎时心里一凉，预感到不幸的事情就要发生了。然而那天大师的气色很好，仍然是红光满面，我不由地安慰说："大师，您今天脸色不错啊，身体很好，到北京开会没问题。"他笑了："我是不行了。"说话间亲切地紧握住了我的双手，郑重其事地嘱托了我三件事：寻访转世灵童；修建贡唐舍利宝塔；向西藏甘丹寺宗喀巴灵塔献金。（这三个遗嘱在党中央的高度重视下，在各级领导的关心支持下，在大家的帮助下，最终逐一圆满完成。）最后，大师提出要马上回甘南夏河自己的“囊欠”。

离开总院，我急匆匆赶往青年农场，分别向孙英书记、卢克俭主任、宋照肃省长、杨振杰主席等主要领导作了汇报。不久，所有省级和有关部门领导纷纷赶往总院看望大师。面带慈祥微笑的大师，与大家亲切握手致意，但再也没有开口说话。

孙英书记当即在总院召开四大班子紧急会议，商定了第二天送大师回夏河的一切事宜。根据会议部署，各部门迅速行动起来，车辆、医护、药品、陪同人员等，各种安排均非常稳妥周密。

2月28日清晨8点，大师在洛桑·灵智多杰副省长和杨镇刚副主席的陪同下，乘车驶向夏河。消息传开，一路上不断有各种车辆加入进来，车队越来越大，竟组成了一支庞大的送别队伍。沿途还有许多各族群众，自发地站在路边，他们争相涌向车旁，有的献哈达，有的磕长头，甚至有人用头触车以示敬意，场面令人万分感动。

这天也正是参加全国“两会”的人大代表和政协委员集中赴京的日子。身为全国政协委员的我，已将行李运上飞机，正准备登机启程。就在这时，孙英书记向杨振杰主席、嘉木样·洛桑久美·图丹却吉尼玛副主任和我传达了李瑞环主席“关于高度重视、妥善安排贡唐仓副主席病危及身后事宜”的有关批示精神，然后说：“省委研究决定，你们三位这次不去参加全国‘两会’，留下来围绕贡唐仓副主席做好相关工作。”接着又确定了由杨振杰主席和时任副书记的陆浩同志坐镇兰州，负责全盘指挥，嘉木样·洛桑久美·图丹却吉尼玛副主任和我赶赴夏河的方案。于是我立即从飞机上卸下行李，径直奔赴贡唐仓大师“囊欠”。

到拉卜楞寺后得知，中央统战部、国家民委和国家宗教局都已派人前来，送来布施并代表王兆国部长、李德洙主任和叶小文局长看望大师。同时，全国各地的大师的友人、信徒，以及四川、西藏、青海各地的藏族群众都纷纷来到夏河。

2000 年 3 月 1 日凌晨，备受大家尊敬爱戴的贡唐仓大师与世长辞。那一刻，时间凝固，白云低垂，大夏河水呜咽，甘南草原沉寂。所有人都在为活佛的圆寂而悲伤，为大师早日转世再来而祈祷。人们纷纷涌向“囊欠”，佛堂前，院子里，到处是朝拜的人群。大家自觉地排成队，双眼饱含泪水，怀着崇敬和哀伤的心情，一个接一个献上哈达，寄托哀思。我当时粗略估算了一下，平均每分钟就有 23 人之多。

没有喧哗，没有嘈杂，自始至终秩序井然，从清晨到傍晚，从日出到日落，延绵不断，直到火化的前一天。目睹祭拜的人群，耳听诵经的梵音，心念大师的为人，不禁让人深深感到，有一种超凡的人格魅力在震撼着人们的心灵。这期间，除晚上返回住地外，我一直坚守在“囊欠”里，融入悲伤的家人之中。图丹管家由衷地对我说：“杜部长，您真是我们自家人啊！”就连我乘坐的汽车进出，也受到了藏族群众的礼让。

3 月 5 日上午 10 时，追悼大会在布满挽幛、挂满花圈的夏河县政府礼堂隆重召开，杨振杰主席、时任省委副书记的陆浩同志、洛桑·灵智多杰副省长、嘉木样·洛桑久美·图丹却吉尼玛副主任和我等省级在职和很多离退休老领导都专程赶来参加。追悼会由杨镇刚副主席主持，喇敏智副主席致悼词。甘南州罗笑虎、梁明远、贡保甲、沙拜次力等同志和州属各县四大班子领导，以及大师的国内外朋友、高僧、信徒、居士等共四百多人参加了追悼仪式。整个会场庄严肃穆，充满了悲痛缅怀之情。

大师火化的时间定在 3 月 7 日凌晨两点。6 日晚 11 时，在千名高僧的诵经声中，我步行绕“囊欠”和火化塔一周，最后向大师的真身敬献了洁白的哈达，心中默念：敬爱的大师，一路走好！

迈出大门，院外一片人海，连远处的山头上也尽是朝拜的人群。藏族群众面朝“囊欠”，手摇转经筒，口念五字真经，不断地磕头祈祷。

3 月 14 日，按照宗教仪规严格公推的众位高僧大德，在嘉木样·洛桑久美·图丹却吉尼玛活佛率领下，将骨灰（舍利子）全部收集在一个容器中，漆封后安放在“囊欠”佛堂之上。

大师走了，但他的音容笑貌永存，他的谆谆教导仍在。我们忘不掉他的智慧博学，忘不掉他善待一切的处世方式，忘不掉他的爱国爱教！大师永远活在我们心中！

本文选自政协甘肃省委员会编：《风雨同舟 60 年》，2009 年 8 月。

贡唐仓活佛的一次讲经活动

郝洪涛

1926年正月十三日，贡唐仓·丹贝旺旭出生于四川省若尔盖县一个藏民家里。1931年被选定为贡唐仓五世丹贝尼玛大师的转世灵童，入拉卜楞寺，为四大赛赤之一。1935年入拉卜楞寺闻思学院学经，1944年毕业，获“格西”学位。同年11月，去四川省查理寺院主持宗教活动。他在查理寺住寺时，曾在四川黑水解放中为争取叛匪苏永和投降做过工作，并出资50万银元创办了红原奶粉厂。1952年至1954年间，历任川西藏族自治区人民政府委员、监察委员会第一副主任。1954年农历九月，任拉卜楞寺总法台。1956年3月，任甘南藏族自治州人民委员会委员。1957年当选为全国佛教协会理事、甘肃省佛教协会副会长。1958年5月被关押，至1979年4月释放，蒙冤21年。他在狱中坚信党的政策，“总有一天会实事求是地解决我的问题”，并刻苦自学《毛泽东选集》。到出狱时，他已通读了几遍《毛泽东选集》，并学会了汉语。1979年8月，任第四届省政协委员，11月任省政协常委。后任第五、六、七届省政协副主席。1980年任甘肃省佛教协会副会长。1981年12月，任全国政协第五届委员会委员、中国佛教协会常务理事。1983年3月，任全国政协第六届委员会委员。1987年3月，任中国佛教协会副会长。1988年3月，任全国政协第七届委员会委员。1991 年 3 月至 2000 年 3 月，任全国政协第八、九届委员会常务委员。我在甘南期间，他曾捐出 40 多万元给地方办教育事业，并担任民族教育基金会名誉会长。2000 年 3 月 1 日，贡唐仓·丹贝旺旭活佛在拉卜楞寺囊欠圆寂。

贡唐仓·丹贝旺旭既是一位爱国爱教的活佛，又是对藏传佛教有很深造诣的学者。他在甘、青、川一带多次主持大型法会，也多次深入寺院、帐篷诵经传法。还应邀到尼泊尔、罗马开展友好交流活动，在美国的洛杉矶、华盛顿、纽约等地设坛讲经、宣传佛法。下面记述的就是他在甘南举办的一次大型讲经活动，这是我亲身经历的一次大法会。

1994 年 7 月 11 日至 14 日，贡唐仓·丹贝旺旭活佛在夏河县桑科草原举行第十次时轮讲经大法会。

国家有关部门对这次大法会高度重视。按相关规定，大型宗教活动必须由有关机关批准。这次法会规模很大，又是跨省活动，省委、州委有关部门反复研究，制订方案，并决定赴京汇报。6 月中旬，州委副书记丹正嘉同省委统战部副部长吴廷富、杨进智、省宗教局副局长赵克甲等进京汇报。6 月 14 日，中央统战部听取汇报，国家民委、宗教局、公安部等负责同志发表了意见，在京的省委副书记杨振杰也参加了汇报会。与会同志一致同意举行大法会。同时指出，要高度重视，精心组织，做到万无一失。7 月 5 日，州委书记办公会专题讨论大法会事宜。省委来电话：派杨振杰带领工作组来甘南，坐镇指导有关工作。7 日，由丹正嘉向贡唐仓·丹贝旺旭活佛通报有关情况。10 日，我们在夏河县召开会议，丹正嘉汇报准备情况，杨振杰作了具体指示。晚上，我陪杨振杰看望贡唐仓·丹贝旺旭活佛。11 日，大法会正式开始。

大法会的规模是空前的。大法会开始前的一周内，信教群众从四面八方潮水般地涌向桑科草原，扎帐房，采购食品及日用品。甘、青、川交界的几条主要公路，车水马龙，川流不息。夏河县城到桑科的油路被碾压成了土路。广阔的桑科草原，按省、州、县划分区域，还划出商业服务区，各自搭起帐篷。几天之间，草原上兴起了一座帐篷城。据统计：有帐篷2万余顶，僧俗群众20余万人，其中僧人2万余名，活佛175名。外省有四川阿坝州的，青海果洛、黄南州的，省内有甘南各县的、天祝县的等，还有北京、河北、河南、陕西等地的汉族佛教徒。

贡唐仓·丹贝旺旭活佛讲经的主要内容是“时轮金刚大灌顶”。7月9日至11日预备法会，由贡唐仓·丹贝旺旭活佛向众弟子发圣水、护身结，建造坛城。坛城有五六平方米，由彩色的细沙堆雕而成，十分精美。11日，开坛灌顶。先进行入坛仪式。在贡唐仓·丹贝旺旭带领下，众弟子绕坛城一周，然后朝拜坛城之中的众佛，接着进行灌顶仪式。12日至13日讲经。贡唐仓在讲经中反复阐述佛理，信佛就是引导人们向善，彼此团结友爱，部落之间、民族之间和睦相处；多次规劝群众学文化、讲卫生、追求进步文明。13日下午讲经结束后，即先给活佛摸顶。他在给活佛摸顶时语重心长地说：“你们听了我的讲经，就是我的弟子。希望你们以弘扬佛法、普度众生为己任，为群众多做好事，维修好寺庙。尤其要关心民族教育，保护妇女儿童，让妇女儿童健康生活。一个民族的发展，关键在于教育。没有文化的民族是没有前途的。你们要利用你们的影响，为教育多做好事，把学校办好，让孩子们都上学。”随后，他当场宣布，把群众献给他的100头牛捐赠给州教育基金会。

从14日开始，贡唐仓活佛给群众摸顶。大草原上，信教群众排起了长龙，他们头顶烈日，脚踏草地，一步一步地缓慢移动，虔诚地等待活佛摸顶，神情庄严，秩序井然。这个活动持续了整整两天。

16日，部分群众开始撤离。省委书记阎海旺上午来电话：一是加强治安；二是群众撤离之后，干警再撤离。晚上，我打电话向阎书记汇报了当天情况，他强调：工作做细，不要出事。

18 日，现场群众大部分已经撤离。上午，我从夏河赶到合作，向黄正清先生汇报大法会情况。下午，又从合作赶回夏河，召开小结会议，由我主持，丹正嘉汇报，杨振杰做指示。会议结束后，我陪杨振杰看望贡唐仓·丹贝旺旭活佛。晚上，贡唐仓活佛在拉卜楞宾馆设宴答谢省、州工作组及全体工作人员。

19 日，我送杨振杰回兰州。晚上，阎海旺书记来电话：要认真总结这次大法会，总结报告要报中央统战部。

举办大法会，我们在治安保卫方面制定了预案，投入了相当大的警力和人力，采取了有力的、严密的防范措施，前后二十天，治安良好，未接到任何大的刑事、治安案件的报案，现场发生的个别问题及时得到了处理。广大僧俗群众从进入会场到撤离，是安全的、有序的。

这是一次进展顺利、完全成功的大法会。

2008 年 3 月 17 日于兰州

本文选自《甘南纪事》，甘肃人民出版社，2009 年 1 月。

争取合作建市的经过

郝洪涛

合作是甘南藏族自治州的首府，原是夏河县一个镇，现为县级市。

初到合作，这个小镇给我的印象是美好的。蓝天白云，地势开阔。城区在一片草滩上，四周拱卫着平缓的青山，放眼望去，满目翠绿。中间有一条小河穿城而过，高处俯瞰，宛如飘带。街道整齐，多见砖墙瓦舍，大小机关在一条街上。还有行道树、街心花园、羚羊雕塑等。城中心的一片树林，常见放学的学生手提塑料袋在林里捡蘑菇。这些构成了一幅质朴、美丽的图画。

后来，城区太小、管理体制不顺的问题逐渐凸显。

1991 年 1 月 5 日，我与副州长赵祯祥到州城建处调研。他们汇报：合作占地 7 平方公里，建筑面积 93 万平方米，居民 5 万人，道路 21.5 公里，其中油路 16.5 公里，主街道 5 公里，有 7 座桥、240 盏路灯，有电话 2000 门，绿地 20.15 公顷，森林覆盖率 4%，自来水厂日供水 2000 吨，吃上自来水的有 2.5 万人。赵祯祥建议：一是合作为州直属镇；二是城建处改为城建环保局。我在座谈中提出：热爱合作，建设合作，把合作建设成优美、清洁、繁华、文明的草原新城。我当时心里盘算：把合作镇建成合作市。

此议提出后，多数干部赞成，个别人认为根本不可能，是异想天开。为此，我们先在领导班子成员中沟通思想、统一认识。

1992年4月9日，州委常委会议正式讨论合作建市的问题。决定按程序先向省政府写报告。

6月，报告呈送省政府。

11月23日，杨镇刚赴京，向民政部汇报，民政部行政区划和地名管理司听取了汇报。司里表示，待收到省里报告后，将及时组织评估，积极考虑。并建议甘南州在合作建市问题上考虑两点：一是城市规模要从长远发展出发，土地面积不宜太小；二是对自然资源、水源、现有企业原料供应、归属等问题统筹规划，避免将来市、县之间产生矛盾。

1993年，我们多次向省政府、民政部汇报合作建市问题。这一年，此问题陷入僵局。

1994年3月，全国八届人大二次会议期间，我与杨镇刚又去民政部汇报。部长多吉才让接见了我们。有位司长是从甘肃出去的，很热情，也很热心，帮我们出了不少主意。随后，民政部派出工作组来甘南调研。我们又看到了新的曙光。

1995年我调离甘南后，州上的同志继续争取合作建市。州委还决定由张性忠同志负责此项工作。性忠同志为此做了坚持不懈的努力。

功夫不负有心人。

1996年5月28日，国务院批文，同意合作建市。

1997年3月21日，成立甘南州合作市筹建领导小组。

1997年8月23日，成立合作市工作委员会。

1997年10月8日，召开合作市第一次党代会。

1997年12月8日，召开合作市第一次人代会。

1998年1月1日，合作市正式挂牌运行。

新建的合作市辖7乡1镇，面积2670平方公里，7.8万人。首任书记赵永昌，市长阿布。他们下了很大工夫，几年内使合作面貌焕然一新，增添了现代气息。后任者王奋彦、毛生武等同志，都对合作的建设与发展做出了贡献。历史不会忘记他们。

合作建市终于梦想成真，合作的历史翻开了新的一页。这件事充分说明：事在人为。

近日报载：合作建市10年，经济社会迅猛发展。2007年实现生产总值8.03亿元，大口径财政收入5718万元。已经建成装机容量2.52万千瓦的安果尔水电站；城区供水工程，日供水能力1.5万吨；城区污水处理工程，处理污水能力0.7万吨／日；集中供热工程；世纪广场；校舍32027平方米；城市人均住房面积25.47平方米，农村人均住房面积16.24平方米。这些巨大变化使我感到欣慰。

2008年3月9日于兰州

2008年8月13日改于兰州

本文选自《甘南纪事》，甘肃人民出版社，2009年1月。本文标题为编者所加。

为舟曲发展所做两件有意义的事

徐强[①]

2003年12月，我从碌曲县常务副县长、尕海则岔自然保护管理局局长之职被调任为舟曲县委副书记、县长，从草原和牧区转了出来，到了白龙江边工作。

舟曲是一个山大沟深的地方。当时，不仅许多通向山上乡村的道路崎岖、陡峭、狭窄，常受滚落土石的影响，就是省道过境路段两旁的植被也很差；县城的交通也很紧张，马路市场严重影响了过城车辆的通行。两年里，我审时度势，在组织推进其他经济、社会、文化事业发展的同时，就交通老大难的“肠梗阻”问题，力所能及地开刀根治，做了改善改造工作。

一

舟曲县境是一个从西北向东南展开的一个狭长的橄榄形区域，白龙江自西北向东南从县境中部奔腾流过，过境舟曲的连接东边陇南地区（现改为陇南市）宕昌县和西边甘南州迭部县的省道212

① 徐强，现任甘南州政协党组书记、主席。2003年12月至2005年12月任舟曲县委副书记、县长，后任中共玛曲县委书记，甘南州人民政府副州长，甘南州委常委、州委统战部部长，州委副书记等职。

线，顺白龙江北岸一路延伸，全长约75公里。舟曲县城也在这条线上，而且唯有这一条公路穿城而过。

2004年春节刚过，春寒料峭之中，我带着交通、林业、水保等部门的负责人和技术员在县城上下跑了七八趟，考虑在改善这条交通大动脉方面能做些什么工作。要彻底改造，当然不是一件容易的事，动辄需要几千万资金，一时半会儿也找不到省上立项投资的机会；况且2001年省上刚投资7000多万元将公路从四级路面改造成了三级路面，已经不容易了。经过与林业部门反复研究，我们决定从容易着手的在公路两旁栽植行道树方面入手。这么考虑有几个原因。一是树栽上后，可以加固两边的边坡，防止水土流失，带动路两边的植被生长恢复，形成绿色防护带，减少路基坍塌，巩固上次道路大改造的成果。二是在公路两旁形成绿色长廊，可以改善两旁的景观，减轻驾驶员的视觉疲劳，提高行车的安全性、舒适性，还能尽量给通过舟曲地段的客货运输人员留下较好的印象，提高对外形象和美誉度。三是可利用水保、林业上的水土保持和荒山造林项目资金购置大批树苗，安排机关单位分片包干，动员职工义务劳动，培养机关职工吃苦耐劳、艰苦创业的精神，掀起全民苦干、实干、大干的热潮。商定后，我们让林业、人事部门筹划安排，将从东端的两河口至西端的黑水沟口之间可植树的50多公里路段分段划定为87个单位的植树区域，依各单位的人员、车辆、财力，分配任务的多少；让林业、水保部门采购供应苗木；让水电、农机部门出动流动的水泵，保障重点区域的灌溉。

从3月12日开始，县直各单位和省、州属单位几乎全员出动，沿公路两边摆开长龙，展开了声势浩大、场面壮观的植树大会战。这一年栽树的重点在县境东口的两河口至县城的17公里公路的两旁。三月上旬，沿公路红旗林立，各区域插有单位的责任牌子，来来往往运输树苗、水泵、人员的车辆十分繁忙。许多县领导、局长、乡长也与职工一起挥镐挖坑，填土栽树，提水浇灌；女职工也参与了垒边、填土、提水、浇苗等工作。累了，大家一起坐在路边，一边喝矿泉水一边啃馍，互相加油鼓劲。歇一阵后，再干一阵。许多长期不从事体力劳动的人手上起了泡、磨破了皮，腰酸胳膊疼，但大家都坚持了下来。就这样，植树节期间各单位每天前往劳动三天，以后每隔 10 天，职工们驱车去给所栽的树苗浇水，直至炎夏过去、秋季雨水来临，大家才舒了一口气。春季栽树期间，我除了检查巡视，也尽力参加政府办的劳动，体会了劳动的艰辛，以身作则影响和带动职工。那些天里，虽然奔走劳动很疲乏，但我的心里是很有劲头的。

秋季时，各单位又将一些干枯、没有成活的枯杆拔出，补栽上新树苗，保证树行间不出现断苗。

2005 年，在对县城以东的 17 公里路段两旁的所栽树木进行补栽的同时，重点投入人力对县城以西至巴藏各皂坝区间的 40 多公里路段进行植树造林工作。春季植树节期间，所有单位全部出动，修树盘的修树盘，补栽的补栽，拔草的拔草，培土的培土，浇水的浇水，阵势庞大地忙活了好几天。秋季主要是保养成活，又补栽了一些没有成活的坑位。

连续两年的县直单位在全县公路两边的植树活动，出动人力 4382 人次，共栽植以侧柏为主的树苗 30368 多株（其中 2004 年栽植 13496 株，2005 年栽植 16872 株），形成 50 多公里的绿色行道长廊。由于责任明确、补栽到位、浇水及时、管理较好，成活率达到 80%以上，并为以后进一步的道路绿化打下了坚实的基础。

二

2004 年，我们还启动了县城白龙江南岸的江盘路扩建改造工程。

舟曲县城位于白龙江北岸一个狭小的冲积扇上，有 9 个村庄

130多个行政事业企业单位，约2.5平方公里的城区密集地生活工作着2.5万多人口。那时候，我感觉舟曲县城可能是全国人口最密集、面积最小的县城之一。

当时，县城南边的北滨河路既是省道过县城的唯一通道，也是城区里唯一的马路市场。两边商铺密集、摊点众多，把十三四米的公路挤占得只有七八米的行车通道，摊点不安全，人行不安全，车行极为不便，交通严重受阻，城管和工商管理十分困难，还经常引起城管工作人员与摆摊市民的冲突。这里，不仅是交通上严重的“肠梗阻”，城管上的“老大难”，成为干群关系的“冲突地”，而且是外界人士对舟曲印象不好的“诟病区”。

此时，与主城区隔白龙江相望的江盘乡南桥村，在江南岸东西排开，通行路面宽度仅有五六米，最狭窄处只有三四米，只有一座拱桥和一条铁索吊桥跨江与主城区相连。南桥村、江盘乡政府、此地建房的城镇居民与主城区的城关镇虽然仅一江之隔，近在眼前，但通行极不方便，商业萧条，经济也很落后，南北两岸的群众只能望江兴叹。

在此局面前，我们从其他隔江而居的大中城市的发展中受到启发，认识到，如果能建设多座桥梁改善城关与江盘两乡的连通状况，将江盘乡南桥村的道路拓宽改造成十几米宽的路面，将省道过城路段改引至白龙江南岸江盘乡南桥村通行，将有“一箭三雕”“一石三鸟”的效果，将极大地扩大城区范围，形成两条省道过城公路，并带动南岸江盘乡的工商业及社会的升级发展。

前景虽是美好的，道路却是曲折的。资金何处来？拆迁改造中的种种阻力能否及时有效解决？若群众上省府京城告状，给县上班子造成的负面影响和压力如何对待？等等。一时，在政府班子成员和部门负责人中形成了敢于冒险的激进派和害怕悲观的保守派，对我这个初来乍到、想做事业的政府“班长”造成了很大的压力。

此时，县委书记安锦龙与我多方思虑，调动以前积累的人脉资源，研究寻找可能出现和利用的政策机遇，鼓励同事们树立为政一任、造福一方的信心，在政府班子中营造敢于干事、敢于碰硬、敢于成事的创业精神，并表示两个“班长”将承担经济、政治上可能出现麻烦的主要责任，将功绩归于班子集体和分管领导，把不良后果担在自己肩上。其间，我积极与省定帮扶舟曲的兰州市城关区联系，让他们认识到改造江盘路对舟曲发展的重要意义，使他们下定决心出资200万元支持这项事业。城建部门、交通部门、乡政府、村组织动员江盘南桥村群众将周围的土地盘活成可观的现金收入，在街道拓宽改造中重建房屋，利用区位优势形成商业铺面，增强增收能力，并在道路改造中务工积累资金，便于以后更多从事比农业效益更好的工商产业；动员房地产商积极参加土地开发利用，给农民群众尽可能多的优惠补偿，为家乡的发展进步做出贡献。同时，将一些闲置房屋作为抵押从银行贷款，解决资金困难。总之，通过多种办法，筹措了560多万元建设资金，启动了江盘路的改造工程。

改造工作困难重重。一些农民成群结队到县政府上访，政府领导和部门负责人或与他们单个交流或集体座谈，耐心听取他们的诉求，共同探讨解决办法，动之以情，晓之以理，努力解决好群众的困难和问题。例如，尽量将更多失地户纳入城乡低保的保障范围；让土地开发商从长远着眼，给征地农民以最大的优惠补偿，尽力让生活和生产受影响的拆迁户上工地打工挣钱；民政救济、小额贷款、产业扶持等向拆迁户倾斜，尽量使拆迁户得到更多的照顾和利益。时任江盘乡党委书记王丽英、城建局局长房小东等基层乡科级领导全力以赴投入动员征地和搬迁工作，与职工们一起马不停蹄地出东家、进西家做访问、解困工作，经常遭受排斥甚至围攻，很多职工经历了一生中少遇的困窘。有的领导拿出自己的工资给群众解决生活、生产困难，有的职工腾出自家的房屋让动迁农户居住。对于极个别上访“难缠户”，县领导与其交朋友，给他们做工作、出主意，谋划道路改造后他们的出路，千方百计为他们的下一步出力。实在做不通工作、不通情达理、严重抗拒干扰的搬迁户，就从法律上想办法，诉诸司法机关，依靠法律方式公正地解决争端和利益。总之，为了这项改造工作，我们付出了极大的情感，做出了极大的牺牲，做了艰苦的工作，运用教育、经济、政策、感情、法律等多种方式，艰难推进，终使改造工程不断取得进展。

到 2005 年底，终于在城区的西端锁儿头电站处建起了一座横跨白龙江的宽阔的钢筋混凝土拱桥，宽度达 12 米；县城东端瓦场地方也建起了一座宽度达 12 米的跨江钢筋混凝土梁桥；利用兰州市城关区援助的资金在城区中部架设起一座钢架拱桥，路面宽 7.5 米。如此，在城区 25 米宽的白龙江上有了三座钢筋混凝土大桥和一座钢架人行拱桥，极大地增强了县城南北两岸的交通能力，将江盘乡有机地纳入了县城区域，增强了县城的人口、经济承载力。其中，位于锁儿头电站和瓦场的两座新增跨江大桥投资 420 万元。同时，位于江盘乡的南滨河路从原来的五六米拓宽到 12 米，全长 2 公里的“晴天一路虚土、雨天一路泥浆”的土路变成了平坦整洁的水泥路面，南桥村临街人家的房屋重建一新，一二楼甚至三楼上纷纷开起了商店、办起了饭店，有更多的浙商、川商、鄂商进驻这个路段经商做生意，南滨河路顿时繁华了起来。省道过境路面改行南滨河路后，也极大地提高了通行效率，改善了原北滨河路的安全性。

应该说，江盘路的改造工程完成了预期的建设项目，达到了预想的效果，为江盘的群众生活改善和舟曲县城的发展起到了明显的推动作用。

三

2005年12月，组织调动我到玛曲任县委书记，我离开了白龙江边的舟曲，到甘南西部的黄河岸边工作。回想起来，在舟曲工作的两年，虽然林林总总干了不少工作，但上面这两件事情让我记忆犹新、感触很深。在2004年、2005年当时的形势下，从行政管理和行政创业角度来说，它们激发了政府的动员能力，锻炼了干部的良好作风。在省道两旁大规模动员栽植行道树，动员全县职工从机关大院里走出来，走向十几、几十公里外的公路，在酷热的太阳下，忍饥挨疼亲自参加劳动，感受劳动的艰辛和创造成果的喜悦，是久违了的集体主义精神的极大回归与发扬，是对机关职工接地气和与民同甘共苦的一次生动的教育，这种精神和品质不仅政府和单位需要，对于职工品德的培养和人生成长也十分必要。敢于改造江盘路，在领导班子成员中倡扬一种迎着困难而上、不畏艰险、敢于创业成事的奋斗精神，对于打破机关长期养成的养尊处优、明哲保身、僵化守旧的“衙门”习气有重要作用，对于许多领导患得患失于自己的进退和利益而丧失了党的“为人民服务”的宗旨，也是深刻的教育和警示。在这两件事情上，我没有辜负党对我的期望和重托，力所能及地为舟曲的百姓和社会做了一些有益的事情。同时，这也强化了我一直信奉的为政就应利民、就要干事的信心，使我积累了有益的从政品质和创业经验，于我自己也有不小的收获。

当然，在舟曲工作期间，有成绩也有失误。除了一些时代和政策的原因，有的是我的眼界能力有限，有的是我考虑不周，可能使一些群众的困难和问题没有解决好。借回顾事业、撰写此文之际，我对自己没有搞好的工作，向舟曲人民和一起并肩工作过的同事表示歉意。

如今，偶尔走进曾经工作过的舟曲大地，看到龙江大道上十多年前与大家流汗栽植的许多路段上的行道树已经有碗口粗了，枝繁叶茂，心底也绿意昂然了起来；看到县城南滨河路宽阔畅亮，商店林立，乡亲们安居乐业，南北两岸浑然一体，城区交通通畅，感觉到自己在舟曲发展比较艰难的时候曾经率领一班人有力地把它向前推了一把，大家两年艰辛的付出换得了今天的繁荣进步，觉得自己在人生舟曲之行时也干了一些有价值的事业。如今，已经远离舟曲在他乡工作的我一直忘不了那段舟曲缘，一直心系白龙江畔的父老乡亲。在此，我由衷地期望和祝愿，今后的县委、县政府乘着时代的东风，继往开来，成绩更多，干得更好，使舟曲社会有更多的发展进步，舟曲的城乡百姓能过上越来越好的新生活。

2017 年 10 月

冶力关大景区开发回顾

王勇 ①

走进冶力关，处处皆风景，徐徐入画来。冶木河在四季轮回中静静流过，到处一派生机勃勃的景象。不论是形态逼真的十里睡佛，还是风光旖旎的天池冶海、鬼斧神工的赤壁幽谷，无不透射出迷人的魅力。峰峦叠嶂的石林风光，神奇绝伦的阴阳石，绿涛茫茫的黄涧子国家级森林公园，干净整洁的园林式农家小院，处处吸引着游人驻足。这个把北国风光和江南情韵完美融合的小镇，通过旅游业的快速、健康、良性发展，在全省乃至西北地区旅游业界取得了夺目的成绩。自 2002 年 12 月起，我先后任临潭县政府县长、县委书记，直到 2009 年初离开，作为一名冶力关旅游开发的参与者和见证者，冶力关旅游从规划到起步再到步入正轨，那曾经的坎坷，至今让我难以忘怀。

确定新思路　开拓新产业

曾经的冶力关，尽管守着一方明山秀水，但当地群众却长期依靠人均不足 2 亩的耕地为生，生活极为贫苦。作为国家扶贫重

---

① 王勇：时任甘南州委副书记，分管全州旅游开发工作；现为甘肃省水利厅党组副书记、副厅长。

点地区，临潭县一直坚持探索贫困地区发展生态旅游与带动群众致富的双赢路子。2001 年，冶力关景区被定为国家 2A 级风景区之后，旅游市场开始缓慢启动。但在 2003 年 7 月 29 日，冶力关遭受百年不遇的特大洪水灾害，直接经济损失达 2460 多万元，冶力关转眼间失去了往日的繁华，整个镇子一片狼藉。如何更好地发展，彻底改变这种靠天吃饭的贫困面貌，县委、县政府审时度势，及时调整发展思路和战略，把旅游业作为振兴经济的突破口来抓，以“依托资源，开拓市场，突出特色，扩大宣传，打牢基础，培养龙头”为思路，提出了“三年打基础，五年见成效，十年将旅游业培育成支柱产业”的奋斗目标。

思路决定出路，发展是甩掉贫困帽子的总办法。当时，全县上下对旅游发展重要性的认识尚未达成高度共识，对旅游产业与城市化、工业化进程以及新农村建设的关联性缺乏研究，对其强大的关联带动作用认识不够充分，“旅游投入大、见效慢、产出少”的疑问不同程度地影响着旅游发展思路。为增强对旅游发展的信心和决心，县委、县政府通过组织人大代表、政协委员、当地群众代表外出考察，组织旅游发展论坛进行专家论证等方式，开阔视野，统一认识。成立县旅游经济领导小组，把旅游业确定为县域经济的支柱产业，纳入了全县经济社会发展总体布局，先后完成了《临潭县旅游业发展总体规划》《临潭县冶力关镇总体规划》《临潭县冶力关镇景区景点修建性详细规划》。相继建成了冶木河南北滨河路、甘南农民起义纪念馆等 24 个重点基础设施项目，开发了冶海、赤壁幽谷、月亮湾等景点，完成投资 4500 多万元。2005 年创建为国家 4A 级景区，并迎来了 2006 年旅游业“井喷式”增长，全年接待游客 43 万人次，创旅游业综合收入 8500 万元。先后晋升为省级地质公园、甘肃省十大旅游景区，成功举办了第六届甘南香巴拉旅游艺术节和三届洮州旅游风情节等大型节庆活动，中央电视台等 30 多家新闻媒体进行了全方位宣传报道。扶持建设“农家乐”300多户，旅游马队经营户200多户。实现了“一年迈大步、三年大发展”的构想，山水冶力关的旅游品牌成功打响。

2008年，临潭县被列入省级县域旅游产业示范县，县上制定了《关于进一步加快旅游业发展步伐的意见》，按照“对外抓宣传，对内搞建设”的思路，冶海九台瀑布等34个旅游基础设施建设项目完成各项投资2400多万元。成功举办了元宵节“万人拔河”、2008高空阿迪力横渡冶木河大峡谷活动。被国家体育总局社体中心、中国拔河协会授予“中国拔河之乡”称号，被亚太旅游联合会等组织授予“中国十大文化生态旅游目的地”称号。

敬细以远大　催生新业态

开发伊始，冶力关的旅游产业近乎一穷二白，但县委、县政府高起点谋划、高水平打造、高标准要求。“敢为人先的创新勇气、倍道而进的建设速度、精益求精的工作态度”凝聚成“冶力关精神”，代表了全县上下昂扬的精神风貌，吹响了创业的号角。

一是精心保护生态资源。要把资源优势转化为旅游优势，一个根本不能忘，就是珍视、保护并积极培育生态环境。冶力关发展旅游业坚持“在保护中开发，在开发中保护”的思路，正确处理旅游发展与资源保护的关系，注重整体规划和规划的科学性，始终把保护生态的理念贯穿于规划与建设中，依照规划建设，维护规划的权威性。将人文景观深度融入山形、地貌、水流等自然之中，使自然景色和人文景色相得益彰，交相辉映。

二是深入挖掘文化因子。冶力关在品牌升级的不断嬗变中，底蕴深厚的文化魅力逐步展现。充分挖掘洮州民俗文化、多民族融合文化，将文化融入旅游的每一个层面，作为旅游开发的重要方面。2004年率先在全州组建第一家为旅游服务的专门团体——

冶力关艺术团，承担旅游宣传和吸引游客的双重职能。为将旅游文化资源转变为具有比较优势的旅游产品，县上积极开展了“万人拔河”、民间故事“麻娘娘”传说和洮州服饰等国家级、省级非物质文化遗产的申报工作，深入挖掘开发闻名遐迩的莲花山“六月六花儿会”，独具特色的洮州尕娘娘服饰，刺绣、银饰制作、根雕、铸造等特色鲜明的民俗风情和民间艺术，并依托洮州历史民俗和丰富的自然资源，打造文化旅游高度融合的风情歌剧《洮州神韵》，其艺术价值和提升旅游品位的集聚性效应赢得了游客的广泛赞誉，全面提升了冶力关旅游效益。

三是全面提升服务功能。按照发展大旅游、培育大产业的思路，制定优惠政策，整合旅游资源，加大合作开发力度，坚持“谁投资、谁受益”，支持多元投资，鼓励全民大办旅游实体。全面放开旅游市场，多渠道吸纳社会资金，支持各种经济成分共同参与开发旅游产业，形成全社会大办旅游的新格局。通过国家投资、招商引资和民间集资等多种方式，全力组织实施了冶力关旅游基础设施建设，街道拓宽改造，兴建博物馆、文化广场、商业一条街、商城、旅游接待服务中心，以2007年天池冶海星级厕所的修建为突破点，形成以点带面之势，构建旅游服务的全要素链条。2003—2008年，累计向冶力关景区投入开发建设资金2亿多元，开发重点景点6处，景区累计签约招商引资旅游开发项目9个，建成交通便利、旅游设施舒适优雅，吃、住、行、游、购、娱为一体的旅游服务体系。

四是着力提升景区知名度。准确的定位和精准的宣传，是冶力关知名度快速提升的关键，让冶力关旅游业的发展集聚了旺盛的人气。冶力关在对外宣传营销上，加强旅游信息化建设，建立特色旅游宣传网站，通过互联网与游客、旅行社建立直接联系。在中央电视台、人民日报、旅游卫视、甘肃日报等主流媒体上，通过影视、歌曲、专题栏目等进行宣传介绍。制作精美的宣传画册、旅游专刊、扑克牌等旅游宣传品，在全国各大城市广泛散发、广而告之。在北京等大都市举办大型文艺宣传活动和冶力关国家AAAA级风景区旅游推介会，展现冶力关独特的自然生态和民族风情。特别是2006年5月在省“两会”期间，冶力关艺术团以文艺演出的形式，向全体代表和委员宣传临潭旅游，取得了轰动性的宣传效应。同时，通过举办洮州风情旅游节、万人拔河、汽车越野赛、大力士赛、摄影大赛等活动，进一步打造和提升冶力关旅游品牌知名度，加强同省内及宁夏、陕西、四川、青海等周边景区及80多家旅行社的联系和合作，积极组织召开与各大旅行社的座谈会，协商组团事项，通过旅行社的宣传促销来增加客源，推动旅游业发展。

草原深处的江淮人家

为全面体现冶力关景区独特的人文景观，结合古洮州鲜明深厚的文化历史底蕴，集中展示洮州的游牧文化、农耕文化、江南古洮州迁移文化以及当地的特色民俗，临潭县重点打造了“草原深处的江淮人家”旅游品牌，建成了灰瓦白墙的村舍，与蓝天白云青山绿水相映衬，整齐的街道，林立的宾馆，招帜鲜明的店铺，彰显具有明显地域和文化特征的景区特色，纷至沓来的游人陶醉于古洮州文化之旅。

景区发展带动周边农民脱贫致富，是旅游惠民的最直接体现。农民依托当地独特的自然资源，大力发展农家乐经济、畜牧业经济、劳务经济、交通运输业等，在冶力关镇区形成以餐饮、住宿、观光、娱乐等为一体的游客接待集散地。从2004年开始，县上借鉴外地经验，全力扶持引导，大力发展“农家乐”旅游接待点，扩大发展空间，增强发展后劲。把冶力关特色旅游作为“提高宣传力度，促进群众收入”的一项重要工作来抓，千方百计引导群众克服最初的怀疑观望，组织动员群众利用空闲房屋改造为“农家乐”特色接待点，为开办“农家乐”的群众进行适当补助，统一配发寝具、盥洗设备，改造厕所等，以完善服务设施。同时每年对“农家乐”从业人员进行定期培训。冶力关景区的“农家乐”接待点由最初的15家发展到近300家，从业人员近千人，接待能力已由当初的70余人发展到近3000人，户均年营业收入6万元左右，由此带动8000多人间接从事旅游业。景区农民真正走上“细心摘捡绿色菜，巧手烹饪农家饭”的致富路。农家乐舒适的环境、富有浓郁地方特色的饭菜、低廉的消费给游客留下了深刻的印象。“住农家屋、吃农家饭、享农家乐”，成为冶力关景区特色旅游一道靓丽的风景线。

雄关漫道真如铁，而今迈步从头越。2014年，甘肃省确定冶力关为全省率先建设的大景区之一。2016年2月，国家旅游局确定甘南州为首批国家全域旅游示范区。借力国家大力发展旅游业的强劲东风，有着丰富生态资源和鲜明地域文化的冶力关正步入如火如荼的发展“快车道”。

江城如画里，山晓望晴空。冶力关大景区建设成为甘南州实施全域旅游的突破口和先行者，迎来了做精做美山水大文章的新时代，所有建设者必将进一步提振“精气神”，紧跟时代潮流，绘就冶力关旅游的大发展、大升级、大跨越，在实现“中国梦”的伟大征程中，全力续写精彩绽放的新传奇。

2017年10月

见证玛曲县经济社会全面发展的八年

王力[①]

时光荏苒。转眼间，我已经在玛曲草原留下了8年的奋斗足迹。2011年底，我受组织委派担任玛曲县县长；2015年底，转任县委书记职务。回想已经走过的岁月，宛如昨日。这8年，也是玛曲经济社会发展成效显著、脱贫攻坚力度史无前例、城乡面貌发生巨大变化、人民群众得到实惠最多的8年。

2011年底到玛曲时，面对复杂的县情、薄弱的基础设施、不均的产业发展、逐降的黄金产量和严重的财政收支不平衡等状况，深感干事创业的任务异常艰巨。但是，在全县5万多干部群众"艰苦不怕吃苦，缺氧不缺精神"的干事创业激情的激励下，我立足玛曲多样的资源优势和浓郁的文化底蕴，不忘初心，迎难而上，通过8年多的不懈努力和辛勤耕耘，使全县基础设施建设明显改善，教育卫生事业全面发展，经济发展水平大幅度提高，民族团结进步和睦共赢，各族干部群众和衷共济，脱贫攻坚事业稳步推进，呈现出经济发展、政治稳定、干群融洽、宗教和顺、人民乐业、社会进步、和谐发展的喜人局面。

先进的理念就是先进的生产力，思想解放的力度决定发展的速度。8年来，面对玛曲县经济底子薄、发展起步慢、竞争能力弱

① 王力，玛曲县委书记。

的现状，由我主导，县上先后深入实施“122584”[①] 和“13565”[②] 经济发展战略，积极探索符合县情实际的经济社会发展规律。8 年来，我克服一切艰难困苦，坚持真抓实干，以项目建设夯实发展基础，以结构调整缓解经济下行压力，开创了玛曲转型跨越发展新局面。2019 年，全县地区生产总值达到 21.66 亿元，财政收入达到 1.2 亿元，一般公共预算支出达到 19.6 亿元，社会固定资产投资达到 14.5 亿元，社会消费品零售总额达到 4.54 亿元，城镇居民可支配收入达到 27756 元，牧民人均纯收入达到 10096 元。

过去的 8 年，玛曲县全面发展产业，推进项目建设，优化产业结构，全县经济呈现出稳中有进、稳中向好的发展态势。8 年累计实施基础设施、环境保护、基层政权、社会事业、特色产业等各类项目 535 个，总投资 122.64 亿元，是“十一五”的 4.7 倍。特别是玛久二级公路、玛沁三级公路、黄河塌岸综合治理、引黄入城等一大批大项目好项目的落地实施，为投资拉动增添了新活力。县上先后编制完成了《城乡发展总体规划》和《玛曲县村庄布局规划》，完善了城区路网结构、污水和垃圾处理、供水供热供电、文化休闲购物等公共服务设施，实施了保障性住房、廉租房、公租房建设，城区棚户区和牧村危旧房改造等工程，完成了 34 个整村（整乡）推进、32 个生态文明村建设等基础设施建设任务。

玛曲县这 8 年的跨越发展，离不开特色优势产业的强力支撑。

---

① “122584”经济发展战略：“1”为紧紧围绕到 2020 年与全国同步实现全面小康社会这一目标；“2”为着力推进跨越式发展和长治久安两大任务；“2”为以转变经济发展方式为主线，以维护民族团结和社会稳定为保障；“5”为突出改善民生、生态环境保护、社会事业发展、基础设施建设和特色产业发展五个重点；“8”为认真实施生态立县、牧业稳县、工业强县、项目带县、开放富县、旅游活县、科教兴县、依法治县八大战略；“4”为努力把玛曲建成甘南乃至全省重要的高原绿色畜产品生产加工基地、高原游牧生态旅游区、黄河上游重要生态功能区和民族团结进步示范县。

② “13565”经济发展战略：“1”为紧紧围绕到 2020 年与全国同步实现小康社会这一总体目标；“3”为强化维护稳定、保护生态、从严治党三个责任；“5”为牢固树立创新、协调、绿色、开放、共享五个发展理念；“6”为提高发展质量和效益，深入实施生态保护、特色产业、改革开放、基础设施、精准脱贫、民生保障六大重点；“5”为着力构建生态玛曲、旅游玛曲、幸福玛曲、平安玛曲、正气玛曲。

县上在“十二五”期间累计投入畜牧产业发展资金 6.53 亿元，建成养殖小区 103 个，牲畜暖棚 4215 座，发展牧民专业合作社 558 家，流转草场 572 万亩，是“十一五”的 3 倍。全县各类牲畜存栏 102 万头（只、匹），肉、乳、毛大宗畜产品产量分别在 2010 年的基础上增长了 46%、34%和 39%，牛羊保险实现全覆盖，牧业产值达到 4.7 亿元，是“十一五”末的 1.66 倍。编制完成《玛曲高原生态旅游示范区总体规划》和《天下黄河第一弯重点旅游景区修建性详规》，格萨尔发祥地、贡赛喀木道、天下黄河第一弯旅游景区、河曲马场湿地公园景区初具规模，实现公司化运行。打造红色文化旅游，宣侠父烈士纪念馆建成投入使用；召开宣侠父甘南藏区行 90 周年研讨会，充分展示了玛曲韵味丰厚的红色旅游文化。连续成功举办了六届格萨尔赛马节和五届牦牛藏羊藏獒展示评比大赛，年接待游客数和旅游收入年均分别增长 30%左右。

发展依靠人民，发展也是为了人民。8 年来，我始终坚持把脱贫攻坚作为“一号工程”来抓，集中人力、财力、物力狠抓各项脱贫政策落实。举全县之力打好脱贫摘帽攻坚战，成立县脱贫攻坚指挥部，17 个专责组精准突破、纵向推进，聚焦“两不愁、三保障”，牧民群众衣食住行得到全面保障，牧村社会实现跨越式发展，贫困群众通过易地扶贫搬迁、生态文明小康村等项目住到了功能齐全的定居点。2019 年，全县顺利实现整县脱贫摘帽目标，贫困发生率下降到 2%以内。可以说，这 8 年是玛曲县脱贫攻坚实现突破、城乡面貌日新月异的 8 年。

关注民生，改善民生，是发展的基石，更是民心所向。8 年来，县上紧紧围绕经济社会发展大局，一件件民生工程相继建成并投入使用，交出了一份暖意融融的民生答卷。累计新增城镇就业 2358 人，发放公益性岗位补贴 1644.051 万元。发放各类社会救济救助资金 2890 万元，城乡低保人口覆盖面达到 21%。新农合报销医疗费 4630 万元，发放医疗救助金 530 万元。发放僧人生活补贴2600万元。“少生快富”和“奖励扶助”政策受益1229户8322人。发放37项惠农资金5.68万元、双联惠农贷款3.19亿元。投资2.17亿元全面改善了14所学校办学条件，新建“双语”幼儿园13所、乡镇卫生院和村级卫生室28所。建成38个牧村综合服务中心和4个乡镇敬老院。牧村广播电视实现“户户通”“舍舍通”，“四馆”建成并投入使用。全面启动全国民族团结进步示范县创建工作，召开了全县佛教协会第六届代表大会，举办了100多万人次参加的久美华丹加措大师欧拉时轮灌顶大法会，实现了28年来玛曲县信教群众的愿望。

发展的最终目的，是为了让百姓更好地享受发展成果。县上全面贯彻州委深化改革十大行动任务，在转变政府职能、生态建设、产业发展、维护稳定等方面实现了新的突破。完成了政府职能转变和机构改革任务。全面推行“三张清单一张网”和“三证合一”制度。修订机关事业单位“三定”方案，明确了职责任务，理顺了管理体制。签约招商引资项目17个，签约资金28.4亿元，是“十一五”末的3.38倍。遵循“依法治藏、富民兴藏、长期建藏、凝聚人心、夯实基础”的重要原则，不断健全工作机制，把各项维稳措施落到实处，确保了全县社会大局持续和谐稳定。把僧人纳入社会公共管理范围，加大寺庙公共基础设施建设，全力改善僧人及寺庙条件。近几年，先后投入8000多万元实施了11座寺庙水电路、僧舍、公共场所、基础设施工程，生态文明和谐寺庙创建走在了全州的前列，真正意义上实现了宗教界满意、信教群众满意、党委政府满意的“三大满意”目标。将2000余名僧人免费纳入医保、社会救济范围，有效解决了僧人衣食住行的困难，僧人的归属感、幸福感和责任感明显增强，与党委政府的向心力、同心力明显增强，全力争取了人心，做好维稳根本性和基础性工作。深入开展新一轮平安创建活动，严厉打击各类刑事犯罪，深入开展严打整治专项行动，排查各类治安问题，调处各类矛盾纠纷，依法取缔各类非法民间组织，把影响社会稳定的人和事消除在萌芽状态。通过与周边县乡签订睦邻友好平安边界协议，进一步加强了边界地区联防联治。探索实践推广“基层管理基层、群众管理群众、僧人管理僧人”“十户联防”“十户联防+网格化”“乡村民约”管理模式，实现了群众主体功能作用的发挥，凝聚了正能量，提升了精气神。

事业成败，关键在党，关键也在人。我始终牢固树立抓好党建是最大政绩的理念，以改革创新精神加强党的思想建设、组织建设和作风建设，党建科学化水平不断提升，为玛曲绿色崛起、平稳发展提供了根本保障。把加强党的建设作为推动科学发展的重要保障来落实，修订完善县委常委会、全委会、乡镇领导班子议事规则等决策性制度，民主化、法治化程度不断加强。遵循“好干部”标准，严格执行“五注重五绝不”，全面落实“凡提必下”和“个人有关事项报告”工作机制，真正让能干事、想干事、能干成事的干部有平台，选人用人满意度和公信度普遍提高。深入开展群众路线、“两学一做”、“不忘初心、牢记使命”主题教育等，全县党员干部作风得到了明显改进。大规模开展培训活动，举办各类讲座、主题培训班368期（场次），培训各类干部2.2万人次，干部队伍整体素质明显提升。以基层服务型党组织为抓手，全面推行乡镇干部坐班代理服务，不断夯实党的执政基础，每年乡镇公用经费提高到5万元，社区、牧村办公经费分别提高到6万元和2.5万元，基层工作环境有了全面改善，干部职工扎根基层、服务群众的信念进一步坚定。

在玛曲工作的这8年，是我拼搏奋进的8年，也是记载玛曲县经济社会各项事业阔步发展的8年。一项项经济指标的跃升，让干部群众看到了玛曲腾飞的前景；一个个令人瞩目的改革成果，释放出玛曲发展的生机活力；一张张灿烂的笑脸，让全面建成小康社会的美好愿景离我们越来越近。但我们也清醒地看到，受自然环境、人文历史、基础欠账等因素的制约，受宏观经济下行压力和国际金价、畜产品价格持续走低等因素影响，地方生产总值、工业增加值、地方财政收入等主要经济指标增长放缓，财政收支矛盾更加突出，公共服务保障能力明显不足；畜牧业产业化水平不高，工业支撑作用弱化，现代服务业基础薄弱，县域经济总量小、市场化程度低、财源结构单一的状况改观不大；产业转型升级步伐缓慢，草原“三化”和畜种退化趋势仍在加剧，人口与草畜、生态与生产、环境与发展的矛盾日益突出，玛曲草原的载畜能力、水源涵养能力和生态功能正在弱化，保护中华民族母亲河的责任更加重大；牧民群众“等靠要”思想严重，自我发展能力不足，全面建成小康社会的任务十分艰巨；社会不稳定因素仍然存在，安全生产领域问题较为突出，依法治县任重道远。所有这些，都是玛曲经济社会发展需要突破的瓶颈。

面对新机遇、新挑战，我也清醒地认识到，只有审时度势，方能健步前行。总结玛曲多年的发展之路，我认为今后尚需抓好以下几个方面的工作。一是必须坚持解放思想、实事求是、与时俱进，把党的方针政策同玛曲实际紧密结合起来，坚持走保护优先、绿色发展之路；坚持节约资源和保护环境基本国策，坚定走生产发展、生活富裕、生态良好的文明发展道路，加快建设资源节约型、环境友好型社会。二是坚持统筹兼顾，推进协调发展。坚持把开源节流和上争外引结合起来，定向发力、精准攻坚，加快补齐基础设施建设、基本公共服务等短板，尤其要加快实施交通突破行动，实施“水生态文明试点县”，建设多能互补的能源保障体系。三是坚持民生为本，推进共享发展。进一步扩大政府购买服务范围，全面落实各项惠民政策，统筹推进基础设施建设、易地搬迁、危房改造、光伏扶贫、产业扶贫、金融扶贫、教育扶贫等项目，巩固提升“脱贫摘帽”成果。四是坚持团结稳定，推进和谐发展。深入开展形势政策教育、法制宣传教育和法律援助活动，引导各族干部群众自觉学法、行为守法、遇事找法、维权靠法，切实加快依法治县进程。

百舸争流，奋楫者先；千帆竞渡，勇进者胜。新时代、新征程，玛曲县5万多各族儿女，将抢抓中央支持藏区发展的难得机遇，振奋精神再度出发，不忘初心砥砺前行，向着建设幸福美丽新玛曲，与全省全国同步实现全面小康伟大目标全力迈进。

2019年12月

我在甘南州人社局工作的点滴回忆

安旭林[①]

我多年工作和生活经历虽说不上坎坷曲折，但也是丰富多彩。自1980年参加工作以来，我曾在临潭县的5个乡镇和县委办工作。后来，被组织提拔到海拔3500多米的玛曲县政府担任副县长和常务副县长，后又相继在州财政、州审计、州人社和州政府办等部门任职。岁月的长河中，那一段段经历或许都是沧海一粟，但其中四年多的人社工作经历却让我感触颇深，历历在目。

回首我的人社工作经历，或许没有特大事件，但不乏亮点，不缺温暖。那些岁月，我亲历的是一份温暖，收获的是很多感悟。人力资源和社会保障局刚刚组建，人员的合并，业务的培训，新单位的一切都要重新组合；全省藏区新农保试点工作顺利启动；面向党政机关、事业单位招考，面向企业、跨地区就业和自主创业方面出台一系列优惠办法措施；覆盖城乡居民的社保，新农保、城乡居民医保体系全覆盖，构筑起的社会保障“安全网”惠及全州各族人民……

这一份份民生答卷，既凝聚了甘南州各级政府和相关部门的扎实努力，也让我实实在在感受到了身边民生改善的点点滴滴。

① 安旭林，政协甘南州第十四届委员会副主席。

强化制度约束 优化干部队伍

2010 年 6 月，组织调整我担任州人社局局长，当时的州人社局刚刚由原州人事局和州社保局机构改革整合，担任新组建单位的一把手，我感到压力很大，唯恐辜负组织和全州老百姓的期望。到任后，面对两个单位整合后干部队伍庞大，结构复杂，办公条件差，困难和问题时时凸显等情况，我在广泛征求干部职工意见的基础上，主持制定并全面推行了《甘南州人力资源和社会保障局年度工作任务量化考核标准》等七项制度，坚持用制度规范工作程序，用考核激励工作落实，狠抓目标任务落实，全局机关作风得到明显转变。同时，加强局机关党建工作，对原支部进行了改选，成立了州人社局党总支和第一、第二两个党支部，选配了一批政治素质、业务能力及责任心强的人员为支部成员，创办了《州人社局党总支部工作信息》，强力落实全员目标绩效考核，建立党员岗位流动红旗，支部的凝聚力得到强化。建设干部队伍，在局机关开展了科级干部公开、公正的竞争上岗工作，有 9 名科级干部和 8 名一般干部成功竞选为科室主要负责人和副科级职位，并对部分科室负责人进行了轮岗交流，优化了科级干部队伍结构，迅速提高了机关干部队伍的整体素质，实现了干部资源的优化配置，提高了工作服务质量和水平，受到了全社会的好评，全面提升了整个人社系统的整体形象，局班子连续三年被州委评为“五好”领导班子。

积极创造条件 改善办公环境

我来到州人社局上班的第一天，摆在眼前的是单位办公条件既差又分散，分在三个地方办公（社保局和人才中心租用别的单位旧楼办公），不但电脑、桌椅等办公设备落后，而且办公室拥挤、简陋，几个科室合用一个房间。社保局的办公楼是租用州建筑公司的旧楼，既旧又破。春夏之际，楼顶漏水，无法正常办公。尽管条件差，但干部职工对新单位满怀希望和憧憬，工作积极性很高，同事们相处得很融洽，能真正做到互帮互助，心往一处想，劲往一处使，一心把工作做好。为了彻底改变办公条件差的面貌，我带领相关人员多次到省人社厅、省发改委、省财政厅争取支持。在得到省州有关领导的直接关怀和有关部门的大力支持下，2011年9月30日，总投资1500万元、总建筑面积7813平方米的州人力资源市场和社会保障服务中心综合楼正式落成。时任州委书记魏建荣，州长毛生武，州政协主席丹智草，州政府常务副州长李钰，副州长才智、杨卓玛，州委常委、统战部长徐强等州上四大班子领导和省人社厅原副厅长王联群参加了落成典礼。

新落成的办公楼是集计算机网络信息系统、电子显示屏、视频监控系统为一体的综合性大楼，人才招聘、人事代理、人力资源和社会保障争议仲裁、农民工维权服务、养老保险、医疗保险、工伤保险、失业保险、生育保险、专业技术人员的职称评定等业务都在大楼设有服务窗口。综合楼的建成极大地改善了甘南州人力资源市场的基础设施条件，对合理配置人力资源，进一步服务大中专毕业生就业，拓宽就业渠道，加快劳务经济和社会保障事业的发展，更好地为用工单位和各类求职者提供就业和再就业服务，起到了极大的促进作用。

创新工作思路　推进重点工作

经过争取，2010年6月30日，国务院新农保领导小组办公室正式批准甘南州七县一市和天祝县实施新农保试点。7月13日，全省藏区新农保试点工作会议在合作召开，省委常委、副省长刘永富，省委组织部副部长、省人社厅长庞波出席会议并作重要讲话。这次会议标志着全省藏区新农保试点工作正式启动实施。会后，州政府又召开了全州新农保试点工作会议。藏区新农保试点工作的启动实施，是甘南州38万农牧民群众的福音，充分体现了党和国家对藏区人民群众和经济社会发展的极大关怀和支持，使藏区覆盖城乡居民的社会保障体系建设迈出了重要的一步。2011年6月底，全州新农保16～59周岁34.238万人参保缴费，平均参保率达到91.44%（除舟曲县因“8·8”泥石流灾害的影响参保率为85.5%外，其余各县市均达90%以上），基金收入8561万元，其中个人缴费3456万元，政府补贴5105万元；6.0513万60周岁以上农牧村居民享受到了政府的基础性养老金4284万元，个人账户支出0.621万元。2013年底，全州企业养老、医疗、失业、工伤、生育五项保险参保人数分别达到1.75万人、12.06万人、2.78万人、2.6万人、2.74万人，五项社会保险基金征缴达到3.44亿元，城乡居民社会养老保险制度进一步完善，各项惠民政策全面落实，覆盖城乡的社会保障体系加快完善。

我到人社部门工作后，很多退休及在职的老干部反映甘南干部职工工资福利待遇太低，大家对全面落实中央藏区政策、提高干部职工工资福利待遇期望很高。我深感压力大，责任重。就解决甘南藏区干部职工工资福利待遇问题，我们配合州上领导不断向人社部、财政部和省委、省政府及省直相关部门做了大量汇报、协调、争取工作。2012年12月，时任州委书记陈建华、常务副州长李钰带领我和财政局原局长杨建国同志风尘仆仆去北京到人社部汇报甘南州干部职工工资待遇问题，受到人社部副部长何宪同志热情接见，并认真听取了陈建华同志的汇报，他对我州领导赴人社部积极汇报反映情况给予了充分肯定，他说这是第一次听取藏区干部待遇问题汇报，并给我们详细解释了国家的有关政策。2012年，中组部藏区工作调研组就甘南州干部职工待遇问题到甘南州进行专题调研。2013年6月19日，人社部副部长何宪同志专程来甘南州调研干部职工工资待遇问题。

2013年10月，省委第五巡视组在对甘南州巡视情况的反馈意见中提到了甘南州干部职工工资待遇偏低的问题，我们以此为契机，迅速组织人员加班加点，结合中央第五次西藏工作座谈会和省委藏区工作座谈会以及省第十二次党代会等文件精神，比照邻近藏族自治州情况，向省委、省政府起草上报了《关于建立甘南藏区津贴的请示》《关于提高取暖费标准的请示》《关于建立机关事业单位科学发展业绩考核评价奖励制度的请示》《关于放宽退休条件、提高退休费计发比例的请示》《关于提高退休职工建房补助费标准的请示》5项关于提高甘南州干部职工工资福利待遇的请示。

自2007年以来，州委、州政府主要领导、分管领导带领州人社局、州财政局及其他相关部门负责人先后向国家相关部委汇报8次，向省委、省政府及省直相关部门汇报20多次，并多次向省委藏区办、省委第五巡视组提供书面材料。经过多方努力争取，最终甘南州干部职工工资福利待遇问题得到了较好的解决。人社部分别提高了甘南州夏河、合作、卓尼、碌曲、玛曲四县一市四类区以上的艰苦边远津贴标准，人均月增资166元；2011年7月起调整了临潭、舟曲、迭部三县艰苦边远津贴标准，人均月增资118元；2012年10月起调整了全州艰苦边远津贴标准，人均月增资83元；2015年1月起调整了全州艰苦边远津贴标准，人均月增资159元。2011年1月起调整全州规范后津补贴标准，人均月增资524元；2013年1月起调整全州规范后津补贴标准，人均月增资270元。2014年10月、2016年7月起分别调整了基本工资标准，人均月增资分别为245、331元。2013年1月起为全州机关事业单位离退休人员按年龄段兑现了200元到400元的高龄补贴。按年度发放人均5000元的科学发展业绩考核奖和机关事业单位工作人员应休未休年休假补贴，并提高了甘南州退休职工建房补助标准，从夫妻双方只发一方3000元提高至各享受20000元的补助，同时，提高了甘南州机关事业单位职工取暖费标准，统一由每人每月300元调整为600元，取暖期不变。一系列政策的落实，干部职工的收入逐年增长，生活条件改善，大家的心情也逐渐舒畅起来了。

我到人社部门工作以来，高度重视大中专毕业生的就业工作，把很大一部分精力都投入到高校毕业生就业工作上。由我主持起草并报州政府制定出台了《关于做好普通高校毕业生就业工作的意见》《甘南州事业单位工作人员公开招考聘用办法》《甘南州引进紧缺专业毕业生实施办法》和《甘南州公益性岗位实施办法》等大中专毕业生就业工作方面的政策、措施和办法，在引导毕业生面向企业就业、实施跨地区就业和自主创业方面制定出台了一系列含金量高、操作性强的优惠政策，取得了新的突破。

2010年以来的四年时间内，累计安置各类大中专毕业生就业13319人，每年都超额完成州政府民生实事项目中提出的就业工作目标任务，有效缓解了甘南州大中专毕业生的就业压力，促进了社会极大和谐。2012年5月9日，人社部副部长信长星一行专程来甘南州调研高校毕业生就业工作，对甘南州高校毕业生就业工作取得的成绩给予了充分肯定。同年，州人社局被省人社厅评为“就业工作先进单位”，我个人被省委、省政府、省军区评为“就业工作先进个人”，并颁发了奖牌。

我们在各类就业招考中始终把严格考试规程，严明招考纪律，确保考试公平、公正作为维护招考秩序和考生利益的根本措施来抓，探索和总结出了一系列经验和措施，受到了省人社厅和人社部的充分肯定。在组织每次招考前，都要向社会公开发布公告，公开招录条件和招考名额，并进行广泛宣传。报名工作中，严把资格审查关。在各类招考的笔试和面试工作中，专门成立工作领导小组及办公室，制定《考务工作方案》，在考点设置、试卷的交接与保管、监考与巡考等各个方面做出了精心安排。考前对所有考务工作人员进行培训，各考点和监考人员层层签订目标责任书，严格落实各项制度，将责任明确到岗，落实到人。为了防范考生作弊，每次考试中，我们在所在考场均设置了屏蔽器，并从无线电委员会抽调无线电监测车对考场进行监测，严明考风考纪，并邀请州人大、政协、纪检监察等部门进行全程监督。在录取时，专有一套班子在州纪委派驻人员的监督下，公开公平公正录取，使招考工作自始至终在“阳光操作”下进行。

工作感悟

我于2010年6月至2014年6月在州人社部门工作了四年，时间虽不算太长，但给我留下了一段饱满难忘的回忆，在这里我结识了不少任劳任怨、勤奋干事、志同道合的同事、朋友，有本单位的，也有外单位的，我们经常聚在一起谈工作、谈学习、谈人生。大家互相帮助，互相勉励，共同进步。四年的风风雨雨，朝朝暮暮，春去冬来，每一个欢笑，每一个忧愁，每一滴汗水，每一个故事，每一段经历，每一次感动，都让我一生难以忘怀。

2017年10月

合作市城标——羚羊雕塑设计制造始末

才宝甲[①]

1979年，我走上了工作岗位，不久，便把藏语地名的汉语音译和藏语人名的汉语音译规范化问题确定为研究课题，合作市城标——羚羊雕塑的设计建造，就是此项研究课题所获得的成果之一。

2016年7月，在象征甘南、无锡两地青年友谊的合作市城标——羚羊雕塑落成30周年际，无锡市老青联委员们自发组织了"重走甘南路，再叙民族情"活动，使我们两地老朋友们再次相聚甘南草原，第二次在羚羊雕塑前合影留念。在甘南州团委组织的座谈会上，大家畅谈30多年来两地青联开展"东西互助活动"的情况，会上会下，谈论最多的就是羚羊雕塑，并一致要求我和雕塑作者——陈钢（无锡惠山泥人厂工程师、市青联老委员）重点发言。我作为此项工程的发起者和组织者，在与陈钢等人共同回忆的基础上，就羚羊雕塑设计制造的始末作了如下介绍。

1984年，中断19年的甘南州青年联合会在中共甘南州委的重视下得以恢复，我被选为州青联主席。针对当时牧区普遍出现的整村整社到拉萨朝佛的社会现象，州青联组织牧民青年到东南沿

---

① 才宝甲，时任甘南团州委书记、州青联主席。甘肃省政府法制办原副主任、原副巡视员，现退休。

海考察，与祖国内地同龄人接触，学习他们的新观念和生产生活方式。我带领的是玛曲县牧民青年组成的甘南州首批牧民青年自费参观团，出发时，省、州青联负责人德哇仓活佛及州政府分管副州长赵振业等领导参加了欢送我们的座谈会。参观团先后参观考察了杭州等十个城市，在无锡活动期间，感受了无锡的美景和当地市青联的热情，牧民青年们说："上有天堂，下有苏杭，应当改为下有锡杭。"这次参观活动结束后，我们响应团中央、全国青联关于各级共青团及青联组织开展"东西互助活动"的倡议，我提议并经市州团委请示本级党委同意，甘南、无锡两地青联组织正式结为友好青联。

象征两地青年友谊的合作市城标——羚羊雕塑的建造是开展"东西互助活动"的重点项目之一。该项目实际为一项体现两地青年友谊的无锡市青联的援建项目，甘南州只承担羚羊雕塑建造的建筑材料费用12000元，其余设计费、人员工资及前来援建人员和前期衔接人员的交通等费用，均由无锡青联及委员个人承担。这项特殊工程，深得各族群众的喜爱，受到州上四大班子领导和活佛大德及社会各界的称赞。正如陈钢在座谈会上发言时所说："我要感谢的是，羚羊雕塑启迪丰富了我的艺术创作灵感，这么多年来，我以藏族题材创造的许多雕塑绘画作品参加了国内外各种美术作品展览，获得了好评。30年后，我们又来到了甘南合作这块美丽吉祥的地方，羚羊雕塑依然熠熠生辉，与合作飞速发展的城市面貌交相辉映，使我感慨万千。""重走甘南路，再叙民族情"活动组成员格外关注羚羊雕塑，都认为它证明或铭记了我们年轻时候的友谊、奉献和爱国热情。其实，合作当地人更加关注羚羊雕塑，因为，它是本地极具历史文化内涵的特殊建筑物，已成为合作市的地理标志和城市标志。

我作为一名文学爱好者，喜欢看文学作品。参加工作后的第二年初春，看到著名藏族诗人丹真贡布诗作落款写有"写于羚城"

字样，从此，开始关注合作地名的由来，并把它作为藏语地名的汉语音译规范化研究的重点课题，进行了好几年的调研考证。先后走访了甘南州政协副主席赛仓、毛兰木两位专家学者，查阅了大量历史资料。

合作的地名是历史上传下来的，而且传言无一次更改，是羚羊藏语的音译。羚羊用藏文书写只有一个字，但汉语音译时写上了“合”这个前加音，如藏族人名“东知布”中的“知布”二字，藏文中是一个字，“布”字是汉语音译时写上的后加音。新中国成立前的有关资料中，合作的地名汉语音译为“黑错”。新中国成立后将“黑错”二字改为“合作”。“合作”既好听，字意也有利于增进民族团结。我走访过的专家学者和民间老人，都认为合作在过去的历史上是一个羚羊出没的地方，合作这一地名也由此而得。

合作在新中国成立前是一片人烟稀少、水草丰美、羚羊出没的风水宝地。羚羊这一青藏高原独有的动物名称成为这个地方（城市）的名字，可谓是这个地方（城市）历史文化底蕴的重要组成部分和独一无二的城市名片，至今包括可可西里藏羚羊保护区临近的大片区域内，还没有听说以羚羊命名的城市名字。同时，羚羊天性温顺、善良，从不加害于任何弱小动物，是人类可爱而高贵的“朋友”，当地人非常喜欢羚羊这一吉祥的动物，认为羚羊的品格就是他们做人的品格，当有人说合作地名不是羚羊藏语名字的汉语音译时，他们是不高兴的。当时我工作生活在高原新城——合作，特别是走上领导岗位后，总觉得应该为合作的建设和发展做点什么，使合作藏语地名的汉语音译译得准确，符合历史事实，并使其通过建造雕塑的形式加以固化，成为城市的标志和名片，是一件很有意义的事情。

1985 年 9 月，胡培珍州长让我带领与韩永财（州人事局副局长）、才让扎西（州青联常委、州委统战部科长）组成的三人考察组赴无锡市洽谈有关人才培训项目。在完成领导交办任务的同时，根据自己多年调研所形成的思路，我提议并邀请无锡惠山泥人厂工程师、市青联委员陈钢一起返回合作。陈钢来合作时住在我家，我们一起探讨如何设计塑造羚羊雕塑稿，我给他介绍了藏族文化、民俗民风方面的一些情况，讲解了几年来我走访、考证所形成的设计思路，并提供了搜集整理的参考资料，便于他熟悉羚羊的特征，帮助创作构思。我们一边讨论，陈钢一边用特意带来的无锡惠山泥巴捏出了一尺高的羚羊雕塑稿。

设计羚羊雕塑的总体思路是：首先，塑造三只羚羊，主要与广州城标五羊相区别。其次，一只公羊雄立山头，机灵稳健，竖起双耳，两只角直指天空，象征其极大地关注着依毛梁山外所发生的新鲜事物，并欢迎来自山外的客人；一只母羊舒适地低头吃草，象征家园幸福丰美；一只小羊平和安详地目视远方，象征憧憬美好的未来。最后，三只羚羊蕴含三宝保佑、三阳开泰的吉祥数字，组成一个和谐、幸福、进步、吉祥的形象符号。构图紧凑，参差有序，照顾到各个方位的观赏效果。

第三天，我和陈钢带着羚羊雕塑稿，向州委、州政府主要领导汇报。州委书记李德奎指示：雕塑稿设计思路特别是公羊的神态很好，由无锡市青联委员设计建造，还有一层象征两地青年友谊之意义，我们完全同意。但作为合作城市的城标，不是普通建筑，请州人大领导主持召开人大、政协委员及各界相关知名人士座谈会，在充分讨论的基础上，再做正式决定。

1985 年 11 月 20 日，州人大常委会杨丹珠副主任受卢世仁主任的委托主持召开了有州人大、州政协部分领导及代表、委员，州城建处等相关部门领导及各界知名人士 43 人参加的座谈会。甘南州青联赴无锡考察组成员中，我和才让扎西二人参加，我代表州青联向会议作了《关于合作城标——羚羊雕塑建造设计思路》的汇报，大家对雕塑稿进行了热烈的讨论。当我汇报到三只羚羊寓意三宝保佑，三阳开泰，其中的公羊关注着依毛梁山以外所发生的新鲜事物时，会上响起了热烈的掌声。州政协金巴主席、州文化局丹正贡布局长、州党校加样罗知校长等与会领导及知名人士对于我们的设计思路及雕塑稿给予了充分的肯定与赞赏。

当晚，我给已回到无锡的陈钢写信说：“今天，在甘南州人大召开的甘南各界知名人士专门会议上，在大家的一片赞扬声中通过了咱俩的雕塑稿，并要求尽快落实，希望明年夏天雕塑展现在甘南各族人民的眼前。”并归纳了7点对雕塑稿的完善意见。12月17日，《甘南报》第一版以《合作城标雕塑稿子已定》为标题，并附羚羊雕塑稿模型照片向社会进一步征询意见。

1986年3月，由无锡市青联潘和副主席带领陈钢等人来甘南，在胡培珍州长的主持下，召开专题会议并签订了建造羚羊雕塑的合同，会议对州青联、州城建处两个单位做了明确分工，确定由我负总责，州城建处领导负责组织工人及所需建筑材料。

陈钢三人创作组，采用合作当地的红土，在甘南运输公司的闲置车间内，用木棍搭起雕塑骨架，和泥上泥成型苦干了两个多月。雕塑建成后，写有作者及建造单位名称的落款牌子尚未做出，落成典礼时，我特意请赛仓活佛写了羚羊的藏文名字贴在落款牌子的空位置上。雕塑造型在体现藏族吉祥文化底蕴的同时，考虑到甘南气候温差较大，雕塑材质使用白水泥，造型整体一次性浇制，以防止风吹日晒忽冷忽热引起材料开裂，保证了雕塑的坚固耐久性。

8月18日上午10时，在合作汽车站前盘旋路中央举行了隆重的落成仪式，无锡市青联组织的36名各界知名青年及州上四大班子在家领导参加了落成仪式。我主持了落成仪式，张文启副州长和无锡市青联杨福良主席代表两地致辞。10月中旬，无锡市青联朱维增秘书长一行来甘南办理建造羚羊雕塑的收尾事宜及协调来年的合作项目。州长胡培珍审签了两地青联与甘南州城建处共同草拟的关于羚羊雕塑建造落款的建议报告，即作者：陈钢；承建单位：甘南州青年联合会、无锡市青年联合会；监制单位：甘南州城建处；落成时间：1986年8月18日。胡培珍州长责成由州城建处具体落实雕塑建造落款牌子的印制、镶嵌工作。

11月，我被组织提任为碌曲县政府县长，匆忙离开了团州委，离开前特意就羚羊雕塑落款牌子的印制、镶嵌事宜向调来不久的团州委副书记王春华同志作了口头交代。2004年，在合作市城市改扩建时将雕塑从盘旋路中央移至现在的香巴拉主题文化广场，羚羊雕塑原貌及方位都没有任何改变，只是建造雕塑的落款仍然空缺。

2017年11月10日

碌曲记事

陈克仁[①]

我于2006年10月底调离碌曲县委常委、宣传部长的岗位，至今已经有8年时间了，但在碌曲县4年的工作经历至今历历在目，很多往事仍然无法忘怀。

一

大概是11月10日，单位通知我准备一下，州委组织部要求明天“往下送”。11日，州政府办公室准备了两辆车，办公室主任黄振光带队，秘书科马生权、严和平等科室干部将我送到了碌曲县委。当时的县委书记是安志英，他在县委常委会议室里接待了我们一行。这次同时“送下去”的还有州计划生育委员会办公室主任山清秀，他担任的是县委常委、组织部长。

安志英在会议室里把县上的情况大概介绍了一下，并把这次县上的换届情况也做了简单介绍。下午，在县政府招待所里吃了一顿便餐后，送行的人员随即离开碌曲，我们就算上任了。

12日上午，碌曲县委在县政府礼堂召开了副科级以上干部大

① 陈克仁，甘南州政协文化文史资料和学习委员会主任，甘南州《百年甘南实录》编辑部主任、主编，著有文史作品集《话说铁城》《我的甘南》和新闻作品集《甘南记忆》。

会。会议主要是宣布干部任命，州委常委、组织部长楚才元宣布了州委的任命决定，并就如何做好下一步的县四大班子换届做了动员部署。安志英代表县委表了态。

因为我在州政府办公室担任的秘书科长的职务尚未免除，离开合作时贡保甲州长尚有安排，一定要把手头的工作干完，并做好工作交接。所以，当天下午，我便乘州计生委的车回到了合作。

接下来几天，我一直忙于对以前工作的收尾，并抓紧为赴碌曲县任职做一些工作上的准备。因为县上马上要开党代会，县委要进行换届。县党代会筹备组和宣传部多次电话催促，要我尽快上班，有许多工作在等着我。

12 月上旬，碌曲县第九次党代会召开，会议除按规定完成各项议程外，还选出了新一届县委领导，我被选为县委常委，不久按规定又被任命为宣传部长。

接下来便是尽快转换角色，扑下身子干工作了。宣传部年底的中心工作是报刊征订和对外宣传，在宣传部全体职工的共同努力下，这年年末，这些工作任务在匆忙中总算完成了。

二

尽管县委宣传部的困境我早在做记者时已有耳闻，组织决定让我到县上任职后，也有了在清贫单位工作的心理准备，但一上任，眼前的一切着实让我傻了眼。全单位只有刘升平、严永平、交巴加三名同志，其中，严永平在外地上本科，不在岗；交巴加为工勤人员身份。除我的办公室外，单位只有一间办公室。三张陈旧的办公桌，一台前任宣传部长化缘来的旧电脑，是宣传部的全部家当。部里没有工作用车，前任留了几千元钱，可以应急。这一切，让我的心情冷到了冰点。

过了几天，州政府南考副州长到碌曲下乡，县上招待时也让我参加，随后，又让我跟着到玛曲县下乡。南州长的秘书张国胜2001年下半年选调到省政府办公厅，故我在州政府期间，除负责办公室秘书科工作、完成领导交办的工作外，也尽可能地完成了南考副州长分管工作的协调任务并兼职做他的秘书。工作的原因使我和南考副州长往来相对多一点。利用这次下乡的机会，我把县委宣传部的情况据实做了反映，希望得到领导的关怀。南考副州长当时就表态，说宣传部的情况他清楚，会找机会帮助的。我心里的一块石头终于落了地。

尽管县委宣传部是清贫单位，但在任期间，我还是设法下大力气改善工作条件。2004年8月，我想方设法筹措数万元更新了办公桌椅，购置了办公所需的电脑、打印机和多功能一体机；积极争取州政府领导的支持，购置了必要的交通工具。碌曲县是穷县，我在任的那几年经常有揭不开锅的时候，正是有了我在州上工作的基础和人脉，州政府和州财政局的支持，使我增强了干好本职工作的决心和勇气，也为碌曲的宣传事业尽了自己的绵薄之力。当然，这一成绩的取得，与尕藏南杰、万代克、刘俊等不同时期县财政局长的大力支持和关心是分不开的。

三

县委宣传部的工作，对外宣传是一切工作的重中之重。我在碌曲县的几年间，正是因为不遗余力地抓了外宣，才使全县宣传工作步入了佳境。我到碌曲时，尽管数位前任做了大量具体而艰苦的工作，但宣传底子薄，投入严重不足，办公条件严重滞后，宣传队伍建设亟待加强是不争的事实。

我到碌曲时，宣传部并无下属或挂靠机构，仅有的县委报道组归县委办管理。开展工作必须得有机构，有机构方可增加编制，有编制才可以选调精明能干的宣传干部。4年来，我多方奔走呼吁，在争取州委宣传部政策支持的情况下，尽可能取得县委书记和分管书记的理解和支持，先后设立了县文明办、县委外宣办、县委讲师组和县未成年人思想道德教育办公室；争取理顺办事机构，将县委报道组划归宣传部管理；上报了设立国防教育办公室的申请；上述机构均由县委常委会议研究设立并下达了专项编制。

那几年，我在选强配齐工作人员方面做了很大努力。部里除原有的三名干部外，向县委申请配备了一名副部长，2003 年为包建斌，2004 年后县广播电视局原局长朱东方转任副部长；2005 年又争取县委同意，将何海阔任命为县委宣传部副部长兼县广播电视局局长；选调县广播电视局记者王莉芳、县志办副主任奚玉春、县畜牧站干部敏彦萍到宣传部工作。2004 年，选聘李文瑞为驾驶员，并从县财政局争取到了临时工工资。到我离开时，宣传部实有人员增加到 8 人（当时，何海阔编制、工资均在宣传部）。

那几年，我广泛发动曾经拥有的宣传力量，积极为宣传碌曲鼓与呼。几年来，我利用自己的人脉资源，数次邀请新华社、中央电视台、甘肃日报社、甘肃人民广播电台、甘肃电视台、甘肃经济日报及甘南州的新闻媒体来碌曲采访，走进碌曲，了解碌曲，宣传碌曲。他们不管是单独来，还是组团来，只要来碌曲，都是我的朋友和尊贵的客人，我热情相陪，细加招待，礼貌迎送，建立了良好且长久的友谊。这些朋友在宣传碌曲经济社会发展方面发挥了极大的作用，为碌曲的发展立下了汗马功劳。

值得一提的是，2005 年 6 月，时任甘肃省委常委、宣传部长励小捷专程前来碌曲调研宣传思想和文化工作，足迹遍布碌曲郎木寺、尕海和拉仁关乡，对全县的宣传思想和文化工作进行指导，这对全县宣传系统干部是莫大的鞭策。

我在任期间，由于县上的鼎力支持和社会各界的协力助推，也由于广大新闻界朋友的关心和厚爱，郎木寺顺利入围全国魅力名镇 20 强，并于 2005 年 11 月 9 日 21 点 30 分，在中央电视台新闻频道与河北磁山一道参与《中国魅力名镇》展示活动，展示了碌曲的形象，树立了良好的声誉。这一成绩的得来与2004年甘肃卫视《美丽甘肃》栏目播出的“碌曲宣传周”节目，2005年8月甘肃卫视《田野之光》栏目中播出的《则岔·尕海·郎木寺——碌曲印象》专题片，2005年11月《甘肃日报》刊登的《神秘的郎木寺》专版等多层次、宽领域的宣传是分不开的。这一声誉带来的效应至今使碌曲受益。

四

打造一支业务精、能力强、敢上阵和打得赢的宣传队伍一直是我的不懈追求。在碌曲的4年，我千方百计理顺渠道，将县广播电视局局长转设为县委宣传部副部长兼县广播电视局局长，工资、编制转入了宣传部，调动了工作积极性（县广播电视局当时为事业单位，宣传部为行政单位，占事业编制，领导心里有顾虑）；刘升平因工作出色于2013年底提任县委讲师组组长，2014年初选调到州政府办公室工作；王莉芳来部里工作积极肯干，工作成绩明显，先被任命为县委报道组组长，后又提任为宣传部副部长兼外宣办主任；奚玉春属平级调动，任讲师组组长；多方争取汇报，为交巴加顺利转了干；李文瑞因为有在宣传部当驾驶员的基础，随后也解决了正式工作。我离开后，由于个人的努力和后任领导的关心，王莉芳、奚玉春提任为正科级，严永平、交巴加、敏彦萍三名同志业已分别走上领导岗位，在不同的工作岗位为党、为人民工作着。

要做好一个县的宣传工作，完善的工作措施是必不可少的，也是我那几年重点抓的工作。2003年下半年，组织安排我到浙江省浦江县挂职锻炼，担任县委常委。在那里，我学到了许多新知识、新方法和新思路，使我受益匪浅。回来后，我及时总结、归纳和梳理，并结合碌曲实际，于2004年3月制定了《关于加强全县对外新闻宣传工作的意见》《碌曲县文明单位管理办法》和《碌曲县文明单位（村）考评工作规则》，以县委文件的形式进行了印发，这在全州宣传系统尚属首次。此后几年，在积极探索实践的基础上，又相继出台了《关于加强全县未成年人思想道德建设的意见》《关于加强全县精神文明建设的意见》等文件，进一步促进了碌曲县宣传思想和精神文明建设工作的健康有序发展。

积极探索将最新的宣传思想和精神文明建设理论成果转化为工作实践也是我努力的一个方面。来碌曲工作，许多工作需要不断摸索、不断实践、不断总结，唯有如此，才能探索出一条符合县域实际又不失地域特色的工作路子。正是有了在碌曲半年的实践和探索，我才将摸索得来的体会总结成题为《大胆探索，求真务实，不断提高碌曲宣传思想工作的质量和水平》的文章，在2003年5月19日的《甘南报》上发表。浙江挂职期间，也有诸多体会，这些体会也经数次修改后，形成了《转变观念是做好本职工作的根本保证——赴浙江省金华市浦江县委挂职锻炼的体会》，在2004年5月13日《甘南报》上刊出。管理一个县的宣传思想工作和精神文明建设，难度不小，随着干部群众文化水平的提高和思想观念的更新，这一领域问题、矛盾层出，需要我们不断创新思路、创新手段加以应对。我对做好这项工作的思考，写成《宣传思想工作要勇于创新》和《增强文明单位创建的实效性》两篇文章，分别于2005年2月22日和3月3日在《甘南报》刊登。这两篇文章随后被每日甘肃网转发，至今仍可以通过网络点击阅读。

我于2002年11月担任碌曲县委常委、宣传部长，至2006年10月底调离，满打满算4年时间。其间，除在浙江省浦江县委挂职县委常委半年和先后四次赴外学习花费四个多月时间外，我几乎都坚守岗位，勤勉工作，做出了无悔的努力，也赢得了广泛的赞誉。

光阴荏苒，岁月悠悠。碌曲4年，正值我人生的黄金期。在那里，有喜悦，也有辛酸，有经费拮据、工作被人轻视、工作不被人理解而独自品尝的苦楚，也有思路自由驰骋、工作得心应手、宣传形势蒸蒸日上而与人共享的甜蜜，无论如何，回望岁月，许多往事已渐成记忆留在心底。

2014年9月

本文选自《甘南文史资料》，第21辑，中国文史出版社，2018年11月。

我当省政协委员的回忆

才巴郎杰[①] 口述 石龙[②] 整理

我生于1937年5月4日，碌曲县拉仁关唐禾村人。新中国成立前系青禾十二部落世袭土官，藏文初中文化。

1952年任甘南藏族自治区各族各界联谊会主席团成员，后任甘南藏族自治区筹备委员会委员。1952年西北军政委员会甘南藏区访问团来碌曲访问时，赠予我的纪念章保存至今。1954年4月在西仓区政府工作，1955年6月在碌曲县第一届人民代表大会上选举为副县长，1956年10月至1958年6月任政协碌曲县委员会副主席，1957年8月当选为中国青年联合会委员，1960年至1968年4月在省、州政治学校学习，1968年至1982年12月下放回乡劳动，1982年12月县政协恢复工作后，任县政协副主席，1998年1月任县人大常委会副主任。

曾任政协甘肃省第一、二、六、七、八届委员会委员，政协甘南州第六、七、八届委员会常委。我今年已72岁高龄，回顾甘肃政协60年的风雨历程，我作为一名民族人士，深感共产党领导的多党合作制度的英明和社会主义制度的优越，尤其是党的民族宗教政策使我们甘南藏区在政治、经济、文化等各个方面发生了

---

① 才巴郎杰，碌曲县政协原副主席，第一、二、六、七、八届省政协委员，已故。

② 石龙，碌曲县政协文史委原主任，已退休。

翻天覆地的变化。

我常常回忆起参加政协甘肃省第一届委员会会议时的情景。记得那是 1955 年 11 月，碌曲刚建政不久，接到上级通知要我和当时的副县长旦增僧盖（郎木赛赤管家）去参加政协甘肃省第一届委员会会议。我们到了州上才知道参加会议的还有夏河的黄祥（政协甘肃省第一届委员会副主席）、相佐金巴（州政协副主席）、毛兰木（夏河县政协副秘书长），卓尼的杨丹珠（州政协副主席），玛曲的尕尔藏，舟曲的韩九麦（县政协副主席），州上带队的干部是宋全信（汉族，州委统战部干事）。那时兰郎公路修通不久，交通不发达，我们一行坐着大卡车到了省城兰州，住宿在兰州饭店。政协甘肃省第一届委员会主会场设在兰州饭店中苏友谊大厅内。当时我 17 岁，参加这样高规格的大型会议还是第一次，心情比较紧张，主席台上的各位领导我一个也不认识，会议议程也记不清楚了。五十多年过去了，当年参加会议的甘南藏区委员许多都已去世。

我作为一名省政协委员、州政协常委、县政协副主席，回顾甘肃各级人民政协所走过的历程，我认为中国共产党领导的多党合作制度符合我国国情，符合全国各族人民的根本利益，符合中国特色社会主义事业的发展要求。

1958 年甘南藏区发生武装叛乱，当时由于自己才 20 岁，年纪轻，加上文化水平不高，对共产党的政策不了解，因此，也参加了叛乱。平叛结束后，党和政府对我们参加叛乱的人员进行了宽大处理，我先后参加了为期 8 年的省、州政治学校的学习，通过这 8 年的政治学习，才使我深知那场叛乱不是民族之间引发的矛盾，而是封建农奴制与人民民主专政之间的矛盾。

十年“文化大革命”给国家政治、经济、文化教育、宗教政策等各个方面造成了重大损失。从 1970 年起我被拘留 5 个月后，以封建牧主戴“帽子”下放回家劳动，至 1980 年被平反，1982 年 12 月恢复县政协副主席职务和州人大代表资格。

1978年我们党迎来了历史性转折，党的十一届三中全会召开，从此我们国家的发展走上正确轨道，经济社会各项事业迎来了发展的春天。改革开放30年的伟大实践证明，以经济建设为中心的工作转移符合亿万中国人民的根本利益和愿望。

作为一个古稀之年的民族上层人士，我从内心深处拥护党的十一届三中全会以来的路线、方针、政策，真心拥护党的民族宗教政策。在改革开放的三十年中，我积极拥护党的路线，带头执行党和国家的政策，配合县委、县政府维护社会稳定，努力促进民族团结，协助省、州领导和县委、县政府调处省际、县际及县内各种矛盾纠纷40多件，调处重大民事案件纠纷27件。在全县牧民群众和藏传佛教寺院开展爱国爱教、反分裂的宣传活动，维护了地方社会政治的稳定。2006年，我被中共甘肃省委、省政府授予“全省民族团结进步模范个人”荣誉称号。2008年，受西藏拉萨“3·14”事件的影响，我县相继发生了打、砸、抢、烧事件，我作为一名受党教育50多年的县级老干部，对发生这样的事件感到非常痛心和难过。在县委、县政府的统一安排和部署下，我积极协助州、县工作组深入拉仁关乡境内的各个牧村、寺院，向一些不明真相的僧人、群众进行劝说，讲道理，讲党的政策，进行新旧社会的对比教育，使事态得到平息，没有给国家和人民造成重大损失。

本文选自政协甘肃省委员会：《风雨同舟60年》(《甘肃文史资料选辑》，第65辑)，2009年8月。

碌曲工作期间难忘的两件事

才宝甲

1986 年底我担任碌曲县委副书记、县人民政府县长。28 岁担任一县之长，主持县政府的全面工作，以我的资历来说，是个劣势。但县委书记很支持我，班子成员也很给力，加之我小时候的生活经历，使我在碌曲工作的短短三年多时间里，做了一些有意义的工作，办成了一些对牧民群众长远利益有益的实事好事，其中的两件事情使我有不小的成就感。

植树造林

我到碌曲工作后不久，老家仁爱村领导向我介绍了家乡修建被“文化大革命”时期毁坏了的甘坪寺的计划，并希望我从碌曲以当地民用材价格解决一些木材指标。我对他说，我要在碌曲县大搞植树造林，保护森林资源，打算把碌曲县城建设成为公园式的县城。如果今天满足了你们的要求，我在碌曲的工作将会陷入被动，甚至犯错误。我对他承诺将给甘坪寺或仁爱小学种植一片林子。

植树造林是各级政府的一项重要职责。碌曲县是个牧业为主、农林牧并举的县。除阿拉、双岔两个林区乡外，西仓、拉仁关两个乡的部分村子也属于林区，其中阿拉乡的力池沟等部分区域属于原始森林区。保护和恢复碌曲县的森林资源对于洮河流域的水源涵养和生态保护具有重要的作用。为了做好碌曲县的植树造林工作，我到碌曲上任后不久，就着手对全县植树造林现状进行了认真的调研。如 1987 年 3 月初，我抽出三天时间深入双岔林场调研，与林场的贡保书记骑马进山，查看两个林区乡上年度的大部分植树造林点的树苗成活等情况。看完以后我非常生气，发现了造林中存在的不少问题，我俩还初步统计测算出了上年度植树造林存在的实际水分。

在大量调查研究并与班子其他同志沟通的基础上，我脑子里形成了从县城开始，干部带头扎实开展可核查、可掌控的工程造林活动的思路，以保证植树造林的实际成效；坚持任内不修建已列入计划的碌博（碌曲县城至夏河博拉镇）公路，以保护阿拉双岔的森林资源；在阿拉乡靠近夏河县边界路上（第二道）和县城通向青海省河南蒙古族自治县的玛艾老桥头各新设一个木材检查站，以加强林政管理，防止木材非法外运，保护森林资源。在此基础上，提出了前两年集中精力抓县城四个片区的植树造林，后一年绿化玛艾老桥头南三个山面，再用三年时间完成玛艾老桥头南整个达尔尊山绿化任务的分三步实施县城植树造林的计划。这些想法向县委蒙廻民书记做了认真详细的汇报。蒙书记在去省委党校学习前的最后一次县委常委会上指出，除了县烈士陵园植树外，全县开展植树造林活动，“我支持才县的一些设想，由他主持县政府研究安排并组织实施。”

有了蒙书记在县委常委会上的表态支持后，我马上组织相关领导和部门紧锣密鼓地进行县城植树造林准备工作。成立了由我担任组长，各有关部门领导参加的县植树造林工作领导小组；下发了县领导小组关于全县 1987 年度植树造林工作安排的通知；召开了县级机关及有关乡（场）植树造林动员大会。我在大会上宣布，各单位除留个别服务春耕生产等的干部外，其余干部职工由领导带头走出办公室，集中20天时间参加县城义务植树活动。

除落实县烈士陵园植树外，确定了县城四个片区植树的具体方案。即南山两座小山面朝县城的坡面进行一次性全面植树，种植1.5米高的松树，树木之间留足2米间距，两个山头特别是西面山头留足空地，在松树长大后，保证从山头看县城全景时，树梢不挡人们的视线。县城中心广场周边各种植四排两米高的松树。城区洮河湾南岸河心岛种植杨树。县城两个主街道两旁的老杨树全部换植为松树。确定县畜牧局负责落实南山绿化地的铁丝围栏任务，剩余片区绿化地的铁丝围栏及四个片区的日常管护工作由县城建、林业两个部门负责。我还专程拜访了勘宝仓活佛和西仓寺院寺管会桑木周主任，向拟绿化的县城南山所在地的华格尔村干部和部分老人征求了意见，他们均表示全力支持。

安排团县委书记董正国、县林业局副局长张国和县城建局工程师王天义三个富有朝气的年轻人负责县绿化领导小组办公室的日常工作。机关团员青年的组织动员任务交给了董正国同志。

除了处理紧急公务外，我也基本做到了每天走到植树一线现场办公。在林业技术人员的指导下，亲自带领县“四大班子”干部职工到林区拉树苗，到新绿化区栽树。植树期间每天至少去一次四个片区检查指导植树工作或参加植树劳动。

如此大规模的县城植树造林在干部群众中引起了不小的震动。玛艾、西仓两乡相关村的群众非常支持，绝大部分干部职工也很赞成，植树热情高涨。董正国、张国等晒成了牧区放牧员的肤色，大家在工作中尽职尽责，毫无怨言，整个植树场面可谓热火朝天。当然也听到一些不同意见，如我在检查玛艾乡植树情况时了解到，一位老同志对乡长完德贡说：“咱们的才县把好端端的杨树都给砍掉了，干部们在碌曲这样的高海拔地区能够坚守岗位，正常上班，本身就是一种贡献，种什么南山林、河心岛青年林，几年后肯定成活不了几棵树。”他的意见是有一定代表性的。是啊！海拔 3100 多米的碌曲县城，还没有大规模工程造林的先例，树苗不成活怎么办？我经过反省这些意见和疑虑，回想上中学时拉卜楞寺南山林子解决了县城困难居民冬季采薪问题等带来的益处，以及老师和领导有关植树造林知识和政策的讲解，又想到不少寺院和村庄都能把适宜植树的山坡植树造林，被封为神山神树，大家自觉保护，植树成果有如此之好的先例，我觉得自己并没有做错，顶多是思想认识有些超前，与不少人的想法存在差距，我想只要干的事情没有辜负党的培养，符合老百姓的长远利益，认识上的差距就让时间去回答吧。

由于过度劳累，7 月初我到临夏住院治病，在给有关部门领导列了要求向我报告的几项重点工作中，列在第一位的是巩固造林成果，保护生态环境。县城建局贡尕局长说，省环保厅张普光厅长是一位经过长征的老红军，他答应 7 月底来碌曲。我听后非常高兴，安排分管县长及县城建局等部门领导就保护和开发建设则岔石林风景区等方面做好汇报准备。自己向医生请假，回县陪同张普光厅长参观了县城植树造林成果，并在则岔向他汇报了工作。他老人家肯定了县上关于开发建设则岔石林风景区的设想可行性，评价说：“九寨沟是女性的美，则岔石林是男性的美。”他表示会找省林业厅等相关部门领导商量怎么支持我们，并当场表态在则岔石林风景区的环境评价等方面给予财力、人力上的支持。他高度赞扬了全县植树造林之举，认为我们保护生态环境工作的观念新、思路对、力度大、成效好，还称赞我是他最欣赏的年轻领导干部之一。他惊讶地问我，石峡外面山上的松林为什么那么茂盛，那么翠绿，看不到一点被人为砍伐的痕迹。我报告厅长，那是一座神山，当地老百姓自觉保护。听到我的解释，张老激动地站起来说，只要山神能保护森林，就请山神来护林吧！同志们，不论什么办法，护住森林，刻不容缓啊！张老一路的讲话给了我很大的鼓舞，使我增长了见识，增强了抓好生态环境建设的信心。想到从长征路上过来的老革命如此理解和支持我们的工作，晚上我兴奋得难以入睡，梳理了零乱的思路，整理了一篇题为《评山神护林》的短文，其中有这样一段话："人们对于神有一种敬畏感，实际上民意才是真正的神意，只要我们所做的各项工作符合民意，即符合人民的根本利益和长远利益，再大的困难也将会在民意的理解和支持下变得容易解决。我觉得这种理解和认识也应该算解放思想的重要方面，但愿人们能够认同张老和我们今天的执着与坚持。"

县城植树造林除了河心岛青年林种植的杨树苗"全军覆没"以外，其他三个片区的树苗成活率均达到95%以上。有关部门的工作也很到位，特别是林业部门抓全县的工程造林和林政管理，保护森林资源工作有了新的起色。1988 年的县城植树造林任务，除了重新种植河心岛青年林杨树苗以外，其他三个片区，主要是加强管护及适当补栽一些树苗就行了。

我的扶贫帮扶联系点在阿拉乡，1988 年的植树季节里，我利用到联系点开展帮扶活动的时机，组织乡里干部种植了一片林子。3 月底，我到乡里的第一天走访了几个农户，和乡村干部研究了新一年落实扶贫帮扶工作任务的具体措施。同时，和乡领导商量如何改进机关作风的问题，并安排乡长尕藏热吉划定一片适合植树的地方。第二天上午开始和乡干部职工一起劳动，经过两天时间，在乡机关东侧山上 30 多亩坡地栽上了松树。后来和县城绿化成果一样全都存活长成了。

河心岛青年林种植的杨树苗第二年又是"全军覆没"。1989 年植树季节来临之际，我召集分管林业的卢怀诚副县长、县林业局王耀辉局长等人一起研究如何落实县城河心岛第三次种树和达尔尊山三个山坡新种植松树的问题。大家一致认为河心岛种植的外地杨树苗不适应碌曲县的气候，决定采纳一位老林业职工的建议，并安排他带几个人，从县线务段门前老杨树上砍下树枝进行必要的培育处理后组织干部重新种植。又在达尔尊山三个面向县城的马面山坡新种植了松树。第三年种植的当地杨树枝取得了超乎预想的好效果，成活率达到95%以上。达尔尊山三个山坡种植的松树成活率也很高。

有了华格尔村“金鱼山”（县城南山）松树绿化的成功先例，玛艾村的群众也希望县上绿化玛艾老桥头西南方向的达尔尊山。表示只要有林业技术人员的指导，可由群众义务植树。据说过去达尔尊山满山生长着桦木林，树林茂密，人们常能看到豹子、獐子等野生动物出没。后来树木逐年被砍伐，基本剃了光头。我在两年前提出的县城绿化分三步走计划，因为有了群众的支持完全可以实现了。因此我满怀信心地向玛艾村的群众承诺，年内达尔尊山三个山坡要完成植树任务，下一个县长任期的三年内，保证桥头西南方向的整个达尔尊山全部绿化，还你们一个好于过去桦木林的四季常青的松树林，让你们的子孙后代生活在开窗能看到森林美景、上街能听到松涛声音、进林能看到野生动物的生态美境之中。到那时，碌曲县城将会成为名副其实的公园式县城。

1990年初，我被调任为新成立的甘南州政府法制局局长，有一天我哥对我说，你当年没有解决咱们村修寺院的木材指标，大家是理解你的，但他们还记得你答应给甘坪寺或仁爱小学种一片林子的承诺，你知道咱们藏族人特别在乎说话要算数，如果没有太为难，你还是设法兑现自己的承诺吧。我觉得这件事不能不办。1991年植树期间，我自费雇了一辆东风车，购置树苗在老家甘坪寺前面种植了600多棵松树苗，到省上工作后，通过争取经费给我的母校——仁爱学校前面种植了50亩杨树林。村里管护得好，两片林子树苗都成活得很好。

建房修桥

我刚到碌曲县工作那年，全县只有50多万元的年度财政收入，各项建设全靠向上级部门争取专项经费。当年召开的全省支援甘南经济工作会议上确定，金川公司支援碌曲县建一座冷库，省电力公司帮助新建碌曲变电所，加之刚刚开工不久的县政府综合办公大楼，除电力投资以外，其他项目的资金缺口均在80%以上，都需要县上自筹或协调争取来落实。

在接受前任留下的建设项目收尾任务的同时，我觉得自己任县长期间，基础设施建设方面迫在眉睫的当务之急是牧民建房（包括服务农牧民看病就医的县人民医院大楼和支撑牧民进城经商的商业街建设）和修建县城玛艾洮河新桥（当时县城建设最大的瓶颈）这两个建设任务。

我到县上工作几天后，就抢抓年底编制各项经济建设计划的有利时机，带领有关部门同志多次跑省州向有关部门汇报，争取以上述两个项目为主的建设项目的立项工作。经过两个多月的努力，项目立项工作取得了可喜成果。州政府牧民建房办公室领导明确表态，哪个县重视牧民建房工作，州上就集中支持哪个县的工作。县人民医院大楼和县畜牧大楼被正式列为1987年度的建设项目计划。碌曲县中学教学大楼及县城自来水上水工程建设立项也有了一定进展。之后我们用了更多的时间和精力跑省州交通系统汇报，争取县城新建一座玛艾洮河大桥，省交通厅最终同意将原定在西仓寺院前面修建的碌博公路洮河大桥移到县城修建，但资金缺口和县城至西仓寺院之间的旧道路移到洮河南岸修建要求县政府负责。

紧接着，我就是否保留县牧民建房办公室的问题进行了班子内部的协调沟通工作。我在县委常委会上用自己童年在帐篷中生活的艰难经历，说服班子成员同意保留县牧民建房办公室，以利于改善牧民群众的居住条件。经过县委常委会两次讨论后，常委们以举手表决的方式决定保留县牧民建房办公室，最终这一棘手问题在县上决策层面有了定论。在各项新建项目实施中最让我揪心的还有两座桥梁的问题。一是西仓寺院前面濒临垮塌的老桥加固刻不容缓，否则会引来西仓寺院及广大僧俗群众的不满。经过多方筹措，运来李恰若牧场和双岔林场两个国有企业闲置的老旧火车铁轨，优质高效地开展了老桥加固工程，有效缓解了舆论压力。二是原有县城玛艾钢丝软桥很不安全，曾数次发生华格尔村牧民过软桥时掉进洮河死亡的惨剧，不论通盘考虑县城建设问题，还是为保护老百姓的生命财产安全，县城玛艾洮河新桥必须尽快开工。

县牧民建房办公室保留下来后，我带领有关同志多次向胡培珍州长和州牧民建房办公室桑旦主任汇报牧民群众的热切期盼及县上的详细规划方案，并再三表示县上搞好牧民建房工作，让牧民群众过上幸福生活的决心。州上也给予了大力支持，将全州牧民建房专项资金集中支持碌曲县牧民建房工作。

1987 年，牧民建房工作的重点放在了县城附近。我在县上单身一人，星期天基本都是到基层找干部群众调查了解情况。在调查中，我发现花格尔村虽然距离县城只有五公里，但要去洮河北岸的县城必须经过县城洮河钢丝软桥，钢丝软桥年久失修，很不安全。因此大部分群众进城办事或孩子到城里上学均从兰郎公路洮河大桥绕道而行，到县城的实际距离超过了十公里。同时发现县城所在地的玛艾村有不少牧民贪图眼前利益，把城里甚至靠近马路的宅基地连房子一起出售，自己则全家搬回冬季牧场，又过起了没有邻居，远离学校、医院和商店的游牧生活。

玛艾村发生的这一现象让我很着急，勾起了我对自己童年生活的回忆。1965 年，在国家帮助下，我家乡仁爱村破天荒修建了牧民定居点，虽然是非常简陋的土房，但那是我第一次见到房子。我父母亲反对住房子，说了很多牧民住房子不吉利的话，为他们的陈旧观念辩解。第三年，由于父亲病重，需要在村委会合作医疗室打针治疗，只好住自家土房子，我们都感觉到住房子比住帐篷更好。从此，凡到了冬季就住房子了。后来，我上了大学，参加了工作，当了团州委书记，一直热心于改善牧民的居住条件。其中，牧民居住条件改善最典型的应该算我的家乡。我哥是个容易接受新事物的人，在我的鼓励下，他于 1980 年在村里率先修建了新房子，后来几年里陆续有近十户人家新建或改建了房子。我担任县长的第一个春节，我伯父——仁爱村党支部旦巴书记带领村两委班子成员，给我敬献哈达以示祝贺。我对他说，一个人、一个家庭、一个村子，要想改变自己的命运，改善自己家的生活状况，必须从自己、自家、村领导自身做起，外力的帮助永远起不了决定性作用。对草原牧区游牧的牧民来说，建房就是改变自己的命运、改善自家生活状况的第一步。你多年担任村支书，大家都尊重你，但你的观念过于陈旧，对于自家建房，你不是能力不够，而是重视不够，认识不到它的积极意义。若你今年建新房，我一定从碌曲专程来给你献哈达。之后，旦巴书记当年建房和我向他敬献哈达，一度成为村里的佳话，掀起了家乡仁爱村牧民自力更生建房的热潮，几年时间，全村多半牧民新建或改建了房子。后来仁爱村获得了全州、全省文明村的称号，旦巴书记也成为中组部表彰的全国优秀党务工作者。

在花格尔、玛艾等县城附近村子调研的基础上，我初步形成了花格尔村整体搬迁至县城洮河南岸建房的思路，与玛艾洮河新桥建设同步进行，以解决村民过桥不安全、进城不方便以及县城人气不旺等问题。县上统一规划，合理划定牧民宅基地，鼓励玛艾乡的玛艾、加格尔两村及西仓乡新寺村的村民有序地进县城建房居住、经商或陪孩子上学。与县委在家领导及县政府常务副县长尕考等同志反复协商并补充完善后，县牧民建房办公室等部门拟订了具体方案。1987 年 4 月底，我主持召开了邀请县委在家主持工作的兰知卜副书记参加的县政府常务会议，会议讨论通过了县牧民建房办公室提交的以县城附近为重点的 1987 年全县牧民建房工作实施方案。我在会议结束时的讲话中提出了建设“花园式广场，公园式县城”的总体思路，提出将县城中心广场改造成为具有民族特色的花园式广场。在加快县城玛艾洮河新桥建设进度的同时，力争尽早完成建设县城洮河泄洪道的立项任务，并在洮河泄洪道堤坝上设计过水设施，以确保县城洮河河湾人工湖所需的水流，将河湾人工湖与新种植的河心岛青年林，一起建设成为供人们观景休闲的县城月牙湖公园。继续大力推进县城其他片区的植树造林工作，努力将碌曲县城建设成为公园式的县城。第二天，我专程到省委党校向蒙廻民书记汇报了县城植树造林情况及拟马上启动的牧民建房工作方案。蒙书记表示完全同意县政府提出的方案，并称赞我们办事效率高。他从党校回来不久，我们俩一起到合作找州交通局谢兴贵局长，要求他督促有关部门加快工程招标，尽早开工建设县城玛艾洮河新桥。

1988 年以后，全县牧民建房的工作重点放在了尕海、郎木寺等偏远牧业乡。针对基层干部反映的绝大部分大队和生产队在银行存有不少集体资金的情况，我叫来县上几家银行领导座谈，在得知全县农牧区基层集体资金基本都存放在县农业银行，并掌握了基层集体资金底数的基础上，提出了在基层群众自治组织自愿的前提下，动用这笔资金建设县城和郎木寺两个商业一条街的设想。即在县城从正在建设中的玛艾洮河新桥南北主街道两边，在郎木寺从甘肃、四川两省交界处向东北方向的主街道两边，由县上统一规划，以大队或生产队集体资金和政府投资为主，吸纳部分社会资金，产权归投资方所有，新建不低于二层的商用楼房，为当地农牧民进城经商创造条件的商业街建设设想。这一初步设想先由县委分管领导及班子成员和基层干部讨论，在广泛征求各方面意见的基础上，于1988年底全县三级干部会议期间，组织村两委领导为主的基层干部进行了专题讨论，大家一致认为此商业街建设的设想是一次集体资金保值增值的绝佳机会，完全赞同这一设想。会后再行修订完善后，下发了关于建设县城商业一条街的县长办公会议纪要，决定1989年上半年动工建设。成立了由我任组长，城建、工商等部门领导参加的县商业街建设领导小组，办公室设在县城建局，从县工商等有关部门抽调专人负责办公室日常工作。要求玛艾洮河新桥北商业街建设用地由县建设商业街办公室在留足马路拓宽余地及绿化带位置后统一规划安排，要求玛艾洮河新桥南面沿街的牧民建房宅基地一律从现有路两边各留25米空地外划定。允许玛艾洮河新桥北沿街企事业单位在规定时限内自筹资金建设商用楼房，凡不能保证年内自筹资金到位者，无条件让出沿街地块，与玛艾洮河新桥南街道两边一起由县建设商业街办公室统一规划，并安排给有意愿、有集体资金的大队或生产队等投资人建设商用楼房，为碌曲商品经济发展及农牧民进城经商创造有利条件。

1989年底，我带领县供销社主任赵世兴、县城建局工程师王天义到郎木寺乡，与乡上领导协调启动郎木寺商业一条街的融资及建设方案，达成了县政府、乡政府及县供销社三方各筹资20万元作为启动资金，定于1990年在县商业街建设领导小组的统一领导下，参照县城商业街建设方案动工兴建郎木寺商业一条街，为甘青川三省交界地的商品经济发展和当地农牧民进城经商创造有利条件。

同年底，县城四个片区及玛艾老桥头南山三个马面山坡的植树造林成活很好。玛艾乡花格尔村203户整体搬迁至县城洮河南岸建房，玛艾乡玛艾、加格尔两村及西仓乡新寺村共60多户牧民进县城建房，这些大幅度增加的进城居住、经商或陪孩子上学念书的农牧民人家，使县城人气不足的状况大为改观。全县五个牧业乡共计432户牧民住进了宽敞明亮的新瓦房。县乡镇企业局供销公司、县汽车运输队等单位及个人按照县城商业一条街建设规划修建了两层商用楼房，玛艾村委会等部分基层群众自治组织的商用楼房建设地块已经划定。州上领导对于碌曲县的牧民建房工作给予了充分的肯定。我离开碌曲后的第二年，牧民建房工作被甘南州委确定为全州“五大建设”之一。

我到碌曲后新上马的县人民医院大楼、县畜牧大楼、碌曲中学教学大楼、县城自来水上水等工程建设项目相继竣工，交付使用；县城主街道中心广场段北原有宣传橱窗等设施全部撤出，形成了当时全州最大的县城城市中心广场；则岔石林风景区建设和通往则岔石林风景区的22公里路以及县城月牙湖公园建设的关键性工程——洮河泄洪道建设三个项目正式获批立项；县城玛艾洮河新桥也建成通车。西仓寺院寺管会及僧俗群众对于老桥加固表示满意，称赞县上为保护森林资源所采取的暂缓修建穿越林区的碌博公路、加强林政管理的决策有远见。经县政府常务会议研究，县城各街道以具有地方民族特色的名称命名，如东西两条主街道分别命名为藏语音译为周高路和勒尔多路，藏语意为白龙江源头和洮河上游。

2003年秋季，我带领省政府执法检查组到碌曲县，下午与同行的王建平处长等人到当年植树造林的南山林子边散步时，一位40多岁的男子喊我才县，跑来抓住我的手说，刚才几位村民看见您后，来我家里说您来了，建议我们村干部出面向您表达全村人的谢意。他热情邀请我们到他家做客。他的左邻右舍，不一会儿就端来了各种食品招待我们。他自我介绍说叫尕秀旦木召，是华格尔村村委会主任，当年我在县上时，他是村班子成员，跟着达绕老书记去找过我。“我们全村人都非常感谢您当年给我们修建了这么好的房子，由于孩子们有了在县城上学的好条件，全村产生了近百名国家干部。通过植树造林，营造了这么好的生活环境，全村人都忘不了您。”我说：“你们太客气了，那不是我一个人做的，要感谢党和政府，为民办好事是每一个党员领导干部的本分，你们日子过得好，我们很高兴。我感谢你们把南山林子等附近绿化地保护得这么好，也感谢你们当年对我们县城建设的理解和支持。”

安多集团的45年

王志荣[①]

20世纪80年代，地处青藏高原的甘南藏族自治州大中专文化程度以上专业技术人才非常匮乏，大中专生毕业后都被分配到国家机关和事业单位工作，当时作为一家县属国营企业的夏河水泥厂，因远离县城且工作环境艰苦，几乎无人问津。

1985年6月，我从甘肃省建材工业学校毕业后，自愿申请调换了原本分配到政府部门的工作，抱着青年时代的梦想来到了位于麻当乡的夏河县水泥厂工作。夏河县水泥厂的前身是夏河县长石头水泥厂，1985年刚刚搬迁至夏河县麻当乡，新建了一条2.2万吨机立窑生产线，使面临困境的水泥厂迎来了新的发展空间。

在上级组织的关怀和培养下，我从一名基层工艺员做起，先后担任化验室主任和生产技术副厂长，1990年担任水泥厂厂长，1998年企业改制为夏河安多水泥有限责任公司后出任董事长兼总经理，2003年夏河安多投资有限责任公司成立后担任董事长兼总经理，甘肃安多投资集团组建成立后出任集团董事长，2001年底当选为夏河县政协副主席，2011年当选为甘南州工商联合会常委、副主席，先后获得全省“五一劳动奖”“陇商十大风云人物”等荣誉称号。

① 王志荣，甘肃安多投资集团董事长，甘南州工商联副主席，夏河县政协副主席。

三十多年来，我亲身经历了安多集团由小到大、从弱变强的发展历程，见证了安多集团发展史中的每一个特殊发展期。这里重点讲述一下我亲历的安多集团发展历程中几个重要节点。

从无到有——艰难起步

1972年8月，为贯彻执行毛主席关于大办“五小”工业的精神，夏河县城关公社革委会成立了夏河县长石头水泥厂革命领导小组，负责筹建长石头水泥厂。建厂初期，全厂仅有一座小土立窑和28名职工。截至1973年，累计生产水泥400吨。1975年8月，夏河县长石头水泥厂由集体所有制企业改为国有企业，隶属夏河县革命委员会，县上委派正、副科级干部出任水泥厂正、副厂长。建厂初期，由于执行政府计划生产、调拨，企业经常处于半生产半停产的状态，加之季节工较多、劳动强度大，人员流失现象相当严重。

1984年10月，因夏河县长石头村石灰岩资源枯竭，水泥生产难以为继，经州、县政府重新勘察、选址，省经委批准在麻当人民公社选址新建一条2.2万吨机立窑生产线。1985年，第一批专业技术人员落户夏河县水泥厂，给企业的发展注入了新生血液，坚定了政府与企业抓好水泥厂建设、开创生产经营新局面的决心，企业从此开始了漫长而艰辛的发展之路。1987年8月底，麻当水泥厂竣工投产，经省水泥工业协会抽检，水泥合格率达100%，被评为省级水泥质量优良企业。

打破坚冰——插上奋飞的翅膀

1985年，夏河县长石头水泥厂正式搬迁，首批专业技术人员把理论知识充分应用到实践工作中，原设计2.2万吨机立窑生产线，通过引进磨机闭流技术、预加水成球和高硅低铁配料锻烧等技术，生产能力达3万吨以上，产品的质量指标达到国家标准，生产工艺条件得到有效改善，设备操作基本实现半自动化，大大改善了职工的劳动环境，降低了劳动强度。

生产条件的改善，并不意味着经济效益的提升，当时水泥厂的管理体制仍然是计划经济条件下的“大锅饭”经营模式，职工的工作积极性没有充分调动起来，人们习惯于“等”“靠”“要”，员工对企业发展缺乏前瞻意识。要改变这种被动局面，必须使广大职工群众深刻认识到企业只有可持续发展，才能适应激烈的市场竞争，立于不败之地。必须让职工深刻理解市场经济的实质，形成依靠自己发展企业的思路，树立艰苦创业的企业精神，正确定位企业发展，建立有效的管理机制，才能调动起全体职工共谋企业发展的积极性，培育企业发展的动力。1992年，我带领新一届领导班子认真分析了企业内、外部环境，首先确定了“自力更生、艰苦创业、质量第一、信誉至上”的企业宗旨，以企业宗旨为基础逐步造就独具特色的企业文化，形成“团结求实，开拓创新”的企业精神，并成为全体职工努力拼搏、建设家园的动力。领导班子多方取经，寻求有效的管理模式，首先从劳动工资分配制度改革入手，打破原国有企业管理的瓶颈，彻底改变“干多干少一个样，多干少干一个样”的不合理分配制度，提出“岗位技能等级工资考核分配制度”，充分体现“奖勤罚懒”的工资分配，让全体员工树立竞争意识，通过考评兑现薪酬，激发了职工的劳动工作积极性，涌现出许多“劳动模范”“技改能手”，树立了“比、学、赶、帮、超”的工作氛围，原国有企业涣散的工作态度得到彻底的改善，工作场所干私活、出工不出力的现象被杜绝，广大职工的工作热情空前高涨，工作节奏明显加快，各项经济指标提前完成，经济效益稳步提升。

为进一步适应市场经济的要求，深化体制改革，创新企业发展思路，1998年，夏河安多水泥有限责任公司成立。该公司的成立标志着夏河县水泥厂完全进入了市场经济运行体制，公司法人治理结构形成，现代企业制度初步建立，三项制度的改革进入攻坚阶段。为了使这次改制工作彻底有效，公司成立了体改领导办公室，专门从事体制改革工作，对原夏河县水泥厂进行了资产评估，清产核资，成功置换了职工身份，界定了职工股份，将职工的前途与公司的发展紧密结合起来，形成了全员持股的股份合作制，注册资本1243.4万元，其中集体股986389.12万元，国有股772148.76万元，职工出资额1067.15万元，形成了规范的法人治理，通过股东代表大会选出了董事会、监事会、总经理，成立了坚强有力的领导班子，各项工作步入良性循环的道路，管理水平上档升级，以“岗位技能等级工资考核体系”为基础的劳动分配制度得到进一步完善，实行了全员劳动合同制、干部聘用制，“干部能上能下，职工能进能出，工资能高能低”的三项制度改革进一步推进，社会保障体系实行社会统筹与企业内部年金相结合的统筹制度并全面启动，企业文化理念系统基本定型，员工队伍稳定，企业经济效益良好，工资收入稳步提高。

通过改制，企业焕发了生机，原来效益不佳的水泥厂已成为争相就业的好企业。当企业进入良性循环后，企业的发展成为以我为董事长的决策层领导经常思考的问题，董事会一班人清醒地认识到，只有将企业做大做强才能立于不败之地。经过认真分析，公司决定建设6.6万吨水泥生产线，而要扩建生产线必须做到思想统一。我们召集会议，让各级管理人员充分发表意见，董事会采取民主集中制原则，在分析市场需求、资源现状和企业后劲培育等因素后，统一了认识，达成了共识。这个工程1998年立项建设，同年达产达标，公司的生产能力从原来不足3万吨增至10万吨以上，年平均上缴税收达500万元以上，为企业发展插上了腾飞的翅膀。

随着企业改革的不断深入，企业也迎来了发展的黄金机遇期，到2002年，夏河安多水泥公司注册资本由1998年的1243.4万元变更至3988万元，其中职工股东出资额38893610.88元，占出资总额的97.53%，集体股986389.12元，占出资总额的2.47%。

从弱到强——坚持可持续发展

6.6万吨生产线技改项目建设取得的成就，坚定了董事会抓项目、促发展的决心和信心，一个个项目按照董事会制定的《“十五”计划与十年发展规划》相继建成投产。2001年5月，预制构件厂正式投产，标志着公司进入水泥深加工、新型建材开发领域，安多公司从单一的水泥生产走向多种产业并举、共同发展的道路，生产的水泥涵洞地面砖、道牙砖等花色品种畅销甘、青、川等周边地区，产品出现供不应求的局面，解决了当地百余名劳动富余人员就业，企业的社会效益和经济效益得到充分发挥。为了进一步推进企业按公司制企业营运，2004年年底，由安多公司控股组建安多建材制品有限责任公司，实行“四统两严一强化、衡量标准是效益”的安多管理模式，强化了内部管理。

2001年8月24日，由安多公司全体股东出资建设的头道河电站开工建设，它的建设体现了安多公司董事会开拓创新进取的精神，也标志着安多公司有能力有信心立足于本地，依靠丰富的矿产资源和水力资源壮大自己、培育实力、参与市场竞争的坚强意志，这正好也印证了公司“为社会做贡献，为股东提供良好投资回报，为员工提供良好的发展空间，为客户提供满意的服务”的企业责任。头道河电站的建设是安多公司跨行业经营和水电项目投资建设的一次成功尝试，开辟了州内用电企业投资电站的先例。头道河电站发电装机7500千瓦，于2003年12月建成投产后，年发电量4190万度，每年实现销售收入1036万元，利税679.4万元，经济效益、生态效益和社会效益显著。同时，安多公司积极争取自发自用、余电上网的互补受益的经营格局，之后虽然受电力行业的限制，未能如愿以偿，但为公司发展积累了宝贵的经验。

2004年12月，公司董事会一班人经过论证考察省内外水泥企业生产营运状况后，为了进一步降低水泥主业的生产成本，与兰州鸿源塑料编织袋厂达成协议，水泥编织袋生产厂以厂房、土地等有效资产出资，合作组建安多鸿源塑料编织有限责任公司，降低了水泥包装袋单价，从而降低了水泥成本，达到投资合作方互赢的目的。

安多建材公司、安多鸿源公司的成立使安多公司具备了集团化公司的雏形，形成一个良好的产业链，提升了企业的市场竞争力，稳固了企业的发展基础，依托当地自然资源，挖掘企业潜力，体现以人为本的管理思路，走出了一条可持续发展的道路，为民族地区经济发展奠定了良好的基础。

科技创新——走新型工业化道路

走新型工业化道路关键在于科技创新，只有尊重知识、尊重人才，才能给企业注入新的活力。公司先后引进120名专业技术人员共谋发展，形成“我与公司同行，实现人生价值”的团队理念。企业只有立足优势资源，准确把握市场导向，以科学发展观引领企业发展，寻找新的经济增长点，走新型工业化发展道路，才能可持续发展。

随着国家对水泥工业实施“限制、淘汰、改造、提高”的产业调整，20世纪90年代中期新型干法水泥技术日趋成熟，建材工业提出“由大变强，靠新出强”的发展战略，机立窑水泥生产规模小、产品质量难以上等级，适应不了西部大开发的市场需要，必须走出一条依靠科技进步、人与自然和谐发展的适应新型工业化要求的新路子。2001年，公司董事会决定建设日产千吨的新型干法生产线项目，当年完成了可行性研究报告并通过评审立项，2002年完成初步设计，2003年开工建设。在国家宏观调控、控制信贷规模，致使项目资金十分紧张的情况下，公司边生产边建设，投资11029万元，仅用两年时间全面建成投产，实现了公司发展史上新的飞跃，使企业水泥产量规模达到50万吨，销售收入达1.2亿元，利税2000万元以上，成为甘肃西南部首例采用先进技术生产加工水泥的企业，实现了经济、社会、资源和环境保护的协调发展，提高了市场竞争能力，产品质量上档升级。为实现向建筑、房地产领域的拓展，公司利用临夏市商业氛围浓郁的地理优势和招商引资的优惠政策，在临夏市组建临夏安多园实业公司，实现水泥产业向建筑、房地产开发产业的延伸。在安多投资公司形成以水力发电为水泥生产提供清洁能源，水泥生产大量使用工业废渣，实现优势资源互补与资源综合利用的循环经济发展，推进产业结构优化升级，实现从劳动密集型产业向技术密集型、资金密集型产业的转移。同时，公司加大了信息化在企业中的应用，走出了一条科技含量高、经济效益好、资源消耗低、环境污染少、人力资源优势得到充分发挥的新型工业化路子。

集团化发展——走向新的征程

与时俱进，开拓创新，是安多公司发展的灵魂。自1998年改制后，企业得到了迅猛发展。几个比较数据充分说明企业实力的壮大：1997年企业总资产980万元，产值319万元，销售收入560万元，上缴税收112万元；千吨项目建成后企业总资产18600万元，产值10810万元，销售收入12000万元，实现税收预计1000万元。改制8年以来，安多公司得到中国农业银行、中国工商银行和省、州、县党委、政府以及相关部门、当地农牧民群众的大力支持，先后得到政策性资金和亿元以上的银行信贷资金支持。同时，企业对社会做出巨大的回报，累计实现工业增加值8611万元，实现利税3658万元。安排下岗职工及当地农牧业富余人员近600人就业，以矿山开采、原材料进购、产品销售，推动当地运输、建筑业的蓬勃发展，先后投入资金，建设大夏河上槽口桥、麻当、桥沟、亚休村及格尔德寺院供电、供水设施和麻当村灌溉渠道，帮助当地农牧民群众整体脱贫致富。

为了适应企业集团化规范经营的现状，2003年12月，公司在原1998年改制的基础上进一步深化改革，自然人发起设立了夏河安多投资有限责任公司，以适应市场经济的运行规则，把握中共中央完善社会主义市场经济体制的导向，全面建设小康社会的新形势，解放和发展生产力，为企业发展注入活力。公司发挥市场在资源配置中的基础性作用，建立“归属清晰，权责明确，保护严格，流转顺畅”的现代产权制度。一是坚持民有民营的原则，新组建的投资公司注册资本全部由自然人自愿出资，注入投资公司实收资本，并不断通过分红扩股增大资本金，达到3900万元。二是坚持管理者持大股、员工全员参股的原则，打破了原有改制不彻底、平均持股的格局，让有一定管理能力和技术特长者充分发挥个人特长，为企业的发展注入活力，实现资本收益的最大化，保持企业持续、健康、稳定的发展。三是坚持期股、期权激励的原则，公司股本结构保持一定比例的职工集体股，从资产增值率、利润率等效益指标方面进行绩效考核，对做出重大贡献的管理、技术人员和先进员工按年度进行期股、期权奖励，建立长期的激励约束机制。四是坚持与时俱进、创新发展的原则。投资公司的设立为企业向资本运营和投融资领域的拓展搭建了平台。通过资本运作，由投资公司控股安多水泥公司、安多预制公司、安多园工贸有限责任公司，参股安多鸿源塑编公司、临夏安多建材销售公司、甘南安多建材销售公司，使企业的实力得到加强，筹资、投资的能力提升，为招商引资推动民族经济的发展培育了实力，实现多元化、规模化经营，达到功能互补效应，降低经营成本。

企业的发展实现了从管理工厂向经营工厂、从生产经营向资本运营方式的转变。通过投资自营、控股、参股，以项目建设为契机，不断调整产业和产品结构，建设适应新型工业化，以大夏河为依托，走出甘南、走向全国的企业集团。

发展循环经济——实现历史新跨越

2008 年 10 月，夏河安多循环经济园区一期工程正式开工建设，甘肃省经济委员会主任李平、州委书记陈建华、州长毛生武等领导出席开工典礼并为园区建设奠基。安多公司日产 2500 吨的新型干法水泥熟料生产线（带 4.5 兆瓦余热发电）项目和安顺水电站等项目刚一开工，就面临着融资难的问题。夏河县政府专门成立了园区建设领导小组，县长杨晓南多次带队上省城、跑北京，在中国农业银行甘肃分行的帮助下，争取到 1 亿元贷款。项目建设中，甘肃省发改委和甘南州委、州政府等领导也先后多次到公司调研、指导工作，为园区建设发展出主意、想办法，为企业增添了勇往直前的动力。

2009 年底，兰州大学编制完成的《夏河安多循环经济示范园区产业发展规划》，通过了甘肃省工业和信息化委员会组织的专家评审，认为此规划对甘南州及夏河县工业循环经济、循环经济发展的支撑体系建设、重点项目以及循环经济发展的配套政策和措施进行了科学和系统的规划，发展目标可行，对解决甘南州资源、环境的双重约束，实现可持续发展有着重要的现实意义和推动作用。夏河安多循环经济示范园区项目总投资 45 亿元，规划建设项目共 25 项，园区以新型建材产业园、畜产品加工园、清洁能源产业带为主业，以园区科技开发中心为依托，通过实施循环经济重点项目，培育新型产业，延长产业链，提高资源利用效率和可持续发展能力。构建“两园、一带、一中心”的总体产业布局：两园，即建材园区、畜牧园区；一带，即能源带；一中心，即管理和技术创新中心。2009年12月17日，甘肃省工业和信息化委员会下达了《关于夏河安多循环经济示范园区产业发展规划的批复》，成为甘南州首个得到省上批复的循环经济产业规划。2009年12月24日，国务院下达《国务院关于甘肃省循环经济总体规划的批复》，夏河安多循环经济园区建设项目被列入甘肃省实施的72个循环经济重点项目，成为领跑民族地区循环经济发展的“火车头”。

公司董事会根据国家政策，及时调整思路，顺应新形势，把发展循环经济作为增长方式转变的主攻方向，始终坚持以循环经济、节能减排为目标，形成以夏河安多投资集团公司为龙头，以夏河安多水泥有限公司、夏河安水余热发电有限公司、夏河安顺发电有限公司、夏河安多建材制品有限公司、夏河安多团结塑料制品公司等企业为支撑的产业集群，正在实现固体废弃物资源化利用→生态水泥制造→废气余热发电、白色垃圾回收→造粒再利用→再生包装材料、水电站建设隧洞开挖→废石废渣回收→生产水泥的循环经济产业链。通过实施纯低温余热发电技术改造、石灰石二级破碎技术改造、电机系统节能技改、燃烧系统节能技改、提高固体废弃物综合利用等一系列技术改造项目，在废旧资源回收再利用方面取得了显著效果，连续多年被省上认定为“全省资源综合利用企业”。截至2009年，公司累计实现综合节能3.50万吨标准煤以上，年减少二氧化碳排放9.17万吨，减少二氧化硫排放297.50吨，减少氮氧化物排放259吨，为甘南州实现节能减排目标起到了助推作用。

2010年1月10日，省委副书记、省长徐守盛，省人大常委会副主任崔玉琴，省政协副主席李永军率省直各部门的负责人，在甘南州委书记陈建华、州长毛生武及夏河县委书记王砚、县长杨晓南的陪同下，来到夏河安多循环经济园区调研。在视察了正在建设中的夏河安多水泥公司2500T/D新型干法水泥熟料生产线建设情况后，徐守盛在充分肯定夏河安多投资（集团）公司加快技术创新、大力发展循环经济、下大力气节能减排的发展思路的同时指出，转变发展方式，调整产业结构，走循环经济之路是必然选择；企业要牢固树立发展循环经济意识，加快技术革新，淘汰落后产能，加大节能减排力度，以提升企业核心竞争力和企业实质性效益。

为了夯实建材及水泥板块的发展，安多集团积极与中材集团公司商讨加快合作发展进程。2010年1月底，甘肃省工业和信息化委员会主任李平、中材集团甘肃负责人等多次到夏河安多循环经济示范园区进行考察。2011年11月16日，夏河安多投资有限责任公司与甘肃祁连山水泥集团公司签订股权协议书，中材祁连山集团控股65%，安多投资集团参股35%，夏河安多水泥有限责任公司变更为夏河祁连山安多水泥有限公司，从此安多水泥业掀开了新的篇章。截至2011年底，夏河安多循环经济示范园区初具规模，以水泥公司、建材制品公司为代表的建材产业园重点项目基本建设完成。

2012年以来，园区建设重点逐步从以水泥建材为主向以畜牧产业、清洁能源为重点转移。2016年，夏河安多畜牧产业园一期（食品公司搬迁扩建项目）、临夏经济开发区熟食品生产线、甘南州电子商务产业孵化园等一批重点标志性工程先后竣工投运，安顺水电站进入收尾攻坚阶段，先后通过资本重组并购甘南峡村水电站、临夏畅沁园等，实现产业扩展和延伸。夏河安多循环经济示范园区先后被甘肃省人民政府授予“全省先进园区”称号、被甘肃省工业和信息化委员会列为“甘肃省第一批循环经济示范园区”。安多畜牧园区入驻企业、事业单位15家，安多建材产业园区入驻企业3家，安多循环经济园区年产值达到5亿元，利税1亿元以上。

立足生态畜牧业——实现转型跨越新发展

从1972年到2017年，历经45年的发展，安多集团已成为甘南州重要的龙头企业，培育了以畜产品加工、清洁能源、水泥建材、信贷金融为主的产业格局，发展成为拥有28家控股、参股企业的集团化公司。截至2017年9月，集团拥有总资产20亿元，资产负债率35%，员工1500人。全资及控股企业有：夏河安多投资有限责任公司、夏河安多小额贷款有限责任公司、甘肃安多清真绿色食品有限公司、临夏安多清真绿色食品有限公司、甘南峡村电站有限责任公司、夏河安顺发电有限责任公司、临夏安多园工贸有限责任公司、临夏畅沁园度假村有限责任公司、兰州信荣水利水电技术咨询服务有限公司、北京安多投资管理有限责任公司、天水蔚民水电开发公司、甘肃安多电子商务有限公司、甘南州电子商务产业孵化园有限公司、甘南安多牧场假日酒店有限公司、临夏安多宾馆有限公司、临夏州安信传媒有限公司等16家。参股企业有：西藏安牧多实业有限公司、吉林省福明商贸有限公司、湖南安多牧场农副产品销售有限公司、安徽和合安多清真食品有限公司、北京馨筷子家宴餐饮有限公司、夏河祁连山安多水泥有限公司、夏河安多建材制品有限公司、甘南峻海水泥销售有限公司、临夏亚军建材销售有限公司、甘南多罗影视文化艺术发展公司、合作安多羚茂大厦有限公司（筹）、中国唐卡艺术中心有限公司（筹）等12家。集团先后荣获“全国五一劳动奖”“甘肃省五一劳动奖”“甘肃省纳税先进单位”“全省资源综合利用企业”“甘肃名牌产品”“甘南州重点保护企业”等160多项殊荣，2008年被甘肃省经济委员会认定为全省第一批循环经济试点企业，2009

年被甘肃省工业和信息化委员会评为“全省发展循环经济先进单位”。

甘肃安多清真绿色食品有限公司是安多集团的全资子公司之一，主营产品为安多牦牛系列精分割部位肉、甘加藏羊系列精分割部位肉、休闲系列熟食品。公司先后被国家认定为“国务院扶贫开发重点龙头企业”“全国少数民族特需品定点生产企业”“甘肃省农业产业化龙头企业”，取得了“HACCP认证”“ISO9001质量体系认证”“无公害农产品认证”“国际清真食品Halal认证”“有机食品认证”等，产品荣获2008年北京奥运会推荐食品，2011年第十一届中国（北京）、2013年第十届中国（上海）国际有机食品和绿色食品博览会有机肉类产品有机牦牛、藏羊肉品金奖等。2012年5月，食品公司搬迁扩建项目在王格尔塘镇下滩村动工。2013年7月8日，中共中央政治局常委、全国政协主席俞正声同志在夏河安多循环经济区畜牧产业园建设工地视察指导工作时，对项目建设给予了充分肯定，要求地方党委、政府加大扶持力度，早日建设完成园区，发挥好龙头带动作用。2016年，食品公司年屠宰加工牦牛、藏羊肉1万吨生产线建成正式投产，成为国内藏区最大的定点屠宰企业，承担着安多藏区重要的肉品供给和保障任务，正在努力打造成为中国青藏高原有机生态肉品加工供应基地。

世界牦牛看中国，中国牦牛看安多。牦牛是牛属动物中能适应高寒气候条件而延续至今的特有种类，主要分布于以中国青藏高原为中心的海拔2500～6000米的高寒地区，少量分布于蒙古国、俄罗斯以及喜马拉雅山周边国家。据不完全统计，目前全世界约有牦牛1500万头。在全世界牦牛分布中，中国牦牛数量和种群最多，约有牦牛1425万头，占全球牦牛总数的95%以上；蒙古国、俄罗斯等其他国家约有牦牛75万头，占比约为5%。中国牦牛主要分布在青海、四川、西藏、甘肃、新疆、云南等省份，覆盖卫藏、康巴、安多三大藏区。安多藏区牦牛共计约1033万头，占全国牦牛总量的73%，约占全球总量的69%，是中国牦牛和世界牦牛的主产区。

安多藏区包括青海（不含玉树州）、甘肃甘南及河西地区、四川阿坝及周边地区、西藏安多地区等地，面积约60万平方公里，甘、青、川、藏安多牧场是牦牛、藏羊的栖息地。位于青藏高原东北部的甘南藏族自治州夏河县拉卜楞，自古以来是安多藏区的宗教、文化中心。甘南草原水草丰美，是安多牧场核心产区之一，这里有4000多万亩天然牧场，被誉为“亚洲最美草原”和“黄金牧场”，是全国五大牧区之一，是世界牦牛的核心产区之一。

安多集团在全国同行中率先制定《牦牛肉屠宰分割标准》《藏羊肉屠宰分割标准》《风干牦牛肉标准》《卤制牦牛肉标准》《手撕牦牛肉标准》《牦牛肉粒标准》6项标准，通过省级专家评审和省级备案，牵头制定了《甘加藏羊标准》《安多牦牛标准》等地方标准，填补了全国牦牛标准、藏羊标准的空白。其中，“牦牛霖肉加工制作技术”获得国家发明专利（第1646929号）。公司产品注册商标“安多牧场”，包括牦牛系列精分割部位肉、藏羊系列精分割部位肉、休闲系列熟食品等，在省内外具有较高的知名度和美誉度。产品质量优良，经过各级政府部门层层检验，成为包括中南海、人民大会堂、全国人大办公厅、甘肃省政府驻京办事处、西藏自治区政府储备肉等官方指定供货。产品主要销往甘肃、陕西、宁夏、北京、天津、河北、山东、辽宁、内蒙古、上海、广东、浙江、江苏、四川、重庆、湖南、云南、贵州、广西、西藏等省市区，并已在北京、天津、沈阳、深圳、重庆、山东、银川、苏州、连云港、长沙、巴彦淖尔、海南、郑州、新乡、拉萨等地设立了近20个销售分公司，设立了品牌形象店和冷链物流配送中心，抢占国内高端肉品市场，努力打造企业成为“中国青藏高原有机生态肉品加工供应基地”。

安多集团始终坚持以畜牧产业、清洁能源、新型建材为主线，以畜产品开发为重点，以金融、科技、电力、建材、旅游、文化为支撑，抓好产业基地建设，培育国家级产业化龙头企业，以市场为导向，依托科技创新，实施“两园一带一心”规划，努力成为中国青藏高原清真有机生态肉品加工供应基地，延伸循环经济产业链，走多种经营具有安多特色的高起点、高标准、高质量、高效益、稳步推进的集团化上市公司道路。

展望未来，安多集团将“立足藏区，面向全国，走向世界”，重点将畜牧板块从体制、治理机构、财务管理、营销业绩等方面打造成具有上市资格、符合上市条件的股份制公司，实现早日在证券市场上市；力争在 3 至 5 年内，集团总资产达到 36 亿元，目标为 60 亿元；年营业收入达到 50 亿元，目标为 100 亿元；利税水平达到 6 亿元，出口创汇达到 3000 万美元以上。

2017 年 10 月

甘南合作生态产业园区建设回忆

包和平[①]

2009年至2015年，我在兼任甘南合作循环经济产业园区（后改称甘南合作生态产业园区）管委会主任期间，全程参与和见证了园区的筹备规划、项目争取、选址规划、开工建设、园区管理等各项工作，为园区建设尽心尽力，成为我人生中最难忘的一段经历。

筹备规划

建设产业园区的目的是为了促进合作地区优势特色产业发展，培育新的经济增长点，调整农牧村产业结构，增加农牧民收入，加快地方经济又好又快发展，搬迁城区内的生产企业出城入园，延长企业产业链，以核心企业和园区为载体改造提升传统优势产业，优化特色资源开发利用。

合作市循环经济产业园区于2009年开始进行园区各项前期工作。2010年4月，合作市委、市政府批准成立园区管委会，并将管委会设为科级建制。2011年底，园区选址征地工作任务完成，园区选址于合作市东北部5.8公里处的门浪滩。2010年8月

① 包和平，政协合作市委员会副主席，2015年前兼任甘南合作循环经济产业园区管委会主任。

和2011年6月，合作市经信局委托甘肃省城乡规划设计研究院分别编制了《合作市循环经济产业园区总体规划（2010—2020年）》和《合作市循环经济产业园区控制性详细规划》。2011年8月9日，合作市循环经济产业园区被甘肃省工信委列为省级循环经济试点园区；2012年4月9日，被甘肃省工信委列为全省循环经济示范工业园区，当年11月30日，被评为全省10个典型循环经济案例，在全省进行推广。2013年11月，甘肃省开发建设发展领导小组对《甘南合作生态产业园区发展规划2013—2020年》进行批复。2014年6月9日，甘肃省机构编制委员会下发《关于甘南州中小企业服务中心等机构问题的通知》（甘机编办通字〔2014〕22号），将园区管委会升格为副县级事业单位。按照园区管委会职责和工作需要，内设党政综合办公室、经济贸易发展与招商科（局）、规划与建设科（局）、财税与审计科（局）、环保与安全生产科（局）、社会事务管理服务科（局）6个科（局）室，设立了党工委。园区核定事业编制8个。2015年10月，委托中国科学院兰州畜牧研究院编制《中国农业科技示范园区实施方案》。2016年1月，园区被科技部认定为第七批国家农业科技园区，合作市成为甘南州第一个拥有省级和国家级农业科技园区的县市。甘南合作循环经济产业园区的建设，对于合作市乃至甘南州加快发展循环经济、提升特色产业发展、壮大中小企业、推进城乡一体化进程具有十分重要的意义，也必将对促进甘南州产业转型、承接产业转移发挥有力的引领作用、龙头作用和推动作用。

设计规模

根据《合作市循环经济产业园区控制性详细规划》，合作市循环经济产业园区建设范围为：北至通往和政县的公路，南至龙卜咱村北缘，西至门浪村北缘，东至山脊线，面积262.3公顷。结构为“一极带两区、三轴串环”。“一极”即园区科技孵化极。“两区”即北区和南区，北区位于合作市至冶力关景区道路以北，包括科技孵化极和民族特色加工、畜产品加工两个发展单元；南区位于合作市至冶力关景区道路以南，包括中藏药研发加工、农林产品加工、绿色物流三个发展单元。规划期限为2010—2020年，其中近期为2010—2015年。

园区规划建设目标是成为甘南州经济发展示范园区和合作市的产业集聚地，以农畜牧产品、中藏药加工为主，兼顾发展旅游业，成为与山水相融的生态型产业园区。预计至2020年，园区可实现工业总产值20亿元，利润4.7亿元，税金5000万元左右，可解决5000余人就业，年减排二氧化碳1.8万吨、二氧化硫6380吨，年节能3万余吨标准煤，日处理污水0.8万～1.2万吨。

园区建设立足合作市区位优势和一系列资源、文化优势，坚持产业集群发展方向，以优势产业、龙头企业和特色产品为重点，走节能、绿色环保、循环再利用之路，充分发挥其生产功能、动力功能、展示功能、接待功能、物流集散、产品研发、后勤服务和景观营造八大功能，主要依托当地农林畜牧、中藏药、民族特色等丰富的物产资源。最终目标是将园区建设为五大产业区和一个综合服务区。

五大产业区为：

畜产品加工产业区。通过推进畜牧业科技进步和创新，提升畜牧业物质装备水平，健全完善畜牧体系，大力培育新型农牧民，实现将甘南打造成我国西北重要的高原有机畜产品生产加工基地的目标。

农林产品生产加工产业区。充分发挥青稞、油菜籽、马铃薯、圆根、沙棘等特色农林产品资源优势，培育一批产业链长、市场份额大、带动作用强的龙头企业和农业生态示范园。大力发展农产品精深加工，形成与农业优势产业带相适应的加工布局循环产业链。

藏中药研发加工产业区。利用丰富的藏中药材资源和藏医药研究开发优势，加快藏中药的研究开发和精深加工，打造知名品牌，把藏中药加工业培育成名副其实的特色产业。以百草生物科技、甘南佛阁藏药有限公司、甘南州藏医研究所、众友甘南藏药有限公司为依托，实施名牌战略，增加产品品种，形成规模优势。

民族特色用品加工产业区。重点开发民族服饰、民族日杂用品、手工艺品、工艺美术品、文体用品等特色优势产品，打造甘南特色加工业品牌。

绿色物流产业区。依托合作便捷的公路、铁路、航空以及区域优势，按照现代绿色物流业发展的要求打造甘南地区重要的物流基地，改变以往单向物流的发展模式，建立正向物流和逆向物流共同发展的物流体系。

建设进度

甘南州、合作市两级党委、政府把产业园区建设作为推进地区工业化和招商引资的“头号工程”来抓，按照“高起点规划、高强度投入、高标准建设、高效能管理”的要求，致力扩园强区，快速拉开“一园六区”建设框架，打造省级高原畜产品加工基地、高原绿色食品生产基地，努力把甘南合作循环经济产业园区建成省级优质循环经济产业园区，使之成为推进甘南地区经济发展新的增长点和高品位的城市新区。合作市严格按照“总体规划、分步实施、整体推进”的原则，全力抓好道路、供水、防洪、污水处理、电力通信、供暖供气、企业厂房、绿化美化等基础设施建设，为企业创造良好的入园条件。同时，全市各单位全力做好入园企业服务工作，简化入园手续，为企业入园创造优质高效的服务，上下一心、通力合作，努力把产业园区建成精品工程、样板工程，使之成为合作市招商引资的重要载体、对外开放的文明窗口。

合作市创新园区基础设施建设模式。园区项目前期可研费用、农牧民土地征用补偿资金及建设所需资金均由市政府垫付或暂欠，在投入大量项目前期经费和园区建设用地征用费用后，合作市财政无法承担园区基础设施建设费用，如何解决园区基础设施建设资金成为园区建设的主要问题。为此，市委、市政府经多方咨询和调研，广开思路深入探索建设方式，与中国太平洋建设集团就园区基础设施建设项目以 BT 模式建设签订了框架协议，利用非政府资金来进行基础非经营性设施建设，将项目的建设权转让给投资方（中国太平洋建设集团），待建设项目竣工验收合格后，按 BT 合同，将项目移交给合作市，市政府按约定总价按比例分期偿还投资方的融资和建设费用，这样既解决了政府资金不足的问题，同时保障了工程的进度和质量。

2012 年 4 月 6 日，举行了园区基础设施奠基仪式，中国太平洋建设集团组织施工队伍进入全面施工建设阶段。截至 2015 年底，完成的主要基础设施工程有：

一是完成了园区经中路、纬二路、纬四路、纬七路路基工程及桥梁工程，铺设了沥青路面层和人行道铺砖，各条道路及桥梁合同价总投资 11979.5 万元，实际总投资 11197.5 万元（因园区前期征地与规划用地范围不符，导致部分路段无法修到端头，合计核减工程量 782 万元）。

二是雨水、给水、污水、中水回用及通信管网敷设工程施工全部完成。同时，水源工程已于 2014 年 8 月底开工建设，项目总投资 2042 万元，已完成 6 口深水井的钻探、泵房建设以及管网、清水池、加压泵房、消毒间等的主体工程，完成投资约 712 万元。

三是园区电网改造工程由合作市电力公司实施，总投资 350 万元，园区电网改造工程全面完成。

四是园区综合服务楼工程总投资 1247 万元，资金全部来源于平凉市援建。

五是污水处理厂选址后由于排放标准高，环评无法进行，建设困难。根据甘肃省黄河流域大夏河、洮河水系水功能区划，流经合作城区格河及园区门浪河均为Ⅱ类水体，属禁止排放区，致使园区污水无处排放，园区及周边尚无配套的污水、雨水管网及污水处理厂，而城区现有污水处理已达到污水处理最高负荷，无法接纳园区污水的排放，使园区污水处理厂初设及施工图设计无法完成，污水处理厂迟迟无法开工建设。为此，园区管委会多次与州、市相关部门沟通协商，向州市分管领导反映情况，向市政府专题上报了《关于将流经合作城区格河段及产业园区门浪河段调整为三类水体的报告》，请求帮助解决。经过多方努力和省、州、市相关领导的关心和帮助，甘肃省水利厅报请省政府同意，于2013年12月19日下发了《甘肃省水利厅关于甘南州合作城区段水功能区水质类别调整的意见》，原则同意将该段水质由Ⅱ类调整为Ⅲ类。随后，园区加快了污水处理及再生利用工程项目建设各项工作进度，完成了甘南合作生态产业园区污水处理及再生利用工程可研、初设施工图设计等并通过审查，于2015年1月完成招投标工作。同年4月，甘南合作生态产业园区污水处理及再生利用工程正式开工建设，年底完成了主体建设工程。

六是天然气入园工作是实现入园企业生态环保生产的主要能源途径。2011年，天然气入合作市，昆仑燃气公司同意将天然气管网在加拉村末站预留到园区的管网接口。2015年底，昆仑燃气公司以园区入住企业未形成规模、用气少为由，放弃对园区天然气管网及通气的建设，鉴于此，市委、市政府高度重视，园区管委会请省工信委、州经信委协调帮助解决产业园区通气问题。经多次协商，采用招商引资的办法，引进兰州红古鑫源天然气有限责任公司入园建设产业园区天然气管网，负责园区燃气运营工作。该项目总投资8000多万元，计划两年建成投入使用。

工程施工中，园区管委会坚持“安全第一、预防为主”的工作方针，努力做好安全生产工作。针对园区基础设施建设及入园企业建设安全工作，管委会深入开展了安全生产宣教活动，与各施工单位签订了安全生产目标责任书，要求施工方制定安全生产管理制度，规范施工行为，切实提高了建设方的安全意识，形成了“政府统一领导，部门依法监管，企业全面负责，群众参与监督，社会广泛支持”的综合监督管理体系。

招商引资

为了积极谋划园区招商引资工作，优化投资环境，鼓励和吸引更多企业到园区投资兴业，根据国家、省有关法律法规及甘南州相关文件规定，合作市政府于 2012 年 6 月出台了《甘南合作循环经济产业园区招商引资优惠政策（试行）》，其中对税收、土地出让、各类税费、金融服务项目申拨扶持等方面都作了明确的规定。为加强园区开发、建设和管理工作，同年 7 月，市政府又颁布了《甘南合作循环经济产业园区投资企业项目准入及退出办法》。在项目准入条件、项目退出机制方面有 16 个条款，对园区入园企业在绿色环保、生态建设等方面提出了明确要求，为打造甘南州高原特色生态循环经济产业示范区奠定了基础。管委会还编制完善了甘南合作循环经济产业园区招商引资投资指南和园区招商引资项目册。参加了第二十一届兰洽会和开发区产业对接会暨项目签约仪式，成功与甘肃高原之宝牦牛乳业有限公司、甘南吉祥香巴拉旅游产品有限责任公司、甘南鑫源天然气有限责任公司、甘南多吉工贸有限责任公司、甘南兴羚商贸综合服务有限公司、甘南雪域康诺商贸有限责任公司、甘南金香滴食用油加工销售公司、合作市贡曲杰奶牛养殖有限公司签约，引进项目投资约 71356 万元。

园区管委会始终遵循积极协调、优质服务的原则，以全方位跟踪服务的方式，尽最大努力为入园企业创造良好的投资、建设环境。2015年底，已有24家企业登记入园，其中10家企业已入场建设，完成投资32076.9万元；另有4家企业申请入园，已上报市规委会等待批复。这些企业中，百草生物科技公司已完成主体厂房、办公楼、员工宿舍楼及附属设施建设并进入试生产阶段；燎原乳业已完成办公楼及主厂房等建设工作，进入试生产阶段；海川建筑、绿丰源已完成场地平整和围墙建设工作；祥玉汽车检测、金水鑫已完成场地平整；华羚集团正在进行办公楼、员工宿舍楼、厂房主体的建设。其余14家企业的土地等手续办理齐全后，也将全面开工建设。

为解决园区建设及企业资金短缺、融资难、融资渠道少的问题，园区管委会与中国建设银行甘南分行签订战略合作协议，同时建行甘南分行与各入园相关企业签订了意向性协议。建行甘南分行为园区基础设施建设、承办园区基础设施建设的入园企业、城乡统筹发展、特色生态畜牧业、高原特色种植业、民族特色加工业、中藏药材研发加工业、州庆重点项目建设、文化产业、第二产业、服务业、社会事业等各方面提供全面金融支持。

前景设想

甘南合作生态产业园区（合作市循环经济产业园区于2014年更名为甘南合作生态产业园区）建设工作，在甘肃省和甘南州党委、政府的大力支持和合作市上下齐心努力下，基础设施建设进展顺利，投资发展环境得到很大改善，总体进展良好，取得了阶段性实效。但是在肯定成绩的同时，也有诸多问题不同程度地存在，制约着园区的迅速发展，因此必须找准工作中存在的差距和困难，进一步增强产业园区建设的责任感和紧迫感。要科学定位，严格把关，把城园一体化建设放在辐射带动全州经济发展的高度来筹划；要围绕中心主导产业，依规依法开展产业配套、产城配套、城园一体基础设施配套服务建设；要立足藏区，大胆创新，用特惠、优惠政策带动藏区特色生态产业发展；要结合实际，有针对性地制定招商政策，最大限度吸引投资企业入园，制定好各项优惠政策，扶持企业落地发展；要做好以城带园、以园促城工作。

甘南合作生态产业园区与合作市区毗邻，是连接合作至冶力关景区的重要交通节点，区位优势明显，要在园区修建中融入景观景点理念，打造集观赏、体验、产业为一体的产业园区，以合作市大景观带动园区建设，以园区建设促进合作市经济、旅游发展。做好以强带园、以园促优工作，要引进实力强、底子厚的企业入驻，以此带动园区快速发展，带动园区规模扩大，聚集优势产业，做好扶强、扶大入园工作，发挥带动、示范作用。做好以惠润园、以园促活，梳理各项国家、省、州政策，制定各项优惠、特惠政策帮助入驻企业促进发展。做好以新推园、以园促转工作，用新举措积极应对经济新常态，引进生命力强、科技含量高的企业，树立“你无我有，你有我优”的理念，做好转方式、稳增长、调结构、促发展，增强园区生命力，带动农牧民增收。做好以快推园、以园促型工作，加快园区建设步伐，着力加大基础设施建设力度，做到基础设施建设既要高标准，又要赶进度，保质保量解决好配套功能不完善的问题，破解土地和政策难题，解决好制约发展的瓶颈问题，做大做强园区建设，形成品牌优势。做好以外扶园、以园促投工作，注重借助外力，引进民间资本等社会资本，促进园区发展，以园区建设促进甘南经济发展。做好以产强园、以园促变工作，做好园区产业发展工作，以产业为支撑，积极发挥园区规模大、带动能力强、辐射面广的优势，带动合作经济快速增长。做好以诚养园、以园促新工作。

甘南合作生态产业园区虽已开始运行，但后期管理服务必须同时跟进，管委会要强化管理、提升服务，大力加强园区服务工作，在企业入园工作中，开通绿色通道，在各项环节中提供优质服务，制定相应的特惠政策，为工业园及周边群众的长久发展提供政策支持，州、市联手解决好园区和群众民生保障工作。最为重要的是要开阔视野，超前谋划，努力把园区建设成为合作市发展的增长极，向周边延伸，以合作市大景区建设辐射带动全州经济发展。

2017 年 12 月

甘肃雪顿牦牛乳业股份有限公司筹建始末

安多才老

我是甘南州夏河县人，牧业是我们甘南藏区的优势资源，特别是牦牛资源非常丰富，作为本地人，我非常了解这一资源的实际情况，因此萌生了回家乡搞建设、建工厂、做乳业，以此带动夏河经济的发展、尽自己努力回报家乡的想法。

牦牛乳产业是一项利国利民的产业。2011 年 11 月，在甘南州第十一次党代会召开之际，甘肃雪顿牦牛乳业股份有限公司分别与甘南州人民政府签订了《建设甘南雪顿生态产业园战略合作框架协议书》，与夏河县人民政府签订了《甘肃雪顿牦牛奶的生产基地建设项目合作协议》，正式确立日处理 400 吨牦牛奶的建设项目。项目于 2012 年 10 月经甘肃省发改委核准后正式开工建设。

在前期完成可行性调研之后，雪顿牦牛乳系列产品生产线项目于 2012 年 10 月在甘南州夏河县拉卜楞镇麻莲滩村开工建设。经公开招标，雪顿牦牛乳生产线建设项目基础建设设计单位为国内知名的呼和浩特建设设计勘察研究院，施工单位是甘肃第三建设集团、甘肃第一建设集团、扬州兄弟环境保护设备工程有限公司等单位。同时，公司引进了世界 500 强之一的著名乳品设备制造商——瑞典利乐公司的一整套先进生产设备，为公司的建设发展奠定了坚实的基础。

项目在建设过程中出现了很多预想不到的困难。首先，由于甘南州属于青藏高原，海拔高、气温低，气候条件对于工程土建工期的影响非常巨大，建设周期比预计时间要长，本预计 3 年内建设完成并投产，后因建设周期长，一再推迟正式生产时间。其次，由于藏区基础设施条件较差、物资匮乏，各种建筑材料甚至专业设备上的一个螺丝，都需要从外地运来。再次，就是费用成本剧增，因为建设周期长、物资运输量大、前期人力成本也不断增加，这就造成投资额一再加大，严重超出原计划投资额。

牦牛奶的加工生产，之前在国内和国际上都没有好的先例，从加工设备到加工工艺流程，我们经过了不断探索和摸索，秉持雪顿人精益求精的工匠品质和遇到困难不服输、不低头的精神，经过长达 5 年之久的建设，一座现代化的牦牛乳生产基地屹立在青藏高原上，在甘南州夏河县拔地而起，这可以说是绝无仅有的。

雪顿牦牛乳基地的建设倾注了我全部的时间和精力，为此我多次放弃在经济发达地区的高利润项目。从基础设施建设到工艺流程，从设备安装到后期调试，每一个环节我都全程参与，甚至亲力亲为。目前建设已经基本结束，正在与运营团队交接。

当我们在奶站试行点收牦牛奶时，看到当地牧民发自内心的那种热情，以及他们脸上洋溢着的真挚笑容，顿觉我们的付出非常值得。

目前公司尚未正式生产，所以还谈不上收获，但是通过雪顿项目的建设，推动了精准扶贫、民族团结、社会和谐稳定，带领藏区人民脱贫致富……每当想到这些，我就感到收获满满。

五张捐款收据背后的故事

何子彪[①]

历史创造了文物，文物反映了历史。今天我要讲的故事和文物有关，和我家在60多年前保存的五张收据有关，和抗美援朝、保家卫国有关。

我的家位于甘肃省卓尼县阿子滩乡下板藏村。几年前，家里老房子翻新时发现一个不起眼的小匣子，匣里有一本《古文观止》，书里夹着五张收据。收据虽已泛黄，但保存完好，只有轻微的折痕。其中三张是手写油印表格，另外两张则是打印出来的宋体字表格。表格抬头都是“中国人民银行代收武器捐款收据”，落款是“中国人民银行临潭支行”。表格中填写了捐款人何迎福、何步周的姓名，另起一行还详细列出了捐款的用途，有购买战斗机、轰炸机、坦克车、大炮等选项。按收据显示，我的祖辈、父辈所捐款项用来购买战斗机。看着祖辈、父辈的名字出现在这样的捐款收据上，而且金额不小，我们实在想探明究竟，于是向母亲询问，这一问，打开了一段尘封已久的回忆。

20世纪50年代，我们家和所有甘南农牧民一样，以农牧业为生。1952年，正值抗美援朝关键时期，为积极响应中国人民抗美援朝总会发出的《关于推行爱国公约、捐献飞机大炮和优待军属

① 何子彪，临潭县人大常委会主任。

的号召》，全家节衣缩食、省吃俭用，通过变卖粮食、大牲畜及农副产品，极力筹资。祖父和父亲先后五次通过中国人民银行临潭支行向北京的抗美援朝总会累计捐款2731万元（当时币值），其中祖父何迎福分别于1952年1月8日、1月20日、4月1日，三次捐款1331万元；父亲何步周分别于1952年1月8日、1月20日，两次捐款1400万元，而这五张收据正是捐款的纸质证明。我想象着我的祖父和父亲当时是怎样不顾一切地变卖家产，又是怎样怀揣着激动的心情跋涉去十几公里外的临潭人行捐款，他们如此平凡的人却有如此不平凡的大举，一股自豪和敬佩的情感油然而生。由于当时我们兄弟姊妹都还未出生，自然不清楚发生的一切，且父辈们从未提起曾经捐款的事情。父亲是一个非常认真细致的人，他把五张收据妥善保存，才会如此完好无损地再现于我们眼前。母亲说要不是意外发现，恐怕她都快忘记还有这样一段往事了。

为进一步印证此事，我将收据带到了甘南州博物馆，希望得到专家的鉴定，但当这五张“中国人民银行代收武器捐款收据”出现在甘南州博物馆的工作人员面前时，他们也犯了难，因为是第一次见到，研究了几天也不知道这几张收据究竟是真是假，若是真的文物，又该定性为什么类别？恰逢当时“甘肃省第三次全国文物普查验收观摩大会”在兰州举行，甘南州博物馆副教授王军将五张收据的扫描件带到兰州，通过大会鉴定后，甘肃省文物考察研究所副所长王辉表示：“这应该属于近现代革命文物，具有文物价值。”

五张收据虽只是轻薄的纸张，却承载了千斤重量，它是父辈们的心血和贡献，也是当时千千万万中国普通劳动人民心系祖国、热爱和平的缩影，是那段难忘历史的见证者，也是中国人民万众一心、不屈不挠精神的见证者，我想那特殊的年代里肯定有无数像我的祖辈、父辈们一样为抗美援朝、保家卫国尽绵薄之力的家庭，他们在艰苦岁月里的浓浓爱国热情深深打动着子孙后代，值得后代珍藏传承。

2017年8月

我的法官之路

才让旺杰[①]

岁月匆匆，我已经在夏河县人民法院工作十几年了，也可算是一个老法官。回首往事，从一个不懂世事的愣头小伙子到一名还算称职的人民法官，走过不少曲折的道路，幸好，我走过来了，虽然跌跌撞撞、磕磕绊绊。

我毕业后被分到法院工作，因为在大学里主修藏汉翻译，当时大部分翻译工作落到了我的头上。因为以前对法律接触得不多，刚开始工作真是一头雾水，很多拗口的法律专业名词我听也没听过，理解、翻译更是无从谈起。法院的一位老前辈告诉我，年轻人，不要害怕，你害怕，就会失去了解的机会，不了解，便会更害怕。这句话至今都是我前行的灯塔。当同胞们一次次地因为不懂法律、不会运用法律武器保护自己，甚至由于漠视法律而违法犯法的时候，我被刺痛了。我在不断充实自己的同时，学习藏族群众在生活中的习惯用语，思考怎么说才能与他们形成共鸣。慢慢地，随着时间的推移，越来越多的藏族群众能够听懂、理解并接受我说的话了。通过我的努力，我所接触到的藏族群众慢慢树立起了法律意识。当我能够代表法律，庄严地宣告公平、公正、正义时，过程的艰苦已经全然忘记。

① 才让旺杰，夏河县人民法院民事审判二庭庭长。

法律的力量在于公正，法官的作用也在于公正。从当法官的那一天起，我始终把公正审判、化解矛盾、构建和谐家庭作为自己追求的目标。在审理案件时，不仅要以社会主义法治理念和法律知识为双方当事人主持公道，还要强化公正审判、一心为民的意识，把人民群众的满意作为工作目标，做到在思想上爱民、方法上便民、行动上护民，最大限度地维护当事人的合法权利。

办案过程中，我始终以调解为先导，以化解矛盾为目标，对法律有疑问的当事人，我会耐心解释，直到当事人明白是怎么回事。我充分发挥自己是藏族法官的优势，对不懂汉语的藏族当事人用藏语反复认真地解释和举例，直到当事人理解和满意。以诚心感动人，以耐心引导人，以真心启发人，以公心教育人，把调解贯穿于审判工作的始终，从而达到定纷止争、案结事了。每次结案之后，当事人都感激地说："谢谢法官了！"这句最平实、最普通的话，也是我的最大欣慰和坚守基层、坚守法官岗位十几年的最大动力。2008年，我与夏河县麻当乡桥沟村村民YB"结缘"。YB因为闹离婚，涉及财产分割，族里难以解决，告到法院，当我与YB交流时，他说："有时候，觉得族长难免偏袒势力强的一方，但藏族人喜欢用自己的方法解决问题，在我们看来'打官司'是件麻烦事，不想通过法律来解决。"最后，通过一次次地耐心劝解，挽救了YB的家庭。YB说："羊的肥瘦剥了皮才知道，正是这次离婚的经历让我相信了法律的公正。"自从他的离婚案件解决后，他与我成为朋友，他经常咨询、学习法律知识，为身边的亲友提供帮助。

其实本地通晓藏汉两种语言的人不少，但法院工作专业性强，门槛高，能进入并留下的并不多。我眷恋这个职业带来的荣誉感，通过法律帮助弱势者，帮助自己的同胞，那种成就感是从事其他工作无法获得的。很多农牧民群众都是没办法了才来找法院，这是他们心里最后一道公正的防线。我感到我的付出是值得的，正因为这份付出，得到了同事们的肯定，2012年我被评为“全国优秀法官”。

自2010年以来，我独立承办和审结各类民事案件90余件，其中80%的案件都是调解结案，办案数量和调解率均在全院名列前茅，所审结的案件均能做到案结事了，无一超审限，无一错案，无一发回重审和上访缠诉。作为一名藏族法官，我在重大事件面前能够旗帜鲜明，立场坚定。

15年来，我为了办案，走遍了夏河全县，大夏河畔、桑科草原、太子山下、拉卜楞之侧，均留下许多回忆。我是一名基层藏族法官，我知道在藏区执法，光懂法律不行，光懂藏语不行，光懂藏汉双语翻译也不行。在藏区基层当法官，一定要有吃苦的准备，一定要有过硬的本领，一定要有服务群众的决心，结合当地实际，尊重民族习惯，秉持公正执法。我希望这样的法官会越来越多。如果彼岸就是正义，我愿意做那桥梁上的一方青砖。

2016年12月5日

我组织的四次重大招商引资活动

鲁 毅[①]

我是 1986 年在甘南州农林局参加工作的，先后在州广电局、州委秘书处、玛曲县委组织部、玛曲县人民政府及玛曲县委担任过不同的职务，2012 年 7 月组织调动至甘南州招商局任党组书记、局长。

进入甘南州招商局后，面对的是全新的工作，首先从工作角色上做了很大的转换，以前在秘书处、县委从事的都是党委工作，宏观管理层面的事务较多，到招商局后要依托全州特色资源优势，有针对性地“走出去”邀请客商，吸引外来资本、民间资本进行投资，全程为客商跟踪协调服务，工作的角色转变了，备感压力增加，同时也深感组织交给的责任重大。

第一次

2013 年 4 月，在州委、州政府的安排下，州招商引资工作领导小组组织州直有关部门、各县（市）委、政府主要负责人组成招商引资考察团，赴外开展招商引资活动，我作为组织者全程参与了活动。由于考察团行程安排紧、开展的活动多，而自己又是第

① 鲁毅，时任甘南州招商局党组书记、局长，现任政协甘南藏族自治州第十五届委员会党组成员、副主席。

一次组织这样的大型赴外招商活动，心理上没有底，怕工作出现纰漏。从考察团出行到成都市开展项目推介活动的第一站，行程中由于人员的临时变动及活动的细微变化，有许多不确定的事情发生。因此，整个活动成为对我组织协调能力和工作水平的考验和锻炼。“招商工作无小事”，赴外招商活动期间的每一个细节都会影响到整个工作的进程。作为组织者，要对整体行程进行安排，对每个环节的时间节点、考察地点选择、企业联系对接、项目推介会会场的落实和布置、参会客商邀请、媒体邀请、材料发放、推介会致辞、项目推介词等诸多方面进行统筹考虑和落实，还要充分考虑每一个环节中可能存在的疏忽，只有经过反复推敲和思考，才能确保每一个城市的招商引资项目推介活动都取得圆满成功。

成都市是考察团的第一站，各县市招商局先期工作人员就考察团住宿、就餐、对接考察的企业、推介会会场布置、参会客商的确定、乘车安排等诸多方面做了精心的准备工作。在成都市沙湾国际会展中心举办的甘南州招商引资项目推介会开得很成功，达到了预期目的，客商反响很好。我自己也耳濡目染，一面虚心学习，一面对每个环节都尽量熟记于心，力求达到领会贯通。

成都市的活动结束后，考察团先后辗转深圳市、温州市、上海市、无锡市、北京市等地。每到一个城市都专门举办甘南州招商引资项目推介会，邀请当地政府和有关部门的领导、商会组织、企业代表参加，共召开项目推介会 6 场次，邀请参会宾客、商会组织和企业家代表共 620 多人。考察团每到一处都主动上门考察有关企业、工业园区和旅游开发项目，先后对 14 个企业、工业园区和开发项目进行了实地考察。这次招商活动先后成功签约招商引资项目 13 项，总投资额 26.56 亿元，其中正式合同项目 2 个，总投资额 3.8 亿元，合作协议 11 个，总投资额 22.76 亿元。通过参加这次招商活动，我增长了见识，拓宽了视野，丰富了阅历，提高了能力。

第二次

2013年6月，我参加了第十九届兰洽会暨民企陇上行活动。该活动有别于赴外招商引资活动。整体分为两大部分，一是要组织好兰洽会甘南展厅的布展工作，二是要做好兰洽会甘南州招商引资项目专场签约活动和招商引资项目推介会。

对我来说，组织参加19届兰洽会又是一个全新的挑战。展厅布展工作是兰洽会工作的“重中之重”，既要突出地域特色、民族特色，彰显地域独特优势，又要突出展览展示效果，达到宣传甘南的目的。为了保证展厅的布展工作不出现失误，我要求业务科室上网大量浏览外地城市比较有特色的展厅设计，充分吸收好的设计理念和布展方法，动员单位全体干部集思广益，共同探讨设计理念。在确定了展厅的设计风格和整体框架后，委托多家业内口碑好的展览公司进行布展方案的设计，并对多种设计方案的报价、用材、效果进行分析对比，最后确定方案并上报兰洽会执委会审核。在布展施工中，专门派出业务科室负责人员对展厅布展图片、工程施工进行了全程跟踪监督和管理，确保布展工程的效果和质量。甘南展厅的整体设计构思以“开放、开发、合作、发展”为主题，重点突出民族文化特色，展示甘南州美丽的自然风光、得天独厚的优势资源和良好的投资环境。在布展的整体效果上，按照统筹协调、突出特色、展示亮点、拓展容量的原则，对展厅的布局布置进行合理规划，用最精炼的文字、最有冲击力的图片、最鲜活的实物，把涵盖最全面、最能体现甘南州优势的最美的东西展示给参会宾客。

会展期间，投放在LED上的大型宣传片、大幅旅游景点灯箱片和名优特新产品格外引人注目，洮砚、唐卡、牛羊肉制品、藏药材、青稞酒、山野珍品等20多类、60多个品种受到了众多客商的青睐；丰富多彩的节目表演，吸引了参会代表驻足观看，为塑造甘南形象、提高甘南对外知名度起到了很好的宣传作用。

兰洽会的另一组成部分——招商引资项目推介会和招商引资项目专场签约活动。结合以往的办会经验，在确定了整体思路后，本着高效、简洁的原则，安排相关科室从参会客商邀请、签约项目汇总、推介会会场布置等三大方面分头开展工作。在兰洽会开幕式当天，召开了甘南州招商引资项目推介会暨招商引资项目专场签约活动，会上签约项目总数达 43 个，总投资达 57.73 亿元，引进资金达 55.23 亿元。

第三次

2013 年 12 月初，根据州委常委会议精神，以州委主要领导担任团长，州委、州政府相关领导为副团长，州直有关部门和各县（市）党政主要负责人为成员，再次组成赴外招商代表团，赴长沙、厦门开展招商引资、项目推介活动。这一次赴外招商活动，时间紧、任务重，州委、州政府明确要求不能和招商所在地政府部门接洽，各县（市）也不派前期工作人员。为了确保州委、州政府组织的赴外招商活动取得圆满成功，我和 3 名前期工作人员在 4 天时间内做好了长沙和厦门两地考察团整体的行程安排，包括乘车、住宿和就餐、考察地点、对接考察的企业、项目推介会的衔接落实、参会客商的邀请等所有前期准备工作。我们的工作人员对这两个城市都比较陌生，于是通过各种渠道分别与长沙、厦门的有关重点企业取得联系，及时对接沟通，并通过与我们有合作意向的重点企业及湖南甘肃企业商会、福建甘肃企业商会取得联系，得到了商会及企业家们的鼎力相助。

在长沙和厦门期间，当地的企业家得知甘南州将举办招商引资项目推介会的消息时，都非常热情，主动提供服务，积极配合我们的工作，使我们深受感动，各项任务按照既定计划有条不紊地开展，圆满完成了州委、州政府交办的工作任务。这次招商活动成功签约招商引资协议项目 8 个，总投资达 51.5 亿元。同时，这次活动吸引了一大批投资客商对甘南的关注。

第四次

我组织参加了 2014 年 7 月举办的第二十届中国兰州投资贸易洽谈会。本届兰洽会分投资贸易洽谈和商品贸易展销两个阶段。在兰洽会开幕前期，我局相关科室负责人从展厅布展、名优特新产品展示、证件申领、拟签约项目汇总、专场签约仪式等几方面进行准备，明确分工，各负其责，安排分管领导全程协调落实。针对签约会场可能出现的各类问题进行反复研究，制定应急工作方案。在会场布置过程中，我身体力行，靠前指挥，全程参与，对会场整体布局、会场宣传背景及会标制作、签约见证席位的安排，甚至会场桌椅、桌签、签约合同文本、签字笔的摆放、音响话筒调试、签到席安排、人员疏通过道、贵宾席布置等进行了全方位周密部署。由于前期工作扎实，签约当天各项工作均顺利进行。这次专场签约仪式上共签约项目 48 个，总投资达 60.65 亿元，引进省外资金 33.37 亿元。此次兰洽会的组织工作，得到州委、州政府主要领导的高度赞扬和肯定。

通过开展这几次大规模赴外招商和大型展览活动，我的眼界开阔了，进一步意识到甘南与外地经济发达地区的差距和不足，感受到前所未有的责任、使命及荣誉。在今后的工作中，我将一如既往，排除万难，主动作为，真抓实干，在推进甘南州经济社会跨越式发展的伟大进程中做出更大的贡献。

2014 年 8 月 20 日

本文选自陈克仁主编:《西部大开发在甘南》，兰州，甘肃文化出版社，2015。

社会巨变

建市前合作镇的状况

杨小琴[①]

合作镇的前身为加科乡。合作镇在建州设镇之前，因该地为一面南北走向的湿地湖泊，而且经常有成群结队的藏羚羊出没，因此当地人称“黑错”。在该地设镇时，集思广议，最终定名为“合作”。合作镇是甘南藏族自治州的首府，是全州政治、经济、文化的中心，原为夏河县辖2镇21乡中的一个镇，海拔2900米，地处国道213线公路和岷夏公路交汇过境处，北出土门关入临夏至兰州275公里，央曲河贯穿合作城区，阿姆尼念青山耸立东北群山之巅，当周山林屹立在镇南呈凤凰展翅南飞状，藏语称“腾志和”。登上腾志和山（南山）顶北望，合作镇中心呈一湖形盆地，素有“金盆养鱼”之誉。因兰州至四川公路过该镇咽喉部位，历史上常属兵家所争之地。

合作镇因其特殊的地理位置，突出的区位优势，以及作为古“丝绸之路”的一个分支——连接南北，自古以来是中原和西蜀、内地与安多藏区联系的重要交通枢纽，历史上是藏汉交流、东进西出、南来北往的商贸集散地。据史料记载，远在春秋战国时期，合作就是西羌首领无戈有爰剑建立羌族政权的北塞重镇。唐中期，西北游牧民族吐谷浑在北距合作80公里的枹罕地区建都立国，并开

① 杨小琴，合作市档案局职工。

辟打通了历史上著名的西连西域、西藏和印度，南接中原和西蜀的“丝绸南路”。清代中期前，该地为纯藏族地区，约在清末时逐渐迁来其他民族。清雍正时属兰州府循化厅管辖区域的南番二十一寨中的黑错寨。清道光二十六年（1846年），黑错四沟的藏族人民在当地反清领袖宏布刚究、索努脱巴的率领下起义，失败后，黑错和美武被划入洮州厅辖区。民国时期被划归夏河，编为夏河设治局第四区辖加科乡。清代以后，合作曾一度被称为“黑错”，系藏语音译，又称“羚城”，意为羚羊出没的地方。

1953年甘南藏族自治区（后改为自治州）成立时，首先选定了四周岗阜罗列、低山环抱、地势平坦宽阔的沉积盆地黑错为州府驻地。但由于湖形盆地当时还为杂草丛生的水草滩，州府驻地暂设于夏河拉卜楞镇。1954年3月，经夏河县政府会议通过，改加科乡人民政府为黑错街人民政府。同年，由甘肃省设计公司对州府驻地“黑错”盆地建设作了初步规划后，于1955年开始在杂草丛生的水草滩上进行州府驻地城区建设。同年6月21日，经夏河县第一届人代会第二次会议通过，改黑错街人民政府为象征民族团结、和睦的合作镇人民委员会。全镇南北长4公里，东西宽1.4公里，总面积7.8平方公里。一年后的1956年5月，自治州首府从拉卜楞镇迁至合作。从此，合作镇走上全面建设的道路。

从1957年起，甘肃省设计公司及中国市政工程西北设计院多次对合作城区做远近期建设规划。1958年设大公社时，把合作镇、那义乡、下卡加乡、上卡加乡、扎油乡、美武乡、美仁乡合并为红旗人民公社。1959年易名德吾鲁人民公社。1961年撤销德吾鲁人民公社，恢复合作镇人民委员会、那义公社。1968年合作镇人民委员会改称合作镇人民公社。1976年与那义公社合并，改称合作镇人民公社革委会。1980年3月18日，撤销合作镇人民公社革委会，恢复那义公社、合作镇人民政府，合作正式建镇。当年全镇设有8个居民委员会28个居民小组1个行政村9个村民小组，共2128户7969人。其中，男4175人，女3794人；汉族2462人，藏族449人，回族4807人，东乡族36人，撒拉族215人；城镇户口1423户5155人，城牧户口617户2431人，牧民户口88户383人。镇辖机关单位有公安分局、税务分局、市场税务所、合作镇小学、合作三中、公证二处、合作法庭、运管所等共8个单位。全镇机关人口包括州级机关、镇辖机关及州、县职工、家属共有6180户15366人。全合作镇人口包括村居委会和机关单位共有8308户23335人，藏族人口只占9.87%。经过多次规划累年施工，到1990年末，合作已形成北起州石油公司加油站，南及州人大职工福利区，东至绍玛村，西抵早子垭口，南北纵长7公里，东西横宽1.6公里的城镇雏形。以路面拓宽至20米、铺设柏油路面的腾志街为主街，以盘旋路口的羚羊雕塑为中心，十余条街巷纵横交错，大片高楼耸立，处处绿树成荫。繁华、整齐、干净的街区，与边缘地带的青青草地、城区周边的层层梯田，以及远近散落的藏族村庄，盛夏时节的绿绿山色，冬春时的皑皑雪峰交相辉映，呈现出景象独特的“羚羊城”风光……

合作，是全州经济建设的基地，又是全州各项事业发展的龙头。合作地区经济发展主要以民族工业为主，基本形成以畜产品为主的工业生产体系。主要工业产品有乳制品、鲜冻牛羊肉、皮革制品、地毯和肉类加工等。改革开放以来，合作地区市场经济发展迅速。截至1988年6月底，合作地区企业已达430多家。其中，州属工业企业20余家（甘南州砖瓦厂、甘南州肉联厂、甘南州制药厂、甘南州乳品厂、甘南州皮革厂、甘南州地毯厂、甘南州被服厂、甘南州水箱厂、甘南州五金厂、甘南州火柴厂、甘南州木香厂、甘南州木器厂、甘南州奶牛厂、甘南州粮油加工厂、甘南州汽车修理厂、甘南州建筑工程公司等）；乡镇企业达411个：镇办的2家（华羚干酪素厂，合乐饮料厂）；联办的3家（合作福利面粉厂、合作汽车出租公司、合作汽车运输公司）；个体办的406家。乡镇企业从业人员达1424人，占全镇总人口的17.87%，企业总产值达2312.1万元，营业收入2289.7万元，实现税金38.65万元，利润83.2万元。

在工业企业中，甘南制药厂生产的具有民族特色的藏药——洁白丸，曾获国家经委新产品金龙奖和全国首届中成药评比健康奖和领杯奖。甘南州乳品厂生产的燎原牌奶粉、沙棘果汁颇受省内外消费者青睐；甘南州皮革厂生产的皮革制品远销东北等地；镇办华羚干酪素厂作为畜牧业龙头企业，在带动周边农牧民生产发展、增加经济收入、提高生活水平方面发挥了重要作用，生产的干酪素远销欧美、日本、东南亚等国家和地区，为国家出口创汇做出了贡献。

合作还是全州最大的物资集散地，由内地调入州内的物资到达此地后，再分流各县；州内所生产的羊毛、皮革、木材、药材等也多由此运往内地。有利的区域条件，促进了合作商业经济的发展。腾志街两侧，国有、个体商户店铺林立；粮油、肉食、蔬菜、干鲜果品、家用电器、日用杂货、工艺美术、民族特需用品等各色各样商品应有尽有，丰富繁多；旅店、饮食、服装加工等服务性行业颇具规模，各行各业的发展呈现出前所未有的繁荣景象。

随着自治州社会经济的飞速发展，州府合作在甘、青、川安多藏区的政治、经济地位日益突出，州委、州政府以战略和发展的眼光，及时向中央和省上提出撤镇设市的请求。1996年5月，经国务院批准，省人民政府正式通知设立合作市。经过一年的筹备，合作市于1998年1月1日正式挂牌运作，下设7乡1镇（合作镇）。

2016年6月

我所亲历的合作市三十年变迁

陈克仁

一、史料中的“合作”

合作，原名“黑错”，现名是新中国成立后甘南藏族自治州确定为首府时的音译，赋予民族团结的意义。“羚羊百兽之灵，自古合作之地，羚羊生息于此，故得羚城之名。”著名藏学专家、甘南州政协副主席赛仓活佛对合作市的这一题解，描绘了历史上合作山清水秀、草木茂盛、羚羊出没的美丽画面。

近年来，为了保留记忆中的合作印象，我翻阅了大量可寻的史料。据史料记载，新中国成立前的“黑错”是一片泥泞的水草滩，十分荒凉。民国二十七年（1938年），王树民在具《甘青闻见记·夏河日记》中这样描述合作：“黑错附近为低浅土山抱成之矩形谷地平原，南北长六七里，东西宽不足二里，山上下皆蒙以牧草。黑错河——藏名由曲——自南来，斜穿西北角之山咀而去。北山曰加务勒日山，意译为八宝山也，寺院即傍其侧坡而建。东山与之斜对，曰登直山，山头独有松林一丛，为佛爷之供养神林。甲科在其西侧脚下，与寺院相距半里许，南北向并列街道二条，而以东西之位别上下，较买吾甲科为稍大，情形则相若。居民共一百三四十户，藏民三十余户，汉、回各五十余户，皆以乱自河州与旧城等地迁来者。居民事务由寺中派定头人四名司之，例为汉、回各二，任期无定。商铺五十余家，比例约为汉三回二。铁匠四家，制造藏刀等。每月有市集三次，期为阴历初八、十五、二十九等日，逢集时数十里以内之藏民均来交易。交易品除粮食、土产物及日用品外，更有特殊货品即武器军火，此项货品不公开陈列，但凭中议定价格后，银货两交而已，今步枪每支价银币三十元左右。甲科中尚有修理枪械者，惜未得一观。”在该文中，对合作当时的教育和宗教情况也有记载：“学校有夏河县立初级小学一所，本为私塾，民二十四年改为正式小学，经费年仅四十元，现有学生三十一人，内有回民五人，又女生二人。学生负担，四年级年纳学费四元，三年级三元，一二年级皆二元，又每生年纳房租钱六角。学校无星期日，而每月逢集时放假三日，可谓能因地制宜者。回民建有清真寺一所，已历二十余年。甲科之南有宣道会新建之福音堂一所，外国传教事业在我国内地竟无孔不入，观者不能不为之触目惊心也。”[①] 历史学家于式玉在其20世纪40年代的作品《黑错、临潭、卓尼一带旅行日记》中记述：“黑错（今合作）乃一大盆地，较拉卜楞宽广数倍，但市面萧条，只在盆地中心有三条小街道。户数不过三四百，商户也只有几家小杂货铺，售卖零用物品。”[②] 大量史料表明，新中国成立前的合作，“在政教合一的封建制度下，这里是活佛、土官的天堂，劳动人民的地狱。广大人民遭受着骇人听闻的压迫和剥削，经常有盗贼出没，人民的生命财产受到威胁，很多人被迫飘落异乡”[③]。

1954年，根据当时中央关于甘南藏族自治区首府“选择地点应适中，有发展前途，便于对藏区进行领导的地方”的指示，中

① 王树民：《甘青闻见录》（甘肃文史资料选辑第28辑），兰州，甘肃人民出版社，1988。

② 于式玉：《黑错、临潭、卓尼一带旅行日记》，载《新西北》第二卷，第三、四期合刊，1942。

③ 王淑兰、苗志礼：《草原新城——合作》，载《甘南日报》，1979年9月19日。

共甘南工委和甘南自治区人民政府结合甘南的具体情况，经反复研究，广泛征求各族各界人士的意见，报请甘肃省人民政府转呈中央人民政府内务部批示后，作出了慎重的选择。1955 年 5 月 2 日，甘南藏族自治区首府建设在合作破土动工。1956 年 7 月 13 日至 19 日，中共甘南工委、甘南藏族自治州人民政府及下属单位由拉卜楞镇迁到合作。从此，在人民政府的领导下，藏、回、汉等各族人民意气风发，团结战斗，用自己勤劳的双手，在一片水草滩上开始了大规模的建设。

现在的合作早已撤镇设市，由昔日的水草滩变成了一个繁荣兴旺的草原新城。城区面积扩大到了 12 平方公里，人口已达 8 万。登上绿豆昂山顶的旅游观景平台俯瞰合作全景，大美羚城尽收眼底；流经城区的蜿蜒曲折的格河已经被新颖别致的景观装扮，两岸是一幢幢拔地而起的高楼，宽阔平直的街道两旁近几年移植的松树和刺柏已渐成风景；绕城公路和临合高速极大地疏解了南来北往川流不息的车辆。每到夜晚，香巴拉广场灯火辉煌，游人如织，草原新城显得宁静而美丽。

二、嬗变中的合作

我是 1987 年 7 月大学毕业后来合作工作的，已经在这片土地上生活了整整 30 年。30 年来，尽管工作单位数次变化，但基本上未离开过这片热土。这期间，只有 2002 年 11 月至 2006 年 10 月的 4 年时间在碌曲县担任县委常委、宣传部长，中间（2003 年 8 月至 12 月）又在浙江省浦江县委挂职县委常委半年。但人在他乡，心和情仍然紧紧地系在这里。

1987 年秋冬时节的合作，还不是现在的样子。那时的合作虽是甘南藏族自治州的首府，但在行政隶属上是夏河县一个镇。“城区在一片草滩上，四周拱卫着平缓的青山，放眼望去，满目翠绿。

中间有一条小河穿城而过，高处俯瞰，宛如飘带。街道整齐，多见砖墙瓦舍，大小机关摆在一条街上。还有行道树，街心花园，羚羊雕塑等。”[①] 南北纵贯的三条街道，分称中路、东路和西路，东西走向的街道从盘旋路（现在桑曲路与当周街道十字）开始依次向南，东边的街道称为东一路、东二路、东三路和东四路，西边的街道则称为西一路、西二路、西三路和西四路，其他的岔路好像并没有什么确切的名称。当时的合作，东西宽不过1公里，南北长也就4～5公里，城区人口只有3万多。北到州乳品厂桥（现在隆宝源医院北边），南至师范桥（现当周桥），西临州委背街（现念钦路），东界州医院（现通钦路）称为市区。到20世纪80年代末90年代初，合作进入数字电话时代，当时有些消费品购置还需票证，个别消费尚有市、郊的区分，像市区家庭电话每月的座机费就比郊区便宜。那时，合作街道的建筑多为平房，大礼堂、州委统办楼、民贸大厦为标志性建筑，沿街稀疏地分布着几幢楼房，多为两层。街道的景观树多为白杨树，高大且茂密，尤以州委、州政府中间的绿地（现香巴拉文化广场）最为兴盛。合作居民的穿着也极其朴素和简单，极少时尚和流行色调。据史料介绍，1993年甘南州四十年大庆时，“合作占地7平方公里，建筑面积93万平方米，5万人，道路21.5公里，其中油路16.5公里，主街道5公里，有7座桥，240盏路灯，电话2000门，绿地20.15公顷，森林覆盖率4%，自来水厂日供水2000吨，吃上自来水的2.5万人”[②]。

合作虽为夏河县辖属，但当时被称为“三不管”镇，即州上管不了，县上管不好，镇上不好管，卫生状况极差，到处是随风飞舞的垃圾，满街是乱跑的猪狗。一到夏季，除满街垃圾随处乱飞之外，随风飘舞的杨花飘飘洒洒，大有“杨花渐欲迷人眼”的意

① 郝洪涛：《甘南纪事》，兰州，甘肃人民出版社，2009。
② 郝洪涛：《甘南纪事》，兰州，甘肃人民出版社，2009。

境，成为合作独具特色的风景。那时街道坑坑洼洼，街道两边的污泥臭气熏天，街道上的路灯也是若有若无，夜间行走安全令人担忧。我刚参加工作的那几年，常听说因饮酒而伤人的事件，我本人也因行夜路差点丢了小命。

合作市是 1998 年 1 月 1 日挂牌成立的，大规模建设始于合作建市后。先是合作西路改扩建，之后是中路拓宽，再之后又修通了合作藏中至江卡拉的绕城快速路。现在，合作至临夏的高速也已经建成通车，在合作南和北设置了两个高速出口。

合作已经今非昔比，城市不仅整洁漂亮，人口也比原来增加了许多。这几年，合作市不断加大城市基础设施建设力度，完成了城区“三纵八横”道路、桥梁、给排水、电网、供热管网、污水处理、格河综合治理、香巴拉主题文化广场等重点市政设施新建、改扩建项目，城市公共服务水平显著提升，城乡面貌发生了翻天覆地的变化。昔日的中路现在更名为当周街，东一路、东二路、东三路、东四路分别被桑曲东路、舟曲东路、碌曲东路、玛曲东路取代，西一路、西二路、西三路、西四路分别被桑曲西路、舟曲西路、碌曲西路、玛曲西路取代，卓尼路、卓玛路、腊子口路、那吾路、知合玛路、尼玛路、多河路均为新辟路，城市交通四通八达。现在合作的道路变宽了，楼房长高了，城市也比以前亮丽多了。

“如今的合作旧貌换新颜，民族特色浓郁，街巷干净整洁。”在上海一所高校任教的刘志回来探亲时感叹着故乡的变化。

这里还要特别提及格河的变化。以前，这里只是一个排洪道，到处是倾倒的垃圾和飘飞的塑料袋。而今，经过几年坚持不懈的治理，已成为景观河道，石砌的护栏、干净的河道、宽敞整齐的人行道与四周的花草树木融为一体，让人感觉焕然一新。

甘南本土诗人彭世华曾在自己的诗歌《甘南，甘南》中这样赞美：

江河上飞架道道彩虹，
草地中突现海市蜃楼，
新居里瞩目五湖四海，
坚实的步伐革故鼎新，
豪放的胸襟海纳百川，
冰雪化去，
春风吹拂十万群山，
鲜花竞放千里草原……

三、新颖别致的香巴拉文化主题广场

20世纪80年代，并没有香巴拉文化广场的称谓。现在“高原魂”雕塑往南，是一座当时的地标性建筑——大礼堂。正对大礼堂的是一条往北延伸的笔直大道；大道两旁各有一块比较大的绿化带，栽植了白杨树及松树之类的植物；绿化带之外，西为州委机关大院，东为州政府机关大院。

大概到1990年，大礼堂被拆除，原地址被开辟为街心花园，供广大市民休闲纳凉。时任甘南州委书记郝洪涛在《甘南纪事》一书中这样赞美当时的情景：“城中心的一片树林，常见放学的学生手提塑料袋在林里捡蘑菇。这些，构成一幅质朴、美丽的图画。”

香巴拉文化广场的建设是合作建市以后的事，前后共进行了两次大规模的修建。

第一次改建始于2001年4月，2003年7月全面竣工投入使用。当时的规划是将街心花园和州委、州政府门前的所有绿地纳入其中，命名为“合作市世纪广场”。由环形道路、音乐喷泉、雕塑小品、绿化、灯箱电照等部分组成的世纪广场，主结构由三部分组成。第一部分，两主轴线交叉部分形成广场核心区域，主题为“团结广场”，取全州各族人民团结一心、众志成城之意。主要为边长 100 米的正方形区域，场地南北两边各设置华灯 10 盏，以仿石材硬质铺砖为主，围绕场地中心布置一半径为 7.8 米的圆形音乐喷泉，形成以音乐喷泉为主景、以硬质景观为主的一大型、开放性公共空间。第二部分，位于“团结广场”北侧，为“高原明珠区”，该区域以在中心位置的《21 世纪高原明珠》雕塑为主景，象征合作市犹如一颗璀璨的明珠，在青藏高原上熠熠生辉。同时通过灌木、草坪、高杆灯、椰树灯、礼花灯的布置，形成以软质景观为主的小型开放性空间。第三部分，位于“团结广场”南侧，为“松柏常青高原魂区”，该区域以《高原魂》雕塑为主景，体现全州人民坚强不屈、粗犷豪放的品质，东西两侧安装 16 套健身娱乐器材，并通过灌木、草坪、高杆灯、椰树灯、礼花灯的布置，形成以软质景观为主的小型半开放性健身娱乐空间。整个广场的三部分，依靠宽 14 米的主轴线贯穿始终、浑然一体。

“合作市世纪广场”南北长 724 米、东西宽 140 米，总面积为 80950 平方米，其中硬化面积 25000 平方米，绿化面积 26450 平方米，环形车道总面积 20500 平方米，外环人行道面积 9000 平方米。工程建设总投资 1300 万元。广场地处州府行政、经济、文化区中心，它的建成使用向世人展现了自治州社会稳定、经济发展和文化繁荣的大好局面。

第二次改建始于 2008 年 5 月 8 日，同年 8 月 12 日全部完工并投入使用，当时命名为“甘南香巴拉广场”。本次改建源于广场启用 5 年来，地面沉降、草坪退化、道路铺砖及地下管网设施已严重破损，同时考虑到合作市即将迎来建市十周年，市委、市政府审时度势，计划对世纪广场进行改造并将其作为市庆工程重点项目之一。本次改建内容包括：进行草坪换植 2.6 万平方米，新铺石材 1.6 万平方米，敷设地下管网、灯光音响系统，改造、更换道牙等，工程概算总投资 1120 万元。资金来源为申请国家专项扶持资金。本次改造的“甘南香巴拉广场”南北长724米，东西宽151米，建设总面积10.93万平方米，其中硬化面积28800平方米，绿化面积14438平方米，其余为环行车道及外环人行道。内设演艺台、背景墙、图腾柱、文化礅、文化墙、廊式花架、各种灯饰等，工程实际总投资为1274.9万元。

“甘南香巴拉广场”由5个部分组成。第一部以羚羊城雕为主，体现了安多藏族的过去和今天；充分表现8个县（市）不同风俗、不同文化的图腾柱；展现甘南民俗风情的6个文化礅；充满现代气息和表现甘南人民与时俱进的21世纪雕塑；体现人文关怀的围树座椅及休闲花台，东西两侧平面草坪和丘陵状草坪，草坪内配置了乔木、花灌木、草坪灯、射灯等；两座廊式花架贯穿东西。第二部分以白海螺音乐喷泉为中心，是广场的灵魂，弯弯曲曲的水道代表着甘南三河一江生生不息地孕育着勤奋的甘南人民，斜坡花坛围绕着白海螺，象征着人与自然合为一体，4个地面风情浮雕，展示了藏文化的内涵，放射状的八瓣莲花地面铺装图案将七县一市的轮廓地图紧紧相连，寓意着全州各族人民血脉相连、安居乐业的繁荣局面；中心四角是L形矮灌木花坛，取东西南北四方奇石为景，表示甘南稳定发展的大好形势；东西设置大型迎宾华灯8盏，其间配置礼花灯、喷泉灯等灯饰，以此来衬托中心区夜间的景色。第三部分以观演为主，以展现甘南州历史文化、经济建设、城市发展内涵的文化墙为背景的圆形舞台，充分满足集会和表演的功能。第四部分以《高原魂》雕塑为主景，体现全州人民坚强不屈、粗犷豪放的品质，两侧的廊式花架贯穿东西，引入健身娱乐器材、鹅卵石小径体现了设计的细致入微，并通过草坪、高杆灯、景观灯的布置，形成小型的健身空间。第五部分为休闲娱乐区域，L形的靠背休闲座椅和象征甘南经济建设欣欣向荣的天圆地方设计，给人提供了足够的空间休闲娱乐。

甘南香巴拉广场，既是合作市迎宾的客厅，也当之无愧地成为合作市的地标性建筑；这里既是市民休闲聚会的最佳场所，也是外地游客来合作后首选的观光场所。清晨，这里是晨练健身者们的乐园；黄昏，此起彼伏的锅庄舞曲和老年操舞曲在广场上空飘荡，久久不绝。

四、渐行渐远的合作森林公园

“合作森林公园”也称为“高原植物园”，1992 年在合作选定地址，并开始建设工作。

1992 年 4 月 13 日，甘南州四大班子领导察看公园地址，并商议春季植树问题。当时现场议定，长期规划占河滩地 460 亩，其中 164 亩栽植云杉 4.5 万株，其余留作设施建设、道路用地。14 日，州直机关召开声势浩大的植树动员大会。据当时的报道统计，至 5 月 12 日，州直有 112 个单位的 4526 人参加了植树活动，共植树 240 亩 2.52 万株。为了加强对森林公园的管护，州上专门确定副州长拜一民主管合作公园建设事宜，并明确了建设目标和措施。当时的森林公园建设目标包括：建杜鹃园、探春园，铺鹅卵石道路，建高山植物园、温带植物驯化试验园。

8 月 15 日，省人大副主任王道义、省林业厅副厅长禹贵民视察公园。禹贵民答应从林业上支持 100 万元。王道义指示：“公园要建成独具风格的旅游点。山上是森林，山下是草原。曲曲河流水，高原植物园。园中能跑马，湖中能行船。草地观藏舞，帐内吃藏餐。”①

1992 年 10 月，合作森林公园设计通过了审查，总体规划占地 3000 多亩，包括当周沟草地以及当周山上的森林。规划按照地势在河滩低洼处开挖一个琵琶形的湖面，将挖出的草皮移植到新建的合作体育场，挖出的土石堆积成一座山丘，山丘之上修亭，起

① 郝洪涛：《甘南纪事》，兰州，甘肃人民出版社，2009。

名为“民族团结亭”。16日开始，动员机关职工参加义务劳动，挖湖、堆山、植草坪，各级领导带头劳动，解放军、武警官兵亦积极参加，一连数日。尽管已降大雪，天气寒冷，可大家仍干得热火朝天。

1993年春天，森林公园建设了玉带桥、民族团结亭、接待小院等，并从高山移植、种植杜鹃，形成“杜鹃园”。时任州委副书记丹正嘉还将自己在州委大园内精心培育的“探春”幼苗全部移植到公园，形成“探春园”。森林公园也保留了一片曾经的白杨树林，那些白杨树皆为大树，景色非常壮美。

1994年，公园建设继续进行。州直机关干部职工连续数日进行义务劳动，我作为甘南人民广播电台的职工也参加了数次劳动，主要是植树和用拉运来的小石子铺人行小路。这年夏天，公园基本建成，游人也比较多。夏日，树荫下、小湖边，纳凉的、打牌的、唱歌的、跳舞的市民到处都是，欢声笑语，不绝于耳；湖面上划船的、推着气垫玩耍的，热闹非凡。我查阅了当年《甘南报》的相关报道：9月8日，省长张吾乐在甘南调研期间曾视察森林公园。他对甘南修建森林公园大加赞赏，认为甘南为市民办了一件好事，有魄力、有远见。同样是新闻线索，国家原主席李先念夫人林佳媚同志也曾游览过森林公园，还为拟建的“儿童乐园”题写了园名。

现在的合作森林公园用途已有所改变，昔日修建的帐篷房早已破败坍塌；动物园、游乐场、植物园荡然无存；玉带桥也光彩不在，伤痕累累；那曾经凝结着州直机关干部心血的松柏树，前几年也移植他处。森林公园即将成为永远的过去，后人恐怕只有通过史料了解它曾经拥有的辉煌了。

五、游人如织的当周草原

合作当周草原生态旅游区，原称当周沟。20世纪80年代我来合作工作时，那里其实就是一条普通得不能再普通的沟壑。当时，除沟底有比较茂密的松树林和次生杂木林外，沟两边的山坡多为牧民放牧的草场。夏秋时节，周日且天气晴好的日子，我们总会相约三五好友，骑上自行车，带些苹果、橘子罐头和瓶装沙棘水，在山脊上消遣一番。这实际就是现在所谓的“浪山”。

甘南草原上的藏族自古就有“浪山”的习俗，随着民族间的不断交往，其他民族的群众也参与了此项活动，久而久之，生活在这片土地上的人们便把“浪山”作为一种约定俗成的交往和休闲活动。“浪山”融入商业气息并拓展为一种产业，那是以后的事了。

1993 年夏季，一个周末，我照例骑上自行车到当周沟深处游玩，被点缀在青山绿水间的几顶白底缀花的鲜艳帐篷所吸引。走近帐篷仔细端详，方知是几位在职职工自发联营办的旅游点，这在当时是非常新鲜、时尚的。记者的职业习惯，促使我在第一时间主动表明自己的身份。当了解了我的身份后，热情的经营者便主动与我搭讪。当时，政策并不像现在这样开放，在职职工搞商业经营属于禁区，一般人员是不愿越这个雷池的。看到我了解这一新生事物的态度比较诚恳，经营者就把自己的设想与我交代了个透彻：其实就是抱着“试试看”的愿望，大家不约而同地合伙开起了旅游点，愿望就是挣点“外快”，缓解一下经济拮据的窘境。

既然是新生事物，记者的敏锐促使我尽快完成了一篇新闻稿件。于是，一篇《夏季消暑哪里去，当周草原旅游点》的新闻稿不日便在甘南人民广播电台甘南新闻节目中播出。效果不错，没过几天，经营者主动找到我，说近日咨询和预约到旅游点的人数陡增，表示感谢。为了扩大影响，他再次邀请我到旅游点做客，还可以顺便邀请一些朋友同来，要求是对旅游点写一篇有一定分量的“大稿子”，在报纸上刊登一下，力争使知名度再攀升一些。我答应了他的盛情邀请。在一个细雨霏霏的日子（原计划的日子，并没有想到要下雨），我们当时的甘南人民广播电台汉语新闻部全体编采人员（当时是 7 名），冒雨骑车挺进当周沟。那一天，虽说天公不作美，但大家玩得非常尽兴。除品尝了手抓肉、藏包、蕨麻米饭等特色菜肴外，大家还纷纷动手参与了包饺子，体会了劳动的喜悦。下午又在一片吆喝声中，集体冒雨搞了一次登山活动。这次集体活动非常有意义，根据自己亲身体验，我完成了一篇游记，题目是《别样情趣细雨中》，在几家报刊刊载。据各方面反馈的信息看，当时对这一新生事物的宣传效果超出了我的预期。

这以后，紧接着是甘南州四十周年大庆，甘南州在当周沟搞了一次声势浩大的帐篷展。之后的几年，当周沟的旅游景点日渐增多，也渐成气候。为了打造旅游品牌，塑造大美羚城的形象，近年来合作市着力加强“当周神山藏文化国际生态旅游体验区”建设，并取得了可喜的成绩。目前，从当周沟口至沟底再至原合作森林公园的环形公路已经彻底打通；环绕当周神山的栈道也已经铺设完毕；合作市游客服务中心竣工。市上投资 1.56 亿元完善了景区基础设施，修建了景区停车场、水冲式环保厕所、给排水管网、照明、环卫设施，购置了景区环保观光车 30 辆，对景区做了科学绿化，种植云杉 16150 株、圆柏 8700 株。

当周草原景区距离合作市区 2.5 公里，核心景区面积 2220 亩，是举办甘南香巴拉旅游艺术节的主会场，也是甘南州民族性群众文体活动、节日庆典聚会的主要场所。每当夏秋之季，这里水草丰美，鸟语花香，蓝天白云，气候宜人，炊烟袅袅，牧笛声声，人欢马叫，牛羊追逐，一幅令人陶醉的草原美景尽现眼前。甘南香巴拉旅游艺术节期间，赛马、摔跤、射箭、锅庄等传统项目活动俱全；烤全羊、烤羊腿、手抓肉、酸奶、糌粑等民族风味食品香气四溢；声势浩大的千人马队、气势恢宏的千人锅庄、绚丽多姿的民族舞蹈、雍容华贵的藏民族服饰展示、古老的藏族手鼓和藏族面具、百人“巴郎”舞、激情的美酒会等让人大开眼界。

这几年，合作市加快了当周神山藏文化国际旅游体验区建设步伐，目前，绕神山体验生态旅游的木头栈道项目一期工程已经完成，从当周生态园大门口至栈道口的二期连接工程正在加紧施工。此项工程长约数公里，绕神山和南山电视发射台形成环线。栈道大多在密林深处穿行，设计新颖、美观，思路超前，体现了尽可能不破坏植被的生态观光的理念。登临栈道，登高望远，羚城合作尽收眼底，那高耸的城市建筑及周围葱绿的山色，使每一位游人顿生赞叹之情。

2016 年 7 月、8 月和中秋节假期，我先后三次徒步穿越神山，不仅随行拍摄了一些风光照片，也着实体验了一下生态旅游给人带来的愉悦。第一次是 7 月下旬，携两个女儿从当周风景区大门口出发，逆时针方向绕行。第二次是 8 月中旬，陪亲朋顺时针方向穿越。第三次是妻子姐妹在森林里捡拾蘑菇，我与连襟沿东段栈道边赏景、边拍照，轻松拾级而上，但鉴于体力所限，只登到神山一侧。前两次绕行均徒步四个多小时，在亲身体验登临栈道的艰辛的同时，也感受了登高望远的喜悦，感觉非常惬意。最后一次虽未能登至山顶，但也在赏景和拍照中释放了平日积攒的劳累和郁闷，达到了赏心悦目和消遣的目的。

六、羚城情结

羚城合作不是很大，如果有晨夕锻炼的习惯，是完全可以从城南步行到城北的，所以说，它尽管称为“市”，但论其规模、人口，或者是经济发展状况，均无法与国内其他城市相比，倘若为其划分等级，它是断然进不了一线、二线甚至三线城市行列的，充其量也就是个等级外城市。

我有早晚散步的习惯，称不上锻炼，仅仅是为了舒缓一下痛风的阵痛，属不得已而为之。无论是出行时间，还是线路，几乎可以说是固定的。每次都是出家门，经德吉巷东口，南转沿滨河路南行至当周桥步入当周路，一直行走到原来的森林公园，有时还会过玉带桥去那片空旷的草地上扭动一下身躯；或在德吉巷东口北转，沿滨河路行至舟曲东路桥头，过桥，沿通钦路继续行走，在那吾路口折西行，到当周路北口转弯南行至香巴拉文化广场。无论是往南还是往北，路程均在5公里之上。别人说，这样的锻炼强度是够“量”的。我说不准一个人一天锻炼多久、强度多大才能称之为够“量”，但这样的散步时间和距离，我觉得于我而言非常合适，晚上睡眠也觉得非常香甜；倘若几日不外出，倒觉得身体内部缺少点什么，骨节和肌肉反倒时时处处显得不自在。

早晚散步，有诸多益处。数年来，我有如下几点感受。首先是舒展了筋骨，活络了血脉，减少了痛风的发作次数，于身体的益处很大。其次是增加了户外活动时间，呼吸到了新鲜空气，减少了长期坐办公室的压抑和沉闷。再次是增加了与练友的交往，获得了意想不到的社会信息，起到了互通有无、拾遗补阙的功效。最后即最为重要的一条是，通过散步随时能感受到羚城的变化，哪怕是极其微小的。可以说，我与羚城同呼吸、共命运。

我在合作生活已30个春秋。想当初，合作的交通工具基本上是靠双脚，自行车对刚参加工作的年轻人而言属于奢侈品。20世纪90年代出现了三轮摩托，是带“小房子”的那种，时称“摩的”。后来又出现了面包车改装的出租车，从合作师专（现甘肃民族师范学院）通到江卡拉。这几年，随着城市建设的日新月异，合作的公交车不仅统一了车型，车体美观时尚，公交线路也由一条变为三条。可以说，现在在合作，出行是很方便的，出行方式的选择也呈现多元化。有朋友调侃说，合作市的出租车是天底下最便宜的，我想，这种说法并不为过，试想一下，哪座城市会有起步价2元的出租车，且包坐到底？

这几年，合作的市容市貌改观不小，楼多了、高了，路宽了、直了，穿着时尚了，最为人称道的是城市干净了。无论是主街道还是偏僻的巷道，都打扫得干干净净。这一成绩，得益于州、市近两年来持续不断的“创卫”活动，与市民素质的提高也不无关系。现在街道上随手乱扔垃圾和随口吐痰的现象几乎已经绝迹；合作刚设市时破坏公物、随地大小便的不良恶习现在也很难看到了。

合作，她已经成为我难以割舍的“情结”。每每离开，尽管时间不是很长，但心中的牵挂之情时时萦绕心际。打心底里说，这里有我赖以追求的“事业”，尽管岗位数次变化，尽管清苦和劳累有加，但难改“为之奋斗终生”的初衷；这里有无数我曾经共事和现在共事的朋友和同事，他们是我一生不舍的人脉，他们的喜怒哀乐时常令我惦记；这里有我熟悉无比的生活环境，草木枯荣，时光荏苒，让我时常忆念；这里有我的妻女和亲人，他们的工作和生活也是我无边的牵挂。总之，N 种理由，使我对合作这片土地“情结”难了。

合作，我们此生有缘，而这缘分，将陪伴我的一生直到永远。

2016 年 9 月于羚城寓中

本文原载《藏族百年实录》(共四卷)，社会科学文献出版社，2018 年 10 月。

我与州庆

段亚平[①]

甘南藏族自治州成立40年庆典活动结束了。在参与这些活动的过程中，不禁勾起了我对四次大的州庆活动的回忆。

1963年，在合作中学上初二的我，是校学生会的文艺委员，被抽调到州庆10周年大会上服务。小小年龄，做不了大事，只干些把门收票、后台联络、餐厅排座之类的服务工作。当时的甘南，文化生活很贫乏，除了电影和州级剧团的演出外，连收音机都很少见到。如此热闹的庆祝活动，以前未曾见过，使我激动不已。省民族歌舞团演出了《革命历史歌曲表演唱》和歌舞小节目，兰州军区战斗文工团演出了歌剧《刘三姐》和歌舞曲艺节目，省杂技团演出了武术、魔术和杂技节目。剧场舞台上演大剧目，场外搭台联演小节目。丰富多彩的节目和高水平的表演，使我大开眼界，激发了对艺术的热爱，做文化工作便成了我的夙愿。1968年参加工作前后，我参加了数次省、州及合作地区的群众业余创作演出和组织工作，考入了业余文化工作者的队伍。

1973年，我在西北师院上学，据说由于种种原因，州上没有搞20年大庆活动。1978年，我到文化部门工作已三年了，州庆25周年应是第二次较大规模的庆祝活动。合作地区冒雨召开了庆

① 段亚平，甘南州文化局原副局长。

祝大会和游行活动。全国人大、国务院、国家民委发了贺电，省委、省政府派了代表团，省杂技团应邀前来助兴。文化部门举办了文艺演出，协办了全州建设成就展览。我撰写的文化事业发展的文章和一首由感而发的诗词发表在《甘南报》上，从这以后，我便在业余时间里创作了一批歌曲、歌词和诗歌，部分发表并获奖，加入了甘肃省音乐家协会，在文艺创作园地里尽享其乐。

1983年，30年州庆来到了。节日气氛特别热烈，群众的情绪极为高涨。节日前，我被派往青海西宁邀请中央民族歌舞团演出一队来我州演出。歌唱家蒋大为因故临时在京，未能来合作献艺，观众遗憾长叹。演出一队的节目是独唱、独奏和双人单人舞，在剧场演出两场又在体育场公演一场后返回西宁。数日后，中央民族歌舞团演出二队由歌唱家德德玛率队，从阿坝来合作，观众摩肩接踵，盛况空前。

一晃又是10年。这10年里，我写了多篇文化事业的介绍研究文章和民间艺术论文，部分在国家级杂志发表，陆续加入了国家级的2个专业学会和省级的3个专业学会。思昔抚今，我在文化部门工作已17年了，虽对文化行政工作日臻熟悉，但惭愧的是在艺术探索上却无大的成果。在改革开放的今天，文化工作的任务更加艰巨。文化园地在改革大潮的洗礼后，也将更加绚丽多彩。也许在10后的50年州庆里，我仍在参与筹办庆祝活动，抑或是改换门庭也难说。心情不静，匆匆收笔，以此表达我对州庆的由衷之言。

1993年9月9日

本文选自甘南报社编印：《芳草地》，2003年8月。

天路，高原经济腾飞的翅膀

——甘南交通发展见闻录

敏学文[①]

一、写在前面的话

我是古洮州（今临潭）普通回民的后代，祖先于数百年前迁徙来古洮州定居。至于迁徙的来源述说不一，相传洮州回族主要是由西迁和南来两支构成。一支是蒙古汗国时期随成吉思汗沿着古丝绸之路由遥远的中亚迁徙内地，最后辗转定居于洮州；另一支是明洪武十二年（1379 年）随征西大将军沐英来洮州的，而敏姓户族就是其中的一支。不管西迁还是南来，迁徙本身既是民族融合发展的过程，也是各民族寻求光明与美好生活的过程。他们在艰难困苦的跋涉中，寻找着安居的家园，并和其他民族和睦相处，携手成为中华民族大家庭的一员，共同守护着西北边疆，推动着中国历史的车轮前进。如今，数百年过去了，我们这个家族不知经历了多少代，但我们这些后人一个个都成为国家建设的一分子，祖国的每一个脚印、每一个变化都深深地烙在心田。家乡的些许变革，都能使我们心潮澎湃，激动不已。

---

① 敏学文，甘南藏族自治州交通运输局纪委书记。

我出生在甘南，现已入知命之年。幼时常听父辈们讲述先辈为了谋生往返于河、洮、岷、夏及青海果洛和四川成都、阿坝、甘孜之间，“出门骑马，徒步跋涉”的艰难往事。过去由于生产力低下，甘南及周边地区交通闭塞，道路穿峡越岭，崎岖不平，轻重物资均由人背畜驮完成，土特产品运不出去，生产、生活用品运不进来。运进的物品价格昂贵，“一只羊换一根针”的事屡见不鲜。花儿中有些句子是专门描写交通难的。“出门要带锅勒（干粮）呢，遮雨要穿毡衫呢。”“赶着驮牛走口外（呢），风餐露宿上路呢。”“脚下江水声如雷，草原沼泽步难行。”“老虎嘴吗一线天，蚰蜒路上难上难。”“锅卡支在崖边上，出门人们实孽障（可怜）；骑马要过黄河呢，踏浪漂游实心慌。”“不恨细雨六月天，谁懂出门人行路难。”“抬头望断云端雁，风雪归途路茫茫。”从侧面反映了交通不便给人民带来的痛苦。成年后，我有幸进入交通运输部门工作，亲眼见证了改革开放尤其是西部大开发以来甘南交通的飞速变化，通往州、县有高等级公路，通往乡、村有农村公路，纵横交织，四通八达。正像群众总结的一样：“出了家门进车门，下了车门进家门。”现在甘南夏河机场已经通航，临合高速公路也将在年内完工。我和各族人民一样惊喜地看着这些变化，我更加坚信，只有在中国共产党领导下，坚持走有中国特色社会主义道路，贫困的少数民族地区交通建设才能取得如此伟大的成就！

二、历代开拓与公路初兴

我曾参与过《甘南藏族自治州公路交通史》和《甘肃交通年鉴》的编写，对甘南交通有所了解。甘南是甘川咽喉，青唐门户，历史上曾是古丝绸之路、唐蕃古道的黄金通道。历史悠久，交通文化底蕴丰厚。早在四五千年前的新石器时代，马家窑文化就已传播到了这里，人类的足迹就开始出现在这片亘古荒原上。同一时期，世代生活在河西的羌族的一支迁徙到了甘青交界地带，形成强大的西羌部落。夏、商、周三代，羌族部落成为中原王朝在西方的重要方国，他们定期向中央王朝朝贡，形成甘南历史上最早的道路——贡道。秦王朝建立后，在羌族地区首置河关、枹罕二县，控扼河湟通道。汉初，大夏河和白龙江成为青海羌人东进的主通道，于是在今夏河县甘加乡（或麻当）设白石县，在今舟曲县设羌道。这是甘南交通历史上设置最早的四个交通重镇，也标志着由青海经甘南夏河县甘加、麻当出土门关至枹罕到临夏达陇西、中原和由青海河南经碌曲、迭部沿白龙江而下，取阴平达川蜀的两大通道的形成。从此，甘南古代交通进入一个新的历史发展时期，围绕这两条主干道形成具有地域特色的草原、峡谷交通网络。三国时期，姜维出羌中，开辟了由积石关经沓中（今舟曲境）达阴平的沓中阴平道，成为由河湟通川蜀的最近的道路，后来成为茶马道的主干线。南北朝时期，是甘南交通发展的又一个重要时期。临潭成为当时甘南的交通中心。唐代，白龙江道和洮河道十分兴盛，于迭部县境置叠州，于临潭置洮州。宋夏之际，设在今临潭的洮州成为“进蕃之门户”，是当时四大茶马司之一。金占领洮州后，于此设榷场，继续茶马互市。元、明、清时期，是甘南古交通渐趋完善的时期，主要干道走向基本固定下来。尤其明初重视茶马之政，在洮州、河州设茶马司，甘南境内及至青海广大藏区的茶叶基本靠这两地输入，同时区域内茶叶销量也很大，促进了支线道路的发展。清康熙年间，随着夏河拉卜楞寺的建立和鼎盛，形成以夏河拉卜楞镇为中心的朝圣道路，每年的几次法会，甘、青、川、藏的信徒赶着牛羊、驮着货物纷纷赶往这里朝拜或参与贸易，使这里渐渐发展成为甘南最大的物资集散中心。到清末民初，外国洋行在这里坐庄收购羊毛，每年由这里输出的羊毛总数在 300 万公斤以上。

甘南地区江河纵横，山岭重叠，历史上峡谷成为唯一的进出通道。古代各族人民利用丰富的木材资源，创造性地发明了栈阁技术和伸臂木梁技术，沟通了与内地的交通。至今在白龙江、洮河沿岸还可见到桥梁、栈阁遗迹。由于栈阁仅容一骑，商旅上栈时均要提前吆喝，不然在中途相遇，就必须推下一家的货物，损失分摊。草原道也不畅通，沮洳相连，通行困难。山道如临潭至迭部翻越的囊黑卡山口海拔 4026 米，通过异常艰难，常有冻死人畜的事发生。甘南人民饱受交通不便之苦。

直到民国后期，甘南公路初兴。1940 年 6 月，甘肃省岷县第一行政督察专员公署、保安司令部，在夏河县黑错（合作）寺院召开保安行政会议，会上百余名藏族代表建议兴建岷县至夏河、夏河至郎木寺的公路。1941 年夏，岷县专署申请省政府同意，1943 年底正式批准修建岷夏公路。岷夏公路起自甘川公路 260 公里处，向西延伸。岷县至临潭旧城 104 公里多属山岭线，旧城至夏河段 150 公里多属草地线。1945 年 12 月 16 日，在岷县举行试车典礼，国民政府、交通部、甘肃省政府、岷县专署和沿线各县均派代表参加。代表分乘 4 辆卡车，从岷县到夏河，全程行走 14 个小时。岷夏公路是甘肃最早通向少数民族地区的公路，它的建成结束了甘南无公路、不通汽车的历史。公路建成后，开放了岷县至旧城的客车，旧城至夏河因路况差，未能继续通车。

1942 年，开工修建了两河口至西固（舟曲）的公路，全长 17 公里，因技术标准低，无法通行车辆。1944 年由国民政府拨款进行了重新整修，勉强通行汽车。至 1949 年 10 月，甘南州境内有公路 271.58 公里，但无一辆客货运汽车。

三、公路的粗通与大规模发展

使甘南交通真正发展的是中华人民共和国成立以后，甘南交通历经四个阶段获得充分发展，尤其是西部大开发以来的十多年，甘南交通发生了翻天覆地的变化，迎来了“人便于行，货畅其流”的局面。

新中国成立初期，党和政府组织藏、回、汉等各族人民和驻军先后新修了兰（州）郎（木寺）公路（甘南境253.6公里）、两（河口）郎（木寺）公路（甘南境178公里）、郎（木寺）玛（曲）公路69公里，整修了岷（县）夏（河）公路，使这几条公路达到粗通。1953年，政务院颁布“民工建勤”政策，沿途各县群众积极响应，加之在夏河、旧城设立养路机构，公路路况得到改善。1956年，甘南州交通处成立，开始大规模修建县乡公路，主要有新（城）冶（力关）、卓（尼）电（尕寺）、岷（县）麻（路）、夏（河）甘（加）公路。前三条公路兼有林区公路的性质，后一条公路是为方便青海信教群众朝圣拉卜楞寺而修。

当时修路凭的是人海战术，在无机械设备的情况下，用铁锹、钢钎硬是在悬崖峭壁上开凿出了一条条公路。据史书记载，修建两郎公路时，有数十人摔下山涧或被落石砸死，献出了宝贵的生命。

当时，甘南没有汽车运输业。1952年后，各类物资始由省汽车运输公司和临夏、武都汽车运输公司承担输送任务。干线公路发展后，省属汽车运输部门在夏河、临潭设立汽车运输站，到1957年又增设了卓尼、舟曲、合作、郎木寺运输站和新城、完尕滩、碌曲代办站，共有站务人员21人，营运路线16条，甘南人民开始坐上了汽车，物资开始靠汽车运输，交通不便的状况稍有改变。但汽车运力仍然不是甘南物资运输的主要力量，大量物资仍由民间运输工具来完成。

“大跃进”期间，全州公路里程增长较快，但路况差。省属运输企业下放后，甘南州有了自己的汽车运输队。1969年，为支援“三线”建设，国家投资修建了岷县至迭部代古寺专用公路，全长73公里，总投资615万元，是新中国成立以来甘南州在公路上投资最大的项目。省交通厅投资307万元对兰郎公路州境段进行了改建；投资370万元，改建了两郎公路，使这两条主干线路达到晴雨通车的要求。1971年开始，甘南州境公路上开始铺筑渣油路面。到1976年底共铺筑油路183.3公里，投资427万元。1976年，临潭县建成合作至冶力关公路，标志着临潭县19个乡镇实现乡乡通公路，以岷合和新冶、店洮、新石公路为主的公路网基本形成。其他各县也掀起了县乡公路建设高潮，迭部县修通了达拉沟公路，长31公里；舟曲县新建了两河口至峡子梁公路，长24公里，这条公路沟通了三角坪、武坪、八楞、池干、插岗五个乡和三个林场、两个煤矿，经济效益显著；舟曲县修建了县城至谢家公路，长43公里，结束了沿途两个乡群众人背肩挑的历史。此外还修建了一批跨乡村连接干线的公路，如阿万仓至群强公路，全长128公里，分属省地管养公路，终点群强乡在玛曲西南端，与四川、青海毗邻。截至1976年底，全州公路通车里程达到2993公里，其中有县乡、林区公路2226公里，有等级公路776公里。全州拥有汽车1131辆，其中交通部门营运汽车242辆，机关企事业单位汽车889辆。民间运输业发生根本性变化，各种机动车和拖拉机投入城镇搬运、农村物资运输，逐步代替了传统民间运输工具。

中共十一届三中全会以后，国家的工作重点转移到经济建设上来，公路交通事业迎来了迅速发展的新契机。为适应改革开放后全州经济发展对公路建设的要求，甘南州交通部门依照交通部提出的“全面规划，加强养护，积极改善，重点发展，科学管理，保证畅通”的方针，进行了大规模的调整、整顿和改革工作，落实了知识分子政策，保证了各项技术业务的正常开展。逐步实行了“单位核算”“责任承包”“班组核算”。工程建设引入竞争机制，实行招投标，加强了工程监管理，加快了投资、融资步伐，形成多渠道集资、斥巨资投资公路建设的局面，公路市场初步形成。工程、技术、财务、安全等各项管理进一步加强。各公路工程单位均进行了资格认定和等级评定，除了完成本州公路工程项目建设外，开始

“走出去”承揽国家重点工程项目，锻炼了队伍，壮大了实力，其中，甘南公路总段工程处成为享誉全省的公路施工企业。

改革开放后的30年，干线公路主要是改善路况和提高公路技术标准，重点放在兰郎公路路基改建和油路铺筑上，至1985年，兰郎公路路基改建工程长102.77公里，投资481万元；铺筑油路117.7公里，投资312万元；兰郎公路州境内油路里程达到231公里，除6.4公里路段因地质复杂、工程艰巨未铺油外，基本实现“路面黑色化”。两郎、岷代等公路的铺油工作也逐年展开。完夏公路技术改造工程于1980年展开，1983年竣工，成为甘南州第一条全线达到三级公路技术标准和次高级路面的公路，促进了拉卜楞旅游观光业的发展。1990—1995年，投资1410万元，对兰郎公路和王夏公路实施了GBM工程，通行能力显著提高。“九五”期间，随着国家经济战略重点向西转移，对甘南藏区公路的投资力度不断增大，公路部门制定了“建好动脉路，接通开放路，开辟经济路，兼顾扶贫路”的发展目标，同时启动了国扶贫困县连接国道项目、通县油路工程和通乡公路工程，改建干线公路13.2公里，新铺油路80公里，重铺油路111公里，舟曲、玛曲县告别了无油路的历史。县乡公路迎来新的建设高潮。从1985年开始，利用国家库存粮、棉、布和中低档工业品实行“以工代赈”修建县乡公路，先后建成尕玛、落青、碌青、夏青、江迭、博铁、江南、贡则、牙常、达红等15条公路，共计376公里，改造了新冶、新柏、博碌、夏阿、岷麻等公路，共计827公里。与此同时，“桥梁永久化”工作迅速展开，建成玛曲黄河桥、齐哈玛黄河吊桥等一大批永久性桥梁，边远山区还修建了一批人行、机动车吊桥。截至2000年底，甘南州共有公路里程3004公里，其中等级公路1325公里，等外公路1679公里；二级公路仅76公里。全州公路基本达到粗通。全州当时108个乡有107个通了公路，7县1市有4个市县通了油路，有82%的村通了汽车，从而促进了公路运输业的发展。运输企业实行简政放权，加强了企业经营管理，运输市场国有、集体、个体一起上，市场竞争开始出现，打破了数十年来国有汽车运输企业独家垄断经营的局面，形成多种经济成分并存的新格局。截至2000年底，全州民用车辆达到9580辆，其中货车3038辆，客车2306辆，特种车26辆，其他机动车4210辆；在车辆总数中，个体汽车达2616辆。全州有机动车驾驶员1.5万人，其中汽车驾驶员1.1万人。

进入新世纪，甘南州交通部门充分运用国家给少数民族地区的优惠政策，争取投资，加快交通建设速度。根据《甘肃2000—2010年藏区公路建设规划》，将州境8条干线公路及对经济有重大影响的支线公路和旅游公路列入建设计划。2002年，随着国家扩大内需的财政政策和西部大开发战略的深入实施，甘南州进一步提出了公路建设“二纵三横”“十六大出口”为主的公路网规划，围绕强化骨架、改造干线、增大密度、完善配套的公路建设方针，结合甘南路网等级低的现状，新改建结合、建养并重，把重点放在提高路网等级和通行能力上。加快通乡公路建设，彻底改变乡村交通条件。对各县汽车站场地、候车室等基础设施进行了改造，一些重要的乡镇修建了汽车站和客运停靠点。水运事业开始起步，完成了对玛曲黄河水运工程的规划和码头的初步建设。尤其是从2003年开始，甘南交通部门不仅解决了主干公路的“瓶颈”问题，而且改善了广大乡村交通不畅的状况，运输效率大大提高，公路交通事业真正走上了又好又快发展的现代化轨道。

2001—2008年，甘南州交通基础设施建设投资总规模达40多亿元。公路新建、改建工程先后完成了王格尔塘至夏河二级收费公路47公里（2003年），卓尼至岷县交界公路52.7公里（2002年），卓尼至西寨公路44公里（2003年），碌曲至则岔三级公路55公里（2003年），桑科至达久滩三级公路56公里（2003年），国道213线合作城过境段8.7公里（2002年），合作至郎木寺和合作至临夏土门关二级收费公路253公里（2004年、2006年），尕海至玛曲公路油路工程54公里（2003年），舟曲至迭部公路153公里（2004年），江果河至迭部公路新建139.8公里（2006年），临洮至临潭县际公路84公里（2005年），岷县巴仁口至迭部代古寺县际公路46公里（2005年），定新公路冶力关至新城公路84公里（2006年），达久滩至赛日龙公路58.806公里（2006年），和政至合作公路45.54公里（2006年）等。8年间大规模发展通乡公路、通乡油路、通村公路工程，成绩卓著，共完成通乡公路、通乡油路工程95项，通村公路工程252项。运输基础设施完成舟曲、玛曲、卓尼、碌曲、临潭汽车站的上等升级改造，实现全州所有县、市拥有等级汽车站，在5个县开工新建了运输信息中心，2007年在全州主要乡镇新建乡镇汽车站47个。水运建设得到重视，投资改建、维修了黄河、洮河渡口和渡船，尤其玛曲黄河渡口的建设，解决了阿万仓、木西河乡牧民群众过河难的问题。

从2009年开始，甘南交通建设又迎来了新一轮的快速发展。州县交通部门加大项目争取、实施力度，强化项目协调服务，严格管理，规范运作。2009—2014年，全州共下达各类公路建设项目937项，里程5848公里，处治公路隐患693公里，新建桥梁2662延米，国家投资（含车购税与补助金）共168038万元。其中，建制村通达（通砂砾路）项目39项，共计469.5公里，投资5358万元；建制村通畅（通沥青／水泥路）项目366项，共计2397.2公里，投资95396万元；通乡油路项15项，共计523.6公里，投资21377万元；安保工程36项，处治公路隐患692.83公里，投资2751万元；危旧桥梁加固与改造项目46座，投资3707万元；养护维修工程84项，补助资金6569.2万元；渡口改造项目改造码头8座，渡改桥项目3项，国家投资828万元；路网改善（通沥青／水泥路）项目4项，共计74.6公里，补助3770万元；县乡道改造项目新建桥梁2座142延米，投资531万元；地震灾后公路建设项目337项，共计1690公里，申请中央投资30532万元。2009—2013年底，全州交通基础设施建设投资总规模达155.6亿元。截至2013年底，全州公路总里程达到7556.103公里，公路密度达到每百平方公里16.8公里，每万人拥有公路111.1公里。其中，国道1条226.111公里，省道6条793.966公里，县道33条1670.761公里，乡道46条752.006公里，村道1530条4083.202公里。全州拥有营运汽车6758辆，其中货车4317辆，客车2441辆；在车辆总数中，民营（个体）达到6758多辆。三轮摩托车遍布城乡，成为沟通城乡的主要运力。全州乡镇通客车率达到100%，行政村通车率达到100%。

最近几年的交通发展变化令人目不暇接，难以尽述，现就亲身经历，拣其要者分述如下。

第一，尕秀至玛曲二级公路的改建。甘南州的玛曲县不仅以波澜壮阔、滚滚奔流的黄河首曲而著称，更以巍峨的群山、高耸的雪峰、辽阔的草原而闻名。长期以来，由于原有公路等级低，交通已成为玛曲发展的“瓶颈”，使玛曲的发展明显滞后。州委州政府为了加快玛曲的经济社会发展，把加快玛曲的交通主通道建设列入重要议事议程，州县交通主管部门积极汇报争取，不懈的努力收获了立项建设的成果。2008年8月，甘肃省发展和改革委员会对尕秀至玛曲二级公路改建工程可行性研究报告立项进行了批复，2009年8月，甘肃省发展和改革委员会批复了尕秀至玛曲二级公路改建工程的初步设计，2009年11月，甘肃省交通运输厅批复了尕秀至玛曲二级公路建设项目施工图设计及预算，核准预算5.37亿元。当时批复的该项目为非收费工程，因地方筹资困难，经争取，该项目列入省交通运输厅统贷统还平台，甘肃省发展和改革委员会批复同意尕秀至玛曲二级公路调整为收费公路，并增加项目建设贷款利息5135万元，收费站建设资金1907万元，项目总概算投资达到6.07亿元。

尕秀至玛曲二级公路改建工程项目的起点位于国道213线386公里+400米处，途经李恰如、忠克、西倾山隧道，路线终点位于玛曲县城。路线全长60.05公里，全线按二级公路标准建设，依据地形、地质情况按60公里/小时标准进行设计。0公里+000米～45公里+680米段（包括隧道段）路基宽度为10米，路面宽度为8.5米；45公里+680米～62公里+013米段路基宽度为12米，路面宽度为10.5米；全线共设隧道1处，长2380米；全线设养护管理站1处，收费站1处；大桥3座，中桥9座，小桥2座，涵洞124道，桥涵荷载为公路－Ⅰ级，设计洪水频率：大、中桥1/100年，小桥、涵洞1/50年，桥涵与路基同宽；全线设置完善的防排水设施和必要的交通安全设施。计划工期24个月（2010年5月—2012年5月），但由于气候、环境、资金等对项目的影响，制约了工程的顺利有效实施，延迟了竣工时间。一是降雨对项目工期影响大。项目所在地海拔高，气温低，自然条件差，降雨频繁，有效工期短，全年施工期为5—10月共6个月。经统计，自2010年5月—2013年10月共有施工期25个月，而在这期间共有降雨318天（约11个月），受降雨影响，实际有效施工期仅14个月（约一年多），制约了工程的顺利有效实施。二是气候对人员的影响大。中标单位的部分参建人员，特别是有经验的管理人员不适应高海拔的自然环境，不能长期坚守工地管理工程建设，人员更换频繁，造成主要负责人无法按合同约定全员到位，使工程管理脱节，制约了工程进度和质量目标的实现，同时由于降雨时间长，劳务人员收入相应降低，人员流失严重，上访讨薪问题多发，增加了工程管理的难度。三是建设资金对项目工期的影响。该项目属省地联建项目，建设资金大部分需贷款解决，当时项目贷款主体是甘南州人民政府，因贷款难以落实，资金不到位，先由施工单位垫支施工，当年完成投资13946万元，但实际到位资金4316万元。2011年各施工单位3月20日进场后因资金不到位无法施工，大部分机械、人员撤离工地。后经州上积极争取，贷款主体由甘南州人民政府变更为省交通运输厅，贷款资金也列入省交通运输厅“统贷统还”平台，2011年6月上旬资金才逐步到位，施工单位组织二次进场后劳务人员严重不足，严重影响了项目建设进度。四是建设环境对项目工期影响较大。征地拆迁难，项目办管理人员少、技术力量薄弱，对二级公路项目建设管理经验不足，项目管理难度大，也是整个项目滞后的原因之一。截至2014年5月，累计完成投资47100万元，占总投资5.37亿元的87.7%，建筑安装工作量完成3.19亿元，占合同总价3.9亿元的81.8%（不含路面材料的采备）。按照省、州2014年项目通车要求，项目办克服各种困难，采取一切措施，加强施工现场管理，保质量、抓安全、促进度，确保通车目标的实现。

尕秀至玛曲二级公路是经国道213线与玛曲县城连接的重要生态路，路线全长60公里，为藏区经济干线公路、旅游干线公路的区域网络线。该项目的实施对于保护生态环境，促进旅游开发，带动沿线经济社会发展，改善甘南州路网结构，推进甘南经济社会发展具有重要的意义。

第二，合（作市）冶（力关镇）二级公路的改建。穿越广袤的美武大草原，开凿巍巍那斯贡、三岔口隧道，跨过山水冶力关、美丽康多峡，连接合作市与卓尼、临潭两县，正在全力改建中的合（作）冶（力关）二级公路即将成为贯通甘南州东西的又一大动脉。

甘南州合作市至冶力关镇二级公路是国道213线、省道306线和省道311线的重要连接线，也是区域内一条重要的横向经济干线公路和旅游通道。项目起点位于合作市东北在建岷县至合作二级公路与县道406线交叉处，并与国道213线连接，路线总体走向由西向东，途经佐盖曼玛乡、佐盖多玛乡、多玛寺、康多乡、勺哇土族乡，终点位于冶力关镇冶力关大桥桥头。线路全长102.428公里（含康多、佐盖多玛、佐盖曼玛3条连接线4.222公里）。主线按二级公路技术标准改建，支线按三级公路技术标准改建。2010 年 8 月，甘肃省发展和改革委员会对甘南州合作市至冶力关镇公路改建工程可行性研究报告立项进行了批复；2010 年 11 月，甘肃省发展和改革委员会对甘南州合作市至冶力关镇二级公路改建工程初步设计进行了批复；2013 年 10 月，甘肃省交通运输厅对甘南州合作市至冶力关镇公路工程两阶段施工图设计及预算进行了批复，核准工程总投资 153661.73 万元。项目按“贷款修路，收费还贷”方式建设。项目资本金由省交通运输厅申请交通运输部专项补助，其余建设资金通过贷款解决。该项目建成后，对于改善和优化沿线交通运输条件和路网结构，促进当地特色旅游资源深度开发和利用，带动沿线经济社会发展和对外合作交流，维护民族团结和社会稳定等具有十分重要的意义。

合冶二级公路改建工程于 2012 年 4 月正式开工，计划总工期 31 个月。截至目前，项目累计完成投资 8.1 亿元，占总投资的 53.1%。其中，完成路基土石方 95%，完成防护及排水工程 70.5%，完成桥涵工程 95.5%；完成隧道工程 96%，其中杓哇隧道（610 米）、拉路河隧道（570 米）、三岔口隧道（327 米）已顺利贯通，那斯贡隧道掘进还剩 50 米即将贯通。

推进施工顺畅进行是项目开工后就力争达到的目标。其中，征地拆迁工作是一个“硬骨头”。合冶二级公路改建项目路线穿越两县一市 5 个乡镇，全线占用土地面积 3309.04 亩，沿线有国家级森林公园及嘛呢房、活佛诞生石等宗教场所和耕地、草场等，征地拆迁工作量大面广，用地类型复杂多样，部分用地权属不清，历史遗留问题较多，加之在征地拆迁中，群众赔付要求高，征迁问题比较突出，给工作带来了极大的困难。为顺利推进合冶公路项目建设，州政府与沿线县市政府签订了《工程建设联建协议》，明确各方责任及补偿标准；项目涉及县市及时成立了协调领导小组，与项目办工作人员组成征地拆迁小组，分别负责境内项目建设用地征用工作。各征迁小组带着感情走村串户，耐心宣传解释相关政策法规，广泛征求群众意见，张榜公示征迁计划和补偿标准，加深了群众对征迁政策的理解与支持。经过各方面不懈努力，目前红线内征地工作基本完成，部分临时用地正在积极协调中，为工程建设顺利推进奠定了良好基础。

百年大计，质量为本。合冶二级公路自开工建设以来，项目办严格履行工程建设各项制度，认真执行工程质量和技术标准、施工规范及技术规程，严把工程材料进场关、质量检测关和施工转序关，对不合格的工程坚决予以返工，切实保证工程质量，建立技术质量监控体系。一是严格落实“政府监督、法人负责、社会监理、企业自检”四级质量保证体系，严格落实政府监督部门提出的有关问题，建立了建设单位有效监控、监理单位现场监督、施工单位具体落实的质量责任体系。坚持现场质量控制每月综合检查与日常巡查检查相结合制度，加大现场检查、巡查、监管力度。二是监理单位认真履行监理职责，实行 24 小时全天候、全过程按照监理规范严格对技术质量进行傍站监控。三是项目办实行中心试验室、监理试验室和工地试验室三级试验检测制度，切实加强了对原材料的监管力度，加大了巡回检查和抽检频率，严把材料进场关，用科学的数据指导施工，为工程质量管理提供了科学的试验检测数据，确保工程质量达到合格标准。四是设计单位派驻设计代表，全权代表设计单位处理施工中出现的变更和技术难点、施工难点，随时监控施工技术和施工质量，保证项目稳步推进。

第三，省道 311 线冶峡隧道及接线工程。该项目起点 0 公里 +000 米至 1 公里 +680 米段位于临夏州康乐县莲麓镇地界，项目于 2010 年 1 月开工。

省道 311 线冶峡隧道及接线工程位于甘南州临潭县东北部，是定西市通往甘南藏区的主要公路，也是甘南州临潭县国家

AAAA 级旅游景区冶力关的对外窗口，是临潭县通往省城兰州的便捷通道，为藏区经济干线公路、旅游干线公路的区域网络线。总投资 1.5 亿元。该项目的实施对于保护生态环境，促进旅游开发，带动沿线经济社会发展，改善甘南州路网结构，推进甘南经济社会发展具有重要的意义。

第四，宕迭二级公路的改建。宕迭二级公路位于陇南市宕昌县和甘南藏族自治州迭部县境内，铁尺梁、大拉梁在这里拔地而起，形成一道阻隔南北的天然屏障。这里地形狭窄、裸岩林立、沟壑纵横，气候环境恶劣，地质条件复杂，自然灾害频发，仅海拔 3000 ～ 4000 米的山就有 7 座，纵横交错的山脊和横七竖八的沟壑形成 17 条沟谷，严重阻碍了宕昌和迭部、岷县和迭部间的交流和发展。

迭部县和宕昌县均属于边远少数民族地区及贫困地区，旅游、矿产、农副土特产等资源富集。在这里，中国工农红军长征时曾播下革命的火种，洒下鲜红的热血。这里，也是以毛泽东为首的老一辈无产阶级革命家领导中国革命的转折点。但是长期以来，经济落后、交通不便成为制约两县经济社会发展的瓶颈，修路成为当地各族群众的热切企盼，打通宕昌至迭部的咽喉要道，对当地经济社会跨越发展、完善甘肃省及甘南州路网结构具有重大意义。

作为 2011 年甘肃省重点项目之一，宕迭二级公路改建工程项目备受省委、省政府、省交通运输厅和当地政府及社会各界的关注。2011 年，省发改委批复了工程初步设计及概算，概算总投资 24.179 亿元（其中迭部县境内 18.1881 亿元）。全线总长 145.081 公里，其中新建 42 公里、改建 102.23 公里，全线隧道共 7 座，全线按二级公路技术标准设计，项目建设总工期 26 个月。甘肃远大路业集团有限公司组建宕迭项目办行使建设单位职责，甘肃华顺交通科技咨询有限责任公司承担监理工作。

宕迭公路改建项目起点位于陇南市宕昌县南河乡，接国道 212

线，在官鹅沟国家森林公园段沿原有南腊路布线，在池沟沟脑设腊子口特长隧道穿越大拉梁，出朱力沟，接省道210线，进入代古寺后沿省道313线向西，在阿夏林场与迭部至九寨沟公路相交，后经九龙峡、旺藏、尼傲峡、达拉、卡坝乡、迭部县城，终点位于甘川交界的益洼沟口。2011年10月开工建设，2014年10月基本完工。

宕迭路是甘肃省第一条采用“设计施工总承包”模式建设的二级公路，由甘肃路桥建设集团有限责任公司与甘肃省交通规划勘察设计院有限责任公司联合实施，甘肃华顺交通科技咨询有限责任公司承担监理服务，甘肃远大路业集团有限公司组建项目办行使业主职责。面对这一新模式带来的新要求，全体建设者心往一处想、劲往一处使，积极创新，大胆探索，为项目的顺利实施付出了艰辛的努力。

第五，临夏至合作高速公路的建设。2011年12月3日，临夏至合作高速公路开工建设。该项目是省委、省政府确定开工建设的重点公路项目之一，也是甘南藏族自治州境内建设的第一条高速公路。该项目的开工建设，对于解决甘肃省中部和南部地区交通瓶颈，改善甘南州和临夏州的发展环境，带动少数民族地区经济社会又好又快发展，具有重要意义。

临夏至合作高速公路是甘肃省高速公路网规划建设的兰州至郎木寺高速公路的重要组成路段，是省会兰州通往临夏、甘南和四川阿坝等少数民族地区的重要通道，也是交通运输部规划的西部大通道兰州至磨憨口岸的重要组成路段，是甘肃省通往西南地区的大通道。该项目起点位于临夏市的尕杨家，顺接康（家崖）临（夏）高速公路终点，路线经张家台、尹集镇、土门关、王格尔塘等主要控制点，终点至合作南。路线全长约98.65公里，其中临夏境内32.08公里，甘南州境内66.57公里。项目主线按四车道高速公路标准建设，设计速度每小时80公里，项目概算投资

88.89亿元，计划工期4年。该项目的建设，对于完善甘肃省高速公路网体系，构建综合运输体系，改善临夏、甘南两州交通条件，促进少数民族地区经济繁荣和社会进步，开发沿线旅游资源和矿产资源，具有十分重要的意义。该项目建成后，将彻底结束甘南藏族自治州没有高速公路的历史。

甘南公路交通经过65年特别是近十年的发展，“二纵三横”主骨架公路已经确立，支线公路畅通，并由县到乡、由乡到村逐层延伸，路网结构渐趋合理。夏河机场实现了通航，汽车运输已完全占领市场，民间运输工具完成更新换代，广大农牧民不再遭受交通不便之苦，并且依托公路大搞特色经营，形成一条条具有民族特色的产业经济带，促进了全州经济特别是旅游业的发展，2013年全州接待游客达410万人，旅游总收入达到17亿元。

如今的甘南高原，天路纵横，车水马龙，古人向往的“人便于行，货畅其流”的和谐交通梦想终于实现。条条大道像缎带般缠绕在山水之间，成为高原各族人民心中的天路，也成为甘南高原经济腾飞的翅膀。

建州六十年甘南州农牧民眼中的沧桑巨变

苗娟娟[①]　王丽[②]　马保真[③]

2013年8月，首架空客A319飞机划破长空，载着第一批客人抵达美丽的甘南草原。自此，甘肃省少数民族地区建设的第一座民航机场——甘南夏河机场正式建成通航，结束了甘南没有民用航空的历史，彻底改变了甘南州仅靠公路单一出行的交通运输格局。

家住州汽车运输公司的刘大妈，丈夫早年是一名班车司机，儿子高中毕业后也成了一名司机。一家有两个司机在公路上跑车，刘大妈见证了甘南州交通的历史飞跃。在她的记忆中，20世纪80年代初，去兰州走一趟亲戚得两天，“先坐班车到临夏，因为路况不好，弯道又多，等摇摇晃晃五六个小时到120多公里外的临夏，已经是夕阳西下，只能在临夏住一晚，第二天一大早继续赶路，才能到兰州”。“路况不好，如果车再出点毛病，寒冬腊月在山梁上当‘团长’是经常的事。老头子开了一辈子车，我也担了一辈子心。”刘大妈不无感慨地对我们说。

建州60年，特别是“十一五”以来，随着国家支持藏区发展一系列优惠政策的出台，甘南州交通运输事业步入了发展的快车

---

① 苗娟娟，《甘南日报》社记者。

② 王丽，《甘南日报》社记者。

③ 马保真，《甘南日报》社记者。

道，昔日“晴天一身土，雨天两脚泥”“资源特产藏深山，出门走路难上难”的交通状况一去不复返了。截至2012年底，全州公路通车里程7378.294公里，公路密度达到16.4公里／百平方公里，每万人拥有公路里程达108.5公里，共有油路里程3518.901公里，占总里程的47.7%。全州道路运输经营户达到440户，营运车辆达到5340辆。全州95个乡镇全部通了公路，95%通了油路；664个行政村全部通了公路，48%通了硬化公路。

“双脚不沾泥、出门就打的。”交通的便利，只是60年来甘南州社会各项事业翻天覆地变化的一个缩影。如今，手拿锄把、牧鞭的农牧民办起了农家乐、藏家乐，从阴暗潮湿的地窝子搬进了宽敞明亮的太阳房，养老保险让老人安享晚年，“两免一补”让农牧村贫困孩子重新背起书包，走进学校……社会各个方面的发展变化深入草原每个角落，而一个个农牧民个体生活的巨大变化，成为时代轨迹的最好注脚。

村美民富展巨变

60多岁的朱百寿一直生活在临潭县冶力关镇庙沟村，他亲眼见证了小镇的变迁。朱百寿说，新中国成立初期，群众长期仅以人均耕地不足2亩的农业收入为主，除有时春夏季捡拾一些山野菜贴补家用外，再无其他经济来源，生活十分贫苦。“种一坡，拉一车，收一簸箕煮一锅”是那时生活的真实写照，很多人连饭都吃不饱。

“现在的生活条件，在60年前是想也不敢想的。这几年，政府引导群众发展旅游，我们利用自家房屋办起了农家乐，有客人就接待客人，没有客人就干农活、做家务，不仅拓宽了增收渠道，而且在家里就能把钱赚到手。”朱百寿高兴地说。

“绿色家园”是池沟村一家三星级农家乐，占地约2亩，停车场、客房、花园、葡萄藤架搭起绿荫，院落规划得合理有序。老板杨继宏介绍说，他开农家乐已经5年了，起步的时候政府不只有优惠政策，而且给拆迁户优先划了地皮。依靠好政策，他一次性投资20余万元，盖了18间房子，有50个床位。一张床位按15～20元收费，游客吃饭带住宿平均能消费100元左右。每年5月至10月近半年的旅游旺季能赚到五六万元，虽然辛苦一点，但收入提高了。

关街休闲一条街，白墙灰瓦的马头墙，大理石街面，文化气息浓郁，漫步其中，谁能想到十几年前这里还是一个偏僻落后的小乡镇。以农兴旅，以旅促农，现在的冶力关镇已经成为集“吃、住、行、游、购、娱”六要素为一体的旅游小城镇，农家乐接待点已由初期的15户发展到了390多户，从业人员接近千人，接待能力已由70余人发展到了9000余人。2012年，全镇农民人均纯收入达到3596元。

卓尼县完冒乡俄化村是一个偏僻的小牧村，全村163户1020人，人均耕地2.27亩。由于海拔高，自然条件恶劣，全村绝对贫困人口有45户289人。得益于实施参与式整村推进扶贫项目，县上投资57万元帮助农牧民创建增收项目，引进投放良种藏绵羊820只，并发放种养殖业贴息资金6万元，投资1万元对农牧民进行科技培训。同时，县上还投资10万元引导农牧民成立了村级互助基金，办起了农牧民自己的“土银行”，有效地解决了农牧民发展生产资金不足和贷款难的问题。如今，泥泞的小路变成了宽阔的砂石路，自来水通到农牧民家中，群众拆掉了旧土房，盖起了新瓦房，过上了好日子。

申藏乡是卓尼县的一个贫困乡。长期以来，当地群众守着几亩薄田，种青稞、养牛羊，生活十分困难。县上利用当地海拔高、光照充足、土地肥沃的有利条件，修建了384座日光蔬菜温室，每个大棚投入扶持资金2.5万元，扶持群众种植高原蔬菜。下甘藏村村民包广营抓住这一致富的机会，种了一棚哈密瓜。“以前祖辈世世代代放牧种地，谁能想到山沟沟还能结出香甜的哈密瓜。我的瓜没打农药，是城里人说的‘有机食品’，价钱也卖得好，一公斤按10元钱算，这一棚就能收入2万元，没想到大棚也能种出‘金娃’。”包广营满脸喜悦地说。

在扎古录镇强岔村、麻路村，县上引导群众种植秦艽、大黄、藏柴胡等市场前景好的中药材，并组织成立药材专业化生产合作社，成立卓尼县佛赐藏药材开发有限责任公司，走“公司＋农户＋基地”的生产经营模式，当年加入合作社的98户药农每户分红6000元。

拉力沟村的养牛示范户李旺杰是远近闻名的致富能人。近几年，在政府农牧互补“一特四化”惠民政策和扶贫部门产业资金的扶持帮助下，组建奶牛养殖场，养殖犏雌牛50多头，年产鲜奶6万多斤，年收入达18万元左右，他还带动同村和周边乡亲一同养牛，形成规模，抱团发展，致富增收。

农区推广日光温棚，推广种植中藏药材，牧区建立牦牛、藏羊养殖和育肥小区。卓尼县积极调整产业结构，发展具有地域特色的新兴产业，农牧民群众的“钱袋子”渐渐鼓了起来。

草原最美的季节，我们来到碌曲县尕海乡尕秀村牧民定居点。牧民格日扎西家养了100头牦牛，是村里数得上的富裕户。走进他家，浓郁的酥油味道和奶渣的阵阵清香扑鼻而来。装有玻璃暖廊的定居房的藏式装修风格显得格外绚丽多彩：黄色的实木家具上雕刻着祥云和经轮，深红色的地板擦得一尘不染，彩电、音箱、电话、冰箱一应俱全。格日扎西自豪地说，家里的经济来源全部依靠这100头牦牛，每年卖牦牛、牛奶、酥油和奶渣的收入还不错。

天有不测风云。2012年初春，碌曲草原遭受冰雪灾害，扎西家的牛羊冻死了好几头，幸运的是他为牛羊投了保险，保险公司给扎西家赔了3头牛合计6000元的保险金。“以前遭了天灾死了牛羊，只有自己认倒霉。现在政府不光帮我们建起定居点，住上了太阳房，风吹不着雨淋不上，而且连牛羊也能上保险，再有个病啊灾的，心里也踏实了。”格日扎西说。

从朱百顺、杨继宏到包广营、格日扎西，娓娓道来的幸福故事讲述了农牧村的沧桑巨变，见证了农牧民群众生活因时代的变迁而日渐美好，因党的惠民政策而日益富裕。

农家牧户享甜蜜

天刚蒙蒙亮，家住合作市坚木克街道的才让吉阿妈已经走在去寺院转经的路上。然而年轻时落下的腰椎结核病不时困扰着大妈，更让她难过的是，病情严重时，坚持多年的转经“功课”也被迫中止了。

才让吉卧病在床整整两年，2012 年通过住院治疗，治愈了困扰多年的腰椎结核病。更让她高兴的是，住院费用通过新农合报销了大部分，才让吉真切地感受到参加新农合的好处。她感激地说：“在医院看病共花了 1 万多元，国家给我报销了 7000 多元，政府真正为我们办了一件好事。”合作市是甘南州 2005 年先行试点新农合的县市，经过积极有效的宣传，农牧民群众对新型农牧村合作医疗政策的了解不断加深，参合积极性不断提高，越来越多的农牧民群众受益于新农合。

合作市那吾乡的杨本才让是 2012 年参合农牧民群众中报销住院费最高的一个。患有风湿性心脏病的杨本才让因为家庭条件不宽裕，一直拖着没有住院治疗。但参加新农合以后，他再也不用为手术费用发愁了。在亲戚朋友的帮助下，杨本才让在兰州住院进行了手术治疗，花费了 3 万多元住院费。年底时，新农合一次性给杨本才让报销了 1.4 万多元的医疗费，一家人松了一口气。如今，杨本才让的身体恢复得越来越好，他只盼着病能快些好起来，早些出去打工赚钱。

是新农合让才让吉阿妈、杨本才让看病没有了后顾之忧。2013年，甘南州新农合参合农牧民达52.33万人，参合率为98.8%，人均筹资标准不低于340元。截至6月底，新农合基金支出7871.94万元，参合农牧民受益达32.36人次，缓解了农牧民群众看病难、看病贵的状况，切实为农牧民群众的健康撑起了保护伞。

走进玛曲县阿万仓乡沃特村才让大叔家，宽敞整洁、装修一新的藏式民居让我们眼前豁然一亮，屋里摆放着液晶电视、电冰箱等现代化电器，与城里人的居住条件不相上下。“以前我们没定居的时候，大家住在帐篷里非常分散，没有电，看病不方便，娃娃上学都困难，现在政府帮助我们修建了暖和舒服、宽敞明亮的新房子，让我们定居在乡政府驻地，大家集中了，电也通了，医院学校都在家门口，啥问题都解决了，生活也和城里的亲戚一样了。”大叔高兴地说。

同村的久西加家几年前还依靠政府发放的低保金过日子，现在他家不仅搬进了宽敞明亮的房子，还在双联惠农贷款的帮助下办起了养殖专业合作社，通过育肥牛羊赚取差价，每年能有四五万元的收入。“我是2011年搬进新房的，这院房子带装修总共花了13万元，房子主体花了7万多元，自己只出2.5万元，国家给补贴了5万元。多亏了国家的好政策，我们牧民也住上了宽敞舒适的大房子。”久西加说。

“现在党的政策越来越好，给我们修房子，免牧业税，娃娃上学不要钱，看病还能报销，穷人有低保，老人有养老保险，给牧民发草原生态奖补金，草场大点的人家都拿上万元，还给牧民群众贴息贷款，鼓励牧民发展专业合作社，科技养畜，挣更多的钱，大家的日子越过越幸福了。”村支书冷木告诉我们。

定居点的基础设施配套齐全，通水、通电，有广场、超市，还有“农家书屋”。汽车、摩托、手机、电脑也走进了牧民家里，定居牧民的生活充满了现代气息，洋溢着幸福的味道。

数据显示，甘南州游牧民定居工程2008—2011年建设项目6县市共建设定居点176个，建成住宅14524套，有效解决了14524户游牧民群众的定居问题。在居民住房配套设施及公共设施建设中，共建暖棚28624平方米，硬化巷道、村道141.98公里，人畜饮水管道189.2公里，架设农电线路462.8公里，新建和改建学校47所，配套建设82所卫生院（室），新建村委会700平方米，新建敬老院3所，极大地改善了73708名游牧民群众的居住条件。

暑假临近，在合作市佐盖曼玛乡中心小学上四年级的当子草拿着期末考试成绩单高兴地往家里赶，她这学期3门课都考到85分以上。当子草家里经济条件比较差，以前她的学习成绩不理想，考试不及格是常有的事，经过学校老师耐心细致的辅导教育和生活上无微不至的关心，当子草的学习成绩提高了，家里也不用负担她在校期间的费用，国家对基础教育阶段的学费、书本费予以全部免除。此外，国家还为他们免费提供营养早餐，学校也会定期给他们发放牙刷、牙膏、毛巾、香皂等生活日用品。这些物质上的帮助，让懂事的当子草萌生了好好学习的信心，以此来报答党和国家的恩情。

在合作藏族中学整洁的餐厅里，读初三的道吉草边吃早餐边对我们说：“在校期间不需向学校缴纳一分钱，除了学杂费、教科书费全部免费外，还能吃到免费的营养早餐，‘免费的早餐’这句话是以前同学们开玩笑时说过的，现在真变成了现实。”

据了解，从2007年开始，省上对甘南州中小学农牧民家庭经济困难寄宿生生活费补助实行特惠政策，生均按1000元／年补助，2010年生均标准提高到1200元／年，2011年提高到1400元／年，2013年提高到1650元／年。惠及80686名学生，高于全省平均水平。

转起幸福的经筒

夏日的午后，我们来到夏河县拉卜楞镇雅鸽塘村，退休十多年的闵格才让正在院里侍弄花草，庭院内鸟语花香。闵格才让每月有3000多元的退休金，他以前放过牛羊，挨过皮鞭。如今年过古稀，坐在花香浮动的庭院里安享天伦之乐，他无限感慨：“一个是天上，一个是地下！”

“可以经常到拉卜楞寺转经，朝佛。”老伴卓玛吉今年已70岁高龄，但依然身体硬朗，步履稳健。手持转经筒到拉卜楞寺转经是她每天的必修课。

来到夏河县农牧村敬老院，院内整洁宽敞。老人们或天南海北地畅聊，或在石桌前“拼杀”对弈，或守着收音机自得其乐地听着……

阳光正好，卓玛草老阿妈和几位老人聚在一起晒着太阳。说起现在的生活，老人们争相发言。

“吃穿不用管，就像住宾馆。”拉卜楞镇来吉合村的五保户贡保汉语不太流利，但回答我们询问时，这句话说得比顺口溜还顺，逗得大家哈哈大笑。

“照顾我们的护理员都像自己孙女一样，陪着我们聊天，给我们洗衣服，把饭菜端到我们跟前。现在我心情舒畅，没有什么烦心事，闲了转转经，过得舒服自在，还想多活几年呢。”卓玛草阿妈争着说。

午后和煦的阳光洒落在屋前的院落，老人们在这个舒适安逸的大“家”里，生活得满足而幸福。

夏河县拉卜楞镇敬老院是甘南州扶贫开发和综合社会保障集中供养项目之一，由政府无偿划拨10亩土地，总投资623万元，建筑面积近5000平方米，目前入住老人33人。

老人们喜欢晒太阳，敬老院专门建设了一个玻璃暖廊，冬天坐在玻璃暖廊里很暖和，暖廊里还设置了阅览室、棋牌室，是敬老院最热闹的地方。为照顾老人们的宗教信仰习惯，专门修建了转经房。走进老人们的房间，每个人 15 平方米的空间被护理人员收拾得井井有条，干净整洁。敬老院负责人说，他们实行 24 小时值班制度，随时有人照料老人们的衣食起居。年轻的护理员扎西彭措在这里干了 3 年，从没睡过一个囫囵觉，晚上每隔一个小时就要查一次房。所有老人的身体状况，哪位老人几点钟该吃药，哪位老人对什么药物过敏，他一清二楚，老人也把他当成了自己的亲人，有什么困难都愿意跟他说。

老人无忧无虑地安享晚年，草原的孩子也在民族政策的照耀下健康快乐地成长。

12 岁的藏族男孩杨扎西的理想是当一名宇航员，因为"杨利伟叔叔实在太帅了"。为了实现梦想，合作市第二小学六年级一班的杨扎西努力克制着看电视和玩电脑游戏的欲望，因为当宇航员需要一双好眼睛。此外，他还坚持每天吃足量的蔬菜，在学校努力学习，积极参加课外活动，让自己长得更高更强壮。

"妈妈给我的儿童节礼物是一辆自行车，我可以天天骑车上学了，中午妈妈还要带我去德克士吃汉堡。"杨扎西一边欣赏着舞台上同学们的精彩表演，一边偷偷告诉记者。

当天是"六一"国际儿童节，"第五届校园艺术节"庆"六一"大型主题活动在合作市第二小学举行。

舞台上，校园集体舞表演正在上演，当音乐响起，身着黑领结、白衬衫的小男生，绅士般伸出右手，邀请旁边穿着白色舞裙的女生同舞一曲拉丁舞，充满动感的美妙舞姿引得众多小观众们也忍不住在椅子上舞动起来。

"看看这些孩子，多自信多幸福啊，我们小时候可没法比！"合作市第二小学的教师马秀花说。她还说，由于有足够的营养，现在的孩子体格都发育得比较健壮，他们大多见多识广，在课余时间参加兴趣班，性格大方自信，一点也不像她们小时候那样性格内向而羞涩。

9岁的男孩完代克用“Nice to meet you”向记者打着招呼，因为从小接受藏语、汉语、英语三语教育，藏族孩子们表现出很高的语言能力。他最喜欢滑旱冰，喜欢在校园里和同班同学踢足球、打篮球，梦想是当一名赛车手。

建州前甘南藏区没有一所现代意义上的学校，上学是大家可望而不可即的事情，而现在义务教育普及水平正逐步提高，小学入学率达98%以上。这些藏族孩童不仅能接受教育，在德智体等素质教育方面都有了很大的提高。

一座房子，可以让身安；一条逐年提高的医保线，可以让心安；一项把大部分财政投入在民生上的政策，可以让社会和谐……放眼甘南草原，盛开的格桑花绽放着农牧民群众奔向幸福生活的希望。

飞向九色香巴拉

——甘南夏河机场建设运营亲历记

王俊[①]

2012年，我担任甘南藏族自治州交通运输局党委副书记兼任夏河机场建设运营协调领导小组办公室主任；2013年，任州道路运输管理局局长，其后组织过多次大型公路运输活动，但最令我心情激动的是夏河机场的建设与运营。我参与和见证了机场的规划、前期工程可研、施工、竣工、运输管理等工作，经历了很多个不眠之夜，深刻感受到自己肩负的历史使命和责任。如今看着一架架飞机就像草原蓝天上翱翔的雄鹰，我心潮澎湃，久久不能平静。这“雄鹰”不正是草原经济腾飞的翅膀吗！

早在1925年，当美国植物学家、探险家约瑟夫·洛克走在甘、青、川交界处时，他面临着两条路线选择，一个是直接去青海，另外一个是转道去甘南，他最终选择了后者。在随后的三年时间里，洛克大多时间生活在甘南藏区进行科学考察，是他最早把甘南藏区全面介绍给西方世界，使绚丽多姿的甘南呈现在世人面前。然而，随着时间的推移和甘南交通的落后，这块藏在深闺的处女地，仍显得有些静寂，并不为多少人所熟悉。

---

① 王俊，甘南州交通运输局副局长，甘南州道路运输管理局党组书记、局长。

新中国成立后特别是改革开放三十年来，甘南交通发生了翻天覆地的变化。起初，由于甘南远离中心城市，地处高原且路途遥远坎坷，使得很多向往这片净土的人望而却步，进甘南的方式只有公路，而且道路的通行性又十分有限，仅仅是二三级公路，一到节假日车辆拥堵，交通受阻。然而世界需要了解甘南，甘南需要走向世界。甘南藏族自治州紧扣打造“九色甘南香巴拉”品牌战略目标，狠抓国内外宣传促销，把构建综合交通体系作为项目建设的重中之重，全力推进交通基础设施建设，完善综合交通体系布局，提出了“要发展甘南旅游，开发资源造福人民，就必须发展航空运输，搭建一条通往香巴拉的空中桥梁”这一思路。经过州委、州政府的积极汇报争取，甘南夏河机场于2009年4月由国务院、中央军委以国函〔2009〕45号文件《国务院、中央军委关于同意新建甘肃夏河民用机场的批复》，同意该项目立项。2010年10月，国家发改委批复建设甘南夏河机场，并且将夏河机场列入国家“十一五”民航规划的重点建设项目，该项目也相应成为甘肃省的重点建设项目。至此，甘南夏河机场建设正式步入了快车道。

2011年6月11日早，晴空万里、艳阳高照，被雨水浸润过的夏河县阿木去乎二郎滩草原绿草如茵，时任省委书记陆浩和省长徐守盛与省直、州直相关部门工作人员以及附近牧民群众共同参加了甘南夏河机场建设开工典礼，揭开了甘南夏河机场建设的序幕。按照设计标准，甘南夏河机场初步设计工程总投资7.098亿元，项目总用地约2600亩，机场海拔标高3200米，属于高原机场，飞行区按4C标准设计，新建混凝土道面跑道3200米，宽度45米，航站楼面积3185平方米，航站区按满足2020年旅客吞吐量14万人次、货邮吞吐量560吨的目标设计，机场服务范围可覆盖甘南州、临夏州、青海黄南州及四川阿坝州等地区，机场建成后能满足波音B737和空客A319等高原机型的起降，甘南夏河机场建成后将是甘肃省海拔最高的机场。

在甘南草原这个自然环境特殊的地方修建机场，注定将是一场非常艰难的战役。夏河机场投资较大，而州政府对机场建设工期要求紧，推进机场建设面临诸多困难。机场场址海拔高，冬天夜间的温度基本在零下20℃以下，气候条件恶劣；交通条件也差，冬季冰雪路面、汛期泥泞难行等安全隐患较多；机场远离乡镇，施工作业及工程管理难度大，工作环境枯燥，职工思想不稳定。正是在这种施工环境中，机场建设者们默默地付出，在机场建设中留下了串串坚实的足迹。一次雨过天晴，我与领导小组成员单位的负责人来到一线调研工作，就在现场指挥正准备带领大家走向跑道施工现场时，只见跑道不远的一处凹洼地里人声嘈杂，乱成一团，原来打桩施工的一组人员由于前几天一直下雨施工没进展，今天遇了一个大晴天，准备铆足劲大干一天，谁知这甘南草原的天气说变就变，一场暴雨倾盆而下，山上的洪水顺山槽冲进施工的凹洼地，毫无防备的施工员们一个个被冲得东倒西歪，但他们在镇定之后又扑入泥浆中帮助同伴抢救重要施工机具，闻讯赶来的人们陆续投入到抢险当中，所幸没有造成人员伤亡。看着这一群“泥浆人”在工地上忙碌的背影，怎能不让人为之感动呢？西部机场集团派驻现场的技术骨干高瑞根同志是个地地道道的关中汉子，吃苦耐劳，成天乐呵呵的，谁知他就是过不了高原反应这个关，在现场他曾晕厥过去好几次，第一次晕厥送他到州医院后休养了半天，晚上他坚持赶回机场，后来几次他晕厥后在送往医院的路上醒了过来，说什么再也不去医院，说自己只是熬夜累的，没事，看着他紫青干裂的嘴唇，我们真为他捏把汗。2013年7月，夏河机场建设进入倒计时关键节点，高瑞根三四天之内接连收到其父病危和逝世的噩耗，这位关中汉子没能和父亲见上最后一面。办完丧事一星期后他又匆匆赶了回来，用他的话讲就是“机场建设现在这么关键的时间上这担子不敢撇下，也不能撇下啊”。在夏河机场建设过程中，机场建设者们克服了高原反应、阴冷多雨、孤独寂寞、施工期短等困难，充分发扬特别能吃苦、特别能奉献、特别能战斗的精神，坚持“抓质量、保安全、促进度”的工作思路，保证了夏河机场在甘南建州60周年之际顺利交工。

夏河机场的建设，在甘南州历史上是第一次，历史责任重大。所以，与奋战在二郎滩草原上的施工者们一样尽心尽力的是州委、州政府的领导同志们，在夏河机场立项之初至整个建设及运营全过程，他们情为之所寄，心为之所牵，对甘南夏河机场的建设协调工作高度重视。为了加强对甘南夏河机场建设工作的组织领导，州上及时成立了甘南州夏河机场建设协调领导小组，州政府副州长南木卡桑结任领导小组组长，主抓此项工作，领导小组下设办公室，我任办公室主任，抽调州直和县、市、乡各相关部门单位负责人参与建设协调工作。

面对如此多单位参与的这项建设任务，我认识到这既是压力也是动力，挑战与荣誉并存。万事开头难，机构成立伊始，各类工作纷繁复杂，千头万绪。为了能为甘南夏河机场建设工作营造一个良好的施工环境，在整个建设过程中，州委、州人大、州政府、州政协的领导对机场建设十分关注，州委书记魏建荣、州长毛生武同志多次亲临施工一线指导工作，机场建设领导小组组长南木卡桑结同志更是不辞辛劳，经常带领成员单位负责人深入施工现场，倾听意见，解决问题。到通航时，夏河机场现场建设协调正式会议就开了二十几次，仅机场建设后期跟随州政府分管领导到成都、西安、机场建设现场衔接协调就达百余次。为把夏河机场建成人民群众满意的精品工程，确保机场建设顺利推进，夏河县四大班子对机场建设给予了大力支持，尤其是县政协主席才高同志在机场征地拆迁、调处机场周边群众的各类矛盾纠纷中发挥了不可替代的作用，阿木去乎乡、牙利吉办事处、夏河机场办按照州委、州政府加快推进夏河机场建设的有关要求，齐心协力，攻坚克难，积极做好群众工作。针对群众关注及需要解决的焦点、难点问题，我们立足工作职能，主动作为，积极排查矛盾纠纷，协调解决问题，想尽一切办法服务机场建设。一是多措并举，提高法制意识。在机场建设征地期间，结合工程进度，有针对性地开展法制宣讲，参与人员涵盖村民小组组长。在此期间，又到乡、村举办法制宣传活动，提高群众的法制意识，希望群众采取合法、正当途径维护自身权益。二是加大走访力度，及时了解群众心声。在配合机场建设工作期间，经常走村入户，和群众促膝长谈，了解他们的心声和所反映的问题，对因牧场改道、草场补偿、临时用地、人畜饮水等产生的焦点、难点问题及时协调解决。同时加大群众思想工作力度，杜绝群访事件发生。三是积极参与矛盾化解，不断总结成功经验。针对征用草场过程中遇到的突出、疑难矛盾，机场办工作人员奋战在一线，围绕矛盾焦点，立足实际，采取相应措施，制定补偿标准，使矛盾化解在萌芽阶段，杜绝了矛盾升级，确保了征地拆迁、牧场改道、草场补偿、临时用地、人畜饮水、村民上访、爆破安全等问题的逐一解决，化解了诸多矛盾。如2012年11月，甘南夏河二郎滩草原已进入寒冬，机场建设施工依旧热火朝天，跑道东北面的弃料场已被东面削平山头的废弃土石料堆满，从远处看就像一座小山，然而这座“小山”却在重力影响下于11月下旬突然崩塌，压覆了离弃料场下方不远处的一处水源地，该水源地提供着附近两个村二百多人三千多头只牲畜的饮水，机场施工方和周围群众都投入劳力和机械尝试挖开水源地，无奈塌方体积太大只好放弃，而压埋了这处水源地，群众要从别处取水不但费时费力还牵扯到草场纠纷，于是一些群众拦停了机场的施工。夏河机场建设领导小组在随后的近一个月里对此事展开了多次协调处理，一方面劝说群众停止阻工使施工继续进行，另一方面就赔偿问题召集双方沟通协商，但是周围群众与施工方就赔偿金额始终达不成一致，最后在州政府副州长南木卡桑结的建议下采取“施工方拿一部分，州县补助一部分，群众投工投劳打电力机井”的办法圆满解决了这个问题。还有一个典型事例就是机场施工过程中的土石方爆破问题。在爆破施工过程中一直有群众反映爆破威力太大危及自家房屋安全，甚至一度到州县政府上访并在机场阻拦施工，而施工方也一肚子苦水：炸药量稍多周围群众不答应，炸药量少了又达不到爆破效果。这个问题从机场建设爆破伊始到结束一直存在，可以说是“炮声不断，抗议不断”。如何取得既达到爆破效果又能使群众满意之间的平衡，就成为建设中的又一突出问题。机场建设领导小组多次对该问题进行协调，甚至让当地派出所直接参与炸药量多少的研究和爆破影响的评估，以期找到一个大家都能接受的最合适的平衡点。通过耐心细致的群众工作和适当的爆破规模，使矛盾得到了化解。

建设过程中曾有一位领导说：“州上只为一个项目召开这么多次协调会议抓落实的，仅夏河机场一家。”可见甘南州对夏河机场建设是多么重视。州委、州政府还要求各相关部门增强大局意识、服务意识，严格工作纪律，为机场建设开绿灯，加快机场建设进度，多措并举，有力地推动了机场建设工程顺利进行。

经过两年紧张而又严格科学的组织施工，甘南夏河机场土建、安装、导航、气象、供电等各分项工程均已完成工作内容。2013年5月30日，夏河机场迎来首架中国民航总局试飞院B-9300型飞机，它此行的目的是对夏河机场进行为期一周的校飞，这标志着夏河机场即将进入通航倒计时阶段。7月18日10时，一架四川航空公司的空客A319型客机由兰州中川机场起飞，开始对甘南夏河机场进行开航前的试飞，经过40分钟飞行，客机平稳降落在了新建成的甘南夏河机场的跑道上，试飞圆满成功。8月初，甘肃省交通运输厅组织民航西北地区管理局、民航甘肃监管局、甘肃省机场投资管理有限公司、甘南州政府、西部机场集团公司和夏河机场项目建设指挥部等单位和部门，对夏河机场工程进行了竣工验收。

2013年8月19日，是一个值得甘南各族人民永远铭记的日子，四川航空公司一架空客A319飞机载着旅客第一次从空中平稳降落在美丽的甘南草原上，甘肃省少数民族地区建设的第一座民航机场——甘南夏河机场正式建成通航。夏河机场建设工作在时间紧、任务重的严峻情况下，确保了在甘南建州60周年之际通航，向全州人民献上了一份厚礼。州委书记魏建荣在致辞中指出：甘南夏河机场的通航是甘南州交通建设和经济社会发展史上的一个里程碑式的跨越，是实施“五大战略”和推进甘南“五大建设”的有效举措。不仅填补了甘南运输业的空白，结束了甘南无航空的历史，更使甘南成为“甘青川香巴拉生态旅游区”的重要枢纽、内地进藏的中转站，为甘南走向内地、走向世界打开了一扇新的窗口。

随着甘南夏河机场正式通航运营，第一条航线西安—兰州—夏河往返航线随即开通，夏秋航季为每周二、四、六执飞，冬春航季为每周二、六执飞。在甘南夏河机场还在建设时，州委、州政府就对机场日后的运营工作未雨绸缪、做准备，引进了在机场管理方面的优势企业——西部机场集团公司，该集团公司积极响应，在机场还未交工和通航时即派出业务骨干十余人远赴二郎滩草原参与夏河机场剩余工程的工作，对机场正常通航和运营起到了至关重要的作用。为了保证夏河机场的正常运营，州政府与四川航空股份有限公司签订了航线经营协议，与甘肃省机场投资管理有限公司和西部机场集团公司签订了机场委托管理三方协议，适时将甘南夏河机场建设工作领导小组调整为甘南夏河机场建设及运营工作领导小组，充实了机构，加强了运营工作力度。其间，州政府还为夏河机场的人员招聘、医疗保障、通信保障、电力配套等做了大量卓有成效的服务工作。为了加强对州内民航运输市场进行监督管理，参与并监督民航运输市场营销政策的制定，客货源市场、旅游市场的开拓、推介，以及与航空公司及机场运营单位的财务结算、销售流程监管工作，经多次向州委、州政府汇报同意，2013 年 8 月，在州交通运输局设立了机场运营服务管理科。由此，甘南夏河机场的管理运营工作进入了分工明确的有序模式。

运营初期，由于航空运输市场发育程度低，宣传力度不够大、不够广，以及人们的心理因素等原因，夏河机场旅客较少，运营效果不佳，政府保底运营负担较重。为此，州政府及时出台《关于进一步加强甘南夏河机场运营管理工作的意见》，探索建立促进机场有效管理的长效联动机制，加大了夏河机场运营支持力度，加快了夏河机场市场发展步伐。2014 年 4 月，州政府在市场调研的基础上，在与西部机场集团公司和四川航空股份有限公司紧密沟通、积极争取后开通了西安—夏河—拉萨航线，进一步拓宽了甘南州空中交流平台，圆了甘南人直飞拉萨的梦。夏河机场第二条航线的开通进一步繁荣了甘南州航空运输市场，并为加快落实甘南州“旅游兴州”战略、满足州内外群众出行需求以及完善甘南州综合运输体系建设发挥了积极的推动作用。夏河机场的建成运营及西安—兰州—夏河往返航线、西安—夏河—拉萨航线的如期通航得到了州委、州政府的肯定，也赢得了社会的广泛好评。

夏河机场自 2013 年 8 月 19 日开航以来，截至同年 12 月 31 日，保障航班运输起降 52 架次，旅客吞吐量只有 738 人次，货邮吞吐量 0.52 吨。到了 2014 年 1 月至 9 月，夏河机场航班共起降 369 架次，旅客吞吐量为 9013 人次，航线运输量为 28825 人次，货邮吞吐量为 57.9 吨，西安—兰州—夏河客座率平均达到 48.6%，西安—夏河—拉萨客座率平均达到 34.7%，航空运输收益增加，地方政府保底金额有所下降，航空运输市场呈现出良性发展势头。面对目前这样一个可喜的局面，我们不禁感慨万千，从当初洛克先生发现甘南这颗明珠到改革开放后甘南社会的发展腾飞，党和国家给予甘南很多无私的支持和援助，使得甘南走出

“深闺”，走向世界，如今，美丽的“九色香巴拉”正向世人揭开她神秘的面纱，期待更多人的了解与交流。

飞翔——飞向九色甘南！

甘南黄河重要水源补给生态功能区生态保护与建设规划实施纪实

王辉生[①]

甘南藏族自治州地处甘肃省南部，位于被誉为地球“第三极”和“世界屋脊”的青藏高原东北边缘。区内拥有大面积的草原、森林和湿地，属青藏高原与黄土高原中间地带，黄河、长江分水岭地区，并受东南、西南季风共同影响，具有国内独一无二、世界少有的自然条件。其独特的地理环境和气候条件，使甘南以占黄河流域4%的面积，每年向黄河补水65.9亿立方米，占到黄河总径流量的11.4%；黄河吉迈至玛曲段径流量的增加高达108.1亿立方米，占黄河源区总径流量的58.7%，黄河年均径流量的18.6%。甘南每年还向白龙江供水27.4亿立方米。由此可见，甘南是黄河重要的水源补给区和黄河、长江上游的河源区，是“中华水塔”的重要组成部分。国内有关专家指出：黄河源于青海三江源，但成河在甘南高原。因此，甘南生态环境的变化直接关系黄河中下游广大地区人民的生产生活和生态安全，关系着国家的可持续发展。

① 王辉生，甘肃省甘南州黄河办综合科科长。

一、规划背景及前期工作情况

甘南黄河重要水源补给生态功能区位于甘南藏族自治州的西北部，是黄河源区降水最充沛的地区，也是青藏高原“中华水塔”的重要涵养地，包括玛曲、碌曲、夏河、卓尼、临潭和合作5县1市，总面积3.057万平方公里，占甘南州土地总面积的67.9%。2005年，区内总人口49.85万人，占甘南州人口总数的71.6%（其中农牧业人口38.61万人，占该区总人口的77.5%，农牧业户数7.6万户）。民族构成以藏族为主，占53.0%左右，其余为汉、回、撒拉、蒙古等民族。

历史上，该地区曾是水草丰美、湖泊星罗棋布、野生动植物种群繁多的高原草甸区。但是近些年来，随着全球气候变暖，雪线上升、湿沼旱化，冻土消融、冻土层变小，地下水位下降、地表水减少，蒸发量增大、径流减小，众多湖泊、湿地的面积不断缩小，曾被誉为“黄河蓄水池”的玛曲湿地趋于干涸，沼泽低湿草甸植被逐渐向中旱生高原植被演变，生态环境变得十分脆弱。随着人口的增加和过度放牧、森林采伐等人类无限制的生产经营活动，又进一步加剧了该地区生态环境恶化的进程。特别是草原大面积退化、沙化，昔日水草丰美的甘南草原出现了片片黄沙和黑土滩，使广大农牧民的生产生活受到严重影响，生活水平长期处于贫困线以下。野生动物的栖息、生长环境质量不断衰退，使生物多样性降低。更为严重的是，随着该区域植被和湿地生态系统的破坏，湿地、草原、森林等植被覆盖逐渐减少，加剧了该区域的风沙侵蚀和水土流失，水资源涵养功能急剧减弱，补给黄河的水资源大量减少，导致黄河中下游广大地区旱涝灾害频繁，河水断流，工农业生产受到严重制约，直接威胁到整个黄河流域的经济社会可持续发展和生态安全。

这一地区的严峻形势引起了各级政府和社会的广泛关注。2001年，兰州大学、西北师范大学和甘肃省社会科学院等院校的9位专家教授，连续上书国家有关部门和甘肃省委、省政府领导，热诚建言献策，并得到肯定和高度重视。时任甘肃省副省长的洛桑灵智多杰同志专门负责，并由甘肃省发展计划委员会牵头组织成立课题组，对甘南高原的生态问题开展了专题研究。2005年5月，经过多位专家3年多的考察调研，课题成果《青藏高原甘南生态经济示范区研究》一书正式出版。6月，中共甘南州委依照〔2005〕40号文件成立甘南黄河重要水源供给区生态保护与建设项目申报工作领导小组，由州政府主要领导任组长，下设办公室，负责规划编制、上下衔接和项目申报争取等工作。9月14日，国务院西开办以《关于协调编制甘肃甘南黄河重要水源补给区生态保护与建设规划的函》（西开办农函〔2005〕1号）委托省西开办组织编制《甘肃甘南黄河重要水源补给区生态保护与建设规划》。省委、省政府对此特别重视，明确要求有关部门按大项目提出具体实施意见。为了把该项目做成国家“十一五”期间限制开发区域生态保护的试点示范工程，进一步推进西部大开发战略的深入实施，协调好甘南州生态环境保护与经济社会发展，保障整个黄河流域经济社会的持续、快速、协调发展和生态安全，从满足国家可持续发展的需要出发，省发改委和甘南州共同着手开始编制《甘肃甘南黄河重要水源补给生态功能区生态保护与建设规划》，并委托甘肃省林业调查规划院负责规划的编制工作。

与此同时，全国政协人口和环境资源委员会考察团专门赴甘南考察调研，并以全国政协的名义，就甘肃甘南黄河重要水源补给区生态保护与建设问题，向国务院领导发了专报，曾培炎、回良玉副总理分别作了批示。以北京大学校长许智宏为代表的12位两院院士上书国务院，得到温家宝总理的亲笔批示。由于国务院领导及国家发展和改革委员会等部门的重视，国家“十一五”规划纲要将甘南黄河重要水源补给生态功能区列入限制开发类主体功能区，西部大开发“十一五”规划也将该区生态保护与建设项目列为重点工程。省上也将甘南黄河重要水源补给生态功能区的生态保护和建设项目列为全省“十一五”规划的十大重点工程之一。2007 年 12 月 4 日，国家发改委以发改农经〔2007〕3300 号文件正式批复《甘肃甘南黄河重要水源补给区生态保护与建设规划》。12 月 20 号，甘南历史上最大的项目——“黄河重要水源补给生态功能区保护与建设规划”在合作启动。12 月 29 日，州委依照州发〔2007〕40 号文件成立了甘南黄河重要水源补给生态功能区生态保护与建设指挥部，由政府常务副州长李钰任总指挥，州长助理、州政府秘书长杨自才，州发改委主任南木卡桑结任副总指挥，各相关部门为成员，下设指挥部办公室，南木卡桑结任办公室主任。2008 年 8 月 11 日，州委、州政府在玛曲县尼玛镇召开规划子项目游牧民定居工程建设启动仪式，标志着规划项目正式启动实施。

二、规划的主要内容及项目进展情况

甘南黄河重要水源补给生态功能区生态保护与建设规划总投资 44.51 亿元，其中申请国家投资 29.18 亿元，地方配套及自筹 15.33 亿元。规划主要实施生态保护与修复、农牧民生产生活基础设施、生态保护支撑体系 3 大类 23 个方面的项目。其中已有投资渠道项目 9 个，分别是退牧还草、天然林保护、重点公益林管护、封山育林、草原防火、森林防火、生态移民、人畜饮水、沼气池建设；新增投资渠道项目 14 个，分别是游牧民定居工程、草原鼠害综合防治工程、沙化草原综合治理工程、湿地保护与修复工程、自然保护区建设、生物多样性保护、小流域治理、暖棚养殖建设、奶牛养殖小区、牛羊育肥小区、青稞基地建设、生态监测体系建设、适用技术推广与应用、农牧民适用技术培训。按照国家发改委“总体规划、分类指导、突出重点、分步实施”的批复精神，甘南州自2006年以来实施了大部分已有投资渠道的项目，2008年国家安排投资启动实施了游牧民定居工程，2009年启动了牛羊育肥小区、草原鼠害综合治理、青稞基地建设项目，2010年启动了暖棚养殖、奶牛养殖小区建设项目，2012年启动了沙化草原综合治理项目。农牧民生产生活基础设施和生态保护建设项目进展顺利。截至2015年底，黄河项目累计完成投资28.1亿元，占规划总投资44.52亿元的63.12%，其中完成国家投资17.51亿元。已有投资渠道项目完成投资10.77亿元，落实国家投资9.79亿元；新增投资渠道项目完成投资17.33亿元，落实国家投资7.72亿元，落实省级配套资金0.68亿元。

农牧民生产生活基础设施建设方面。2008—2011年共建设定居点176个，建成住宅14524套，使73708人实现定居，配套建设村道（巷道）141.98公里，人畜饮水管道189.2公里，架设农电线路462.8公里，新建和改建学校47所，配套建设82所卫生院（室），新建村委会7000平方米，新建敬老院3所。游牧民定居工程全面完成建设任务，累计完成投资13.17亿元。通过游牧民定居工程建设，使牧区生产生活方式发生了巨大变革，改变了千百年逐水草而居的游牧历史，极大地改善了牧民的生产生活条件，解决了牧区最重要最迫切的居住难、行路难、用电难、吃水难、通信难、上学难、看病难等民生问题，使广大牧民充分享受交通、供电、供水、通信、教育、医疗、文化娱乐等方面的公共资源和公共服务，提高了牧区社会发育程度和牧民素质。青稞基地建设项目完成青稞种植基地建设25万亩，良种繁育基地2.5万亩；建成49个牛羊育肥小区，修建暖棚5257座；建设奶牛养殖小区11处，修建暖棚801座9.6万平方米；修建暖棚4042座32.3万平方米，建设饲草料基地4.5万亩；人畜饮水工程解决了31.63万人的人畜饮水困难；建设户用沼气18820户；完成州级草原防火指挥中心和碌曲、玛曲、夏河、卓尼、合作五县市草原防火站建设；建成州级防火体系 1 个，购置了六县市防火设施。

生态保护与修复方面。退牧还草工程完成面积 93.66 万公顷，其中禁牧 23.66 万公顷、休牧 70 万公顷，补播改良 43.79 万公顷，建设人工饲草地 0.33 万公顷，舍饲棚圈 3000 户；天保工程森林管护面积增加到 42.90 万公顷；重点公益林管护面积 15.53 万公顷；累计完成人工造林 1.86 万公顷，封山育林 2.49 万公顷，森林抚育 1.37 万公顷；草原鼠害综合治理项目综合治理草原鼠害面积 111.6 万公顷；沙化草原综合治理工程治理退化草原（黑土滩）6 万公顷，治理流动沙丘面积 1282 公顷。

三、项目建设取得的成效

通过多年来坚持不懈的努力，甘南黄河重要水源补给生态功能区生态保护与建设已初见成效，生态恶化得到初步扭转，草原生态保护得到明显加强，人口、资源、生态与经济发展的关系得到有效改善和协调，水源涵养能力得到进一步加强。通过退牧还草工程、草原鼠害综合治理等项目的实施，天然草原植被有了一定恢复，生态环境改善比较明显，草场区域牧草平均盖度增加了 12.8%，生产能力提高 69.9 千克／亩。全州草原植被综合盖度达到 96.3%。林业生态保护得到加强，每年落实森林管护面积 643.4 万亩，封山育林 12.3 万亩，有效保护公益林资源 233 万亩，完成退耕还林 59.7 万亩，受益农户达 4.4 万户 20.9 万人。2000—2015 年，全州林地面积增加了 100 万亩，森林面积净增 134 万亩，森林积蓄量净增 540 万立方米，森林覆盖率提高 3.59 个百分点，达到 23.44%。湿地保有量面积达到 55.44 万公顷，沙化草原面积 36.36 万公顷，流动沙丘面积 2235 公顷。通过牛羊育肥、奶牛养殖、暖棚养殖项目的实施，可使 231.8 万个羊单位的牲畜从天然草原上转移出来，减轻天然草原压力，增强天然草场的产草能力，年平均增加 134.8 万吨优质天然牧草，极大地缓解了牧区草畜矛盾，为转移超载牲畜和半农半牧区发展草产业找到了一条畜与草结合的良性发展途径。项目区广大农牧民群众在黄河项目的受益下，生产生活水平有了较大提高，生产生活方式发生了较大转变，生态保护的观念已深入人心。据碌曲县统计，目前全县农牧民已基本实现水、电、路、电视、电话网络全覆盖，拥有 3 件以上日常家用电器和机动交通工具的家庭达到 97%以上。2015 年，全州城镇居民人均可支配收入 19656 元，增长 16%；农牧民人均纯收入 5928 元，增长 18%。

2016 年 11 月 23 日

风雨十载，见证碌曲巨变

梁明光[①]

2006年6月，根据组织安排，我担任中共碌曲县委副书记、县长一职；2011年，组织又任命我为县委书记。转眼间，十年光阴匆匆流过。十年间，全县各族人民在县委、县政府的坚强带领下，极力之所举，众智之所为，谱写了一部艰苦奋斗、拼搏奉献的创业史，一部励精图治、求真务实的发展史，一部锐意进取、争创一流的奋斗史。全县经济社会得到了长足发展，在实现小康新长征的历程中写下了浓墨重彩的一笔。

回想自己十年前初来碌曲，县城没有林立的高楼，没有宽阔平坦的柏油大道，没有供人们休闲健身的广场，没有繁华的步行街，没有车水马龙，只有几家简单的店面，整条街道看起来有些萧索冷清。各个乡镇上更是凋敝，干部最多只有二十几人，办公条件非常艰苦。村庄东零西落且交通不便，干群联系大多数情况下还靠“奔走相告”，工作开展十分困难。群众基本都在牧场上过着逐水草而居的生活，没有稳定的安居点，生活条件拮据困苦。

在上任之初的一段时间里，我与班子成员几乎走遍了碌曲的各个角落，做了大量调研工作。碌曲特殊的地理位置和高寒阴湿的气候特征，虽然在某种程度上制约了地区经济的发展，但这种

① 梁明光，甘南州人大常委会副主任、碌曲县委书记。

特殊下蕴藏的资源也是相对丰富的，有滚滚而流的洮河水源，有辽阔丰美的优质草场，有含量丰富的地下矿藏，还有令人称道的魅力名镇郎木寺、高原明珠尕海湖、则岔石林等旅游资源，可以说是得天独厚。但是，深受“重农牧轻商贸”传统思想和社会严峻形势的制约，兼因资金、技术、人才、市场等匮乏，“只有资源没有开发”的状况一直难有大的改观，有人笑称碌曲“守着宝贝受穷，捧着金碗挨饿”。十年来，县委、县政府领导班子针对这种现状，审时度势，打破思想的樊笼，为碌曲的发展谋划、尝试了很多出路，坚定地以招商引资、开放开发为发展破题，改善环境吸引外商投资，盘活资源激发内生动力，扶贫弱、强基础、破瓶颈、树品牌，“生态立县、牧业稳县、工业强县、科教兴县、旅游富县、依法治县、开放带动、项目拉动”的战略思路逐渐清晰起来，特别是在城乡建设、社会稳定、文化发展、党建保障、生态环保五个方面做了大量工作。

十年风雨兼程，十年攻坚拔寨，碌曲完成了从一座边远小城到一座高原生态旅游新城的“变身”。一栋栋高楼拔地而起，一条条油路向前延伸，一座座村落划地而建，穷山恶水换了新颜，贫苦百姓得了实惠，党的根基在碌曲扎的更加坚实，各方面发生的巨大变化是有目共睹的。

城乡面貌发生深刻变化。十年间，在县委、县政府的正确领导下，碌曲县城市规划建设更加完善。相继建成了秀隆广场、步行街、月牙湖、体育场、“两馆”等建筑，陆续实施了郎木寺城镇建设、勒尔多南路和城区南北滨河路防洪工程等一大批基础设施建设项目，棚户区改造的惠民项目也已经完成，投入大额资金实施了县城的绿化、美化和亮化工程，齐整规一的居民楼和各类商铺临街而立，通畅、快捷的交通网络已见雏形，公厕、停车场等配套设施逐渐完善，整个城市面貌较之过去发生了很大的变化。在各乡镇，牧民定居点、易地搬迁、危旧房改造等一大批民生项目相继完成，农牧民群众有了宽敞明亮的住房。全县24个建制村已全部通沥青（水泥）路，农牧户饮水安全比例、自然村动力电覆盖率都达到100%，县境内国道、所有行政村及重点企业全部通宽带网和水、电、路网，基础设施不断完善。近两年，举全县之力实施了生态文明示范（小康）村建设，大力开展城乡环境卫生综合整治，带动农牧户开展水、灶、厕的改造升级，实施人畜分离和养殖小区建设，乡村面貌一改之前的萧条凋敝和“脏乱差”，变得整洁靓丽，面貌发生了翻天覆地的变化。

农牧民生活水平显著提高。十年来，我们深入实施“1236”扶贫攻坚、“联村联户、为民富民”和“1+17+2”精准扶贫行动，动员社会各界力量，集中精力在改善民生方面实施了众多实事项目，农牧民生产生活条件得到大幅改善。通过产业扶贫、项目扶贫、专项资金扶贫，全县贫困人口大幅减少，城镇居民人均可支配收入近万元，农牧民人均可支配收入达到7032元。大力实施保障性安居工程，游牧群众有了定点住房，鞍马、牦牛被轿车、客货车辆和摩托车代替，衣着服饰、蔬菜瓜果、日用百货市场品种日渐丰富，老百姓的选择更多了，日子越过越好。乡镇教育事业发展迅速，师资队伍强了，幼儿园建起来了，所有适龄儿童全部入学，还配发了学生营养餐，“上学贵、上学难”的问题得到了解决。县内建成24个村卫生室（其中6个村卫生室在乡镇卫生院所在地），医疗设备、医护人员配备齐全，农牧村医疗服务实现了全覆盖。有了乡镇综合文化站，有了“乡村舞台”，有了村级文化活动室，有了农村互助老人养老院，有了文化体育健身广场，普及了电视和移动电话，农牧民群众文化生活更加丰富，精神文化需求得到了满足。城乡居民医疗保险、养老保险、失业保险、工伤保险、生育保险等社会保障覆盖面不断扩大，五保供养标准不断提高，特殊人群补助标准也在国家政策扶持下逐年提高，建立了社会福利院等养老机构，社会持续和谐稳定，各族群众的幸福指数和满意度不断提高。

生态环境显著改善。近年来，我们认真实施“生态立县”战略，按照国家主体功能区定位，启动实施了黄河重要水源补给区生态保护与建设项目。在保护好天然林的基础上，实施了封山育林造林补贴项目和“以电代薪”项目，并且每年动员全县各族干部群众积极参与义务植树活动，森林资源得到了有效保护。对部分草场采取禁牧、轮牧、核减超载牲畜等措施加以保护，全面落实第一轮草原生态保护补助奖励政策，草场“三化”得到有效解决。我们积极向州委、州政府争取协调，2015 年共投入资金 4947 万元建设了“千村美丽”示范村 1 个，“万村整洁”示范村 4 个，生态文明示范村 7 个。2016 年，累计投资 1.4 亿元建设了 12 个生态文明小康村，农牧村人居环境大幅改善。认真贯彻落实州委、州政府关于环境卫生整治的一系列决策部署和州委俞书记的重要指示精神，将环境卫生综合整治工作与推动藏区全域旅游发展相结合，全力实施清除垃圾“治脏”、规范秩序“治乱”、整治顽疾“治差”三大整治工程，加大对城区、乡镇和旅游景点等重点区域的治理力度，城市经营管理进一步规范，乡村人居和发展环境持续改善，旅游环境实现质的转变，生态环保意识更加深入人心。自觉融入甘南州全域旅游示范区建设大局，实施了绿色旅游长廊和万亩油菜花观赏带建设项目，并在打造“高原生态文化旅游城市”的过程中，成功举办了五届锅庄舞大赛暨香浪节活动，向世人展示了碌曲神奇迷人的形象。

人民群众思想观念明显改观。“思想解放的程度，决定着改革开放的深度和社会和谐发展的速度。”随着碌曲经济社会的发展和百姓生活条件的改善，人民群众的精神面貌和思想观念发生了深刻的变化。广大农牧民群众不再死守土地和牛羊，对新事物的排斥情绪也没有原先那么强烈了，更多的年轻人走出家门、走出大山去务工、做生意、求学。牧民们住进了温暖舒适的新居所，脱下了传统厚重的羊皮袄，穿上了艳丽时兴的服装；除了酥油糌粑和牛羊肉外，各种时令蔬菜和水果也成了饭桌上必不可少的食物；不少群众饭后会在广场上观棋健身、跳锅庄舞，生活方式发生了很大的变化。藏、汉、回等不同民族的群众能够互帮、互助、互学，和睦共处。今昔对照，老百姓也认识到了，这样的好生活源自党的好政策，对党的依赖和信任与日俱增。从“要我致富”到“我要致富”，从排斥新生事物到追赶潮流，从认为读书无用到注重子女的教育，从“事不关己，高高挂起”到“保护环境，从我做起”，等等，人民群众的思想观念变化明显而又深刻。

各级干部作风发生明显转变。过去，当干部是比较舒服的，坐在办公室里，风吹不着，雨淋不着，还拿着固定的工资。有些干部把自己看得高人一等，群众找他办事还要三番五次上门相求。老百姓谈起国家干部，语气中总是带着一些意味不明的艳羡，干群关系难以亲密，总有距离。党的十八大以来，全面推进从严治党成了治国理政的主题，就这短短三四年间，针对干部作风建设，我们积极响应中央、省委和州委号召，相继开展了机关效能风暴行动、党的群众路线教育实践活动、“三严三实”专题教育，还有正在开展的“两学一做”学习教育，在全县干部职工中大力贯彻落实中央“八项规定”、省委“双十条”和州委的实施细则，干部作风变了一个样，一道道道德高墙筑了起来，一条条思想底线划了出来。沉到基层、亲临一线的多了，遥控指挥、指手画脚的少了。与群众沟通交流时能平等相待、坦诚相见，以情换情、以心交心，为民办实事的热情高涨了，“门难进、脸难看、事难办”的现象少见了，“吃拿卡要”、与民争利的事更是很少发生。从上级领导到基层干部都能吃苦耐劳、任劳任怨、洁身自好，老百姓也愿意相信和亲近干部了，这是可喜的转变。

道虽迩不行不至，事虽小不为不成。碌曲的发展成就和巨大变迁是在曲折中寻求希望的实践成果，这是十年峥嵘岁月见证的真理。发展没有坦途大道，成功更不是理所当然。当下，我们依然有不能忘却的使命和必须承担的责任，那就是要乘着时机正好时，一鼓作气打赢脱贫攻坚战，同步实现小康。我们认识到，扶贫之于碌曲，是民生之首，是赶超之策，更是战略和全局。要实现全面小康的伟大事业，绘就碌曲未来发展的宏伟蓝图，需要全县各族人民更加自强不息的精神、更加坚不可摧的信念和更加百折不挠的勇气。只要全县上下勠力同心，我相信，碌曲的路会越走越宽，越走越快，碌曲的下一个十年会是一幅更加感人的新画卷。

2016 年 12 月

天然气入合作项目建设纪事

敏占彪[①]

我是一个土生土长的甘南人，从1978年12月参加工作，到2010年6月任甘南州经济和信息化委员会主任，三十多年基层工作的经历和磨炼，使我深刻体会到过去那个年代既是那么久远，又是那么亲近。想当年，酥油炒面拌糌粑，牛粪柴禾来取暖，下乡入户骑马走，帐篷一住半个月。那时，自己总在想，有朝一日甘南能实现交通四通八达，各种电器搬进家，牧区住楼用暖气，牛粪柴火改电炉，想想这样的生活该有多美。现在，昔日的梦想大多已变为现实。更加令人想不到的是，天然气即将逐步进入甘南城乡居民家中，真可谓紫气东来，翻天覆地。

天然气入甘南，标志着甘南州广大人民群众进入了利用清洁能源的时代，将会大大减少对草原植被和森林的破坏，对改善甘南州境内生态环境起到决定性作用。甘南天然气覆盖项目是中石油天然气集团公司支持甘南藏区跨越式发展的重大项目，是甘南各族人民非常期盼的民生工程、生态工程。2009年11月，省工信委李平主任在向中石油天然气集团廖永远副总经理汇报临夏州建设天然气管道工程时，提出了临夏天然气管道延伸至甘南的意见。省工信委要求甘南州做好天然气管道延伸至甘南的相关准备工作。

① 敏占彪，甘南州经济和信息化委员会党委书记、主任。

根据毛生武州长的批示，此项工作由当时的州经济委牵头，州发改委配合。

2010年2月5日，州经济委以《关于申请天然气入合作市项目的报告》(州经办〔2010〕24号)，请求省工信委协调做好甘南州的项目争取工作。省工信委主要领导非常支持此项工作，向中石油天然气集团致函，请求中石油天然气集团在筹建临夏州天然气输气管道的同时，延伸建设临夏至甘南天然气管道。

2月26日，在临夏天然气管道开工仪式上，毛生武州长带领时任副州长王勇及州发改委、州经济委负责人拜访了前来出席开工仪式的中石油天然气集团廖永远副总经理，就天然气延伸至甘南问题进行了书面汇报。

2月27日，省委陆浩书记在兰州宴请廖永远副总经理之际，毛生武州长做了进一步的汇报争取。

3月7日，陆浩书记、徐守盛省长在拜访中石油天然气集团时，提出了希望尽早落实天然气入甘南工程的建议。

3月17日，毛生武州长带领副州长王勇和时任州经济委主任、政协原副主席拉代同志，在省工信委朱行之副主任、基础工业处李俊海处长的陪同下，向中石油天然气集团办公厅项目规划部作了进一步衔接。其间，毛生武州长亲自前往中央党校，向在中央党校学习的廖永远副总经理作了详细汇报。王勇副州长带领州经信委负责人多次赴北京，向中石油天然气集团项目规划部作了汇报衔接。

为了加强天然气建设工作的组织领导，州政府先后成立了甘南州天然气建设工作领导小组和甘南州天然气建设协调领导小组，州政府主要领导任组长，分管领导任副组长，各县市长和州直有关部门负责人为成员，办公室设在州经济委。

3月23日，中石油天然气集团正式下发了《关于变更甘肃临夏甘南天然气利用项目建设运营单位等有关问题的通知》，临夏、甘南天然气利用项目由中石油昆仑燃气公司负责建设运营，要求在2010年下半年建成甘南天然气利用项目。

6月18日，根据中共甘南州委秘书处、甘南州人民政府《关于印发甘南藏族自治州经济和信息化委员会主要职责内设机构和人员编制规定的通知》(州委秘发〔2010〕71号)，合并原州经济委员会、州乡镇企业管理局，新组建甘南州经济和信息化委员会(以下简称州经信委)，我被任命为党委书记、主任。我接任州经信委主任后，把天然气入甘南项目作为头等大事来抓，不断完善项目前期工作，多次跑北京、上兰州，经过州委、州政府主要领导和分管领导的积极争取和省工信委的大力协调，11月10日，甘南州天然气管道建设项目可研报告，经中石油天然气股份有限公司批复，总投资3.01亿元。甘南供气管道干线起自临夏站，途经临夏市、临夏县、夏河县，止于合作市，全长118公里，管径219.1毫米，设计压力4.0兆帕，设计年输量0.78亿立方米。夏河支线起自王格尔塘镇分输站，止于夏河县，全长31公里，管径114.3毫米，设计压力4.0兆帕，设计年输量0.24亿立方米。

12月25日，中石油甘西南供气支线甘南段开工仪式在夏河县王格尔塘镇举行。

2012年初，州委、州政府印发了《甘南州成立六十周年庆典重点建设项目实施方案的通知》(甘南办发〔2012〕10号)，确定了甘南州天然气覆盖项目为甘南州建州六十周年庆典重点建设项目和献礼工程，包括了中石油管道天然气和新疆广汇集团液化天然气两部分。项目总投资约为6.95亿元，其中中石油投资3.95亿元，新疆广汇集团投资3亿元。

中石油管道天然气项目分两期实施：一期工程为长输管线工程，由中石油集团公司投资建设，总投资3.17亿元，管线总长118公里，支线31公里。在合作市、夏河县各建末站一座，管线阀室5座，管线设计直径219毫米。合作市末站最大供气量为

22.5 万立方米／日。夏河县管线设计直径为 114 毫米，末站最大供气量为 6.8 万立方米／日。2010 年 12 月 25 日开工建设，2011 年 11 月完工。二期工程为合作市和夏河县城区天然气管网工程，由甘肃中石油昆仑燃气有限公司甘南分公司负责建设，总投资 5188.97 万元，于 2012 年 6 月开工，截至 2014 年 7 月底已完成投资 3800 万元。其中，合作市城网总长 15 公里，总投资 2896.07 万元，截至 2014 年 7 月底，已完成投资 2400 万元，管道敷设 14.1 公里。设计加气站两座，最大供气量为 48 万立方米／日，预计近期（至 2017 年）年用气量达到 1886 万立方米，远期（至 2022 年）用气量达到 5055 万立方米。预计用户 34660 户，已入户 1000 余户，部分已点火通气。夏河县城网总长 7.2 公里，总投资 2792.5 万元，截至 2014 年 7 月底，已完成投资 1400 万元，管道敷设 6 公里。建成门站 1 座，最大供气量为 24 万立方米／日，预计近期（至 2017 年）用气量达到 1262 万立方米，远期（至 2022 年）用气量达到 1935 万立方米。预计用户 5000 户。

舟曲 2008 年“8·8”泥石流灾害后，新疆广汇集团援建舟曲，由省工信委李平主任积极牵线，又将液化天然气项目覆盖到迭部、临潭、卓尼、碌曲、玛曲五县，项目总投资约 1.7 亿元。截至 2014 年 7 月底，六县已完成总投资 1.3 亿元。六县城网总长 68 公里，预计用户 20340 户。截至 2014 年 7 月底，已入户 15360 户，已点火通气 937 户。

“求木之长者，必固其根本；欲流之远者，必浚其泉源；思国之安者，必积其德义。”天然气入甘南项目对生态甘南、幸福甘南建设的意义，何尝不是如此呢？

2014 年 8 月 19 日于羚羊城

迭部建县三十年来的变化

虎英海[①]

千里岷山连绵无垠地亘延在甘川交界，在座座形如玉笋、刺破青天的群峰中，有一座两耳尖尖、额头平平的虎头形石峰，如猛虎饱食，正自由自在又若有所思地蹲坐仰脸观赏天景，活像一幅巧夺天工的猛虎望月图，人称虎头山。它山头白雪皑皑，山腰青松翠绿，山脚下清澈见底的白龙江由西向东缓缓流去。北岸有一座新兴的生气勃勃的县城，这就是甘南藏族自治州所辖的迭部县。

迭部县，是甘南建州9年后的1962年1月新建立的。由于山大沟深、交通闭塞的自然环境和历代封建统治，新中国成立前，这里藏族同胞的生活处于极度贫穷落后的状态。医院无一座，学校无一所，公路无一寸，电力、商业等更是一片空白，是地地道道、名副其实的穷乡僻壤。

一张白纸好画最新最美的图画。在党的民族政策的光辉照耀下，新中国成立以后，特别是1962年建县以来，这里的各项事业得到了迅猛发展。真可谓是翻天覆地的30年。建州40周年的时候，我们搜集了这翻天覆地变化中几个小小的片段。这些片段对这个地区的整个变化来讲，就好像是滚滚白龙江滔滔浪花中的几颗水珠，是很少的一部分，但凭这个“小小的片段和很少的一

① 虎英海，甘南州宗教局原局长。

部分”，已能足以说明“只有社会主义能够救中国”这样一个伟大真理。

街成行，楼成排，荒滩变城廓

迭部县城坐落在原电尕寺坪台的山麓，前面是白龙江一湾碧水，江南岸是巍峨的虎头山。北靠岸，南临水，又有猛虎做卫士，真是靠山傍水，气候宜人，且财气、福气双全的好地方，加之房屋均系新建，给人一种欣欣向荣、蒸蒸日上的感觉。

可是谁能想到，新中国成立前，这里是一片河谷荒滩，除了荒草和卵石，就是沙滩红柳。据说在千年以前，这里住过人家，有过村庄。但由于发洪水，白龙江泛滥，淹没了农田，冲毁了房屋，加之惧怕强盗，人们只好向山上转移。从此，这里就变成了荒野，直到 1962 年建县时，仍然是一片荒滩。

建县后的发展速度很快。县城的房屋建筑从无到有，迅速扩大，按地处大山深处的一个民族地区新建县份来说，它现在已是一个有相当规模的县城了。迭部县城和一个国营厂矿连在一起，占地总面积 5 平方公里左右，按有粮户关系的城镇常住人口计算，县城人口接近万人，还有数千流动人口。城中有一条宽畅的主街道和一条滨江路，贯穿东西，形成两横，一条在两横之间、与两横并行的东西路已部分建成；若干条南北街把两条东西路连接起来，形成若干个“工”字形、“井”字形。主要街道两旁种植着整齐的钻天杨树，像严肃的哨兵，护卫着新镇。约 50 栋三层以上的大楼，从一排排整齐别致的红瓦平房中间崛起（大多是改革开放后新建的），显得格外高大，第一次进县城的老百姓说这些楼房“活像座座小山”。百货、杂货、食品、烟酒等商店和各种饮食服务性铺子布满县城的大街小巷，其中绝大多数都是党的十一届三中全会以后新办起来的，大大方便了职工、家属和整个城镇居民的生活，活跃了市场。

商店的商品五颜六色，琳琅满目，吸引着一批批顾客不由自主地进入商店，即使无钱或不买东西的人也想进去看看。进城的农民进了商店，先饱眼福，然后才找自己要买的商品。街道两边各种大小餐馆飘散出阵阵诱人的香味，让人忍不住想进去吃一碗。

某年春天的一个星期日，一位年过花甲、白发银须的老人，身着紫红色氆氇藏袍，背着两手，慢条斯理地在县城的大街小巷里转着。他走走停停，从百货商店里出来，又进了新华书店，刚看完一场电影，又站在一座大楼前发呆，嘴里“啧啧”地赞叹着，不停地摇晃着头。他是下迭某乡还俗和尚更登老人。为什么这位更登老人对县城的建设成就尤其感到吃惊呢？原来，40 年前他在这里曾有过一次不幸的遭遇。

1946 年春天，已落发出家在本地的某寺院做了小和尚的更登，怀着向望未来的憧憬和深造的决心，被父亲领着去白龙江源头的郎木寺。他们俩赶着舅舅家的灰骡子上了路，离家后的第四天到了今县城的这个地方，露宿在沙滩上的一棵河柳树下。人说：“旺藏寺的葱，电尕寺（县城所在地）的风。”这话一点不假。虽已开春，但这里的西北风呼呼地刮个不停，尤其是傍晚。这天又是一个阴天。虽然行李单薄，寒风袭人，但由于一天路途的劳累，他们还是用毡衣捂着头，美美地睡了一觉。后半夜醒来一看，灰骡子不见了。“这是借用舅舅家的牲口，丢了怎么办？”当时，把父子俩吓得不知所措，急忙起来四处寻找。一直找到第二天中午，连骡子的尾巴也没有找到，才断定是被贼人盗去了。于是一老一少含泪咽愤，背着行李和炒面，迈着沉重的步子，离开了这片沙滩柳林，继续上路。从此，在更登老人的回忆里，这里是人间最荒凉、最倒霉的“鬼地方”。

四十多年后的今天，同样是在这块“鬼地方”，他看到的却是座座“小山般的”高楼大厦，见到的是百货商店里使人眼花缭乱的商品，目睹了整齐的街道和大街上熙熙攘攘、不断来往的人群，以及各种车辆，内心难以言表的激动心情可想而知！

向文明，辞瘟神，翻身做主人

新中国成立前，迭部沟处于半奴隶半封建的落后愚昧状态。直到甘南建州的时候，这里的文化教育、医疗卫生等还完全是空白。1958 年反封建斗争前后，逐步建立了一些学校和医疗机构，但仅仅是个开始，数量、质量都十分有限。到 1962 年建县时，只有八九所学校，二三十名教师，在校学生不到 400 人；全县 3 个刚建立的卫生院，设备简陋，药物奇缺，医务人员只有 10 人左右。不管是学校或卫生院，都是利用寺院等旧房屋将就的。

现在，迭部县有医疗机构 29 个，其中县城有县医院、藏医院、妇幼保健院等 6 个医院（含厂矿医院），重点乡卫生院 3 个，一般乡和厂矿企业等的卫生院 19 个，床位近百张，医务人员（含职工）总计 220 余人（其中藏族 69 人）。农村有大队合作医疗站 52 个，赤脚医生 71 人，队队有卫生保健员。只县医院一个医院的统计，每年住院治疗的病人千人左右，门诊治疗近三万人。在迭部的国营省属企业七九二矿、迭部林业局两个职工医院，也经常接受前来求医的当地病人。山沟里缺医少药的面貌得到根本性改变。

笔者曾访问过一位女儿被医院从生死线上抢救回来的年轻父亲。他叫道九，是个农村拖拉机驾驶员。1980 年，他还不到周岁的女儿小美尕得了重感冒，因未能及时治疗转为肺炎，最后又由于发高烧导致严重脱水。送进医院时，呼吸都十分困难。年轻的父母还有孩子的舅舅都认为孩子“没救了”。入院后，输送氧气的橡皮管对准小鼻嘴整整挂了 18 天。孩子终于被日夜辛勤操劳的医务人员救活了。

一个月以后，当父母抱着病愈的女儿出院的时候，恳切地同大夫握手，又向护士告别。道九同志用他那扭方向盘的粗黑大手紧紧抓住主治大夫的手，视线模糊起来，泪珠从他那黝黑的脸庞上滚落下来。这是道九当父亲以后第一次流泪。这眼泪里，有他对医院、大夫和护士们的由衷感激，又饱含了对获得第二次生命的小女儿的极大庆幸，还夹杂着对早年因缺医少药而死去的父母的沉痛怀念和惋惜……

20 世纪 50 年代初期，全国虽已解放，但迭部还没有合作化，连土改都未进行，一切和解放前一样。那年，道九刚两岁，他母亲难产，整整在土炕的破席上喊叫了三天两夜，最后含愤闭上了眼睛。不久，父亲得了伤寒感冒，发高烧，无医无药，只有白白地等死。道九想：如果是今天，一个普通的感冒病，一个难产，怎么会送了父母的命呢？同样，若在过去，小美尕也难以闯过重病这一关。想想过去，看看现在，他怎么能不激动呢？

这些不堪回首的悲惨时代已经成为历史了。由于医疗卫生事业的发展，迭部县的人口有了较大增长，全县总人口从建县时的 24100 多人增加到 49300 多人。其中农村人口从 22300 多人增加到 36200 多人。

目前，迭部县有各类学校 94 所，与建县时相比，增长了 9 倍。其中，完全小学 40 所、中学 6 所，在校生 7510 多人，比建县时增长了 12 倍。包括民办教师等，有教职工 530 多人。其中，专职教师 410 人（其中藏族 240 多人）；大专以上学历 50 多人，中专学历的 196 人。建县以来，培养了一大批高中、初中和小学毕业生，其中很大一部分人毕业后回乡务农，山沟里有了一代有文化的农牧民。还向省内外的各大、中专学校选送了一批批学生。仅从 1977 年全国恢复高考以来，全县考入大专以上的学生有 160 多人，中专生 692 人。

随着教育事业的发展，本地的民族干部和职工队伍也逐步成长壮大起来。现在全县干部职工总数 820 人，其中藏族 363 人。

除医务人员、教师外，有行政干部630多人，其中藏族260多人（大专以上学历52人，中专学历96人，高、初中学历106人）。乡（镇）党政干部171人，其中藏族130人，全县科级干部240人，其中藏族98人。乡镇领导56人，其中藏族42人。县级干部15人，其中藏族10人。

现在，这里有些村寨有二三十人，甚至四五十人走上工作岗位，其中洛大乡洛大村参加工作的就有一百多人，最多的一户人家有六个人在国家机关、学校从事不同岗位的工作。

路似网，车如梭，天堑变通途

迭部沟的山大沟深可谓鼎鼎有名。这里群峰林立，峡谷幽邃。新中国成立前，由于历代统治阶级只知道剥削人民、压迫人民，不为人民办事，加上特定的自然环境，那时这里的交通十分不便。达拉乡的“达拉”二字，意为“虎穴”，难进难出。1935年，红军长征经过此地时，失足掉崖落水和因掉队被土匪、强盗推下崖、水而牺牲的就有近一百人。益哇乡的“扎尕那”是“石箱子”的意思，进不去，出不来。还有举世闻名的天险腊子口和九龙峡、泥石峡、尼傲峡等峡谷天堑。邻近地区流传一个顺口溜这样说：“知子[①]、各子要路钱，纳加、尕古鬼门关，扎尕那是阎王殿。”这不仅是对旧社会扎尕那地区地形险要、社情复杂的真实描述，也是对山大沟深的旧迭部地处僻壮、交通闭塞、强盗出没的写照。

1958年前，在整个迭部县境内，不仅没有一寸公路，而且绝大多数路段都是羊肠小道，许多路段甚至单人或者牲口都不能错开而行，必须一方退让到较宽处才能让开。尤其是人称“九龙金锁”的九龙峡，居迭部几大峡口之首。天险腊子口名传天下，但九龙峡比它还要险十倍。几公里长的石峡，看天一条细线，有时

① 知子、各子、纳加、尕古，均为地名、村名，都在扎尕那一带。

细线也中断，两岸是仰首不见顶的陡立如削的石峰，谷底是翻滚奔腾、咆哮如雷的白龙江，最窄处岸距只有三米左右。真是“足下白龙吼，顶上峭石悬”，使身临者望而生畏，毛骨悚然。在公路修通之前（1959 年打通，1968 年整修），人畜行走的是横嵌悬架在悬崖绝壁上的栈道，是在陡崖上打出孔，支柱架梁，然后铺板而成。由于山高崖陡路险，在漫长的岁月中，不知有多少人和畜不慎失足，坠入滚滚的白龙江喂了鱼。1935 年，红一方面军长征路过迭部时，从旺藏到麻牙寺 30 里（15 公里）路程，因要通过九龙峡的石峡栈道和数座年久失修的独木桥，而整整走了一天。下午 4 点，队伍到达麻牙寺南岸的多儿沟口后，又因一座独木桥只能一个人一个人地通过，几千人的队伍一直到深夜 12 点才全部通过，过一座桥就用了整整 8 个小时。

新中国成立后不久的 50 年代，英雄的中国人民解放军消灭了流窜的马良残匪后，又向九龙峡开战，攻下了这个天险中的天险，1959 年初步打通了两郎（两河口至郎木寺）公路，写下了迭部交通史上光辉的第一页。60 年代末，几千筑路大军汇集九龙峡，苦战两年，整修加宽了这里的公路，使这个当年连行人都不能错身走的地方，如今能够对开大卡车。前几年，地处九龙峡一带的麻牙乡人，在峭壁上用绳索悬身，惊险作业，艰难施工，硬是在让人望而目眩心惊的千丈陡崖上，开凿出了一条宽两米的水渠。并开垦了九龙峡口南岸 1300 亩干旱坪台荒地，使这块千年因旱而不能开垦利用的荒坪变成了水地良田，把九龙峡变成了一幅现实生活中“公路盘山过悬崖，更有天河飞峭壁”的诗画卷面。

“天堑变通途”，“银河落人间”，都是历代诗人纸上的豪言壮语和美好愿望，而如今的九龙峡，不仅“金锁”已开，天堑成了通途，而且将白龙牵上了峭壁悬崖。

如今，迭部沟昔日的一个个独木桥不见了，取而代之的是一座座钢筋混凝土桥。在全县境内，这种桥就达 30 多座。还架设了几十座吊桥，大大方便了山区群众。

现在，迭部县已有通往四川、岷县和武都的3条干线公路，县境内全长150多公里，乡村和林区公路近300公里。虽然绝大多数村寨在高山、半山或深沟里，但现在全县所有12个乡镇以及52个行政村中的44个、250多个自然村中的103个都通了汽车。各山沟里的原始森林也得到了充分开发，过去连一辆架子车都不见的迭部沟，如今是车水马龙，每天有几百辆汽车在干线公路和各山沟的林区公路上穿梭往来，把山区的林产品等运往祖国各地，并把内地的工业品拉进山区，加强了山区和内地的互相支援，增强了民族团结。

党和人民政府对少数民族和山区建设的关怀，迭部人民是万分感激并牢记不忘的。1970年，达拉沟一座取名为“红军桥”的混凝土桥竣工后，附近村寨几位头花发白的老大娘，让孩子们扶着，花了整整一天的功夫，带着“看个究竟”的心情，专程前来参观这座“石桥”。到了桥上，她们看了又看，摸了又摸，不住地摇头惊叹。其中一位激动万分地说：“千百年来，我们祖祖辈辈信神拜佛，可从来没有见过哪个统治阶级、哪一位神仙，为我们修过一寸路，架过一座桥，哪怕是一座独木桥；今天，共产党、毛主席把大路修进了我们小山沟，还架起了这样使人不亲眼见都难以相信的石头桥。毛主席、共产党才是活着的神仙，值得我们磕一百零八个响头。”

夜明珠，替松油，众星落九天

在旧社会，迭部沟别说电灯，连煤油灯也未曾见过，极个别很富有的人家也只能点一盏清油暗灯。广大劳动人民点的是松亮[①]和干竹竿，有的甚至摸黑过日子。直到1962年建县时，这里的电

① 松亮，又称松明子，带油较重的油松柴，劈碎点燃，用来照明。

力仍然是空白。

新中国成立以前，由于自给自足的自然经济和山大沟深、穷乡僻壤、与世隔绝的地理环境，这里能使人笑掉牙齿的少见多怪故事颇多。1930 年左右，桑坝乡某村的一个年轻人，用以物换物的方式，用一百斤小麦从一个岷县小贩手里换了一个装两节电池的手电筒。据说是这条小沟里的第一个手电，他为这“第一个”高兴得三天三夜没睡好觉，一会儿摸摸，一会儿拿出来照照，以为这个宝贝东西能够长期使用，至少可以用三五年，根本不知道还需要换电池。结果用了一个月就不亮了，才知道是上了当。在这一个月的使用期间，家里也闹出了许多笑话。他的老母亲多次提醒他：不要拿着那“摸不透的新玩意儿”到草房去，不然会燃着干草，酿成火灾。当他解释这东西不能点火燃烧时，老母亲很生气，说他“不忠不孝，欺骗老人，明明是光，怎么能不着火呢?”

有一天，这位老大娘在灶门堆好了碎柴，让孙子把那手电拨亮，拿去放在碎柴堆里，等着点燃。等了半天没动静，才知道这东西不能用来点火。然而又不知怎么熄灭，先狠狠地吹了几口，使劲儿甩了甩，又赶快把电筒头埋进灰里……一会取出来一看，仍然亮着，又一个小跑，将电筒塞进大铜锅的水里……老大娘急得不知所措，满头大汗，旁边笑翻了小孙子。

闹这种奇闻、滑稽笑话的时代终于结束了。1962 年建县以来，尤其是 70 年代以来，这里的电力事业有了飞速发展。到 1991 年年底，除省属企业和县城的 3 座电站外，乡村小电站就有 22 座，装机容量近 1 万千瓦，年发电量 150 万度，农村 60%的农户用上了电灯。每当夜幕降临的时候，山沟里座座电站的机组隆隆转动，通过蜘蛛网般的输电线路，把光明带给村村寨寨的千家万户。高山、深沟里的藏家农（牧）户，破天荒地第一次用上了电灯，结束了自古以来用油松和竹竿照明的历史，“点灯不用油”的神话在这山沟里也变成了现实。

昔地狱，今天堂，富满藏家院

新中国成立前，这里藏族群众的生活有两个显著特点，一是贫困落后，二是自给自足。除了粮食自己生产外，穿戴的都是自产的牛羊皮和毛麻织品。日常生活所需要的食盐、火柴、辣椒、针线等，都是用羊皮、猪鬃、粮食等，采取以物易物的方式，高价从小贩手里交换来的。上文提到的一百斤小麦换一个手电筒就是一例。

黑暗腐朽的社会制度和自给自足的自然经济，以及闭塞的交通，使这里出奇的落后。1940 年前后，有个人去内地回来后说：“有种方柜，一种瓶子，十分明亮，从外可以看得见里头的东西。”当时听的人都频频摇头，认为这是不可能的，是胡说瞎编的，全村没有一个人相信他的话。后来才逐步知道真有其物，他说的是玻璃柜台和玻璃瓶子。

到 1962 年建县的时候，县城和一两个重点乡镇才建立了几个小商店，都是利用寺院和地主的旧房开办的，且规模很小，营业额十分有限。建县之初，在商业、供销、医药都在一起经营的情况下，职工只有 40 多人，流动资金 40 万元，年销售额 132 万元，年利润 8 万多元。现在商业、供销、医药三家（包括省属两个厂矿企业的商店）共有职工 290 多人，流动资金 879 万元，是建县时的 21 倍；年销售额 1256 万元，是建县时的近 10 倍；年利润 40 万元，相当于建县时的 5 倍。集体、个体工商户年销售额达到 5.7 万元。

全县的粮食产量，从 1961 年的 1040 万斤，增长到 1990 年的 2600 多万斤，是建县时的 2.5 倍；大牲畜从建县时的 13300 多头（匹），发展到现在的 44500 多头（匹），相当于建县时的 3.3 倍；山、绵羊从不到 1 万只发展到 7 万多只，是建县时的 7 倍多；猪从 1961 年的 3580 多只发展到 19500 多只，是建县时的 5 倍多。

部分乡、村的牲畜数量，建县以来增长了 10 倍左右。

随着农牧业生产和其他各项事业的发展，社员群众的生活得到了很大的改善和提高，出现了一批劳动日值两元甚至三元以上、户均收入千元以上和人均口粮千斤以上的村。卡坝乡，1991 年全乡平均劳动日值两元，是全县第一个劳动日值超两元的乡。

新中国成立前，这里的群众穿的都是麻布和皮袄之类，绝大多数没有衬衣。新中国成立以后，逐步从麻布时代向市布、卡其布等发展，现在又转向条绒和涤卡、涤龙等化纤、混纺品。桑坝乡道扎村一个 60 岁的老汉，看着年轻人穿着条绒、涤卡等布料衣直接参加劳动，就感慨地说："幸福，真的都让你们给赶上了。我们小的时候，谁家从岷县买一件家织粗布衬衫，那都是稀罕货，只是逢年过节时穿一穿。一件这样的粗布衫可以穿一辈子，有的甚至还留给后代。今天你们穿着条绒、涤卡参加劳动，实在让我后悔自己生得太早了。"

建县时，迭部县的农村没有一只手表、一部收音机、一辆自行车、一台缝纫机。民众把这些东西视为稀罕物、怪物，见了就像发现新大陆一样新奇。1964 年，桑坝乡小学的一位老师，买了一部粗制笨重的我国第一代收音机，这也是这条沟里的第一部收音机。当时，社员们谁也不知道这里头的说唱是从北京、兰州等地的广播传来的，都说收音机像留声机一样，声音是制造时就录在里面的；衣着单薄的学生们，不顾凛冽的寒风，蹑手蹑脚来到这位老师的后窗下，兴奋地听到深夜，久久不想离去！

现在别说干部职工，农村中许多社员都有了这类高档商品。据哈岗、然闹、拉路、沙让、傲傲等村的调查，手表、收音机、自行车、缝纫机几样东西中有一样的户数占总户数的 95%，60% 的人家有两样或两样以上，10%左右的人家有了收音机。

乡乡都有了汽车，一半以上的乡有两三辆以上汽车。电尕乡有 27 辆，已组成了车队。卡坝等乡有了客货两用丰田车。拉路、牙安、电尕等大队和尼沙、尼鲁卡、傲傲等十来户至二十户人家的小村也都有了载重大卡车。实行包产到户，特别是改革开放后，群众收入有了大幅度提高。随着经济收入的增长，出现了个体买汽车跑木材运输的，并且迅速增加，到1991年底，全县个体运输车辆已达百辆。加上乡村集体的，有二百多辆汽车跑运输。拖拉机、脱谷机、磨面机等农机具的数量比汽车数量还可观得多。

迭部沟贫困落后的时代已经结束了。广大藏族同胞作为社会主义祖国大家庭的一员，正满怀信心地走在“四个现代化”建设的大道上。

草场承包到户给碌曲农牧民群众带来的新变化

尕藏南杰①

碌曲县是甘南州下辖的以藏族为主的纯牧业县，位处甘、青、川三省交界，是甘肃省重要的畜牧业生产基地之一。全县牧业人口占总人口的80%以上，草地畜牧业始终是全县的基础性产业和支柱产业。

这个位于青藏高原东部边缘的新兴草原小县，是我生活、工作了半个多世纪的家乡。我出生在20世纪60年代，作为一名土生土长在碌曲县双岔乡青科村洮河岸畔的县级领导干部，在我的记忆中，那时的碌曲县是一个贫穷落后的县，是一个牧民群众逐水草而居靠天养畜的落后游牧之地，也是草地植被和生态环境未受丝毫破坏的一片净土。

改革开放的近四十年里，历届县委、县政府认真贯彻落实党在农牧村的方针、政策，把农牧村发展、农牧业增产、农牧民增收作为事关全县社会稳定、经济又好又快发展的首要问题，全面深入贯彻落实强农惠民富民政策，始终强化畜牧业的基础地位不动摇，不断促进全县农牧村经济稳步发展。我亲眼目睹、亲身

---

① 尕藏南杰，政协碌曲县十三届、十四届、十五届委员会主席。

经历了碌曲县从一个昔日贫穷落后的高原小城，发展成为如今的“高原明珠”。我认为这些变化、发展都是从1996年实行草场承包到户政策开始的，草场承包到户的每个阶段我仍历历在目。

一是实行草场承包到户，使草原得到有效的保护，使畜牧业生产力得到进一步提高，使农牧民收入不断增加。从20世纪80年代开始，由于人为和自然的双重因素，碌曲的草地资源出现了严重退化，部分地区甚至出现了沙化的趋势，这从根本上制约了碌曲县经济社会的稳步发展，同时给依赖于草地植被发展的自然生态系统埋下了隐患。由于草原“三化”现象不断趋于严重，使农牧民群众的生产生活受到一定程度的影响。1995年，州委、州政府作出了《关于进一步落实完善草场承包责任制加快草原建设的决定》，制定颁布了《甘南藏族自治州草场承包责任制实施细则》。根据州上的统一安排部署，碌曲县委、县政府结合县情实际，制定了全县草场承包建设实施方案，经过县乡两级艰苦细致的工作，截至1999年底，完成了4个牧业乡14个行政村的草场承包到户任务。全县4个牧业乡累计承包各类草场405.01万亩，占草场总面积的94.45%，占可利用面积的97.24%。2002年，又相继完成了3个半农半牧区乡的草场承包工作。目前，全县草场承包面积达到628.4万亩，可利用面积595.98万亩。通过草场承包到户，极大地促进了农牧民群众传统观念的转变，逐步理顺了人、草、畜的关系，调动了农牧民的生产积极性和对草场投入的信心及责任心，良好的经济效益、生态效益和社会效益逐渐在农牧村得以显现。

二是通过配套推行禁牧休牧、基本草原保护和划区轮牧制度，消除了草地生态环境由于过牧而导致的退化现象的发生。草场承包到户后，全县上下依照国家和省、州政策严格落实草畜平衡制度和禁牧、休牧制度。这两项工作都是政策性强、涉及面广、工作量和难度较大的。草原监理机构是完成这两项重要工作的主要力量，尤其是工作在第一线的草原监理人员，为此做了大量艰苦细致的工作。他们夏日冒着艳阳下高原强烈的紫外线，春秋季节又冒着严寒阴湿，沐风沥雨分批深入全县广袤的草原，如同测量天尺般，一步一个脚印地早出晚归，跋山涉水，钻帐圈、进牧点，核定载畜量，签订草畜平衡责任书，核查草畜平衡执行情况。在禁牧、休牧制度落实工作中，草原监理人员所承担的工作量是难以用数字计算的。经过连续几年的宣传和扎实推进，碌曲县开展的草畜平衡试点工作和禁牧、休牧工作进入了一个新的历史起点。

三是通过认真实施“牧业稳县”战略和农牧互补战略，巩固并优化了草场承包到户的成果。县上通过实施“六化”家庭牧场（草场围栏化、牧民定居化、饲草料基地化、圈舍暖棚化、防疫规范化、牲畜良种化）建设，加大了草地畜牧业基础设施建设的投入，加快了农牧业经济结构调整步伐，同时大力开展草原“三化”治理工程，进一步完善防灾救灾体系，使草地畜牧业逐渐摆脱了牲畜“秋肥、冬瘦、春死”的传统生产方式，草地畜牧业由此走向稳步发展的路子。进入新世纪以来，畜牧业开始由自然经济向市场经济、数量型向效益型、传统型向现代化转变，初步形成具有牧区特色的草地畜牧业产业化发展格局，碌曲县也一跃成为全州草地畜牧业建设发展的一面旗帜。

玛艾乡、尕海乡、拉仁关乡、郎木寺镇于 1996 年开始相继完成草场承包到户工作后，县上便以项目建设为载体，相继实施“六化”家庭牧场建设，目前已在上述 4 个纯牧业乡镇建成了 2434 户不同规模和类型的“六化”家庭牧场，使全县农牧业科技含量达到 30%，有效地加快了草地畜牧业资源优势向经济生态优势的转化。体现农牧业增产、农牧民增收的主要经济指标——牲畜总增率、出栏率、商品率，分别以每年 2.38、0.46 和 2 个百分点的幅度增加，有力地促进了畜牧业增产和农牧民增收。

通过实施碌曲县天然草原恢复与建设、碌曲县退牧还草工程等项目建设，使全县沙化、盐碱化、退化的草场得到了有效控制，草场的生产能力显著提高，平均产草量达到 372.6 公斤／亩，较项目实施前提高了 83.8%，草场植被覆盖度由以前的 75.7%提高到 97.2%，杂毒草下降了 36.2%，再加上草畜平衡和禁牧、休牧、划区轮牧等基本制度的实施，使全县牧区草丰畜旺，为草地畜牧业由可持续发展走向产业化道路打下了坚实的基础。

“六化”家庭牧场建成后，通过科学管理经营，一大批农牧户实现了由传统畜牧业向现代畜牧业的跨越，由自给、半自给生产向较大规模的商品化生产转化，并以此为龙头，辐射带动了大批农牧民以家庭牧场形式集中连片发展规模化的商品生产，逐步形成具有牧区特色的草地畜牧业生产新格局。截至 2016 年底，全县牲畜存栏达到 58.11 万头（只），总增率为 35.41%，出栏率为 45.66%，商品率为 43.58%，全县农牧村居民人均可支配收入达到 7032 元。同时，有效解决了畜牧业发展中的三个“瓶颈”问题。第一是通过建设“六化”标准家庭牧场，使草地畜牧业经济发展再上新台阶，解决了原先农牧民生产、生活水平不高的问题。第二是通过优化草地畜牧业生产格局，解决了为畜牧业生产走向产业化打好基础的问题。第三是通过生态环境建设的集约化措施，解决畜牧业可持续发展的问题，探索走出了一条符合碌曲草地畜牧业实际的科学发展的路子。

四是通过全面落实草原生态保护机制，为草场承包到户后的草地畜牧业强劲发展积蓄了后劲。碌曲县是甘南州重要的畜牧业生产基地，畜牧业的发展水平直接关系着全县国民经济综合实力的强弱。为了彻底解决草畜矛盾，合理配置草地资源与加强草原基础设施建设，从根本上改善草地生态环境，碌曲县坚持立草为本，致力于草地生态综合整治，建立了人工草场与饲草料基地建设相配套的体系。根据国务院《关于促进牧区又好又快发展的若干意见》和农业部、财政部《2011 年草原生态保护补助奖励机制政策实施指导意见》，在2011年至2015年五年间，全县全面落实第一轮国家草原生态保护补助奖励机制政策。五年来，按照草畜平衡奖励资金1113.97万元/年，禁牧补助资金1700万元/年，人工种草补贴资金100.96万元/年和牧户生产资料综合补贴267.95万元/年，五年共计将15914.4万元补奖资金全部通过“惠农一折通的方式”发放到农牧民群众手中，使草原生态环境得到了有效恢复，使碌曲县草地畜牧业可持续发展在草原生态保护方面有了长效机制和根本保证。

通过30多年改革开放的实践，我认为20年前的那场草场承包到户政策的实施，是碌曲县乃至全州畜牧业发展史上彻彻底底的一场“革命”，这一“惠民利草”决策的落实以及国家相关配套政策的相继实施，确确实实给农牧民群众带来了新的变化。

首先，草场承包到户工作的实施，有力地促进了农牧区社会的和谐稳定。草场未承包之前，广大农牧民群众过着逐水草而居的靠天养畜生活，过牧和越牧现象在一些地方相当严重，草畜资源搭配不平衡，从而引发的草场资源边界纠纷在20世纪八九十年代接连不断，在碌曲县曾相继发生过甘青、甘川以及县域之间、乡镇之间的边界纠纷十余起，给边界地区的农牧民群众生产生活乃至生命财产造成了重大损失，严重影响了社会的和谐稳定和县域经济的发展。在发生大规模草山边界械斗的日子里，所涉各级党委、政府的工作重点一度集中在处理纠纷上，所涉群众根本无法安居乐业。草场承包到户后，农牧民群众按所划定的草场有规律地放牧，逐水而居的生活改为定居，铁丝网围栏明确划定了草界，从而大大消除了因争夺草场资源而引发的边界纠纷。边界稳定了，农牧民安心定居了，过牧和越界放牧现象没有了。农牧民群众的人居环境改善了，社会和谐了，日子富裕了，农牧村经济也得到了快速发展。

其次，通过草场承包到户，使得草场的使用、建设和保护更加有序、科学、合理。草场承包经营责任制的落实，打破了往昔群众吃“大锅饭”的局面，有效地提高了农牧民群众管理草场和建设草场的积极性和主动性。草场承包到户后，真正把草地的经营权和使用权交到了农牧民群众自己手里，使草场的“责、权、利”与“管、护、用”有机结合起来，原来的“光放牧不投入”和“互相攀比扩大牲畜存量”的私利思想彻底转变。

再次，草场承包到户的实施，为全县草地畜牧业的改造升级打下了基础。碌曲县以“巩固基础、坚持方向”为先导，进一步巩固畜牧业发展和改革成果。近两年来，不断调整和优化产业结构，发展牧民专业合作经济组织，在改造提升传统畜牧业的进程中续写了新的篇章。目前，全县兴办新型农牧业经营主体的牧户不断增多，累计培育专业合作社 237 家，先后有 12 家农畜产品加工生产企业（公司）落户碌曲，龙头企业以订单生产、保底收购等方式，与农牧户建立了利益联结机制，极大地调动了农牧民群众的生产积极性和内生动力。

还有，草场承包到户工作的实施，保证了草地畜牧业的可持续发展。为巩固基础，助推传统畜牧业稳定持续发展，碌曲县以完善畜牧业生产基本设施为抓手，大力实施“六化”家庭牧场建设。通过加强畜圈暖棚和饲草料基地建设，做到了家家有畜圈、户户有暖棚。全县人工种草面积大幅增加，90%以上的牧户都自觉地在房前屋后空余地块种植青草以备牲畜过冬度春之需。同时，县政府积极引导组织群众加大牲畜出栏，变一季出栏为四季出栏，每年举办一次农畜产品展销会，搭建流通平台，使牲畜出栏率逐年提高，牲畜饲养周期大大缩短。随着草场承包工作的巩固和完善，调动了千家万户建设、保护和管理草场的积极性，县乡政府和农牧部门因势利导，积极推行“禁牧、轮牧、休牧”措施，对“三化”严重的草场采取围栏保护，实施禁牧；把四季草场划分为若干等份，实施轮牧；在每个村留出一定数量的草场实行季节性休牧，从而使草场资源得以永续利用。

最后，草场承包到户工作的实施，改变了农牧民群众落后的生产生活方式，对牧区产业结构调整起到了“四两拨千斤”的“杠杆撬动”作用，解放和发展了生产力。碌曲是一个纯牧业县，畜牧业在全县经济社会发展中具有重要的作用和地位。然而，长期以来，畜牧业还基本上处于自给自足、靠天养畜的自然经营状态，发展极为缓慢。要加快草地畜牧业的发展及牧区产业结构的调整，提高农牧民群众的物质生活水平，早日实现农牧民群众脱贫致富奔小康的目标，就必须促进草地畜牧业从游牧方式向集约化经营转变，走科技兴牧的路子。实行草场承包到户经营责任制，对全县草地畜牧业经济的快速发展起到了巨大的推动作用。草场承包到户后，农牧村形成“老人和娃娃在村里生活，青壮年在牧场放牧，闲散劳力进行劳务输转或从事第三产业”的生产格局，方便了老人就医和娃娃上学，农牧村适龄儿童入学率大大提高，农牧民的居住条件、生活水平得到了大幅改善和提高。近年来，县上通过支持农牧民群众发展畜牧业合作经济，在政策、资金上予以倾斜，生产经营范围逐步拓展到畜牧业生产以外的畜产品销售、藏饰风格民间建筑、技术服务等领域，群众收入连续三年增长超过 15%。无畜户和草场大户仅每年租赁草场，直接使一千多户群众受益。同时，近几年来，通过大力实施精准扶贫，全县组建起来的农牧民专业合作社达 254 家，其中创建省级示范合作社 3 个、州级示范合作社 19 个、县级示范合作社 32 个，加快了牦牛、藏羊、犏牛、犏雌牛四大产业的建设步伐，提高了草地畜牧业的产业化程度和发展水平，有效增加了群众收入。通过此举，极大地节约了劳动力，一些少畜户将牲畜出售后把草场租赁给养畜大户，转产第三产业。农牧户原来放牧至少要两人以上，现在日常生产中一个青壮年劳力就能承担原来的放牧任务。节约出来的大量劳动力通过转产转业，增加了家庭收入。

综上所述，我认为碌曲县坚持“立草为业，调整结构，提高总量，增加商品”的草地畜牧业发展之路是完全正确的。今后，只要不折不扣地落实好国家的政策，加大配套建设工作力度，依法治“草”，科学养畜，积极引导广大农牧民走现代畜牧业经营发展之路，相信碌曲县畜牧业的发展前景将会更加美好！

2016年12月19日

我的统计情结

李凌峰[①]

我是一个植根于青藏高原的统计人，长期生活、工作在高寒缺氧的甘南藏区，始终坚守在统计岗位上，蓦然回首，已有31个春秋了。由当年踌躇满志的热血青年步入天命之年，银发已悄然爬满双鬓。人生如棋，落子无悔。此生我选择了统计职业，做了统计人，我今生无悔。31年春去秋来，我真切体味了统计工作的甘与苦、喜与忧，虽然劳累而清苦，但我对自己的选择没有丝毫悔意，反而为自己是一个统计人而感到自豪，并自始至终保持一贯的工作激情。

记得刚踏进统计局门槛的时候，由于我学的是自然科学类专业，与社会科学类的统计专业一点也不靠边，隔行如隔山，对统计工作可谓是一窍不通。上班后，当同事们说到统计术语和统计指标时，我犹如听天书，根本听不懂；当翻阅统计报表和统计分析报告时，我同样犹如看天书，完全看不懂。我的精神压力变大了，觉得统计工作真的好难，思想上也有了畏难情绪，心想什么时候才能胜任这份工作呢？心里是十五个吊桶打水——七上八下，感到很迷茫。

通过近三个月激烈的思想斗争，我最终的抉择是不能放弃，

---

① 李凌峰，国家统计局甘南调查队副队长。

心里暗下决心，既然入了统计行，就要干一行、爱一行、钻一行；今后绝不能有“跳槽”的念头，要静下心，沉下去，踏踏实实干统计；不懂统计业务就要潜心学习，要迎难而上。为了自己的誓言，也为了能够尽快拿下工作，白天，我虚心向老同志讨教；晚上，我在家自学《统计学原理》等基础理论以及十几种统计学书籍。一段时间里，我对统计知识的渴望是那样的强烈，经常跑新华书店，只要看到统计类书籍，不管书价高低都要买，如同迎接又一次高考。为了尽快熟悉业务，我从认真做好每一张报表做起，深刻理解每一个统计指标的含义；也从一丝不苟搞好自己的专业开始，努力学习其他统计专业知识。

随着时间的推移，慢慢地我发现自己开始喜欢与枯燥的数据朝夕相处，觉得它变幻无穷，学问深奥，很有灵性。我开始在完成报表的前提下，依据汇总数据，尝试着撰写统计信息和统计分析。起初分析水平较低，文字功底也不深，领导修改起来很费心思，有时甚至全篇否定；但我并没有退缩，也没有灰心，而是更加刻苦地钻研，一篇又一篇坚持写；功夫不负有心人，终于从量变到质变，我的分析水平逐渐得到了提高。每当自己的文章由手写稿变成铅印稿，我的心中就甜丝丝的；更让我兴奋的是，1986年10月，我撰写的《从纵横两个方面浅谈我州牧业经济发展的效益》统计分析在全省优秀统计分析评选中获得了三等奖。我心中的成就感油然而生，觉得自己的努力有了收获，心血没有白费，也深切体验到荣誉带来的欣慰与骄傲。经过二十多年的勤奋工作和不懈努力，虽然期间充满了艰辛，付出了超过常人几倍的心血和汗水，却使我渐渐从一个统计业务上的“门外汉”向行家里手转变，在统计分析写作上也结出了丰硕果实。2001年，我撰写的论文《浅谈经济欠发达民族地区基层统计工作面临的问题与对策研究》在中国统计学会首届“露露杯”全国优秀统计论文评选中荣获三等奖。我陆续在《甘南日报》《省情咨文》和《中国少数民族人口》等报纸杂志上发表统计分析文章21篇，有11篇统计论文在甘肃省统计局和国家统计局甘肃调查总队历年进行的优秀统计分析评选活动中获得名次。2002年，我被甘肃省统计局授予全省统计系统“统计分析专家”荣誉称号。在行政职务上我由一名普通统计员成长为市级国家调查队副队长。

悠悠岁月情，不泯统计情结。31载寒来暑往，我心无旁骛地坚守着统计岗位，守望着统计工作。伴随着我的成长，甘南藏区的统计条件和统计手段也在不断进步和发展。30年前，甘南藏区的统计数据是靠统计人步行、骑马、骑自行车和坐卡车深入乡村牧户调查收集；在汇总年报时靠统计人用算盘珠子拨来拨去，采用一行行、一列列地报表折叠累加汇总；又用圆珠笔和复写纸，一页页、一张张地手工复写；数据上报靠统计人用手摇电话口报和专人坐班车报送。今天，甘南藏区的统计数据收集、汇总和上报，统计人已借助现代化设备，实现了数据汇总电脑化、数据上报网络化，企业数据联网直报，已是无纸化和信息化办公。今昔对比，甘南藏区统计工作的软硬件环境得到了巨大改善，实现了跨越式发展，与内地经济发达地区的差距不断缩小，基层统计人的工作负担减轻了，工作条件改善了，社会地位提高了。历尽沧桑，多少风雨坎坷，几度外界诱惑，始终没有动摇我的统计志，心中的统计结越挽越紧。

统计人是历史的见证者，也是历史的记录者。一笔笔统计数据，反映着社会经济发展的脉搏，记录着甘南藏区的每一步发展和前进的轨迹。忠诚统计、实事求是、不出假数、真实可信是统计工作的职业道德和职业操守。作为统计人，“真实可信、科学严谨、创新进取、服务奉献”是我所追求的核心价值；“不出假数、真实可靠”是我恪守的职业道德；维护统计信誉，为“三个提高”踏实工作是我的神圣职责。在常人看来，统计工作枯燥乏味，缺少乐趣；手中没有权、没有钱，只有一堆干巴巴的统计数字；眼前没有鲜花、没有奉承，只有烦琐的统计调查方案和报表；耳旁没有掌声、没有笑声，只有噼里啪啦的键盘声。统计人很普通，普通得一般人都不知道他们究竟在干什么；统计岗位很平凡，平凡得一般人觉得统计工作是三分统计七分估计。但在我的心目中，统计工作虽没有耀眼的光环，没有诱人的实惠，没有闪光的政绩，是默默无闻为他人做“嫁衣”的工作，但统计工作在平凡中孕育着伟大，因为统计人让统计数据成为了决策者的智囊和参谋，成为了企业家的顾问和帮手，成为了连接领导和百姓的桥梁，成为了政府了解社会呼声和民意的窗口。

许多人视统计工作为畏途，因为选择了统计工作，就意味着选择了舍弃，选择了清贫；也意味着要淡泊名利，不计得失，要耐得住寂寞，守得住清贫，忍得住欲望，受得住诱惑。这是我 31 年统计工作的体会。我选择了它，而且始终没有放弃，也没有退缩，至今无怨无悔。我对统计工作有一种难以言表的情感，因为是统计工作成就了我的人生，给予了我荣誉，开阔了我的视野，培养了我严谨、求真、务实的工作作风，丰富了我的人生阅历。环视周围，我们统计人以朴实的人格、平凡的本色、辛勤的劳动，成就着统计事业的辉煌；用辛勤的汗水，描绘着甘南藏区建设飞速发展的轨迹。然而，有时候也会听到社会上对统计部门调侃的话，说统计部门听起来很富，上千万、上亿元的工农业增加值、固定资产投资额、社会商品零售额、GDP 等都出自统计人之手，但用起来没有啥，实际上是个“清水衙门”，工作既清苦又劳累，苦了自己，亏了家人。但我坚信自己的选择是正确的，因为我没有失去自己的精神家园，我所得到的东西是物质永远无法代替的。在统计这个编织富有灵性浩瀚数海的地方，我好像置身在一个并不富裕却总能让人感到充实和快乐的家。

31 年过去了，每一天、每一月、每一年，从我们统计数据的变化中可以真切感受到民族地区的发展与进步，也感受到祖国的日益繁荣与强大，自豪与骄傲之情油然而生，这种感情足以抵消工作的枯燥与劳累、艰辛与清苦。为此，我将依然钟情于统计工作而乐此不疲，永远深爱自己的职业，时刻铭记肩负的责任，时刻心怀敬畏，尽心尽力搞准每一项统计数据，以无愧于统计人的神圣使命。

2016 年 9 月 26 日

甘南乳品厂的变迁

金志效[1] 口述　　包文文[2] 整理

我出生在甘肃省静宁县城关镇的农村，父母在我年幼的时候就相继去世了，儿时我便尝尽了生活的艰辛。1973 年，我入伍当兵，刚开始在河南商丘，后又换防到江苏宜兴，一直任中国人民解放军第一野战军第二炮兵团三营指挥连驾驶员，直到 1978 年 10 月复员，回到了静宁老家。

一

1979 年 3 月的一天，我收到来自远在甘南州的二姐金秀兰的一封信，她在信中说，老家已没什么亲人了，让我来甘南，姐弟之间也好有个照应。从此，开启了我一生中最重要也是最难忘的人生旅程，自那时起，我便与甘南结下了不解之缘。

二姐在我小的时候就去了甘南，依稀记得是 1963 年前后，姐夫翟存礼是甘南运输公司的一名司机。想着自己就要去甘南找工作，到时候说不定还能开车当司机，心里是说不出的激动和兴奋。两天后，我就从静宁出发踏上了去甘南的路，当时每天只有一班

① 金志效，男，汉族，甘肃静宁人，原甘南乳品厂车队驾驶员。

② 包文文，甘肃经济日报甘南记者站站长，为金志效二女婿。

公车从静宁发往兰州，车票2.7元，可是那时候的我身无分文，掏不起车费，几经周折，经朋友帮助，我有幸搭上了静宁县运输公司的一辆便车，经过整整一天地走走停停，晚上8点多才晃到了兰州东站，因为不熟悉环境，哪里都不敢去，我就在东站一直坐到了天亮。

第二天一大早，按照姐夫在信中的叮嘱，我去了一个叫王家庄的地方，那里是甘南运输公司的宿食站，在那里找前往甘南的车，说他的名字，就能搭上便车。我边走边打听，离东站不远处找到了王家庄，一进院子都是甘70打头的甘南车，一下子激动起来，像是吃了定心丸，随后，我搭上了一辆返回甘南的车，后经打听，师傅叫宋宗元。

那时候从兰州到甘南的路是崎岖不平、蜿蜒曲折的砂石路，从早上8点多出发，一直到晚上11点多，才到了甘南合作，在漆黑的夜里，远远的能看到一些微弱的灯光，星星点点，天气也异常寒冷。

来到甘南的第二天，姐夫和我商量，说我年纪小，没有从事过有明确任务量的运输工作，在他的单位可能完不成任务，说把我介绍到甘南乳品厂，那里的工作相对灵活和自由。我记得姐夫把我领到了甘南乳品厂的办公室，在他的朋友王志珍（厂生产科长）的帮助下，将我推荐给了厂领导，厂领导当时就叫来车队队长张新芳，安排我到车队帮忙，当天下午我就投入了工作。

初次参加工作的我帮陪车队的司机，协助维修汽车，当起了修理工。到了六七月份，厂里拉奶子的车队异常繁忙，司机人手不够，领导就派我到牙利吉奶站去拉奶子，因为是第一次出车，既兴奋又紧张，我不知道去奶站的路，厂里还专门安排了一个熟悉情况的职工子女和我一起去。一路上，看着草原上的蓝天白云和成群的牛羊，我的心情特别兴奋和激动，开着车一路飞驰，感觉所有的幸福和梦想都如这方向盘握在了自己的手中。有了第一份工作，而且还能当司机，是我梦寐以求的。当时，司机是一个非常荣耀的职业，也是非常受人尊敬、令人羡慕的，那时候大家互相调侃："车轮一转，给个县长也不干。"

那时的甘南人烟稀少，十分荒凉，现在广场的地方只有一个大礼堂，四周是一些零星的平房，唯有一个四层砖结构的小碉楼，人们都叫它"酒精楼"，是甘南最高的建筑，其余大部分地方都是水草滩。记得当时只有一个国营食堂、一个国营理发馆和一个小照相馆，规模较大的几个单位就是甘南运输公司、甘南乳品厂、冷库，再下去就是地质队。

乳品厂是甘南最大的国有乳制品企业，也是甘南自己的民族企业，在甘南的发展建设史上具有重要而深远的意义。我进厂时的厂长是戴继思，当时职工有将近 200 人，有一个两层小楼，大概有 24 间，是全厂的办公区，厂下属车队以及收奶车间、乳粉车间、冷冻车间、软化车间、化验室、配电室、库房、出煤厂等部门都在这里。当时的车队有 15 辆南京 51 型嘎斯车，是苏联进口的前后驱动牵引车，其中一部分是轻工业部配发的，还有 4 辆解放牌汽车。厂里还有一辆嘎斯 69 轿车，是州上送给厂里的旧车，车牌是甘 70–02 号，算是厂领导的专用车。

乳品厂的工作有很强的季节性，每年的 6 至 8 月是收奶的黄金期，是全厂最忙的时候，由于工作量大，除厂里的职工，还要招聘一百多个有收奶经验的临时工，这个季节的主要工作是收奶、运输和加工。过了这段忙碌期后，工作之余就会有一些闲暇时间，厂里会抽调职工，义务投工投劳，维修通往牧区的道路，这样不仅为来年运输奶子做好准备，更是给牧民群众的出行带来了方便。那时候，大家的生活条件和经济情况都不好，但是全厂一盘棋，拧成一股绳，苦活累活大家都抢着干，厂里所有职工吃苦在前，爱厂如家，工作热情非常高，大家只有一个愿望，就是把厂子搞得更好。

我刚到乳品厂时，厂里给我安排了住处，那是一间 12 平方米的宿舍，当时有三人住一间的，也有两人住一间的，刚开始和我同住的一个叫赵德礼，另一个叫赵天一，后来又与何志刚两人住一间。刚进厂时，主要是自己做饭吃，下些白面条，放些盐，调些醋，就是一顿好饭，没有任何蔬菜。那时候还没有蔬菜市场，也没有米饭之类，因我当时无甘南户口，是临时工，所以领不上粮票，时常靠朋友们（主要是一些正式工和同一宿舍的工友）的接济，给我一些粮票维持生活。当时厂里正式职工的标准是每月 24 斤面、3 两清油。后来厂里开了灶，我就在单位大灶吃饭，自己可以买饭票，一天伙食费大概三四毛钱，以玉米等杂粮为主，有时候可以打些面条和馒头，偶尔有些蔬菜，对于当时生活贫困的我来说，在食堂吃饭，生活可以说是就如到了天堂一样。

第一次领到工资是 48 块钱，至今难忘，我激动得一夜未眠，数了一遍又数一遍，把钱压在床头下，不放心，半夜起来又开始数……

二

甘南乳品厂的奶站遍布草原牧区，当时有一百个奶站，主要分布在夏河的桑科、仁青、仁艾、甘加、美仁、美武、牙利吉、博拉、麦西、下巴沟、加门关，碌曲的拉仁关、郎木寺、贡巴、吉仓、尕秀、玛日寨扎，玛曲的欧拉、欧羌、采日玛，卓尼临潭的马莲滩、扎龙口、柏林、江可河等地。一顶帐篷就是一个奶站，比较大的奶站有一名厂里委派的正式工，在奶源旺盛的时候还会招聘一名至两名当地的帮手，小的奶站主要是由当地的生产队长和会计等可靠的人负责。各奶站按照站的实际情况每年都有明确的收奶任务，主要是按照纯牧区和半农半牧区划分，也以奶粉的质量和销量情况确定次年指标，每年都要经过州县两级政府会议通过，层层分解和下达任务。我刚到乳品厂时，以生产队为单位，统一完成收缴奶的任务，后来按照各自牧场草原划分，牧民通过人背马驮等方式向奶站交奶。每年的任务完成后，由奶站按照交奶的详单，对账后经厂财务室统一将款兑现给牧民，当时1斤鲜奶兑现给牧民7分钱左右。

我的任务和车队其他人一样，主要是把奶站的奶子运回厂里，这是厂里最重要也是最辛苦的工作。当时大家有个顺口溜："出车拉奶子，铁锹、干粮加棉袄，娃娃老婆饭做好，等到天明不见到。"长途跋涉拉奶子的每一个日子，都充满着艰辛和汗水，不管刮风下雨还是冰雪严寒，不管沼泽泥潭还是雪山草地，把奶子及时安全运回厂里永远是我们最大的责任和使命。在荒无人烟的草原，有时候走着走着就没有了路，只能从那些牛羊走过的路上摸索前行。风餐露宿、爆胎抛锚、车陷泥潭、受冻挨饿、风雨交加、等待救援等都是再正常不过的事。

有一次，去夏河甘加收奶，从奶站出发时天已经快黑，后来乌云密布下起了瓢泼大雨，我顺着模糊而泥泞的土路摇晃颠簸着前行，车子不停地打滑，走到山梁上的一处弯道时，车子突然滑入了路边的小山窝里，幸好汽车未翻，我冒雨返回到奶站，叫上奶站的收奶员和附近一些牧民群众，还从夏河种子公司借来了一台拖拉机，在大家的帮助下，到凌晨1点左右才把汽车从泥潭里开了出来。在最危难的时刻，是藏族群众帮助了我，走出困境，我深深地体会到了他们的质朴和善良，那晚回到合作时，天已蒙蒙亮了。

玛曲的很多奶站都在黄河对岸，那时候黄河上没有桥，过往的行人和车辆只能通过渡船行走，渡船的船体是用铁架焊接的，上面铺装着木板，发动机是用柴油机改造而成的，由一个船工具体操作，属于当时的道班管理，免费来回运送车辆和群众。过往的大多是交羊毛或是卖酥油的牧民，那时候经常不能按时渡河，有时还需给船工一些牛奶，才让你上船过河。有一次，我开着装满奶子的车，正要上岸时，猛踩一脚油，船体瞬间向后滑去，可能是渡船还没有固定好，汽车前轮悬空，滑了出去，差点栽入黄河，非常危险，后来在船工和群众的帮助下，才脱离了危险。

从玛曲大水渔场到郎木寺行走的这段路，是最黑暗、最寂静，也是让人最害怕的一段路，路面崎岖坎坷、荒无人烟，我总是害怕汽车坏在这里，每当艰难地爬到山顶时，远远的能看到郎木寺的一盏灯，每当看到这遥远而模糊的灯光，心里就一下子亮堂了，让人舒缓一口气。那几年，从贡巴到碌曲的公路正在改线维修，异常的难走，当走到黑力宁巴时，就已经是筋疲力尽了。记得有一次，筋疲力尽的我到附近的奶站休息，一进帐篷倒头就睡，天亮后同在奶站休息的老张准备叫我一同出发，可是连叫三次，都未能叫醒我。

那时候，奶站多、任务重，车又少，我们几乎每天都在路上，刚刚赶回厂里，一张新的路单又在桌上了。

1983 年，妻子代斌娥带着 3 岁的大女儿，从老家静宁来到甘南，单位临时给了一间宿舍，生活非常窘迫。一段时间后，妻子参加了厂里的家属们自发组织的装卸队，主要装卸厂里的奶粉、玉米、豆子、沙棘、青稞、煤炭等物资，还有双氧水、氧气瓶、硫酸等危险品，七八个人卸一车煤，一个人平均能拿到两三毛钱，一月下来能挣 20 元钱左右，补贴家用。小女儿出生后，她依旧一边装卸物资一边拉扯两个孩子，工作紧张时，就索性把孩子放到废弃的奶粉箱里，走到哪里，带到哪里。

这是一段难忘的岁月，想想从来到甘南一直到现在，已 40 多年了。我早已把乳品厂和甘南当成了自己的家，我也与这里的山山水水、与这里的群众结下了深厚的情谊。

三

因种种原因我当了整整14年临时工，1991年，经厂务会议研究，我成为乳品厂一名正式职工，工资从最初的48元到后来的120元再到220元，单位也给我分了一间半土木结构的福利房。我置办了电冰箱、洗衣机、电视等一些家具家电，生活也慢慢好了起来。厂里的条件越来越好，逢年过节还有福利，发一些厂服、鞋子、面、米、油、粉条和肉票等。

随着厂子不断发展壮大，先后增加了纸箱车间、黄酒车间、冷饮车间，拓宽了生产渠道，提高了生产效益。原来的奶粉包装箱都是从兰州购进的，成本高，有了纸箱车间，就可以自己加工，节约了成本。黄酒车间生产黄酒、白酒和沙棘饮品，对外销售，供不应求，尤其是沙棘饮品卖得最好，本厂职工在收奶旺季过后，全部上山采沙棘，大家的积极性非常高。冷饮车间还加工冰激凌、雪糕等，用来扩大收入。当时生产的奶粉品种比较丰富，从原先的全脂奶粉扩展到低脂奶粉、婴儿奶粉、中老年奶粉、麦乳精等新产品，销往平凉、兰州、临夏、天水、渭南、武威、张掖、金昌，以及青海、四川的部分地区。当时的厂长先后由李功强和张正孔担任，是乳品厂最具活力的时期。

为了巩固和提高厂内的技术实力，进一步发展壮大企业竞争力，厂里还引进了一批专业技术精良的人才。焊工姚德山、木工李太、锻工秦福义、汽车技术员尚长禄等全州一流的技术人才先后调入乳品厂。特别是乳粉车间，引进了先进设备后，还派遣技术骨干去外地考察学习，和四川红原奶粉厂结成对子，相互交流学习，有效地促进了乳品厂的发展提升。

乳品厂每年都要参加轻工业部、省轻工业厅举行的评优会议，每年都会荣获很多重要的奖项和荣誉，省轻工业厅还给乳品厂奖励了两台日野牌大货车。在建党、国庆等重要节庆，厂里组织职工积极参加州上举行的各类文化体育比赛活动，厂内时常举行篮球、拔河、象棋、歌咏等比赛，职工文化活动非常丰富，那时甚至把职工大食堂都改造成职工文化活动场地。厂里还新建了医疗室、理发室、澡堂等，为职工免费开放，还修建了一个灯光篮球场，每隔一两天就有车间和车间、车队和机关的比赛活动。

乳品厂还先后新上了一批重大项目。修建了大型成品仓库和大型维修车间，都是自动升降的先进设备；淘汰了一批老车，更新了一批新车，车辆最多时大概有 28 台，货运能力不断加大；所有奶站由老式的木支架帐篷更换成新的帆布帐篷，后又改为新式军用帐篷，改善了牧区奶站的条件。乳品厂车队家属院还先后新建了 8 排两处住宅平房，大概有一百多户，彻底改善了职工和家属的住房和生活条件。

四

1995 年前后，乳品厂的生产和发展受到国有企业改制等多方面的影响，生产经营每况愈下。职工工作的热情和积极性明显不高，管理相对松懈，大家心思不定，观望等待、消极颓废的情绪蔓延。销售也逐步萎缩，以前消费者排队购买奶粉的情形再也看不见了，反而变成了职工们拉着奶粉到各门市部上门推销。收奶员也不像以前那样认真负责，奶源标准明显下降，奶粉质量开始下滑，直接影响了销售，这样的状况大概持续了四年。

后来，职工们听说厂子改制和下岗的确切消息后，大家都难以接受，议论纷纷，对工作和生活几乎丧失了信心。甘南乳品厂成为全州第一批试点改革单位，厂里先行对我们年龄在四十七八岁的职工优化了一批，就是单位给我们 400 元的基本生活费，人事关系保留，自己出去找工作，我们那一批大概有 15 个人，直到

2013年10月，彻底买断工龄，脱离了乳品厂。大家各奔东西，开始了人生新的起点，有的开饭馆，有的跑出租，有的做其他生意。

下岗是我人生的重大转折点，我想也是乳品厂所有职工的转折点。我下岗在家时，已经52岁了，大女儿正在上大学，小女儿上高中，学费很高，每年仅两个孩子上学的开销就高达一万三千多元，这对于本不富裕的家庭更是雪上加霜。下岗时，乳品厂给了我一次性买断工龄款3万元，扣除单位住房款2万元，手里仅剩下1万元，供孩子上学和维持一家人生活异常困难，尽管自己年龄偏高，但由于家里无任何经济来源，迫于生计，我先后在铁合金厂和合作民族师专打临时工，整整10年。

五

在甘南乳品厂工作三十多年，直到下岗退休，是我人生最宝贵、最难忘的一段时期，我见证了乳品厂的发展与变迁，经历了风风雨雨，感受了酸甜苦辣，这段人生有快乐也有辛酸，有甜蜜也有悲伤，有失败也有收获。如今甘南草原正发生巨大变化。看着自己的两个姑娘成家立业，工作稳定，生活幸福，我想我的这一生是有意义、有价值的。在党和政府的好政策下，从六十岁后我享受到了国家给我的退休金，尽管钱不多，但我亦知足。

母亲生了我，但甘南养育了我。没有甘南草原的滋养，没有甘南藏区父老乡亲的帮助，就没有我的今天，更没有我们这个幸福的大家庭，日后我想把骨灰撒在甘南草原，永远和这里的青山绿水在一起。

2016年7月20日于羚城

与甘南州华羚干酪素厂一起走过的岁月

敏文祥[①]

1967年10月，我出生在夏河县美武乡加科村（今合作市佐盖曼玛乡），回族，现年50岁。1983年，我随父母迁居到夏河县合作镇（今合作市）。初中毕业后，我顺应国家改革开放的政策机遇，开始从事丝绸和畜产品长途贩运生意，从此踏上了我的创业历程。

探索致富之路

1988年，我到南京、杭州等地从事丝绸、布料贩运生意，我从南京溧水县丝绸厂、南京栖霞区燕子矶丝绸厂、江苏泰兴织布厂、杭州慈溪丝绸厂等厂家购买西北少数民族喜欢的丝绸、布料，运到临夏、甘南等地销售，这些丝绸布料主要卖给当时的临夏海峡饭店丝绸庄、临夏城角寺麻南丝绸铺、三道桥丝绸铺、甘南州民贸公司、甘南州贸易货栈等地方。

随着创业时间日长、我的阅历和见识的不断提高，我一直在思考一个问题，甘南有如此丰富的畜产品资源，南方有没有人做加工、有没有人需要呢？于是我把甘南的畜产品资源信息借助生

① 敏文祥，甘肃华羚实业集团有限公司董事长。

意渠道带到南方寻找商机，寻找客户。

通过多方打听，我了解到南方有很多造纸厂、涂料厂需要大量的干酪素作为辅料，而这种辅料的原料就是农牧民从牛奶中提取酥油后留下的大量奶渣——“曲拉”，得知这个信息后，在1991年，我与上海市金山县枫泾化工厂取得联系并签订了第一份曲拉供销合同，随后又陆续与上海华丽铜版纸厂、浙江龙游县造纸厂、青岛平度皮革化工厂、湖南湘潭涂料化工厂、江苏武进县皮革化工厂、武汉皮革化工厂等地的众多工厂签订曲拉供销合同。

同时，还与浙江嘉兴桐乡皮革厂签订了牦牛、藏羊皮销售合同。但是，从甘南到浙江运送牛羊皮样品的途中，因为运输时间太长，导致皮料腐烂，我只得放弃皮张贩运生意。从此以后，我与岳父马成良二人合资专做曲拉贩运生意。

艰辛的创业之路

随着南方各个工厂对曲拉的需求量不断增加，我也萌生了一个大胆的想法，甘南作为曲拉的原产地，有着得天独厚的资源优势和地理优势，而国内生产干酪素的企业大都分布在东部沿海一带，原料短缺，运输线路太长，成本很高。能不能利用甘南曲拉资源优势在甘南建厂，这样既能降低曲拉的生产加工成本，又能增加效益。由于当时对开办工厂没有任何经验，我经过和一些南方朋友的探讨沟通，在不断打听了解开办工厂所需的投资、技术、管理等情况后，与我的岳父马成良商量开办曲拉加工厂的事，岳父对我的想法非常赞同。1994年，在上海朋友甘文平、滕洪林、罗钺的帮助指导下，我从浙江黄岩买来了二手干酪素加工机器，租赁了当时甘南州运输公司第四车队的修理车间作为生产工厂，与我的岳父马成良开办了甘肃省甘南州申羚乳制品厂。在这期间，也有好心的亲戚朋友曾劝阻过我，对我开办工厂的做法不甚认同，因为当时我做的曲拉和丝绸贩运生意利润相当可观，他们认为放着这么好的生意不去做，反而花那么多钱购买一堆铁疙瘩办工厂是不明智的选择。

1994年9月，经甘南州工商局批准，甘肃省甘南州申羚乳制品厂正式成立并投产。还是在上海朋友的帮助下，我很快就与中化河北公司取得了业务联系，并签订了第一单18吨干酪素销售合同，但当时产量太小，日产量150多公斤，直到年底才完成了18吨干酪素的订单。后来，我从中化河北公司销售经理宋玉兰处获悉，我们生产的这批干酪素被全部出口，当时我激动和喜悦的心情真是无法用言语表达。

1995年10月，甘肃省甘南州申羚乳制品厂正式更名为甘南州华羚干酪素厂。随着销售市场的不断开拓，工厂的规模也逐渐扩大，随之而来的曲拉质量问题也引起了我们的重视，由于曲拉是农牧民通过酥油桶搅打分离而来，这就导致了农牧民交售到工厂的曲拉脂肪含量过高，致使产品的质量不稳定。为了解决曲拉脂肪含量高的问题，我通过多方打听联系，最后了解到通过手摇式分离机可以解决曲拉脂肪高的问题。于是，我在全国各地寻找曲拉脱脂的机器设备，最后找到青海农牧机械厂和四川岷江机械厂制造的手摇式分离机，当时两家工厂每台手摇式分离机的价格分别为680元和720元，在确定好机器后，与厂家洽谈在甘南设立了代销点，我则以发放藏汉双语宣传单和现场讲解的方式向农牧民推广使用手摇式分离机的好处——不仅酥油产量能提高，而且机器曲拉的价格比手工曲拉价格高，还可以用交售曲拉的领款单领取或者抵扣买机器的钱。在这样不遗余力的推广下，农牧民逐步接受了曲拉手摇式分离机，不仅降低了曲拉制作的劳动强度，农牧民交售的曲拉收购价格也不断上涨，而且使曲拉的质量得到了保障。产品质量得到提升，也给我增添了信心。随着产品的不断畅销，曲拉的收购范围也从甘南不断辐射到了青海、四川、云南、西藏等藏区。

发展中的华羚

曲拉收购价格的不断上涨、农牧民收入的不断提高、产品销量不断增加，甘南州华羚干酪素厂得到了农牧民的认可和政府的关注。

1996 年，我通过多方联系，借助当时甘南州外贸公司进出口贸易权，将第一批自主出口的干酪素销往德国汉堡斯拉柏公司，实现出口创汇 7.5 万美元，开创了甘南州出口创汇的先河。时任甘南州人民政府州长贡保甲也在当年的甘南州政府工作报告中写道："甘南州华羚干酪素厂实现出口创汇 7.5 万美元，甘南州实现出口创汇零突破。"

1996 年夏末的一个下午，对我来说是最感人的一天，时任甘南州人民政府州长贡保甲带领州政府办公室主任钟建龙来到华羚干酪素厂，当时的我并不知道来的是州长，贡州长很随和地向我做了自我介绍："你们这里在生产干酪素吗，我是甘南州人民政府州长，我叫贡保甲，听说你们在生产干酪素，今天我来看一下。"贡州长饶有兴趣地参观了工厂的生产经营情况后说："看到有你们这样的厂子我很高兴，这对农牧民的收入有很大帮助，有什么困难和需要帮助的你尽管来找我。"当时贡州长的这句话，对我来说，真的是受到了莫大的鼓励和支持。

1997 年，甘南州华羚干酪素厂向甘南州邮电局申请开通了"因特网"，成为甘南州第一家开通"因特网"的用户，《甘南日报》也作了报道。"因特网"的开通开启了华羚通往国际市场的窗口和桥梁，开创了在网上与国内外客户进行贸易的先河。

1998 年，由于甘南州运输公司第四车队厂房租赁合同到期，在没有自己固定的生产场地的困扰和压力下，我想到贡州长对我说过的话，“有困难来找他”。于是，我向时任甘南州州委书记罗笑虎、州长贡保甲当面做了汇报，并以第十届政协甘南州委员的身份提交了《关于请求解决甘南州华羚干酪素厂生产用地的提案》。

1998 年 7 月，罗书记和贡州长组织召开了专题会议并研究决定，将破产的甘南州国有毛革厂部分土地及建筑物以 135 万元价格出让给华羚干酪素厂。从此，华羚干酪素厂有了自己的生产场地。因为当时国有企业资产改制出让还没有相关的政策文件，这一举措也开创了甘南国有企业改制的先河。州委书记、州长顶着压力出让国有资产解决民营企业实际困难问题，使我们民营企业信心大增。同时，华羚干酪素厂也进行了第一次股份改制，股份结构向多元化发展，规范了企业管理。

在州委、州政府的关怀帮助下，华羚干酪素厂生产基地由甘南州向临夏州等地不断扩张，产品销售网点遍布广州、天津、郑州、嘉兴等地，干酪素产品销量一度占据全国干酪素销量的 72%，奠定了华羚在干酪素行业的主导地位。

1999 年 4 月，国家对外贸易经济合作部批准赋予华羚干酪素厂进出口经营权，甘南州华羚干酪素厂取得了自主进出口经营权。与此同时，华羚大胆尝试把眼光瞄向国际市场，前往德国进行市场调研考察，并先后在德国汉堡注册了德国汉堡巴塞马华羚公司，在美国纽约注册了美国华羚公司，在阿联酋和马来西亚设立了办事机构，这一系列举措使公司产品成功打入了欧美市场。

规范企业管理制度，确立发展方向

2001 年，组建了以甘南州华羚干酪素厂为核心企业的“甘肃华羚乳品集团有限公司”，并由著名经济学家、社会学家和人类学的奠基人之一，全国政协原副主席费孝通亲笔题写了“甘肃华羚乳品集团有限公司”的牌匾。

同年3月，甘南州华羚干酪素厂正式更名为甘肃华羚干酪素有限公司，同时进行了第二次企业股份改制，华羚的发展驶入了快车道。

为进一步规范企业管理，确立适合现代企业发展的管理理念和理论基础，华羚提出了“法人治理结构为基础，五大管理体系为抓手，四个到人为目标”的华羚管理模式，提炼了以“诚信为本，创新为魂”的核心价值观、“举牦牛乳品产业旗，走科技创新发展路”的发展愿景，并以“打造一个品牌、带动一个产业、造福一方百姓”为社会责任，总结涵盖了适应华羚发展的管理模式，确立了华羚今后发展的方向目标。

2010年，随着企业的发展壮大和产品不断升级换代，华羚又一次进行了股份改制，甘肃华羚干酪素有限公司更名为甘肃华羚酪蛋白股份有限公司。

2016年3月，为进一步做大做强牦牛乳产业，向牦牛乳全乳产业链“大健康”领域发展，甘肃华羚酪蛋白股份有限公司更名为甘肃华羚乳品股份有限公司。

产业转型升级

2014年2月，为了促进甘南州特色畜产品加工产业快速发展，华羚向州政府提建议并得到州政府的重视，参与编制了《甘南州曲拉产业发展规划》，我担任甘南州曲拉产业发展规划编制工作领导小组副组长。同年8月，规划编制完成。成功申报了《甘南藏族自治州2014—2020曲拉产业发展规划》，并列入甘肃省发改委发展规划、甘南州“十三五”发展规划，这对推进曲拉产业结构优化升级、带动藏区牧民增收、促进藏区和谐稳定有十分重要的意义。

2015年7月，为加快产业转型，实现华羚牦牛乳系列产品向高端产品转型的目标，华羚公司实施的“牦牛乳产业开发转型升级新建项目”一期工程在合作生态产业园区正式破土动工。2016年7月，一期工程全面竣工，创造了工程建设期的最快速度。产业的转型再一次拉开了华羚品牌升级的大幕。

2016年7月23日，在甘南州合作市成功举办了“2016首届中国牦牛乳产业发展（国际）论坛”。论坛以“加快牦牛乳产业开发，促进藏区脱贫致富”为主题，全新引入“互联网＋产业”热点概念，探讨了牦牛乳产业未来的发展新方向，共谋促进特色产业国内国际贸易发展、培育产业品牌、引导高原特有产品消费等方面的对策，扩大了牦牛乳产业在国内外的影响力和知名度。

2016年，由甘南州政府主导，州经信委、州质量技术监督局与华羚共同牵头上报了甘南州“中国牦牛乳都”和“甘南牦牛奶粉地理标志”认证的申请材料。2017年，甘南藏族自治州被授予“中国牦牛乳都”荣誉称号，“甘南牦牛奶粉地理标志”取得原产地认证。同时，我们倡议成立了甘南藏族自治州牦牛乳制品工业协会，华羚担任首届协会会长单位，为甘南牦牛乳产业带来了难得的发展机遇，也为今后把甘南州打造成牦牛乳产业的聚集区奠定了基础。

华羚推动牦牛乳产业发展的历程也被载入了《中国奶业史》(专史卷第七章特色奶业史第三节中国牦牛奶业史第二部分）。

成就荣誉

随着企业的不断发展和成长，技术研发实力也逐渐转变为企业之间的主要竞争力，华羚也积极谋划筹备建立属于自己的技术研发机构。2005年，华羚在兰州成立了我国目前唯一一家专业研发牛乳酪蛋白的研发中心。科研成果层出不穷，公司先后获得20项科技成果，17项新技术、新产品，32项国家发明专利，2项国家科技进步二等奖，3项省部级科技进步一等奖，4项省级科技进步三等奖及6项州级科技进步一等、二等奖。华羚技术研发中心被国家发改委等部委认定为“国家认定企业技术中心”“国家地方联合工程研究中心”“国家乳品加工技术研发分中心”。科技成果被列入国家火炬计划、国家星火计划、国家重点新产品。华羚产品以优良的品质荣获“中国驰名商标”，成为甘南州唯一一家荣获“中国驰名商标”的企业。

现在华羚技术研究中心已成为牦牛乳行业的国家重点科研单位，也是“农业产业化国家重点龙头企业”“国家扶贫龙头企业”“国家高新技术企业”“甘肃省农产品出口创汇重点企业”“甘南藏族自治州重点骨干企业”。

履行社会责任

二十多年来，在华羚公司曲拉产业化的带动作用下，曲拉由1994年前的每公斤1.2元增长为最高时的53元，价格提高了将近43倍，年带动牧户总增收达4.5亿元，对户均年纯收入贡献率达45%，曲拉已成为当地牧区牧民主要的经济来源之一，也成为甘、青、川、新疆、西藏等省区牧民群众脱贫致富奔小康的助推器。人民日报曾以《曲拉富了藏族牧民》为题作过专题报道，充分肯定了华羚公司对农牧民增收、藏区经济发展、社会和谐稳定所做的贡献。

在企业自身发展的同时，自觉担当起一份社会责任是我们义不容辞的使命。多年来，华羚以回报社会为已任，给希望工程、扶贫济困、社会公益事业及汶川“5·12”特大地震灾区、舟曲特大泥石流灾区累计捐款达2130万元。

华羚是一个由多民族组成的大家庭，在华羚从事各项工作的员工有汉、回、藏等6个民族，华羚对各民族员工都是一视同仁，从不厚此薄彼，各民族员工之间友爱相处、团结协作，在公司内形成和谐稳定的良好氛围。我也被国务院授予“全国民族团结进步模范个人”荣誉称号，荣获“甘肃省中国特色社会主义建设者”和“甘肃省劳动模范”等荣誉称号。

取得的成绩得到了各级党委、政府和社会的认可，我先后被选为政协合作市第三届、第四届、第五届副主席，政协甘南州十二届、十三届、第十四届常委，政协甘肃省第十届、十一届常委，甘南州工商联第四届、第五届主席，甘肃省工商联第十届副会长、甘肃省工商联第十一届副主席。

华羚能够取得今天的成绩，离不开国家改革开放的富民政策，离不开历届党委、政府的大力支持和关心，离不开社会各界人士的关爱，离不开藏区广大农牧民群众的信任，也离不开华羚人的团结拼搏。展望未来，华羚的发展迈向了新时代，我们有信心、有能力把牦牛乳产业打造成具有甘南地方特色和优势的支柱产业，把产品做成甘南乃至甘肃、中国对外宣传的一张靓丽名片，为地方经济发展、牧民增收开辟一条可持续发展之路。

2018年3月

玛曲的雪光

邵振国

我第一次到甘南玛曲县，便有幸听到“雪光”文学社这个名字。

我在玛曲虽然待的时间不长，但却高兴乃至自豪地领略了这块海拔三四千米高的大草原和雪域的壮美景色。它使我迷醉，酣甜地睡了一样，让我睡意朦胧地想到惠特曼的诗句：“我独自散步，还邀请了我的灵魂。”

然而我并非一个人走访玛曲，有甘南州文联和雪光文学社许多朋友，我们一起旅行大草滩、艾尔玛、阿万仓。还有黄河，从它的源头青藏高原流泻下来，在这里绕出第一大弯套。遗憾我一笔写不出他们所有的人，藏胞文友那种对朋友的热情，对生活、对文学那种奉献和执著。

乃至我回到兰州后久久不能平静，那草野的每一株草尖散出的清新的气味，那黑牦牛群，撒在草坡上吃草之际，抬起头看着我这张并不陌生的面孔的那一双双眸子，还有那高原的太阳，我躺在草坡上，所接受的那极强烈的紫外线的光粒子，使我的脸像一团牦牛粪一般黑，等等这些均让我梦绕魂牵。这时我再想“雪光”这个名字，的确，那是这块神秘而美妙的地域所必然孕育出的文学之光。

这束耀眼的光芒哟，它闪烁在甘肃省最南端，最边远最高寒的地方，我在这束光芒下感觉我受到了圣洁的卓绝的但也是最艰辛情感的雪的洗礼。在它面前，感到我意志的弱小，笔尖的孱弱，但也受到鼓舞、锤炼，锤炼我雪的冰的光的意志和笔力。

我每想到，在这样一个偏远的县治，经济尚不很发达的牧区草地上，尤其在当今文学低谷之日，这里尚有这样一束“雪光”！我便抑不住发自心底的激动。它，多么地不容易！甘肃省作家雷建政的许多作品就是在这块大草地孕育而生的，闪耀着雪的光灿。作者青年时就在这里打零工收购牛奶、酿酒、下矿井。他的第一篇小说《天葬》便获得全国“五四青年文学奖”，继而佳作连篇，瞩目文坛。

玛曲“雪光”文学社拥有20多名优秀的青年会员，孜孜以求，为这块雪域草地奉献着他们的青春与活力。玛曲县委书记江乾·丹智达，是位受过高等教育的年轻的藏族干部，亦是该文学社一名会员。他们视文学为一项崇高而圣洁的事业，用丹智达书记的话说：“文学是心灵思维与思想观念的先行者。”雪光文学社的青年们正是以这样的历史使命感，迈着他们“先行”的步伐。他们中有不少成果优异的诗人、散文家、小说家，以他们民族地域的特色，开放宽阔的胸怀，面对人类社会发展的共性和整个时代。雪光文学社自1994年5月正式成立以来，已为这块雪域在树立现代生活观念、审美取向乃至人生导向诸方面，做出了很大努力和贡献。

当我踏上这块草地之初，是的，我没有想到这里还有这样一束雪光！所以有之，除了文学自身那像太阳一般的恒性，对于人须臾不可或缺，我想向读者重笔说说玛曲县委书记丹智达先生。他是位年仅36岁的青年，有着宽阔的胸襟，开放的眼界，博读历史、哲学、宗教等社科书籍。在他不遗余力地开发经济的同时，却没有忘记精神文明建设。他本人也酷爱文学，并支持文学创作。他写出一首首诗启迪民族心灵和智慧，还撰写论文探究民族、宗教等问题。我非常有幸地拜读了这位先生的组诗《雪域啊，我渴望有个壮丽的背景》，方知先生把“自我”生存、发展、完善，摆在怎样一个宏阔的历史的位置上。

本文原载《人民日报》，1995 年 2 月 3 日。

1989 年，我的卓尼之行

虎玉生[①]

1989 年的秋收季节，受单位派遣，我回卓尼家乡采访。这次回乡采访，历时近一月。我骑车沿洮河顺流而下，两岸风景如画，令人心醉，而改革开放十年来的发展变化更令人欣喜。现将所见所闻，实录如下。

一

沿洮河北岸的羊肠小道，从夏河县下巴沟进入卓尼县境内，扎古录乡塔乍行政村是我们采访的第一站。这里由于地势的原因，洮河水变得非常温情，没有一点涛声，它悄悄地绕山串林，向东流去。7 个藏族聚居的村寨零散分布在南北两岸，一座钢索吊桥横跨在洮河上。时值农历七月初，人们都在忙碌着各自的农活，村里听不到喧哗，偶尔只有一两声鸡犬声。河川麦地里拔草的媳妇们，连头都不抬一下，只能看见白色的凉帽在绿浪里一漂一浮，不时有歌声伴着花香随风飘来。

谁能想到，这么个山清水秀风光好的地方，曾经是那样的闭塞、落后。新中国成立前这里不属于夏河拉卜楞寺管辖，也不属

① 虎玉生，甘南人民广播电台汉语专题部原主任，现已退休。

于卓尼的四十八旗之内，而由头人杨茶化一人掌管。由于交通不便，闭塞得几乎与外界没有什么联系。1949 年 9 月，随着卓尼和平解放，塔乍从此走上了社会主义道路，但步履艰难，速度缓慢。据原大队主任牛牙讲，过去塔乍最让人害怕的是没有桥。乡政府一次次调动人员修建木桥，又一次次地被洮河的大水冲走，两岸群众被河水隔离。一些村的人们，眼看着对岸地里的青稞黄得掉了穗儿，可就是过不了河，收不到手。仅有的粮食又磨不成面，牧场上的人断了干粮，买油盐也要翻山越岭跑 20 多公里，有的人家只过了三天就断了炊，牲畜也少得可怜。到 1978 年时，每个生产队只有十来头犍牛。1981 年，这里实行了包干到户，村里大搞林副业生产，多数家庭购买了犏牛。第二年，政府派来工程技术人员，测量、修建塔乍钢索吊桥，群众听了喜出望外，自愿为修桥工程筹资 1 万多元，献的工料不在其数。吊桥建成后，消除了人们的心头之患，南北两岸畅通无阻，所有草山、耕地都得到充分利用，农业、牧业实现了双丰收。

临近傍晚，我们去尼巴村投宿。进了庄子，特别引人注目的是一些新盖的藏式楼房。村头新打的两个庄廓里，一些人还在忙碌着，从一家大门洞儿里，走出一位背水桶的青年女子，可一见我们马上又折回去了。领路的青年解释说，这是当地的习俗，背着空桶见客人是不礼貌的，要避开。这家恰巧就是党支部书记知瓜牙的家，刚才那位女子是知瓜牙的大儿媳。我们走进堂屋，只见铜锅、铜勺、铜壶占据了大半个壁橱。还是那位背水的媳妇出来招呼，她为我们泡上茶，又端来酥油、炒面，让我们自己动手吃，然后她卷高袖筒，在一旁为我们割腊肉条子，手腕上的手表和腰间的银制腰带一明一闪的。知瓜牙正在为小儿子修房，很晚才回到家，他一进门就和我们一同盘着腿坐到热炕上，打开了话匣子。说起塔乍这些年的变化，他讲个不完，道个不够。他说，塔乍人热爱家乡，也有建设家乡的强烈愿望，近十年来，政策对人心宽，说干啥就干啥。现在，全行政村有一半以上的人家盖了新房，就是个别的五保户、困难户，也由村里出钱出力盖了新房，多数人家买了缝纫机，村里安了电磨、榨油机，干活省时省劲。

塔乍比过去有了很大的发展，但塔乍人还有更大的心愿，用老党员贡布秀的话说，就是“治山治水容易，治愚难，但我们办教育的决心已经下定了”。可不是吗，1988年，他们集资5万多元，再加上政府投资，新建了两所小学的校舍，一所在河南边，一所在河北岸，都是一砖到顶的红瓦房，尤其是河北岸的教室，硬是靠全村人从山梁后面人背畜驮运来砖瓦，盖起来的。

1989年，村委会针对以往有的教师不安心工作的问题，自己聘请了教师，并且与他们签订合同：一年内入学率、升学率如达到合同要求，给教师补助30元钱、20斤酥油和10斤清油；五年后，如果向外输送的学生达到规定数量，村委会出人出钱，为教师家修一院新房；达不到合同要求，就扣除补助，或另请教师。这些办法是否合理就不说，但是可以肯定，如今还不十分富裕的塔乍人，舍得花大力气、下大决心来培养未来有文化、懂科学的一代新人。

二

我们站在塔乍钢索吊桥上思绪万千，藏族、汉族、回族，乘车的、骑马的，南来北往。如果没有这座桥，塔乍人与外界的距离会更远；如果没有心中的桥，结果会怎样呢？

在塔乍，我们亲身感受到：改革开放十年来，塔乍人正努力跟随着时代的脚步前进，同时，在他们身上也存在着新与旧、优点和缺点的矛盾与斗争。

尼布娄村民旦知才让，老伴早年就丢下他和两个孩子，离开了人世。前几年，两个孩子还小，他自己腿有残疾，放牧、种田哪样活都跟不上趟，父女三人屈在年久失修的黑屋里打发寒酸日子。可有那么两家人，把新房上的水槽眼、院里的水路对准了旦知才让家，这位与世无争的牧民想："要不是包产到户，我怎么能受这么多的气呀！"村委会主任完代牙看出了他的心思，三番五次地上那两家门，直到对方理解了他家的难处，改了水路后，又来给旦知才让讲"不吃大锅饭，也是一家人"的道理，没过多久，集体出工出钱为旦知才让盖了新房。打这以后，他像换了个人，带着两个孩子早出晚归，放牛、种地啥都干，日子过得挺像样了。这事传出去以后，尼巴、什巴、日吾等五个村子先后给七八家五保户、困难户盖了房。

塔乍人"不吃大锅饭，也是一家人"，在这方面感受最深的是那些孤寡老人。没有劳动能力的人怎么办？尼巴村年近七十的孤寡老人康主草承包责任田的第一年，她一棵草没锄，一镰刀没割，到秋后，庄稼变成了两口袋面立在了炕头，原来，农活全由村里的姑娘、小伙子们包了。从那以后，她真的把尼巴村当成了自己的家，一年四季吃着藏、汉、回各家的饭，有的人家里一吃就是一月、两月，一旦有个头痛脑热，送饭、送药的就更多。

1988年秋天，尼布娄、扎尕娄两村的庄稼长势喜人，人们正磨镰刀、绑架杆准备收割，突然一场冰雹降下来，两村颗粒无收，人们垂头丧气。到秋后，安果、日吾、什巴等五个村77户人家拿出2000公斤粮食，捐给了这两村受灾的15户人家。这好比雪中送炭，给了受灾户力量和温暖。

要说旁观者清的话，我们从这些平常的小事中似乎看到，塔乍行政村虽然地处偏僻，但村民们心中架起了相互理解与关爱的"桥"。

三

在距离扎古录乡政府大约15里的洮河上游，有一个坐落在洮河北岸的小村庄扎古录。村庄前的河边，有个高 50 米的小山包，当地藏族群众称之为“群高”，意思是“凤凰蛋”。与“群高”隔河相对的阴山，藏语叫“肉巴”，意思是“乌龟”，形状也特别像乌龟，“乌龟”背上长满了郁郁葱葱的松枝，“乌龟”头一直伸到洮河边。

相传很久以前，洮河并不流经扎古录村。那时这一带森林茂密，百花争艳，百鸟歌唱，香草遍野。有一只五彩凤居住在这里，它正在精心孵化自己的孩子。有一天，天气晴朗，凤推却不过百鸟的热情邀请，腾空而起，引颈高歌，凤离窝巢被贪婪的缩头乌龟看见，萌生了偷吃凤凰蛋的想法。正当它悄悄爬到凤凰窝前伸头去吃时，洮河之神劈山而来，一道明光闪闪的大水将乌龟隔在了南岸。与此同时，凤从高空俯冲下来，张开巨大的翅膀搂抱自己的孩子，扎古录一带的山势便由此形成。这个故事寓意深长，蕴含着扎古录藏汉群众对家乡山水的热爱和由衷的誉美之情。

改革开放十年来，这里的群众生活生产都有哪些变化呢？现任党支部书记房尕保，50 岁，在这个村委会担任了 30 年村干部，当我们提到这一问题时，他说：由于党的政策好，全村的藏汉族群众治穷致富的信心很强，家家户户因地制宜，起早贪黑奔好日子，生活水平逐年提高。特别是 1986 年农转牧以后，国家从政策到资金扶持牧业生产，全村牧业迅速发展起来。就扎古录一个村来说，1980 年以前只有 18 头牛，而现在有 215 头，家家户户都有可供挤奶、打酥油的犏雌牛。每头犏雌牛 1 年的产奶量可以打酥油 20 多公斤，单靠这一项，生活水平比以前就有大幅度提高。牧业发展快，草山显得紧张起来。村委会作出决定，除了少数困难户可以继续发展牛群以外，其他的都限制发展，提高母畜比例。

我们在扎古录几个村庄的采访中感受到：这里的各族群众对生活前景充满了信心，有些人家的院子里种植上了各色花卉，家庭院落环境幽雅、美观。

房尕保还告诉我们，扎古录人近几年已经充分意识到经济增长和人口的关系，传统的多子多福观念已经淡化，特别是年轻人普遍持这样的观点：不管男女，只生两个，不想多要。从1988年以来，全村委会人口基本没有增长，有两个自然村还略有减少。

四

早就听说麻路的风景好，这回我们亲眼目睹了，真是名不虚传。麻路镇距离卓尼县城以西50多公里，地处洮河岸边，又是个十字路口，从北进车巴勾、从西下县城是必经之地。清澈透底的车巴河在这里汇入洮河，两河间宽阔的河川上，柏香山以其独具特色的风姿拔地而起，不远处高崖下，九眼泉里九根水柱银光闪闪。扎古录乡政府和车巴林场，还有税务、工商、邮电、银行、医院、公安等18个单位在这里，几十家个体工商户、专业户经营着饭馆、旅店、照相、放像、修理等行业。外面的人来麻路，吃、住、行都不用愁。昔日这片牦牛驮子歇息的荒草滩，如今已变成了充满生气的小闹市。

在麻路村通往车巴沟公路边的一间土屋里，整天“叮当、叮当”的声音不断，这是老铁匠李有善的铁匠铺。他已经62岁了，从1955年开始在这里打铁至今没有间断，一块块废铁一经他的手就变成一把把镰刀、斧头和锄头，乡亲们使起来，锋利、轻巧又耐用。人说“黑铁匠”一点儿不假，进入他的铺子，一切都是黑色的，可李铁匠很乐意干这活儿。现在，他的四个儿子分别在车巴沟、阿木去乎等地开设了铁匠铺，继承了祖业。

麻路镇上，一位叫王杰的年轻裁缝很受人们欢迎。他可不是浙江的手艺人，他父亲王志兴曾是当地有名的老裁缝，王杰从小跟父亲学缝纫，18岁就能裁会缝了。那年，他高中毕业没考上大学，就来到麻路当裁缝，发挥一技之长。平日里，除了接些零活外，还为尼巴、刀告等乡供销社批量加工成衣。每年腊月，王杰的缝纫铺是最忙的，娶亲的人家要找他缝制新装，各家的娃娃们过年要穿新衣服，有的要他裁剪，有的让他缝制，实在忙不过来，王杰就动员起全家赶制。这些年里，王杰还借学校放假机会办缝纫学习班，把技术传授给青年人，其中有的人已经当上裁缝了。

五

缓缓流淌的洮河，出了麻路滩，怀着对沿岸青翠山色、肥沃土地的难舍难分之情，忽北忽南，左转右折，向东蜿蜒而去。

8月7日，我们告别麻路镇，离开术布桥，沿河径直东下，转过一个由南至北的大河湾，来到了卡车乡境内的阳坝古城。古城可谓三面环水，一面靠山，河川里的古城墙只剩下西头河边二三十米的塄坎，高不足2米，宽不过8米，上面长满了青草。昔日的城内，而今是阳坝村民赖以生存的耕地，种植着大面积的小麦、大豆和油菜子。倒是那立于山头的烽火台，时至今日，依旧醒目，它与古城西墙隔河对齐，并且和山脊所筑的防护墙相连。防护墙从烽火台一直沿山脊延伸到拉扎沟口的河边。如今，防护墙已经和山脊结为一体，与烽火台一起，构成了这座古城最为明显的标志。

近几年，陆续有人来阳坝考古，我们采访时，村民还以为也是来考古的，纷纷告诉我们最近在山脚下拉土时，挖出了不少成捆的古代兵器，主要有刀和弓箭。由于在土层中埋藏年代长久，金属已锈结在了一起。在张正明老人家里，我们看到了一些锈成石片状的东西，从断茬口可以明显看出是古代的带鞘马刀，木质的刀鞘已经炭化，刀宽一寸许，有刀刃和刀背之分。另外还有一个生锈的铜铆钉，梅花瓣形的铜片和变成蓝色的牛皮圈，这些可能都是当年刀鞘上的装饰物。

阳坝古城最为驰名的文物是八楞碑。据当地知情者讲，民国初年，外国洋人以传道为名在洮河沿岸搜罗文物珍宝，八楞碑落入洋人之手被送往美国。碑石原立于阳坝山嘴之巅的八角亭中间，石碑上八面刻有汉字铭文，每1面5列字，每列36字，共1362个字。铭文不仅记载着建城年月、建城缘由，而且对地貌山形有所描绘，对制碑前发生在这里的重大战事有所记述。可惜后来随着历史演变，朝代更替，古域废弃，八角亭倾塌，石碑仆地。明朝《洮州厅志》的编撰者记录碑文时，碑文已经少句缺字，残缺不全，使古城堡成为至今尚未真正揭开的历史谜团。

阳坝村是洮河自发源地以来流经的第一个纯汉族聚居的村落，全村24户人家中有一半是周姓。据现任生产队长周太昌讲，周家祖籍原在南京朱家巷，清朝后期迁移到临潭旧城，清朝末年移居到阳坝，到周太昌这一辈，周家在阳坝已是五代人了。

我们在阳坝最大的感受是：这里的人们爱干净，讲卫生。虽然家家都养猪、养羊，但畜圈都在院墙外面，这种人畜分开的居住格局，安全又卫生。阳坝的青年男女如今也讲究衣着打扮，服装颜色不像过去只是深红或毛蓝的单一色调，样式和色调趋向多样，鲜艳而明快。

六

洛族村坐落在卡车乡洮河北岸的一片黄土高台上，村庄右侧沟畔有一个沙石岩洞，洞里常年流淌着一股清澈的泉水，不管天旱天涝，流量不变，而且冬暖夏凉，洛族村人祖辈吃着这泉水。泉水边的岩石上，有个形状酷似人体侧卧过而印出的石窝，据传说，这是当年格萨尔王征战过程中，在这里睡觉而留下的影子。

这岩洞、这泉水、这睡影都给洛族村蒙上了一层神秘的色彩。老人们常说："洛族出能人，是因为有了洛族泉。"新中国成立前，临卓两县洮河沿岸多有大脖子病和聋哑人，而洛族村却从未有过，洛族人因此而自豪，一些远路来客到了村里，必会有村里人领着到泉边游览一番。

多少年来，洛族村里确实出了些能人，年届中年的刀知九就是其中的一位。

1980 年，当地实行了包产到户责任制，刀知九家分得了一头牛和十几亩责任田。他见多识广，出外搞副业得心应手，耕田放牧却不咋地。再说本来就广种薄收的耕地，一分下去每人平均只摊到三亩，四十几户人家都扑在仅有的责任田上，啥时候才能富起来呢？想到这些，刀知九拿了新主意，把自家大部分地转包给一位种田能手，带上媳妇、孩子来到乡政府所在地——尼干滩上，办起了第一家粮油加工坊。那时候，许多村庄没有拉电，前来磨面、榨油的农牧民排成队，夫妻俩白天黑夜地忙。有了第一笔收入，首先想到的是归还贷款，绝不乱花。到了还清债的时候，本乡已经有好几处粮油加工坊，再没人为磨面、榨油排队了。看来，只靠加工粮油富起来也很难。刀知九又在磨坊边搭起五间土棚，开起日杂商店，扩大了经营范围，两口子更忙乎了。供销社的大商店、小卖部货色品种多，可有上下班时间，而他们夫妻店从早到晚开着，半夜来顾客，也能从窗口送方便。

几年过去，洛族村的刀知九在全乡人心目中有了一定影响，有些藏族老乡，回、汉族兄弟学着他的样，先后办起了修理铺、代销店、饭馆、理发室和旅社等，一直冷清的尼干滩一下热闹起来，成了洮河边的一个新兴集镇。

七

卓尼、临潭两县洮河流域的藏族妇女，身后都梳着三根长辫子，当地俗称为“三格毛儿”，“三格毛儿”就成了洮河两岸藏族妇女的通称。

洮河两岸气候温凉多雨，适宜种植青稞、小麦、大豆、豌豆和油菜。以前每年务农，男人们只管犁地、种地，至于庄稼的管理，如清除黑燕麦、杂草的活儿，都是女人的事情。如果哪个人家的庄稼地里杂草、黑燕麦除不干净，那么这家的女人就会成为全村人议论和嘲笑的对象。夏季，常见女人们抓紧时间，在烈日炎炎下弯腰弓背地拔草。“三格毛儿”一成年，就会从母亲和长辈那里得到训诫，入了婆家门，拔草锄地、背水做饭，喂猪养鸡、照看孩子，每天从家里干到地里，从地里又干到家里，很少有出远门的机会。要说外出搞副业、抛头露面什么的，那可就是男人们的事了。男人们也希望女人在家规规矩矩生儿育女、务农。

可是进入 80 年代后一切都在变。首先是男人们活跃起来，有的跑买卖，有的搞农副产品加工，有的学开车跑运输，八仙过海，各显神通。住在县城附近的一些妇女最先感受到这一时代的变化，加入了过去只属于男人们的行列。渐渐地，这种变化扩散开来。于是，在洮河两岸的县城和乡村集镇，出现了这样的画面：戴着红红的石榴帽子，两根黑穗子颤悠悠晃动在两颊，身穿毛蓝长衫的“三格毛儿”，站在自营商店的柜台里，落落大方地做起买卖来了，不再像过去那样怯生生地怕和陌生人搭话。

王翠玉是城关镇寺台子村的一位藏族妇女，六年前就开始在卓尼县城街道上摆摊卖成衣，她是“三格毛儿”当中最早抛头露面的一个。跨出这一步实在不容易，至今她还对第一天上街做买卖记忆犹新。

1983 年 4 月，她和丈夫决定做成衣买卖。丈夫筹集了 3000 元从临夏市购进了一批成衣。王翠玉在丈夫的帮助下，选了一个空闲处，用两个条凳担上几块木板，衬上报纸，上面整整齐齐摆好衣服，然后又在旁边挖了个小坑，插好自制的遮阳大布伞。一切摆好之后，丈夫干别的事情去了，留下王翠玉守着。买主来了，可王翠玉却拿着小板凳躲到五六米远的地方盯着自己的货架。如果是位熟人或年轻人，王翠玉就不露面，任人家翻看衣服。买主见无人管摊，诙谐地称摊上的衣服是让人白拿。就这样，王翠玉心里还咚咚直跳呢。如果顾客是远道而来的女人或老人，王翠玉才敢慢慢挪过去回答价格，卖完之后又赶紧坐回原处。这一天，她觉得时间特别长，熬到晚上收摊回家，她说再也不去受这份罪了。丈夫又是一番鼓励安慰，第二天王翠玉只好再去。以后，她慢慢地习惯了，也想通了，敢于正面回答顾客的提问和讨价还价了，逐渐成为成衣买卖的行家里手，出门进货、上街摆摊成了她一人的行当。丈夫或是出外做工，或做其他买卖，小家庭的日子越过越红火了。

1989 年 10 月

我的人生之路充实而有意义

张慧[①]

我是一名从大山深处走出来的普普通通的藏家妇女，现在合作市绿原广告有限责任公司工作。儿时生活的艰辛和艰难创业的磨炼，使我的思想和人生得到了升华，让我从一个只知自家生计奔波的农家妇女成长为一名有远大理想的共产党员。敬老爱幼、扶残济困、捐资助学，18 年的慈善公益之路，让我在公益事业的无私奉献中体会到了人生的充实与快乐，用博大的爱心描绘着别样的人生风景。

走出大山闯市场

一个人不能光为自己而活着。1975 年，我随丈夫定居合作，1980 年找到了第一份属于自己的工作，在夏河兰夏绒毛厂合作迎宾宾馆当服务员。那时候的我只是单纯地加倍珍惜来之不易的工作，下决心一定要比别人干得好。对前来住宿的客人无论老幼残弱都做到热情服务，得到同事们的一致好评，连续五年被评为先进个人，因为表现突出还光荣地加入了中国共产党。入党后，我有了自己的奋斗目标和人生价值，就是一个人不能光为自己活着，

① 张慧，合作市绿源美术装潢公司经理。

无论能力大小，要把自己融入社会大家庭中去，做一个有益于社会、有益于人民的人。1988 年 10 月，我和丈夫经过社会调查，本着服务社会、回报社会的目的，贷款 1 万元，会同甘南州书协、美协创办了合作地区第一家“绿原文化服务部”。

虽然绿原文化服务部一开始的服务范围只限于制作门牌、销售办公用品，但我们在经营中履行“诚信经营、承诺服务”，社会信誉非常好，在消费者中产生了良好的口碑，连续多年被甘南州工商部门评为全州“五好”个体户。信誉带来了效益，五年内发展了三个连锁店，并筹建了绿原美术文化装潢有限责任公司，在兰州成立了瀚海伟业音响装饰工程有限责任公司，注册资金由原来的 1 万元发展到 500 万元。创办公司 20 多年来，在实现自身梦想、产生经济价值的同时，累计上缴利税 40 余万元，为离退休老同志、下岗职工、社会青年和残疾人提供工作岗位 298 人次，员工工资也从创办初期的 300 元增加到现在的 3000 元，为缓解社会就业压力、促进社会和谐稳定尽了自己的一份绵薄之力。多年的实践也证明我努力的方向是正确的，得到了家人、社会的认可和好评。

兼济他人公益路

在公司经营步入正轨、个人事业蒸蒸日上的时候，我时常想起那些弱势群体。在日常的经营和社会活动中，我接触到不少残疾人和孤寡老人，怎样能够帮助这些人，让他们也过上美好的生活呢？ 16 年前，一次偶然的机会，当记者的丈夫去敬老院采访，看到有些老人生活不能自理，行动十分不便，他回来后我们一合计，决定由我出面去照顾这些老人，全家人鼎力支持。就这样，我与合作市敬老院的 17 位孤寡、残疾老人结下了不解之缘。这 17 位孤寡、残疾老人年龄都在 70 岁以上，有藏、回、汉三个民族，或聋或哑或盲，基本上丧失了生活自理能力，日子过得很是艰难。我看在眼里痛在心中，情不自禁地对老人们说：“今后由我来给你们当女儿，我来当这个敬老院的名誉院长。”于是，合作敬老院的老人们有了一个知冷知热的藏族女儿。1998 年 6 月，我购置材料给敬老院修建了 70 多平方米的太阳能温室，接通了自来水，院内种植了蔬菜和花卉。敬老院里环境美了，老人们心情好了，处处洋溢着温馨、欢乐的气氛。冬天我为老人买棉衣、棉被，解决保暖之困；夏天领着老人去临夏游玩、到合作森林公园踩青；节日里全家人给老人们送好吃的，并时常邀请老年艺术团表演节目；老人们病了联系医生检查治疗，所有的费用由我来负担。从此我便开始走上了公益之路。十几年来，我的公司为敬老院捐款捐物，并组织带动州市民政、妇联、工商联、社会捐款 60 余万元，捐助的粮油、燃料、衣物、蔬菜等折款 10 余万元。我还雇佣专人照顾老人，使老人们平日生活起居、疾病治疗及康复有了依靠和保障。老人们逢人便夸：“张慧是我们的好女儿。”

养老尽孝如儿女

16 年前，我发现了沿街乞讨的 73 岁汉族孤寡老人，就跑上跑下，协调安排到了敬老院，让老人有了一个温暖的家。联系“九八送光明”医疗队，为患白内障双目失明的回族孤寡老人马尕苏、胡凤兰做了复明手术，术后我日夜守护，送吃送喝，让两位老人在有生之年看到了光明。马索菲亚老人在世时身患胆结石、心脏病，给老人带来了巨大的痛苦。我带着她四处就诊，花去了 1 万余元的治疗费。马索菲亚老人逢人就说：“张慧是我的救命恩人，没有她我早就没了。”13 年前，我得知双目失明、生活不能自理的北京籍原王格尔塘某医院退休医生刘景云老人家中有本难念的“经”，老人三次病危，都是在我的帮助下把老人接到医院抢救才脱离了危险。出院后老人不愿回家，我主动找到老人的儿子和孙子签订协议，把老人接到我家中侍奉。因为过上了有规律的生活，老人的身体很快得到恢复，左亲右邻都对老人说："您老有病不用愁，您有个好女儿啊！"83岁的汉族奶奶黄素花，一生无儿无女，与她做伴的只有6条小狗，人们都叫她狗娃奶奶。我得知后，把黄素花老人接到敬老院，一有时间就陪她聊天。老人病重之际，把我叫到身旁，叮嘱我在她去世后一定要做口好棺材，要按汉族的风俗土葬。老人去世后，我按她的遗愿购买了寿衣、棺材，将她安葬在了合作的西山坡上。86岁的藏族老人才毛病危时把我叫到床边，说他去世后一定要在寺院念个大经。老人去世后，我请寺院里的高僧活佛诵经超度，了却了他的心愿。73岁的藏族老人完德甲，膝下没有亲生儿女，39岁时收养了一名孤儿，老人含辛茹苦，一直供养这个儿子上了北京的中央民族学院。因孩子在校表现突出，毕业后留校工作，老人也随孩子在北京度过了2年多美好时光。谁知天有不测风云，老人的儿子突患胃癌，医治无效去世。料理完孩子的后事，完德甲老人又回到了合作以做小生意为生。岁月如梭，老人年迈体弱，丧失了劳动能力，生活也不能自理。我了解到情况后非常同情老人的遭遇，凡是敬老院分送的东西都给他留一份，并且留下电话号码，告诉他一旦有难处就打电话给我。2006年6月29日，完德甲老人几天吃不下饭，我赶快把他接到州藏医院住院诊治。通过检查发现老人得了肠梗阻，在住院的一个多月里我几乎整天都陪护在老人身边。3年后老人去世前，拉着我的手老泪纵横地说："我这一生遇到了一个好儿子、一个好女儿啊，好心人一定会有好报的。"在敬老院的十余年里，我和老人们一直有种解不开的缘。每每想到这些老人，想到能为他们做事，我就能感到一种欣慰与满足。但当老人们一个个离开人世，我的心里又无比酸痛，每次都会情不自禁地痛哭一场。十多年来，敬老院里有二十余位老人先后去世，我都按照老人的遗愿和他们各自的民族习惯，或入土为安，或超度诵经，让各族孤寡老人在人生的尽头得到应有的体面与尊严。

大爱无疆铸党性

10年前我回娘家探望老母亲时，听到卓尼县木耳乡博峪村一对残疾人夫妇的大儿子因为违法被判处有期徒刑12年，一年后儿媳妇离家出走，留下一个3岁的孙子，小儿子才十几岁，一家人生活举步维艰。我到他家了解情况，当时正值卓尼县收购蕨菜和羊肚菌的季节，回到合作和家人商议后，将1万元借给了他渡难关。这一年，他和小儿子收购蕨菜、羊肚菌，到八九月份又用赚到的钱贩运药材，再到岷县和临潭赶物资交流会经营了些小百货……年底的时候一核算，除了本钱净赚3600元，一家人激动得不知说什么好。他在探监时把喜讯告诉了大儿子，说家中的事情有依靠、生活过得去，劝说大儿子安心改造。其子在服刑的5年中因表现好获得两次减刑，监狱还奖励他10天探亲假回家团聚，给他家捐资4600元。2008年，小儿子娶了媳妇安了家，如今一家人的日子过得和和美美。从2000年到现在，我还收养了两名女婴孤儿，当时一个3岁、一个7岁，现都已长大成人。16年来我尽最大努力为西部地区“大地母亲水窖”、“春蕾计划”、“5 · 12”汶川大地震、“8 · 8”舟曲特大泥石流灾害等捐资、捐物累计达86000余元。2006年5月，我有幸被邀请到夏河县麻当花旦尖措孤儿学校，捐资捐物总额达12万余元。回忆我办公司的20余年中，很欣慰的是我不仅仅做了一些自己力所能及的事，而且实现了我为自己制定的人生目标。回首过去，我无怨无悔。

我这棵无名小草，只是做了一点有益于社会的事，可党和组织却给予了我无上的殊荣。十多年来，我先后被省、州、市评为“全省助残先进个人”“全省优秀女企业家”“甘南州巾帼十杰”“全州民族团结进步先进个人”“甘南州优秀人才”，还两次被评为全国、全省的“光彩之星”及“孝亲敬老楷模”，在全国进行巡回演讲时得到了回良玉副总理的亲切接见。

今后，我要把有限的生命全部投入到自己的事业和社会公益中去，用实际行动践行一个共产党员的神圣职责。

2016 年 9 月

迭部林业局改善职工住宿条件纪事

张龙江[①]

迁新居，告别了久违的平房，入住光亮透明，水、电、暖、厨、卫齐备的棚户区改造房屋，真叫那个美，真叫那个爽啊！

说起入住棚户区改造房，还真有一些鲜为人知的故事。迭部林区作为甘肃省重要的木材生产基地，从 1969 年建局到 1998 年 9 月停止天然林采伐，历时 30 年，为甘肃省的经济建设做出过巨大的贡献。

1998 年 7 月，长江上游遭遇暴雨，致使下游洪水泛滥成灾。9 月 10 日，党中央、国务院果断地停止了天然林采伐，随着天然林保护工程的启动，林区职工完成了从“砍树人”向“植树人”的转变。然而森工企业的战略性转移和产业结构性调整，使得近半数的林业职工下岗，加之全面停止天然林采伐，使得企业失去了重要的经济来源，林区职工每月拿着 600 ~ 1000 元不等的工资，林区的住房改造就更提不上议事日程了。

林区内原有的住房基本上是 20 世纪六七十年代修建的干打垒平房，由于年久失修，墙皮脱落、四处裂缝，大部分已成危房。进入 20 世纪 90 年代后期，每年迭部林业局都要拿出上百万元的资金对房屋进行维修，巨额的维修经费使企业无力承担。企业为

① 张龙江，迭部林业局编志办主任。

了摆脱困境，将迭部林业局所在地的福利房屋按照工龄、职务等条件作价出售给职工，从此福利房便从职工的视线中淡出了。

福利房出售给职工后，职工拿着本来只能维持生计的工资，对房屋的维修投资更少，屋顶下的瓦片、防渗油毡破损，夏季天上下大雨，屋内下小雨，锅碗瓢盆齐上阵，奏起交响乐。待天晴后，翻开屋面瓦，查看破损的油毡处，用沥青堵漏。冬季外面刮大风，屋内刮小风，只好用黄泥压压缝，就这样一年一年凑合着。

2009 年，林区棚户区改造成为国家扩大内需的保障性安居建设重要工程，各级政府都给予了重点安排和支持。迭部林业局根据省政府和白龙江林业管理局的棚户区改造实施方案，棚户区改造一期工程一共完成 700 户，建筑面积 39500 平方米，投资 4740 万元，其中中央投资 1050 万元，省级配套 700 万元，企业和职工自筹 2990 万元。到 2011 年底，700 户职工拿到了住房钥匙。二期工程从 2012 年启动，建筑面积 49500 平方米，2014 年工程竣工。

林区职工盼望已久的新房到手，经过简单的装修，大部分人迁入了新居。2011 年，搬家成了职工们的一件大事。

我是 2011 年 9 月 10 日这一天迁入白云小区新房的。选择这一天，对我来说有着不同的意义。我的爱人是一名人民教师。清晨，我同爱人从白云新村西区 425 号“干打垒”的房间走出，手中提着剩余的碗筷，来到新居家中整理物件，准备迎接前来祝贺乔迁的朋友们。

9 时许，楼前的通道响起了爆竹烟花，我和爱人迎来了第一批单位的同事。同事们看了我经过简易装修的 65 平方米的住房，室内添置了新家具、电器，一位同事调侃说：“老张，这和结婚新房有什么两样。”这一天，我和爱人忙得不亦乐乎，不时地为前来祝贺的人们沏茶倒水，递烟倒酒，表示谢意。

为了使职工住得舒适，迭部林业局党委、行政、工会派专人前往兰州采购了 1000 床踏花被为搬迁的职工贺喜。当时，我任迭部林业局党委宣传部部长，有幸和局领导一同前往住户家中送去慰问信，目睹了乔迁中的喜悦。

谈红丽是迭部绿珠种苗经营有限公司的一名技术员，也是搬进棚改新居的职工之一。她高兴地告诉我们：“我是最早一批搬进新房的，这么好的房子，又不用自己生炉子取暖，不用去公共水龙头挑水，又干净又方便，上卫生间都在家中。住平房时，每到冬季蹲在透风的厕所，冻得浑身打哆嗦。所以，我在2012年春节前就搬进来了，在新房过的春节。”

潘利明是宣传部的一名电视广播维修人员，也是搬进新房的一名职工，走进他家中，淡淡花香扑面而来，润人心扉，客厅阳台上放着争相怒放的君子兰、娇艳欲滴的玻璃海棠、开着国旗红的仙鹤来，卧室的窗台上放着翠绿的绿萝，以及开着红色、黄色花的长寿花。我问他：“你这花怎么开得这么好？”他面露笑意地说：“养了这么多年的花，今年是开得最好的一年，以前住在旧房子里，温度低，花长不好。年前，我就将花搬进了新房屋，这里阳光充足，光线好，加上又有暖气，花不开好都由不得它。”

迭部林业局白云小区坐落在省道两郎公路142公里处，穿行而过的白云大道，将工作区、生活区和健身区一分为二，矗立在这片土地上有21栋四层棚改楼，错落有致，外墙土、白、褐三色相映，显得格外醒目。每栋楼前都有硬化的道路，便于出行的人们行走，楼前有绿化带，种植着丁香、玫瑰、蔷薇、牡丹、珍珠梅、柳树、紫花槐，不时引来蝴蝶翩翩起舞，鸟儿不时登上枝头抖动着翅膀，形成一道靓丽的风景线。

清晨，晨练的人们在健身区，有的伴随着欢快的音乐跳健身舞，有的挥动羽毛球拍你杀我击，有的在健身器上做仰卧起坐，有的拍打着篮球三步上篮，还有的围着健身场跑步。

傍晚，人们三五成群，悠闲地漫步在白云大道上，街道两旁排列有序的照明用灯和小区内的庭院式灯光为人们出行提供了方便。老同志饭后坐在小区安置的休闲凳上，聊聊家常，相互交流着保健知识，时不时地说起年轻时的趣事，引来嘻嘻哈哈的笑声。年轻的姑娘和媳妇们身着秧歌服跳着“广场舞”，引来围观者，评论着哪个跳得好，哪个动作规范。

小区的停车场更是有车人的交谈地，四五人聚在一起相互谈论着车辆的性能、自己开车中遇到的趣事。

2011年“天保”二期工程的启动，则给林区注入了新的希望，与“天保”一期相比，国家投入和政策扶持力度加大，总投入2440.2亿元，比一期工程投资增加了一倍，并大幅度提高了森林管护费和国有林业单位职工五项社会保险补助标准，解决了工程实施单位因社会平均工资逐年上涨造成的参保费用缺口问题。职工的平均工资比天保一期翻了两番多，林区的职工乐了。

生活在这里的人们享受着改革带来的红利，怀着感恩的心态为这片土地播种绿色，使迭部林区的山更绿、水更清、天更蓝。

2016年7月

在佐盖曼玛的日子

陈晖[①]

2014年7月，我从西安欧亚学院新闻采编与制作专业毕业，又在甘南州政协人口资源环境委员会办公室服务（甘南州为拓展大中专毕业生就业特设的公益性岗位）一年后，参加了“甘肃省选拔8000名普通高校毕业生到基层事业岗位工作”考试，报考的是合作市“社保岗位”，当年考中。随后经过半年之久的等待，终于在2015年2月等到了合作市人力资源和劳动保障局打来的电话，通知我被分配到合作市佐盖曼玛乡政府工作。

在这之前，我几乎没有听说过合作市还有“佐盖曼玛”这个地方。当我了解到这是一个很偏远的乡时，心情一下子低落到了极点。好在去市人社局咨询有关情况时，碰巧遇到了以前一起在图书馆备考时的“同学”，因为复习时经常遇到，所以混了个脸熟。他这一次也考中了合作市的单位，又和我一同分配到了佐盖曼玛乡政府，见到熟人又要去同一个单位工作，心里总算踏实了些。我们约定次日一起去新单位报到。

第二天已经是腊月二十三，也就是小年。下午2时，我们坐车从市区出发，那时侯合（作）冶（力关）公路和央德路还没有建成，汽车行驶在一条坑坑洼洼的简易公路上，虽说是柏油路，但

① 陈晖，甘南藏族自治州残疾人联合会办公室干部。

已经破败得不成样子。就这样来回颠簸了十几公里后，前面忽然出现一片崭新的楼房，我连忙问："是不是到了？""还远着呢，这才走了一半的路。"听了司机的回答，我又沮丧地低下了头，心里想着：那到底是一个什么样的地方呢？

又过了很长时间，终于听见司机说："到了！"其实，我们仅仅到了乡政府所在地——加科村，村子就一条街道，很窄，街上行走着三三两两的群众，店铺老板坐在门口晒太阳，街道显得非常安静。出街道又走了大约一公里路，才到乡政府驻地。走进乡政府，院子里空空荡荡，而院子中央的红旗在冬日的艳阳下迎风飘扬，显得分外耀眼。办公楼楼道里也静悄悄的，很少有人走动。我们摸索着走到了三楼门口挂有"党政办公室"牌子的地方，敲门进去，里面坐着当时的党委秘书和另一个干部。看见我们进来，其中一位问道："是来报到的吧？"我们回答说："是的。"然后我们把人社局给我们的各种表格和文件交给他们，她给了我们每人几张稿纸说："写一份自我介绍，明天早上乡长来了要看。"我们写好后交给了她，她说："没什么事了，先回去吧，明天早上8点半过来，要开会，暂时没有空宿舍，先别拿行李了。"

第二天上午，我们五个同时被分配到佐盖曼玛乡政府的新人，伴着冬天的朝阳，一路欢声笑语地踏上了正式上班之路。到乡政府以后也没有遇着几个人，昨天接待我们的那位干部让我们在一个大办公室等着。中午，乡长才让华旦才匆匆赶来。在党委会议室，乡长大概介绍了一下乡政府的主要领导和乡上的主要情况，又让我们分别做了自我介绍，随后让我们尽快熟悉工作环境。第二天上午，乡上的主要领导召开会议，给我们新分配来的干部安排了工作岗位，一起分来的其他几名同志都分在了不同的村子，成为驻村干部，可能考虑到我学的是新闻专业的缘故，就留在了乡党政办做干事。

在乡上干部的印象中，党政办是一个"舒服"的岗位，不用下村，不用入户，风吹不着雨淋不着，只是处理一些文件，做好上传下达就好了。其实不然，我在乡党政办工作的一年多时间里，一切均是从零开始，从学套文头做起，到后来写简报、写总结、报文件，一年下来，各项工作总算渐渐上手，最后达到得心应手。

那一年，我几乎没有休息过，乡上似乎也没有周末和节假日，“五加二”成为工作的常态。尤其是每天中午，别的干部可以午休但我不能，因为牧民群众很少有上下班的时间观念，经常是在中午时间来乡政府办事，所以我每天吃完午饭都在办公室等着，担心群众来开证明找不到人。正是这个“特殊”的岗位，平时要比其他人承受更多的工作压力。按照乡党委书记当子加的话说，能留在乡党政办工作的都是精英人才，是书记和乡长的左膀右臂，工作要做得比别人更出色，处事要比别人更谨慎。可以想象，在这个“轻松”岗位上，我过得多么不轻松。

在佐盖曼玛乡党政办工作的一年时间里，除了做好办公室职责范围内的工作外，在不断锻炼和提高自己写作水平的同时，在领导安排下，我还利用业余时间为新闻媒体撰写新闻报道，算是为乡上的宣传工作尽一份自己的微薄之力。功夫不负有心人，一年间，我先后有6篇新闻稿件在《甘南日报》发表。其中《乐做牧民群众的贴心人——合作市佐盖曼玛乡干部“住读”常态化记事》一稿，集中反映了佐盖曼玛乡政府干部变“走读”为“住读”，意在转变工作作风，更好地为群众服务的事，引起了大家的一致好评。还有一篇《携手共奔致富路》的通讯，对乡上在精准扶贫、精准脱贫方面采取的措施和所做的工作进行了归纳总结，使乡上精准扶贫的进展和成绩一目了然，收到了很好的宣传效果。

2015年春节前夕，正是美武草原最为寒冷的时候。那时，全州上下正在如火如荼地开展环境卫生整治。寒冬腊月，我们要翻越乡政府周围的山头去捡拾垃圾。由于经常翻越草场围栏和钻酸刺林，衣服、裤子上都是被铁丝网划破的口子，手上也都是冻疮，中午有太阳的时候天气还暖和一点，一旦太阳落山整个人都感觉被冻得失去了知觉，走路的时候两腿僵硬。

为了清理河道里的垃圾，乡上租了一台挖掘机，先把河道里四五十厘米厚的冻冰全都凿开，再把多年来倾倒的垃圾掏出运走。有同事跟我开玩笑说："这里的垃圾可能比你年龄都大。"

河道里的垃圾全都冻在水下面，一堆一堆互相挤压，挖掘机无法作业的地方，我们就穿着雨鞋下到水里，用手一块一块地往上捞。冬天的水钻心刺骨的冰凉，像我这种瘦弱的身体实在难以承受。有一次，我们从早晨一直捡到晚上，天气非常寒冷，有冷到骨髓的感觉，一整天又几乎没有吃东西，看着身边两大袋垃圾，真的想坐在马路牙子上好好哭一场。但是工作需要这样，工作环境不能跟在家比，也没有人听你抱怨、听你发牢骚，大家都在干同样的事情，所有的委屈和困难都要自己慢慢地接受并且消化，最后我还是咬着牙坚持了下来。现在，每当回忆起在盖过脚面的雪地里扫雪、捡垃圾，在马路上帮群众铲牛粪、羊粪的日子，难免会心有余悸。

当然，全州开展的卫生综合整治工作事关全州大局，惠及全州 70 多万各族群众，已经收到了实实在在的效果。目前，甘南州已经创建为"全域旅游无垃圾示范区"，佐盖曼玛和全州城乡一样，群众屋舍整洁，乡村街道干净美观，一幅山青水清草绿的美景正在吸引越来越多的游客。这里有你有我有大家的一份辛勤劳动，想起就觉得暖暖的，有一种成就感在其中。

草原上的春天来得很晚，5 月的时候草才会露出地面，等到绿满草原鲜花遍地该是每年的七八月份了。那个时候，在闲暇时间我们会搞一些户外活动，在紧邻乡政府的小河边支个烧烤架合伙烧烤，或去小河边钓个鱼；有时，我们也会采摘一些俗称"打破碗"的野花编成花环，那是一种红白相间的小花，漫山遍野都是，据说采了这种花回家就会把碗打破，"打破碗"的名字也便流传开来。在天气晴朗的午后，如遇闲暇，我们会三五成群相约开车去附近的草地转转，对我们来说是意外的“享受”了。

2015 年、2016 年，连续两个春节我都是在乡上度过的。长这么大过年我还从未离开过家。2015 年因为刚参加工作，春节值班只有我们新去的三个人，非常寂寞。乡政府所在地的街道非常空旷，刮风的声音很大，做饭的条件又不完全具备，我们只能在一个很小的电饭锅里煮方便面，这样的日子大概有半个月。一个春节值班下来，我们三人脸色都大变样了。2016 年春节值班情况好些，值班干部有十几个人，厨师也没有回家，年三十给我们做了一桌好菜，还包了饺子，晚上又燃放了烟花，真有点过年的味道。

我在合作市佐盖曼玛乡政府工作了一年多，2016 年 3 月，甘南州承担国家少数民族百年实录征编任务，我因以前发表了一些新闻作品和从事过相关文史资料编校工作的缘故，遂被甘南州委办公室发文抽调到《百年甘南实录》征编办公室综合组，开始了文稿的编校工作。虽然我只在佐盖曼玛乡政府工作了一年有余，但在特定的工作环境下学得了“十八般武艺”。一年来，在乡领导的关怀和同事们的帮助下，自己脚踏实地，勤奋学习、努力工作、真诚做人，学到了很多工作和做人的真本领。正是这段“痛并快乐”的日子，为我今后干好工作打下了良好的基础。这段经历，我会永生难忘。

尕秀牧民的新生活

何军平[①]

四月的一天傍晚，我们踏着夕阳的余晖走进碌曲尕秀牧民点71岁的老阿妈拉毛草家。干净整洁的院落，宽敞明亮的客厅，时尚流行的家具，现代化的家用电器，设施齐全的厨房、餐厅，干净的卫生间……处处流露着浓郁的都市色彩，让人忘了是在牧民定居点。老阿妈一听是记者来采访，高兴地拉着我们说，她家是世代游牧的藏族牧人，过去的日子是一年四季跟着牛羊走，哪里有草有水，哪里就是他们的家，常常为生计担忧。夏天没有遮风挡雨的工具，冬天没有取暖的燃料，仅背水就需要1个多小时，其他的生活条件就更困难了。2005年，政府补贴每户牧民4万元，群众自筹3万元，住进了宽敞舒适的新家，过上了幸福的生活。现在，她坐在暖和的玻璃房里，再也没有任何忧愁，心里只想着以后幸福的日子。老阿妈悄悄告诉我们，她现在最喜欢做的一件事就是看电视，电视不仅可以带给她无尽的欢乐，还可以让她了解外面的世界，了解党和政府的惠民政策。老阿妈自始至终爽朗的笑声和灿烂的笑容告诉我们，牧民定居点给他们带来了安康的幸福生活。

近年来，碌曲县委、县政府坚持以全面建设小康社会为目标，

---

① 何军平，《甘南日报》记者。

以改善农牧民生活条件、逐步缩小城乡差距为目的，认真实施易地搬迁牧民定居点建设项目，让一批又一批牧民群众告别了逐水草而居的游牧生活，住进了宽敞舒适的砖瓦房，过上了城里人的生活。像拉毛草这样的居民，尕秀易地搬迁牧民定居点有100多户，已全部通电、通电话、通有线电视、通广播、通自来水，生活条件和城里人不相上下，甚至超过了城里人。

目前，尕秀村仍以畜牧业为主，大力发展奶牛产业。在定居点有医疗门诊、小学，解决了牧民看病难、子女上学难的问题，使牧民生活更加安心。

本文原载《甘南日报》，2006年5月14日。

草原新城

杨正江

甘南藏族自治州政府所在地合作，起初曾被人们称作“草原新城”。今天六十岁以下的人恐怕已没有那种“新城”的感受了，有的只是一种这里与全国其他地方一样美丽、整洁，是一座现代化城市的感觉，唯一不同的就是呈现着浓厚的地域化、民族化特色。然而它确实是一座从无到有、从雏形到完备的实实在在的“草原新城”。

我从别人口中得知，这座“新城”选址修建于 1953 年。自治州成立之后，1956 年，州委、州政府以及其他单位始从夏河县拉卜楞正式迁入合作。1963 年 9 月，我们那批青年学生从兰州来到合作向州政府有关部门报到，听候安排工作时，此“新城”还是个雏形。我清楚地记得，偌大的草滩上就那么几座稀稀落落的青砖建筑物。最显眼的就是草滩中心那栋又高又大的人民会堂，它的正面前方 200 米处，是一东一西遥相呼应的州委和州人民政府两座大院，大院正门前均有军人持枪站岗，显得庄重、威严。再往前一二百米处，就是甘南报社和新华书店两个单位，两者亦一东一西遥遥相对。再北就是一些商店和旅社，还可以醒目地看到一个电影院和一个洗浴池，总共六七个单位。盘旋路那里空荡荡的，盘旋路靠西的巷子里是个汽车客运站，候车室很小，供人购票进出的大门也是和一般人家的庭院大门差不多，只能容一个人进出，两个人并行似乎很难通过。再往北去就是甘南乳品厂，它的占地面积和规模倒是可观的，职工忙忙碌碌，人数也不少。附近东边小山下，有个军分区和“八一”小学，还有一所建校较早的合作镇小学，他们都不在正街，所以人们不容易看见。人民大会堂背后往南，依次是合作小学、州党校和合作中学，附近还有两个单位：秦剧团和歌舞团。各单位之间都有很大的空间，可以栽树和种植蔬菜、洋芋等农作物。整个草滩上的私人住宅，除了人口较多的旧街外，其他农户和私人住所几乎看不到。街上行人很少，路边和空旷处有一些刚栽上或成活不久的小杨树。这就是 20 世纪 60 年代初“草原新城”的全貌。

1963 年 9 月中旬，我们初来合作，正好赶上为建州十周年大庆活动准备的日子，虽然当时国家还在困难时期，但庆祝活动还是十分隆重、红火。中共中央、中共中央西北局、甘肃省上都派了代表团前来庆贺。为了圆满完成大庆活动，我们这批初来者也参与了各项活动的筹备工作。那半月时间，“草原新城”真是超常的热闹和繁华，我亲睹了藏族同胞的质朴和厚道，以及他们在草地上吃糌粑和在雨天光着脚走路的情景。州庆十周年活动一结束，新城又陷入了冷清和寂静，我也按州文卫处的分配和安排去夏河拉卜楞当教师。这一去，就在那里扎了根。这一去，风风火火艰苦备尝，一晃就是 25 年。夏河至合作虽然只有七十多公里的路程，但 25 年间我去过的次数却是有限的，国事、家事使我实在无暇去光顾这座旷古未有的“草原新城”。

1968 年“文化大革命”初期，我所在的学校——夏河中学，派我去州党校参加解放军办的“斗私批修学习班”。时隔五年，我感到“新城”样子依旧，只是人民会堂后面老远处又增加了一所学校——甘南师范，它是 1966 年秋从夏河迁过来的。1972 年夏末，我又由主管部门决定，去合作以南的博拉乡上州“五七”干校。途经合作，觉得“新城”有所变化，小树大了些，街上的行人多了些，狭小的新华书店已易店址——搬到盘旋路那边较为宽敞的新店去了，也发现大街上增加了一座三层高的百货大楼。1976年初春，夏河县文物系统决定，让我去博拉给“上山下乡”的知识青年带队，往返都要经过合作，有时因事还住一两天。此时我感到“新城”周围的居民多了起来，还出现了一座体育场，位置就在原州图书馆附近，我还去看过一场篮球赛。那次我还看到了新修起来的高高的四层招待所大楼——西楼，1963年我们初来这里时，它还无影无踪。我们当年住过的那栋两层高的招待所——北楼，现在显得又矮又小。上一次来是1988年夏一年一度的高考开始时，我被县文教局派往合作，做该考点的监考人员。那天中午，当我走出新建的高大华美的客运汽车站，步行在宽敞平整的马路上，我的心情很不平静，我好像来到了另一个世界。

如今，我又来到合作。川流不息的行人，粗大葱茏的树木，数不清的店铺、摊点，琳琅满目的货物，崭新的高层大楼，延展到南北很远的公家或私人的建筑物，叫人很难相信，这就是五十多年前的那座寂静、萧条的“草原新城”。今天，她完全已是另外一个样子了。我住进一家宾馆，宾馆内的装潢与设施已完全可以用“富丽堂皇”来形容。我登记好房间，情不自禁地一口气爬上高层，“新城”全景一览无余，但我已经说不清那些高楼各是什么单位了。大礼堂早已拆除，州委、州政府原来的两层青砖办公楼已找不到一丝痕迹。城中心绿树笼罩，环境优雅，给人一种舒适优美的感觉。合作的变化真可以说是突飞猛进，这种变化大概与全国其他地方的变化是同步的、一致的。

我是教育行业的人，别的行业我说不清，单就教育方面的变化就很了不得，小学、中学几倍地增加，中专、大学相继产生，二十几年前谁能想得到？我漫步走下楼梯，心潮澎湃，浮想联翩。

是的，我这次来合作心情是舒畅的，有一种从彼岸来到家中的感觉。此时，我什么也不想，我只祝福这座“草原新城”不断在“新”中前进。

(1988 年我写此文后又工作了 11 年，于 1999 年退休，时年 63 岁。跨入新世纪后，“草原新城”又有了令人震惊的变化，我觉得我的躯体、我的能力已经远远落后于时代了。然而今天我要特别感谢甘南州合作市市委、市政府将我列入“知名”人物名册，从 2014 年开始相继两年前来慰问，我倒有点不安，有点愧疚。我还能做什么呢？我已到耄耋之年，身体欠佳，已做不了什么大事了，就将此小文作为我对甘南的深切怀念和感谢吧！)

本文选自《格桑花》，2015（4）。

我与迭部

张晓忠[①]

光阴似箭，岁月如歌，弹指间，我在甘南州迭部县已工作、生活、学习了 20 年。

在我的记忆里，迭部我来了三次。

第一次是儿时，我只有几岁，记忆有点模糊。我的父亲是迭部林业局一名职工，母亲带着我去看父亲。从岷县出发时搭乘的是一辆拉木头的解放车。不知走到什么地方，天淅淅沥沥下起了雨，车盘旋着上一座大山，道路泥泞湿滑，走到半山腰，由于车出故障，不能行进，司机让我们下车换乘了一辆绿色的小卧车。车里人很挤，不知不觉翻过了山。太阳出来了，天上飘着云朵，人的心情也好了，过了几个小村庄，来到一户人家，有“山重水复疑无路，柳暗花明又一村”的感觉。在这家吃的是苦根酸菜手擀宽面，我吃得特别香。

车在缓慢颠簸中前行，我不住地向车外东张西望。前面的山仿佛挡住了前进的道路，而车还是不停地向前行走，车的一侧是山崖，另一侧是江水。小时候听说大森林里有狼、熊、虎、豹、鹿等动物，我好奇地等待它们的出现，但一路走来，没有见到一个，偶尔看见松鼠从路上穿过，也算是对我的小小安慰！

① 张晓忠，迭部林业局局志办干事。

第二次我来迭部是1989年，那年夏天放暑假，我来迭部游玩，搭乘的是一辆驼铃大班车。

那时在老家常听父辈讲述背山里的故事——铁尺梁十八盘弯道的曲折，腊子石山姊妹山的神奇，天险腊子口的雄险，藏族主人家的热情……尤其有一个神话传说故事，他们说得娓娓动听，仿佛亲身经历一般。相传岷县秦许乡人在迭部腊子一带做方板，有一位藏族姑娘连续三个晚上托梦给一人，说她因爱情不如意，自缢含恨而终，如果能把她的身子带回去侍奉，她会保佑那个人的。这人不信，便说，如果您真有感应的话，把我们大家的方板从背山发到前山（岷县区域），我们就把您带回去侍奉！第二天晚上突起狂风，将他们连同方板都安全移到了前山，大家问起缘故，这人把他做的梦给大家说了一遍，大家商议后，用柏木雕刻了一尊佛像，点燃柏木叶子叩头跪拜。这就是现在岷县七大堡人供奉的娘娘阿婆神的由来。后来几经周折，请人雕刻了神像，穿戴古装，每逢农历二月二日，七大堡人组织庙会，赶庙会的人给娘娘阿婆神烧香点灯，顶礼膜拜，保佑大家风调雨顺，平安无事。

带着遐想，我来到了迭部白云。白云是迭部林业局的驻地，单位多，人多，来自五湖四海的人们语言不同，有些我完全听不懂，有穿裙子的，有穿大裤头的……我感觉他们都很热情。到迭部县城去了一趟，迭部县城只有一条东西走向的街道，商铺、饭店、单位都集中在一条街上。“七九二”蔬菜市场、民贸大商店是迭部县两个商品集中贸易的地方。街道两边的小木楼上，打着茶馆广告牌子，这也许就是娱乐休闲的去处。

这次我在白云玩了20多天，处处是木材，板子围墙，板子盖下水渠道，每家门口都堆放着柴火，等等。到处都在利用木材，而这在我们老家却是“奢侈品”了。

迭部是原始森林区，苍松翠柏，郁郁葱葱，是绿色的世界。周末的时候，父亲常常带我去白云郊外游玩，我见到的两棵白杨树给我印象最深，树非常大，一棵树要五六个人手拉手才能抱住。另一棵树中间是空的，只有皮子，叶子茂密，树洞里有过火的痕迹。

原始森林给我的印象很神秘，大森林里的奇花异草、古树名木、飞禽鸟兽，无不令人赏心悦目，同时也令人毛骨悚然。一天，父亲带我去了白云一号沟，这天天气晴朗，我们沿着曲折陡峭的山路上山，茂密树叶遮蔽着太阳的光线，我在路边兴奋地捡拾大草莓，忘记了一切。在回来的路上，父亲给我讲述了打狼的故事和白云有一人打猎时被熊抓伤的真实事件。我听着有些害怕，担心突然遇见狼或熊。但一路走来，只见到了几只可爱的小鸟，我还捡到了一个大白蘑菇，晚上父亲用它给我们做了蘑菇臊子面，我吃得津津有味。

第三次来迭部是1997年3月。这次是来迭部林业局电尕林场上班的。此后我扎根林区20年。刚上班，人生地不熟，很寂寞。闲暇时，在迭部县城里转悠。县城依然是一条街，“七九二”蔬菜市场和民贸大商店仍然是迭部县两个商品集中贸易的地方。街道两旁的商铺、饭馆和茶馆增加了，“七九二”还有了几家舞厅。有时去河边，东西河滩都是湿洼地和草地，河边有河柳灌木林，垃圾也多了。

迭部是红军长征经过的地方，腊子口战役遗址、俄界会议遗址、茨日那遗址，都是游客参观、摄影留念的好去处。奇丽壮观，秀峰嶙峋，风光旖旎，景观星罗棋布，迭部全境堪称一处规模宏大、地域广阔的天然游乐园。虎头山的雄伟，腊子口的险要，可近不可攀的措美峰的神奇，号称石城的扎尕那“阎王殿”，变化万千的云雾滩，白龙江沿岸秀丽神奇的傲傲水帘洞，碧绿如玉的录坝湖等自然奇观不胜枚举，游人络绎不绝，很多美景我还没有领略过！

近年来，迭部的发展日新月异，处处一派繁荣的景象。奔腾不息的白龙江伴随着一条平坦的二级公路贯穿全境。县城三纵五横的公路为迭部城内交通提供了便利。城中心上广场雕塑有寓意吉祥如意的汉白玉大象和如意，下广场塑有气势恢宏、雄伟壮观的《毛主席在迭部》雕像。昔日西河滩凹凸不平的水草地如今变成了宽阔的体育场。街道上车水马龙，川流不息。街道两侧饭店、商铺错落有致，比比皆是。一座座高楼大厦拔地而起。苯日钦牡大酒店、俄界大酒店、迭部大酒店、益民饭店等标志性的建筑，住宿、餐饮、会议、游览等服务功能齐全，深受全县人民和八方游客、四海宾朋的青睐。

九色香巴拉艺术节、世界大力士比赛、腊子口论坛，这三大节会使迭部在海内外的知名度日益提高。

迭部人民以“人一之，我十之；人十之，我百之”的精神，合理利用白龙江水资源，兴建水电站；以绿水青山就是金山银山的理念，打造生态文明旅游县，发展迭部经济。相信在不久的将来，迭部这座民族特色和现代化气息相结合的山城将崛起于美丽的甘南！

2016 年 7 月

水磨沟今昔

虎玉生

在临潭县旧城以南，有一条由北到南、长约十里的山沟，它的南头是位于洮河上游的卓尼县卡车乡。这里的人们习惯叫它旧城沟，也叫水磨沟。在十里小山里，有一条由许多山泉、小溪汇集起来的小河，小河两边居住着临潭、卓尼两县藏、回、汉三个民族的群众，共十几个自然村。这里原先有 48 盘小水磨，到如今只剩下最后一盘了，成了历史的鉴证。

1992 年 3 月的一天，笔者冒着早春的寒风，怀着美好的愿望，来到水磨沟，寻访了一个个昔日磨主的足迹。

登上旧城西面的西凤山，整个水磨沟展现在眼前，两面山包连绵不断，山下坐落着一个个村庄，炊烟四起，鸡犬相闻。一条曲曲弯弯的小河，闪着银光向南流去。据史书记载，水磨沟在古代就是洮州地区通往松潘、迭部的要道，也是边塞要地。这里说的“洮州地区”就是现在临潭、卓尼一带。水磨沟南段的羊坝古城遗址，至今还保留着古战场的残迹。历史的长河不知经过了多少个曲折和汇合，把不同的民族陆续汇聚到这里。为了生活，他们利用小河水的动力，修建起一盘盘小水磨，有单轮的、双轮的，有平的、立式的，也有天下雨才能转动的“天水磨”，形式多种多样，五花八门，其中人们叫其“南水磨”的，冬季不结冰，“吱扭，吱扭”，一年四季转个不停，在这么一个山沟里，原来有 48 盘小水磨转动着，真可谓名副其实的水磨沟。

笔者来到临潭县城关镇上，只见贸易货栈、国营商店、个体摊贩、农副市场、牲畜交易市场，应有尽有，大街小巷很是热闹，真不愧是洮州最先设“茶马互市”的地方。过去，在水磨沟修水磨最多的也是城关镇人，一共有 32 盘，其中最有名的是华家磨。在上河滩村，笔者找到了一位叫“华家阿爷”的老人。这位回族老人名叫华志兴，时年 65 岁，是华家磨第四代磨主，他很高兴地介绍了他家的过去和现在。

“华家阿爷”原来姓马，当了上门女婿后，改叫华志兴，在他当华家磨主的时候，拥有三盘水磨和一座油坊，全家人一年四季围着水磨油坊转，收些“磨课”钱，取点“卡西”面，一家大小有吃有穿，生活还算不错。当地有句口头语叫“水磨油坊刮金板，吃不完的用不完”。到了吃“大锅饭”的时候，沟里所有的水磨、油坊都收归集体所有了。这对华志兴来说，好比耍猴的丢了猴子——没戏唱了。

说到这儿，老人一摆手说：“过去的事儿已经被大风刮跑了，河水冲走了，再也不提了。如今政策对头，感谢党和政府还来不及呢!”华志兴老人说的是大实话，他的两个儿子都投身于建筑行业。大儿子马杰是华志兴一手抚养成人的，早在 20 年前就爱好建筑这一行，偷着学来一些建筑技术。1977 年底，他在政府的支持下，组建起城关农民工程队，由他本人担任队长，老二华国伟担任工程队第三组组长。这个工程队成立 11 年来，从 3 个组发展到 10 个组，技术工增加到 60 多人，年产值从起初的 10 万元增加到 40 万元。开始时只能修建一般的平房，现在已能承建三层以上的楼房了，还先后到玛曲、碌曲、夏河、四川阿坝等地承包工程。

每年农闲季节，来工程队找活干的人多，安排不过来，马队长总是优先照顾一些困难户，让他们干活，增加收入。近两年，由马杰和华国伟带头，在学生放暑假期间，为县职业中学和几所小学义务修理门窗和桌椅板凳。上年9月，华国伟带着最小的儿子去县幼儿园，一进幼儿园大门，只见整个院子成了烂泥滩，人没法进去。回家后，他把这事告诉给哥哥马杰，第二天，兄弟俩就带着一帮自愿献工的人来到幼儿园，连续干了三天，在院子里铺上了水泥块，不但没收取一分工钱，还贴进500元。县政府一位副县长听到这事后，称赞说："昔日华家磨主的后代，今日已是新型农民了。"

在水磨沟磨主的后代中，临潭县术布乡阳坡庄的于辉广兄弟俩也算得上是新型农民。这一点，从他家的摆设上就可以看出一些。于辉广家有前后两院房子，进了二道门，再走过铺满水泥块的小院，就是宽敞明亮的堂屋，里外都很干净。堂屋里除了沙发、收录机外，墙边还放着《甘肃日报》《致富信息报》等五六种报刊。

于辉广为了跑运输，还跟父亲闹过矛盾。就在他高中毕业没考上大学那会儿，村里有两户人家安上了磨面机，搞面粉加工，收益不小。一辈子磨面过来的父亲看在眼里，急在心头，打定主意要让两个儿子重操旧业，可是于辉广哪里肯干。他自作主张，带着弟弟跑运输、搞买卖。这下可把老父亲气坏了，说："你们长大了，翅膀硬了，就不听阿大的话！以后我再也不管家里的事儿了。"实际上他也管不住了，儿子们是在干着一项新的事业。

转眼几年过去了，于辉广兄弟俩远出家门，沿青藏公路跑拉萨，顺川藏公路进昌都，一年纯收入有四五千元。在西藏的昌都还设了个民族用品购销店，一个人在那里蹲点购销，另一个人开着自己的东风车，来往于甘、青、川和西藏之间，一面运销，一面传递信息。于老汉看着两个儿子跑上跑下，干得很起劲儿，家里的收入远远超过他当磨主的时候，过上了富裕生活，满肚子的气早就烟消云散了。

笔者在水磨沟出了这村进那村，两天过去了，没有发现一盘旧水磨，原来的磨主们在改革开放的浪潮中都已经改做其他行业，各显其能去了。昔日那些腰系麻绳、满身灰白的磨主形象，慢慢从人们的心中消失了，代替他们的是一代新磨主。就说张尕宝一家吧。他家在水磨沟口的卓尼县卡车乡拉扎村，原先也和其他庄稼汉一样，一年到头每天的活动内容只有“吃饭、睡觉、干活”六个字，无其他事情可做。这些年来，这个识字不多的庄稼人，老脑筋也开了窍。

张尕宝利用扶贫贷款，又自筹了一些资金，买来自动进料式磨面机和榨油机、粉碎机，办起粮油加工作坊，用先进的设备为乡亲们磨面、榨油、粉碎饲草料，既方便了群众，也为自己拓开了致富之门。张尕宝高兴地说：“如果和过去的水磨相比，我这台钢磨转两小时，一盘水磨就得转一天一夜，十二盘水磨还比不过这一台钢磨呢！”朋友，请您想想，如果按水磨沟过去“水磨油坊刮金板，吃不完的用不完”的说法，张尕宝已经掌握了多少块“刮金板”呢？

现在，在水磨沟南头的卓尼县卡车乡安布族村还剩下一盘水磨。在水磨看守人孟扎什的陪同下，笔者专程察看了这个历史的遗产。立在村外小河边的这磨坊也真是老旧了啊！从外面看，房顶长满了荒草，板壁又脏又黑，门槛磨损得已经快要断了。四角的柱子很粗，因年久失修，多半柱根已经腐烂了。磨房下巨大的木制轮子，在一股木槽水的冲击下，带动着那两块厚重的磨石慢悠悠地转动，吃力地发出“吱扭——吱扭”的响声，好像在为自己孤独的处境唉声叹气。那么，这盘水磨为什么能保留至今呢？孟扎什说：“我们村的这盘老水磨在村外已转了47年，我也陪了它十多年。这几年，如果不是乡亲们磨麦穗和磨糌粑需要，早把它拆了。说实话，现在磨面机、榨油机都进了村、入了户，水磨的历史任务也完成了。”

当笔者告别安布族村时，身后又传来那盘水磨“吱扭——吱扭”的声音。噢！它是说“再见——再见”吧？水磨沟最后一盘水磨，我可能再也见不到你了！

1992年9月

本文选自甘肃人民广播电台编:《陇原之声》，甘肃民族出版社，1994年3月。

卓尼县城改造的前前后后

韩明生[①]

从2012年到2016年的五年时间，卓尼县委、县政府成功对唐尕川、上城门、上河村957户城中村进行了拆迁改造，新建了14846套各类保障性住房，完成了沿街建筑民族特色化改造以及县城“五化”[②]改造，基本消除了县城内破旧低矮的平房、土房，代之而起的是一排排花园式的住宅区，一座座体现卓尼建筑风格的“苫子房”新商铺，世代居住在这里的群众搬入了宽敞明亮的小洋楼。漫步于灯光交织的滨河路，俯瞰洮河水面楼宇纵横，宛如身处藏乡江南，时刻能感受到现代文明生活的气息。

唐尕川、上城门、上河村是以往卓尼县城“脏、乱、差”和“破、旧、乱”最集中的地方。我们这届班子，在第十二个五年规划时期，把城中村改建项目列入重点规划进行改建，使县城面貌在短短几年内发生了翻天覆地的变化。在彻底解决城中村群众住房问题的同时，也提升了城市服务水平、城市品质、城市旅游形象，为建设现代化高原旅游明珠县城奠定了坚实的基础。

---

① 韩明生，时任中共卓尼县委副书记、县长，现任政协甘南州第十五届委员会副主席。

② 五化：绿化、净化、硬化、亮化、美化。

不堪回首的往昔

卓尼县位于甘南藏族自治州东南部，“卓尼”系藏语，汉语意为“两棵马尾松”。相传，因很早以前在卓尼大寺寺址处有两棵苍劲挺拔的马尾松而得名。卓尼县城坐落在青山环绕、洮河穿流而过的卓尼多（下游）地方，而卓尼普（上游）至卓尼多（下游）间是6公里长的下坡，县城就正好坐落在下坡的冲积扇上，每遇大雨，下游的人提心吊胆。据史料记载，1953年6月20日，城区及上卓沟突降暴雨，时间持续15分钟，形成高达一丈有余的洪水，由上卓沟夹带泥沙直接冲入县城，淹没了冲积扇上的半个县城，冲毁房屋10间，冲走居民衣物、钱粮和商品等物，损失折合人民币2.8万元，给城中居民带来了深重的灾难。1954年5月9日，县城又复发水灾，冲毁房屋66间，死1人，损失衣物、商品、粮食等折合人民币2万元。1988年7月6日晚10时10分许，县城突降暴雨，持续30分钟，降雨量达60毫米，导致上卓沟、冰角沟、绍藏沟暴发泥石流，造成41人死亡，损失大牲畜684头（匹），冲毁房屋483间，264人无家可归，农作物受灾3万余亩，冲走粮食18万公斤，损失粮油近35万公斤，冲走汽车、拖拉机12台，冲毁公路5.7公里等，直接经济损失达675万元。1989年6月5日夏令时21时10分，卓尼城区突降暴雨，持续20分钟，降雨量达40.6毫米，卡石山沟等山洪暴发，造成1人死亡，全城停电停水，人畜伤亡，房屋倒塌，交通阻塞。这些水患剥夺了无数鲜活的生命，损毁无数生活资料和财产，给生活在这片土地上的人民群众心中留下了难掩的伤疤。

随着社会的发展，县城人口的不断增加，基础设施也不断提升，县城居民从地势较高的寺台子、上城门、唐尕川村向洮河边移居，经济发展重心向较为平坦的河边下移，自然而然就形成了唐尕川、上城门这样的城中村，居住人群生活贫困、环境差、房屋破旧就是这里的代名词，几乎每户都是土墙院、土墙房，老少一屋，人畜一院。村内基础设施建设严重滞后，巷道狭窄，垃圾乱倒，牲畜乱走，污水四溢，气味相当难闻，改善居住条件是祖祖辈辈生活在这里的群众的夙愿。唐尕川村老人宗元肖说："多年来，我们这里晴天一身土，雨天一身泥，巷道窄得很多地方车都进不来，但凡有一点能力的人家都搬出去了，就剩下我们老弱病残的住在这里了。"据县扶贫部门统计，上城门村、唐尕川村是卓尼县贫困人口的集中地，2014 年贫困人口占总人口的 22.9%。针对这一现状，县委、县政府看在眼里，急在心里。2012 年，县委、县政府在广泛征求了人大代表、政协委员、群众意见以及社会各界人士的意见建议后，下决心彻底解决城中村群众的居住问题，将这部分群众住上新房作为首要任务，将城区拆迁改造作为一号工程来抓。卓尼历史上规模最大的县城改造工程由此拉开了帷幕。

民心工程的打造过程

卓尼县委、县政府在城区改造工作中提出，要将城中村拆迁等作为一项重要的民心工程来切实抓好，妥善安置好拆迁户的生产生活问题，为群众创造良好的人居环境。

唐尕川、上城门城中村是这次县城改造的重头戏，涉及改造户 501 户，单位 7 个，宾馆饭店 2 家，农贸市场及住宅楼 1 家，书店 1 个，拆迁建筑面积 137526.88 平方米，征收土地面积 148830.61 平方米。面对繁重的拆迁任务，县委、县政府迎难而上，毫不退缩，及时成立了由县委、县政府主要领导任组长的拆迁工作领导小组，全面协调、指挥拆迁工作，同时抽调 200 多名县直相关部门业务骨干成立工作组，配合县国土局、柳林镇开展具体拆迁工作。通过靠实拆迁责任，建立县级领导及一般干部拆迁责任台账，设立主动拆迁奖励、逾期拆迁处罚等行之有效的措施，拆迁工作启动迅速。各工作组深入拆迁户，了解居民拆迁愿望，研讨安置办法，耐心细致做工作。在此期间，县委、县政府主要领导高度重视拆迁工作进展，先后多次深入拆迁现场办公，深入拆迁户家中访谈，讲政策、讲道理，做拆迁户的思想工作，消除群众心中的疑虑，给群众吃了一颗“定心丸”。最终在充分征求群众意见的基础上，形成了拆迁安置补偿方案，与拆迁户达成了拆迁协议，历时6个月的拆迁前期工作达到了预期的目标。

在城中村改造过程中，县委、县政府突出民本理念，拆迁户按照实际情况自由选择安置形式，有货币安置的直接发放安置费，拆迁人自行安置的一次性发给过渡安置费，在下所藏上川保障性住房小区临时设置安置点安置拆迁人。拆迁补偿时，特别考虑了对困难拆迁户的特殊补偿政策，对享有城市低保、拆迁后失去住房的拆迁户，经核实可申请享受廉租住房租赁补贴政策。通过各种人性化的制度、办法，妥善解决了城中村改造拆迁户的补偿安置问题。由于干部工作到位，安置补偿措施得当，城中村拆迁工作平稳顺利进行，最大限度地降低了发生各种矛盾纠纷的可能性。

同时，县委、县政府在上城门保障性住房新区修建了1314套保障性住房，小区内安装了居民健身器材、视频监控、太阳能路灯，配建了村级服务中心、公共丧葬房，进一步完善了小区的服务功能。为了回笼建设资金、方便居民购物和预防上卓沟地质灾害对小区居民造成生命财产损失，在小区西侧排洪渠边修建了独具卓尼特色的“苫子房”商铺16000多平方米。保障性住房及相关配套基础设施的建设，有效解决了卓尼县中低收入家庭的住房困难问题，实现人人“居有所住”的目标，彻底解决了城区排洪渠周边居民的生命财产安全隐患，提高了广大居民的生产生活质量，是一项当地群众举手称赞的“民心工程”。

特色小镇多姿多彩

市容市貌是一个城市的“脸面”，是展示社会文明程度的“窗口”，是招商引资的“名片”，更是一个地方人民群众生活质量和生活标准的重要体现。县委、县政府深知提升县容县貌对发展县域旅游、建设民族特色与现代化宜居相结合城市的重要性，经过反复研究讨论，广泛征求社会各界意见建议，决定围绕洮河做文章，利用好大自然赐予的宝贵资源，提出了打造“百里洮河风情线”的发展思路，实施了城区“五化”改造，以“做亮主城区、做靓洮河岸”为重点，按照高起点、高标准对县城区河岸、楼宇建筑、绿化区域、公共设施及标志性建筑等进行了亮化改造；对沿街各巷道、城区原有广场进行石材更换铺装，在滨河路和广场上安放休闲座椅、设立文化雕塑等城区硬化改造；按照建设生态绿化园林县城目标，对桥南滨河东路步行街、上城门排洪渠东侧商业步行街、新城区滨河路等进行绿化改造；加强环卫力量，安装更换垃圾箱，增设垃圾收集斗，增放垃圾、泔水清运车，对县城进行净化改造；取缔占道经营，清洗城区主街道两侧及背街小巷墙面上乱贴乱画的牛皮癣广告，清理粉刷公路沿线的护坡墙体广告等，进行美化改造。同时结合当地民族和历史文化特色，对县城区主街道沿街建筑进行了建筑节能、外墙粉刷、屋面防水和门窗更换及统一店招等突出民族特色的改造工程。别具一格的上城门“苫子房”商铺，富有民族特色的主街铺面，庄重典雅的洮砚文化广场，缤纷靓丽的滨河路……卓尼县成功打造了一道夜间别致的景观带，提升了县城的品质和形象，改善了人居环境，展现了区域民族色彩夜间景观，突出船城①特色的城市景观效果，为创造和谐优美的旅游、宜居环境奠定了坚实的基础。

夜晚漫步卓尼桥头，熟悉卓尼的人惊叹卓尼今昔的巨大变化；

① 船城：卓尼县城设在洮河之滨的柳林镇，地理形状似船舶，因而卓尼县城又称船城。

初到卓尼的人则对这世外桃源般的小县城发出由衷的赞美，民族和现代在这里和谐共处，历史与文化在这里完美融合。这一系列县城改造工程的实施，是县委、县政府解决民生问题的重要体现，更是卓尼干部践行群众路线的具体举措。在新的起点上，卓尼干部群众上下一心，为全面建成小康社会、创造卓尼更加美好的未来而努力奋斗。

本文选自陈克仁主编:《甘南文史资料》，第23辑，北京，中国文史出版社，2019。

附：

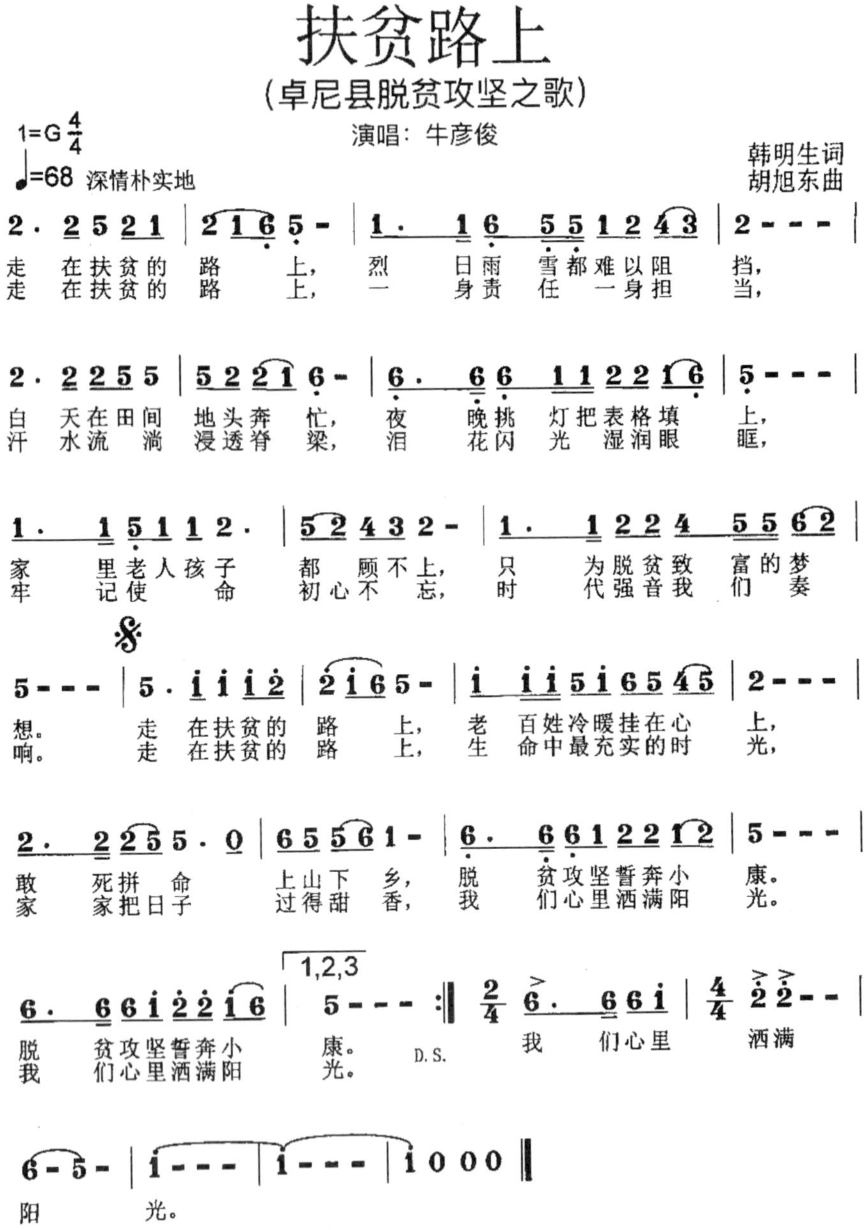

扶贫路上

（卓尼县脱贫攻坚之歌）

1=G $\frac{4}{4}$

♩=68 深情朴实地

演唱：牛彦俊

韩明生词

胡旭东曲

2·2521 | 2165- | 1·16 551243 | 2--- |

走在扶贫的路上，烈日雨雪都难以阻挡，

走在扶贫的路上，一身责任一身担当，

2·2255 | 52216- | 6·66 112216 | 5--- |

白天在田间地头奔忙，夜晚挑灯把表格填上，

汗水流淌浸透脊梁，泪花闪光湿润眼眶，

1·15112· | 52432- | 1·1224 5562 |

家里老人孩子都顾不上，只为脱贫致富的梦

牢记使命初心不忘，时代强音我们奏

𝄋

5--- | 5·1112 | 2165- | 1 115165 45 | 2--- |

想。走在扶贫的路上，老百姓冷暖挂在心上，

响。走在扶贫的路上，生命中最充实的时光，

2·2255·0 | 65561- | 6·6612212 | 5--- |

敢死拼命上山下乡，脱贫攻坚誓奔小康。

家家把日子过得甜香，我们心里洒满阳光。

6·6612216 | 1,2,3 5--- :‖ $\frac{2}{4}$ 6·661 | $\frac{4}{4}$ 22-- |

脱贫攻坚誓奔小康。D.S. 我们心里洒满

我们心里洒满阳光。

6-5- | 1--- | 1--- | 1000 ‖

阳光。

选自政协卓尼县委员会编：《卓尼百年实录》（上下册），北京，中国文史出版社，2019。

脱贫移民

甘南扶贫的那些记忆

洪庭秀[①]

1985年12月初，州委依据省委通知，决定组建甘南藏族自治州扶贫开发办公室，任命我为扶贫办主任，兼农委副主任。随后，相继调吴连友、李生芳两位同志任副主任。扶贫办定编15人，下设3个科室，即办公室、计划科和劳务输出办公室。此后会同组织、人事部门商议决定，从农林、民政等部门及临潭、卓尼、舟曲3县调入工作人员12名，开始了甘南州扶贫办的工作。

扶贫办的职能和工作任务是：摸清全州贫困户底数、制定扶贫规划、论证扶贫项目，向中央、省上有关部门争取扶贫资金，同时发动群众自力更生解决温饱问题。

州扶贫办成立的同时，全州7县也相继成立了扶贫办公室。12月中旬，由州扶贫办牵头从临潭、卓尼两县抽调了120名干部集中在卓尼县阿子滩乡逐村逐户进行扶贫对象摸底调查。当时根据省扶贫办通知：人均年收入在200元以下者为扶贫对象，300元以上为温饱户。在阿子滩乡取得摸底调查经验后，我们立即在全州范围内组织力量普遍开展扶贫对象摸底调查。历时3个月，基本摸清了全州扶贫对象底数，在全州56万农牧民中确定了343848人为扶贫对象，占农牧民总人数的62%，扶贫重点县是临潭、卓

① 洪庭秀，甘南州扶贫办第一任主任，已退休。

尼、舟曲 3 县，另有其他 4 县的 14 个乡镇。

根据各县贫困面和资源情况，经州委讨论并上报省和中央批准，临潭、舟曲被确定为国家级贫困县，其余县乡列为省级扶贫点。

我们在实践中不断总结经验，不断改进扶贫方式。按省上统一部署，以户为单位搞种、养、加工庭院经济。从山东买来一批小尾寒羊，从河南购进一批羊绒加工机，分发给贫苦户，还从岷县请了一些种植药材的专业户给临潭等地群众指导中药材种植。一年后，一部分帮扶对象生活有了好转，可还有一部分贫困户的经济条件仍然没有改观。经过分析发现，一是群众观念固化，不愿学习新技术、接受新理念，习惯了等靠要；二是没有形成产业，受交通、气候等因素的影响，产品变不成商品，群众自然失去了积极性。找到原因后，我们认识到工作思路需要做出改变，转而把目光放在丰富的劳动力资源上，注重贫困农牧民的技能培训。从兰州请师傅在甘南办了 3 期厨师培训班，培训了近 300 名厨师到各县乡；让农民工到牧区做草原灭鼠、草原围栏建设等工作；同时联合交通部门，让贫困户以工代赈修路；积极联系林业厅、煤炭局等单位，让有技能的劳动力带领工程队参加煤炭开采、护林等工作。从各县实际出发，分片搞产业扶贫。在舟曲参与百万棵花椒树和十万株核桃经济林带的建设；在卓尼县实行农转牧，以每人 15 只羊为目标；在临潭县农牧结合，搞药材基地，推广家养牲畜，调整农作物结构，推广科学种田。一时间，甘南州的扶贫工作呈现出全新的面貌。

随着扶贫工作的不断深入，我们进一步认识到，要让贫困地区尽快脱贫，只有办企业，改善生产生活条件，解放劳动力才有出路。于是要求贫困地区的县乡论证项目，建项目库，发动当地人才办企业，在临潭办起砖瓦厂，在卓尼建起洮砚加工厂，在舟曲县办起铁合金厂，争取省上三部门投资 300 万元，给临、卓两县东部 6 个乡镇拉通了大电，在洮河两岸川区建起提灌，新增水浇地两万余亩。农区积极推广小钢磨，牧区开展畜产品加工贩运，既解决了周边群众的就业问题，又积极推动改革了贫困地区的经济条件。到1988年底，全州扶贫工作有了大的进展。

省综合检查指导，为我们进一步指明了扶贫工作的方向。1989年9月9日，时任甘肃省委书记李子奇带领韩正卿、杨怀孝、饶风翥等领导和省相关部门负责同志，来甘南分头深入临、卓、舟等地，用10天时间到乡村实地考察扶贫工作，并对甘南州扶贫工作给予了肯定并指出：甘南州扶贫工作底子清、路子对，领导把扶贫工作真正地抓到了手上，扶贫有一定成效，但由于这里自然条件严酷，扶贫工作难度很大，今后在大抓农转牧的同时，要全力搞好脱贫工作。要加强领导，州县乡村各级都要明确自己的扶贫任务；要抓典型带路，发现典型全力推广；还要抓关键项目和关键措施，重点突破；同时不能放松班子建设，对有扶贫成绩的干部要放手去用。

根据省委工作组的要求，州委召开专题会议，进一步确定了扶贫任务，对各级领导提出了“三动一贡献”的要求，即搞扶贫要动感情、动脑筋、动真格、做贡献。

1989年底，我因家庭原因调离甘南，到兰州工作。回忆起在甘南的那段时光，尤其是扶贫工作，总觉得多年努力没有白费，既对得起组织对我的信任，也没有辜负甘南父老的期望，虽然已经过去了几十年，但一想起这些，还是十分怀念。

2014年9月24日于兰州

在抗震救灾的特殊日子里

黄选平[1]

2008年5月12日，是个令全中国人民悲痛的日子，也是令世界震惊的日子，一场突然发生的里氏8级汶川大地震，夺去了69227人的生命，17923人失踪，震级、烈度以及地震造成的损失均超过了唐山大地震，是新中国成立以来最为惨重的地震灾害。面对世所罕见的灾情，在党中央的坚强领导下，我国组织开展了历史上救援速度最快、动员范围最广、投入力量最大的抗震救灾斗争，最大限度地挽救了受灾群众的生命，最大限度地减少了灾害造成的损失，在华夏大地上谱写了一曲气壮山河的抗震救灾英雄凯歌。作为甘肃省抗震救灾工作的亲身参与者，我觉得人民政协在抗震救灾中发挥了重要作用，有一些事情应当记下来，昭示大家。

灾情是命令　救灾为要务

地震发生那天，我正在去河西调研城镇化建设的路上。在张掖吃过午饭后正往酒泉赶，手机铃响了。接通电话，听到一个令人震惊的消息：发生地震了，在兰州震感非常强烈，不知哪里又

① 黄选平，十届甘肃省政协副主席。

遭灾了。我的心情一下沉重起来。紧接着汇集来的信息让大家忧心如焚，四川汶川为“5·12”大地震震中，地震破坏力巨大，人员伤亡严重，波及甘肃省九个市州，陇南和甘南的几个县灾情尤为严重。

灾情就是命令，甘肃的抗震救灾工作在省委、省政府的坚强领导下紧张有序地开展起来。作为人民政协委员，此时我也义无反顾地投入到了抗震救灾工作中。

按照中央和省委、省政府的决策部署，省政协党组和主席会议决定把抗震救灾和灾后重建作为履行职能、发挥作用的重中之重，把工作重点迅速转移到参与抗震救灾、为灾后重建提供服务和支持上来，及时调整专题调研、委员视察计划和有关工作安排，紧急动员全省各级政协组织和广大委员为抗震救灾贡献智慧和力量。紧急派出医疗界委员组成的省政协慰问组，由栗振亚副主席带领，于5月14日赴受灾最重的陇南市武都区和康县，帮助开展伤员救治和抗震救灾工作，并带去了首批11万元捐助资金和价值3万元的急需药品。5月15日，省政协机关举行为地震灾区献爱心捐款活动，主席、副主席和退休省级干部带头捐款，主席会议成员捐出当月工资，共为灾区捐款50255元；全体政协机关在职和离退休的中共党员交纳抗震救灾“特殊党费”144975元。省政协向全省各级政协组织和政协委员发出了以多种形式向灾区伸援手、献爱心、送温暖的倡议书，各级政协组织和政协委员都动员起来了，大家心牵灾区，关注灾区，积极为灾区献爱心、做贡献。短短几天时间，全省各级政协组织、政协委员和政协工作者共向灾区捐款人民币8795.96万元、港币4万元，捐助帐篷、衣物、药品等物资折合人民币近百万元。政协常委、委员中的地质、建筑等方面的专家为预防次生地质灾害、制定重建规划、设定灾区建房标准等出谋划策，以不同方式积极参与抗震救灾和灾后重建工作。

震后的日子，抗震救灾成了政协的中心工作、中心话题、中心任务。主席会议成员关注和分析从各方面汇集的信息，研究政协组织和政协委员发挥优势、参加抗震救灾工作的任务和措施，为党委、政府助力，为受灾群众解急。5 月 20 日，省政协主席会议决定组成 4 个调研组，赴省内陇南、甘南地震受灾最重的县乡调研，为甘肃省委、省政府安排部署灾后重建工作建言献策。主席会议第二天，陈学亨主席便深入庆阳、平凉灾区察看灾情，慰问受灾群众，检查指导救灾和重建工作。6 月 10 日，陈学亨主席、邵克文主席、侯生华副主席和我分别带队，由建筑设计、土木工程、水利水电和农村信贷专家组成 4 个省政协受灾群众安置及重建工作调研组，分赴灾情最重的文县、武都区、康县、舟曲县的 32 个乡镇 47 个村进行蹲点调研。这次调研报告于 6 月 18 日报送省委、省政府，19 日，省委书记陆浩即在报告上批示："省政协调研组深入灾区一线了解了大量第一手情况，提出的建议很有针对性，都是当前亟待研究的问题，请认真研究采纳。"省委副书记、省长、省抗震救灾指挥部总指挥徐守盛在全省灾后重建工作组会议上宣读了省政协的调研报告，要求抗震救灾指挥部对报告提出的 11 条建议认真研究采纳。这次调研正值省委、省政府出台灾后重建文件之前，报告所提建议全部形成重大决策。这是对我们工作的充分肯定，也给了我们极大鼓舞，体现了政协想党委、政府之所想，急灾区人民之所急的精神。

蹲点重灾区 苦心助重建

2008 年 6 月底，省委常委会议决定，组建 4 个灾后重建工作组，深入文县、武都、康县、舟曲 4 个重灾县，帮助指导灾后重建工作，时间半年以上。侯生华副主席和我各带一个组分赴康县和舟曲帮助指导工作。

带灾后重建工作组到舟曲蹲点，是我在震后第二次到这个重灾县。舟曲县是甘南藏族自治州较偏远的国扶贫困县，境内山大沟深，交通不便，灾害频繁。全县总面积 3010 平方公里，总人口 14 万人。2007 年，农民人均纯收入 1479 元。“5 · 12”地震导致全县 3.26 万户 13.2 万人不同程度受灾，震灾中死亡 15 人，重伤 59 人，轻伤 310 人。农村民房受灾 25012 户，其中倒塌 4621 户，严重损毁 3509 户，一般性损坏 16882 户；城区 174 幢总面积 24.1 万平方米房屋受损，直接损失达 28.56 亿元。有 13 个村 489 户人急需异地整村搬迁。灾情特点是，农村重于城市，山区重于川道，深山重于浅山，贫困户重于一般户。灾后重建任务十分繁重，难度非常大。

大地震过去了一个多月，灾区百废待兴，工作重点由震后抢险救灾转向灾后重建。我们进村入户，看到的情况比第一次去灾区时有所改善，受灾群众从起初的惊恐、慌乱、无奈中走了出来，对灾后重建充满信心，对党和政府的关怀、对全国人民的支持充满期待，灾民的谈话、眼神和见到工作组后的态度说明他们太需要帮助，需要太多帮助。我这次带下去的有省发改委、建设厅、财政厅、民政厅、国土资源厅、扶贫办、省政府研究室等部门的同志，他们工作经验丰富，也很能吃苦。尤其是亲眼看到灾区现状后，大家的同情心、责任心迸发出来，真有受命于危难之际的感觉，我们一到灾区就立即投入工作，恨不得一夜之间改变灾区面貌。

经过深入走访了解，我们感到舟曲县灾情非常严重，但抗震救灾工作反应迅速，灾民过渡安置实现了“六有”（有饭吃、有衣穿、有水喝、有临时住所、有医疗、有学上）目标，灾后重建工作正在逐步启动。我们的工作重点是帮助指导灾后重建，但新的困难和问题却摆在面前：自然条件艰苦，群众居住分散，当地建筑材料有限，技术力量不足，灾后重建的成本高、难度大；由于受灾面广，灾民住房、公用事业、基础设施重建和修复的任务十分繁重；山大沟深，平缓土地少，地质灾害隐患突出，易地重建选址和预防避险面临很多难题；因受灾群众本身经济困难，自筹能力十分有限，重建住房在国家补助后仍面临很大的资金缺口等。

针对舟曲的实际情况，我向全县三级干部动员：灾后重建是一项长期的政治任务，全县干部群众一定要按照灾后重建三年规划，自力更生，艰苦奋斗，努力实现重建家园的宏伟目标。要重点把好“六关”。第一，把好思想关，使干部群众的思想统一到党和政府灾后重建的总体部署上来。第二，把好规划关，科学开展灾后重建工作。第三，把好重建关，重点完成民房建设任务，坚持做到“四个结合”和“四个不建”。即自力更生与社会帮扶相结合；防治次生灾害与建立防灾减灾体系相结合；灾后重建与扶贫开发相结合；灾后重建与结构调整、产业开发和新农村建设相结合。没有完成村庄规划的不建；没有达到防地震、防地质灾害、抗8级烈度地震的不建；实行土墙革命，不是砖混、石混或砖木、石木结构的不建；用地规划没有协调好的不建。第四，把好资金关，多渠道筹措整合重建资金。第五，把好监督关，全力搞好重建资金物资的监管工作。第六，把好领导关，确保灾后重建各项任务落到实处。

在舟曲蹲点重建期间，省上工作组恪守工作原则，履行督导职责，加强与省上有关方面的沟通，与县乡村干部密切合作，互相支持，与灾区群众打成一片，共克时艰，共谋重建大计，共建美好家园。工作组全体同志克服舟曲山大沟深、自然地质灾害严重、部分村庄道路不通的重重困难，遍访舟曲19个乡镇的120多个行政村，走村串户了解情况，督促检查灾后重建，尽职尽责开展工作。为了到舟曲冷水泉村凤安山检查指导灾后重建工作，工作组冒着大雨，步行2个多小时到村子深入农户检查指导，工作组成员有好几位同志由于下雨路滑摔倒，浑身泥巴，但没有人叫苦叫累、口出怨言。配合县委、县政府，迅速将全县工作重点由应急抢险转入灾后重建阶段。7月7日召开了全县灾后重建动员大会，7月8日举行了灾后重建现场启动仪式。根据灾后重建不同阶段的特点，及时提出了指导舟曲灾后重建工作的八条意见，为舟曲灾后重建明确了任务目标。工作组对群众讲政策、做宣传，促进了“政府引导、群众主体、部门帮扶、社会参与”的灾后重建工作格局的形成。组织有关建设专家就房屋重建规划、防震建设要求、当地房屋建设中存在的技术问题等，对舟曲乡镇干部和35个重点村及下庄村群众进行了技术培训和现场指导。协调兰州市城市规划设计研究院灾后迅速派遣七名专业技术骨干到舟曲灾区，现场开展村镇规划工作。技术人员顶烈日、冒大雨，克服交通不便、技术资料短缺等困难，深入东山乡下庄村、峰迭乡咀上村和江盘乡姚家楞村三个灾后异地重建和就地重建试点村开展规划工作。7月上旬就已完成3个村的村庄建设规划简要说明、村庄建设规划总平面规划、道路规划、给排水工程规划、电力电信规划等，总计规划范围16.44公顷，规划户数235户。这批成果被及时用于指导3个村的重建工作。协调兰州铁道设计院有限公司、嘉峪关长城设计事务所等设计单位也为舟曲无偿编制村庄规划，完成了其他8个村的详细规划和21个村的指导性规划，用于指导重建。协调各方积极为灾后重建办实事，以省政协经济委员会委员为主，捐资修建了总投资70万元的博峪乡槐沟村委员希望小学；省政协副主席、省民盟主委张世珍动员民盟成员捐资50万元，修建了大川镇石门坪烛光希望小学；全国政协动员捐资360万元，援建了舟曲县坪定乡柳坪学校和峰迭乡城外学校及康县两所学校，还为两县捐赠了数百万元的图书资料。动员工作组成员所在单位倾斜支持舟曲灾后重建，省财政落实办公楼维修、设备购置费30万元；省扶贫办落实扶贫资金30万元，并将因震灾返贫的36个村重新纳入整村推进扶贫计划；省国土资源厅落实地质灾害基础评估项目资金210万元、地质灾害治理项目1000万元。加强工作沟通，发挥桥梁纽带作用，多次向省州各级政府和有关部门汇报灾后重建进展情况，提出工作建议，为省委、省政府掌握了解灾后重建情况、及时正确决策起到了积极作用。

建议一封信　批示细入微

到舟曲蹲点之初，经过紧张而深入地调研，我们发现重建工作中存在一些不容忽视的问题，有些问题是局部的或舟曲特有的，有些问题关系到重建工作全局，对全省灾区具有普遍性，急需解决。7月5日，我给省委陆浩书记、省政府徐守盛省长、省政协陈学亨主席写了一封信，提出8条工作建议，主要内容如下：

第一，进一步加强规划工作。一要强化规划意识，加强规划宣传。从县、乡、村干部到建筑工程队、农村匠工和村民，都要确立规划的龙头地位和规划先行意识，把重建规划变为大家的自觉行动。二要加强规划设计力量，加快规划进度。根据舟曲县没有建筑设计室、县上没有专业技术人员的实际，由建设厅牵头，继续采取对口帮助、全省抽调等办法，先帮助舟曲县尽快完成35个重点重建村的村庄规划，再帮助搞好重点重建项目的规划设计。三要加大规划工作力度，严格依法重建。对灾后重建村和灾民重建及维修房屋，都要严格按照村庄规划和规划指导性意见办事，切实做到灾后重建规划与新农村建设、与防灾减灾体系建设、与民族民俗建筑风格紧密结合，融为一体。

第二，加强对深圳等帮扶援建单位项目资金的协调衔接工作。按照省上规定，深圳援建和红十字会、慈善会、企业单位及社会捐助资金，均由省上整合调度，主要用于灾民建房补助。而目前的实际情况是，深圳援建项目、红十字会支援项目等，均和县上直接商定，深圳援建舟曲县2008年项目已敲定为9项5680万元，中国红十字会初步确定第一批援建舟曲52个项目9035万元。据此建议：一要加强对深圳等援建项目资金的统一衔接。对所有援建项目资金，都应在州县衔接的基础上，上报省指挥部统一审定并纳入灾后重建计划，否则会出现项目重复、资金分散、投资不均衡等问题。二要统一深圳等援建单位对灾民重建房屋的补助标准。深圳确定援建舟曲的9个项目均为“交钥匙”工程，其中2个属于整村迁建项目，即城关镇锁儿头村258户，概算2948万元，大川镇泄流坡村39户，概算407万元，两村户均投入10万元左右，总投资3355万元，占当年援建投资的59%。如果这样实施，首先与省上关于灾民是重建主体及国家给每户统一补助2万元的政策不一致；其次会引起全县乃至全省灾民建房补助标准极度不平衡，产生新的矛盾；再次会给省上整合灾民建房补助资金以及确定舟曲县灾民建房补助资金总额计算口径带来许多困难和问题。为避免产生这些问题，发挥深圳援建更大优势，建议重点援建基础设施和公益事业项目。对于灾民建房项目不适合搞“交钥匙”工程。如果让深圳援建灾民建房，建议省上把援建资金统一整合后，按每户补助标准进行安排。对这个问题，我和深圳领导同志交换了意见，他们表示研究完善，但还有待省政府领导尽快明确。

第三，加大对灾区重点贫困村的扶持力度。舟曲县属国扶贫困县。全县210个行政村中共有重点贫困村158个，近年来已实施扶贫整村推进项目村61个，“5·12”特大地震又造成36个村因灾返贫，占实施整村推进项目村的59%。县上请求在这次灾后重建中，把36个返贫村重新纳入扶贫开发整村推进项目计划，和原规划中的重点贫困村一起给予超前安排，重点扶持。

第四，解决无地建房村的移民安置问题。经专家鉴定，舟曲县有13个村属于地质灾害特别严重地区，急需搬迁避让。我们和县上同志反复商定，有10个村可以在县内异地搬迁安置，而大川镇老庄、通化头和拱坝乡阳庄3个村的272户1146人在本县内无地可安置，需省上帮助，通过县外移民解决。

第五，用党员“特殊党费”集中帮助村部建设。以舟曲为例，全县210个村中，震灾造成82个村部倒塌损毁，急需重建。这部分资金从何而来，至今没有明确。建议省委把党员“特殊党费”集中起来，重点办成这件急事、实事、好事。

第六，尽快出台灾后重建贴息贷款具体办法。省委、省政府制定的给灾后重建贫困户每户贴息贷款3万元的优惠政策，深受灾区民众欢迎。近日重建贫困户已普遍申请贷款，启动重建，农村信用合作社和有关银行态度积极，行动较快，也开始发放部分小额信贷。但是由于省上和银行关于贴息贷款的具体办法至今未出台，直接影响信贷规模、发放进度和重建速度。

第七，对异地重建村和就地重建村均应适当给予基础设施建设补助费。无论是异地重建村，还是就地重建村，按照村庄规划，新建、改建基础设施的任务都很重。建议省上以灾区自然村为补助单位，异地重建村50户以上的补助30万元，50户以下补助20万元；就地重建村重建户50户以上的补助15万元，50户以下的补助10万元。

第八，加强对灾后重建建筑材料的政府采购和价格监控工作。这方面省上规定很明确，但基层落实有差距，造成目前部分建筑材料涨价明显。据舟曲县城调查，地震前4月时，线材6200元/吨、普通水泥560元/吨、平板玻璃11.5元/平方米、沙子40元/立方米；地震后7月初，线材6400元/吨、普通水泥600元/吨、平板玻璃18元/平方米、沙子50元/立方米。且舟曲山大沟深，灾民大部分居住在高山、半高山地区，建材运费高，建房成本高，每块砖川道0.25元，拉到高山工地1元钱，每立方米沙子川道50元，拉到高山工地120元。对此，一方面各级政府采购办要认真落实《甘肃省地震灾区重建建材政府采购项目暂行办法》，特别是州、县政府采购部门要抽调专门力量，加强采购工作，降低灾后重建成本。另一方面，各级物价、工商和企业主管部门，要加强对灾后重建建筑材料的生产供应和市场监管工作，特别是州、县政府应组成建筑材料市场监管执法队，重点开展价格干预和监管工作，确保市场充足供应，价格平稳运行，灾区群众受益。

这封信一发上去，立即引起了书记、省长的高度重视，迅速作出了批示。陆浩书记批示："选平同志的建议很好，都是在实施重建中的重要问题，有些需尽快明确。请守盛、健身同志阅示。"徐守盛省长于7月6日批示："健身省长，选平主席深入灾区，带领工作组的同志在舟曲帮助指导工作，很有成效。提出几个问题的建议很有针对性，请你商相关方面研究采纳。同时感谢工作组的同志。"并对八条建议逐条作了具体批示，如对建议第一条批示："请建设厅继续给予支持。"对第四条批示："省内异地移民要考虑，主要是农垦系统和原各级企事业单位的农场。"对第六条批示："请金融办尽快提出操作办法，一户按1万～3万元贷款。必须区别对待，分类指导。"等等。在徐省长批件上，省委常委、副省长冯健身于当日批示："①请将此材料复印给相关单位。②请赵主任（注：省发改委主任赵春）组织开会研究落实意见。我们研定后报徐省长，并反馈黄主席。"书记、省长迅速作出批示，特别是徐省长对建议逐条作出具体批示，既反映了省委、省政府领导雷厉风行的工作作风，也充分说明了书记、省长对灾区的关心和对灾后重建的重视。书记、省长批示后，各部门按批示精神迅速完善工作措施，加快制定出台相关文件，明确有关政策，不仅解决了舟曲重建的燃眉之急，也加强了面上工作的指导，促进了全省的灾后重建工作。

重建见成效　灾民冬无忧

舟曲高寒阴湿，保证灾民安全过冬是我们的工作目标。"大干100天、灾民住新房"，是我们的行动口号。在省上的大力支持下，经过舟曲各族干部群众的艰苦努力，在“5·12”后的半年时间里，我们就基本实现了灾民可以安全过冬的重建目标。

为按期完成灾后重建任务，确保受灾群众安全过冬，舟曲县坚持以地方为主体、以灾民为主体，重建家园。县上成立灾后重建工作领导小组，层层制定工作方案，严格目标管理，狠抓任务落实。先后出台了《舟曲县灾后重建零散倒房户修建指导性规划(试行)》《舟曲县地震灾后农村居民住房维修加固实施方案》《舟曲县抗震救灾资金专户管理办法》和《舟曲县震后受灾农户住房重建维修资金和物资使用管理办法》等重建工作管理制度，设立了社保资金救灾专户和灾后重建维修资金专户，实行专户管理，封闭运行。加强宣传发动，全面激发群众自力更生、重建家园的积极性，充分发挥群众的主体作用。坚持“群众的事由群众来管，群众的矛盾由群众来化解”的原则，全面推行“村民自评公核”制度，客观公正核定灾情，有效确保了灾情核定的客观公正和科学准确，使抗震救灾和灾后重建中事关群众利益的事情和矛盾都得到了公正和妥善处理。实行“一线工作法”，坚持工作重心下移，工作力量下沉，干部在一线工作，使灾后重建的各项决策部署和措施办法在一线得到落实。广泛发动干部群众以“多户联建”的方式，集中力量、集中时间、集中精力、集中财力、集中物力进行建房，缓解了建房资金和劳动力不足的问题，降低了建房成本，缩短了建房周期，加快了建房进度，提高了工程质量。有关单位特事特办，全力支持参与灾后重建工作。县信用社和各乡镇信用社通过信用与担保相结合及一户多保的方式，向全县重建困难户发放财政贴息贷款。乡镇干部利用工资每人担保不同户数，解决了部分困难群众的燃眉之急，使他们及时得到贷款用于重建。县财保公司将农村房屋保险费降低了2‰～3‰，并附加意外伤害医疗费用保险等优惠政策，尽可能地支持灾民建房。县税务部门按照国家地震灾区税收优惠政策对纳税人因地震损毁、丢失的发票、税票、税务登记证和发票领购簿等，及时予以记录、核销或备案，一律免收税务登记证工本费；对企业实际发生的因地震灾害造成的财产损失，准予在计算应纳税所得额时扣除；企业发生的公益性捐赠支出按规定在计算应纳税所得额时扣除；受灾地区个人取得的抚恤金、救济金，一律免征个人所得税。深圳市援建的峰迭乡、曲告纳乡两个“三孤”院，舟曲一中2号教学楼、宿舍楼，丁字河口中藏医院，项目总投资近3000万元，基本建成，投入使用。

到2008年10月，全县7920户重建户中，开工建设5825户，占重建总户数的73.5%，大多数入冬前入住了新房；17636户维修户中有9700户入冬前完成了维修；加固搭建救灾帐篷3313顶；980户住进了活动板房；566户受灾群众采取租房过冬；1213户受灾户投亲靠友越冬。发放“三孤”“三无”人员临时生活救助金3352万元，“三无”人员口粮160万公斤；下拨救灾款211万元，发放面粉29.58万公斤、棉被5.67万床、衣物26.72万件。全部灾民安全过冬，解除了大家对灾民过冬问题的担忧。

舟曲的重建只是整个灾后重建的缩影，甘肃省其他重灾县的重建工作同样取得了显著成效，完成了既定目标，灾区重建首战告捷，这是值得告慰天下的喜事。我们作为灾后重建的参与者，也感到一丝宽慰。

本文选自《甘肃文史资料选辑》，第65辑。

我与甘南扶贫工作的三次亲密接触

陈克仁

我是1991年底到当时的甘南人民广播电台（后与甘南电视台合并为甘南广播电视台）汉语新闻部从事新闻工作的，确切点说，当时是借调，1992年初才办了正式调动手续。2001年5月，组织调整我到甘南州人民政府办公室秘书科负责工作，随后任命为秘书科科长。屈指算来，我在新闻战线上奋斗了十个春秋，先后担任过甘南人民广播电台的汉语新闻编辑，《甘肃经济日报》驻甘南州记者站的记者、副站长和站长。虽说记者职业辛苦、地位不高，但我感到，新闻工作成就了我的人生，充实了我的生活，丰富了我的阅历，苦中寻乐，也是我人生的一大收获。

而今，我离开新闻战线已有十余年之久，每每想起从事新闻工作的每一天，心里总有一种踏实感，也感到非常欣慰，有时甚至还有些许的自豪。因为那段时间很多记忆是十分温馨美好的，这其中就有对甘南扶贫工作的多次采访报道。仔细梳理，我感到，我与甘南扶贫工作很有缘分，我对它的了解、理解直至感悟，源于与它的三次亲密接触。这三次关于扶贫的采访报道，已成为我人生经历中不可或缺的重要记忆，成为我珍藏心底的美好回忆。

第一次与扶贫接触

1992年初，当时我刚调到甘南电台不久，单位即抽调我与当时的州广播电视局索南副局长一起前往临潭县卓洛乡开展帮扶。当时所说的帮扶，实际上就是留一个人常驻帮扶地开展工作，主要是深入乡镇所属村社搞调研，深入农牧民家中访贫问苦，做些极其实际的调查了解，为局里开展实打实的帮扶提供第一手资料，确保做到有的放矢。

我在卓洛乡帮扶的半年多时间里，有针对性地前往所属的日扎村开展了几次调研。当时卓洛乡的党委书记是丁云青，乡长是张忠良，他们都比较年轻，工作富有朝气，脑子灵活，工作思路也比较多。日扎村是藏族村，对这个村的帮扶，当时乡上有很多考虑。乡上多次派驻村干部协同我到村里了解情况，主要是了解群众期盼搞些什么帮扶项目，规模搞多大，资金需要多少，建设周期有多长，能产生多大的社会效益等。经过数次调研，我在乡上驻村干部的协助下，拿出了几套自认为比较成熟的帮扶方案，在征得乡上领导同意的情况下，及时向州广播电视局索南副局长进行了汇报和衔接。索南副局长肯定了我的工作，多次与我商量，又对方案进行了必要的充实和完善，报州广播电视局讨论研究。

卓洛乡位于临潭县西部，地处高寒阴湿地带，年平均气温只有3.1℃，高寒、阴湿、霜冻等极其频繁。兴许是职业的警觉和习惯，在帮扶期间，我还利用一切机会对全乡的现状进行了扎实的调研。当时，卓洛乡的现状是，全乡辖3个行政村，有11个合作社，农牧户436户2271人，回、藏、汉、东乡等多民族杂居。全乡有耕地面积6475亩，农作物耕地面积6300亩；大小牲畜4825头（匹、只）；大小汽车6辆；粮油加工机械14台（件）。全乡的工农业产值比较低，只有141.53万元，全乡人均收入按照1990年不变价计算（当时全国的统一计算口径）只有350元。

了解到卓洛乡的现状后，我在心里不断对乡上的扶贫工作进行认真梳理，随后，我把自己对卓洛乡经济社会的现状调研情况，向乡上领导和索南副局长做了汇报。他们一直支持我再做深入细致的调研，看能否整理成一篇调研报告。

对需要进一步补充和完善的资料，我再次深入一线做了细致调研。这次调研侧重于全乡贫困历史、近几年扶贫工作开展情况、扶贫取得的成效及采取的措施办法等。在此过程中也获得了意外的收获。主要是获得了大量第一手的数据和资料。特别是近5年来，卓洛乡的经济发生了巨大变化，1991年全乡社会总产值增加到141.53万元，人均收入增长了2.5倍，全乡贫困户由原来203户下降到25户，94%的家庭解决了温饱。值得一提的是，近年来，全乡共新建和重建房屋169处，436户群众拥有彩色、黑白电视机80余部，收音机、自行车进入寻常百姓家。

帮扶期间，我一边工作，一边撰写调查报告，这就是1992年7月9日《甘南报》二版刊登的《走出贫困的启示——关于卓洛乡扶贫工作的调查》一文。在这篇调查报告里，我还对卓洛乡采取的行之有效的扶贫措施进行了归纳，主要有：一是因地制宜，狠抓农牧；二是实施两个基地（育肥牛和养奶牛）建设；三是科技扶贫与资金扶贫结合；四是扶贫侧重扶志。

第二次与扶贫接触

1997年初，当时我已调到《甘肃经济日报》驻甘南记者站工作。甘南州临潭、卓尼、舟曲三县是首批国列扶贫重点县。一到记者站，我就产生了对扶贫工作做深度报道的念头。我的这一想法与临潭县一拍即合。记得那时临潭县的县委书记是刘志民，县长是刘登福，常务副县长是杨志才。我到县上后，县领导及时安排相关人员陪同，先后深入相关乡镇的扶贫一线进行采访。这次采访历时十多天，足迹遍布扶贫的村社，基本上掌握了临潭扶贫的全貌。后来，依据这次采访收集的素材，我撰写了纪实通讯《春风化雨润洮州——关于临潭县扶贫攻坚的话题》，并于 1997 年 6 月 5 日在《甘肃经济日报》四版进行了全文刊登。

当时临潭县扶贫工作已经开展了 11 年。在我的这篇纪实通讯中，对临潭县 11 年的扶贫工作作了全面介绍。11 年来，国家先后为临潭安排扶贫资金 6922.56 万元。县委、县政府积极抓住扶贫这一有利时机，围绕“农牧结合、突出乡企、综合发展、开发脱贫”的中心思路，狠抓农业和农村基础设施建设，因地制宜发展畜牧业，大力发展乡镇企业，开发境内矿产资源，组织移民和劳务输出，认真实施科技扶贫，使农村经济和社会各项事业得到了较快发展。当时我对临潭的扶贫成效总结了三点。一是农牧民收入普遍提高，贫困面有了较大幅度缩小。有 2 组数字，农牧民纯收入由 1985 年的 150 元提高到 1996 年的 580 元，人均纯收入 300 元以下的贫困人口由 9.27 万人减少到 4.27 万人。二是农业和农村基础设施建设得到明显改善。三是县级综合经济实力增强。在这篇通讯中，我除了列举临潭扶贫的举措和主要做法外，也毫不隐讳地指出了扶贫工作中存在的问题。通讯见诸报端后，社会反响比较好，尤其在临潭县内，大家对这篇全县扶贫工作通讯给予的舆论支持作出了中肯的评价。

第三次与扶贫接触

1997 年夏天，那时州政府分管扶贫工作的是拜一民常务副州长。拜州长曾数次向我说及扶贫的事。记得那年夏天的一个下午，他约我，看是否有时间一起下乡。后来，我们一起到舟曲县、临潭县下了一回乡，大概花了十余天时间。当时一起下乡的还有州扶贫办主任李学文和州政府办公室副主任姚克成。

那次下乡，我们到舟曲县弓子石乡和中牌乡实地察看了种植业和农民家庭养殖业开展情况，也看了几处小型扶贫工程。在临潭县期间，重点查看的内容与舟曲县基本相同，不过，这些内容我已采访过了。对于如何全面又准确地反映甘南州扶贫工作进展，我作了长时间的思考。动笔前，我除数次梳理已有素材之外，还翻阅了大量全州扶贫方面的资料，参阅了其他报刊介绍扶贫方面的新闻报道，并几次征求了拜州长对稿件写作的想法。初稿写成后，第一时间，我又征求了他对稿件的意见。最终，这篇全面反映甘南扶贫工作的纪实通讯《高原的曙光——甘南州扶贫攻坚纪略》在数易其稿后，于 1997 年 9 月 24 日在《甘肃经济日报》头版头条进行了全文刊登，这篇通讯也被甘肃经济日报社评选为优秀稿件。

在《高原的曙光——甘南州扶贫攻坚记略》这篇纪实通讯中，我用大量篇幅对甘南州的贫困背景、扶贫决策、扶贫成效等做了充分铺垫，同时，我感到，当时州上正在实施的“资金指标入户、扶持项目入户、工作干部入户、办法措施入户、扶持效益入户、检查验收入户”的六入户和“扶持资金与当年脱贫人口挂钩”的入户挂钩扶持措施，是极具甘南特色的。与此同时，州上确定的把扶贫开发转移到依靠科技进步和提高劳动者素质上来的扶贫新思路，也是符合甘南实际的。在这方面，“三田”建设、地膜覆盖和发展支柱产业等方式，不仅使群众的生产积极性空前高涨，而且成为群众增加收入的有效途径。

回忆往事，目的是铭记过去曾经拥有的美好记忆。我的回忆，只是记叙了发生在自己身边的故事，看起来细小，但将它用文字的形式呈现在读者面前，目的在于一叶知秋，愿这篇小文，对征集甘南实施西部大开发史料能起到抛砖引玉的作用。

2014 年 7 月 23 日于羚羊城

本文选自甘肃省政协文史资料和学习委员会编：《决战贫困——甘肃省扶贫开发纪实》（共二卷），甘肃文化出版社，2015 年 12 月。

九甸峡库区移民安置工程点滴记忆

董玉[①]　徐静[②]

九甸峡水利枢纽工程是甘肃省委、省政府实施西部大开发战略，加快少数民族贫困地区经济发展的一项标志性工程，也是全省水利建设史上移民任务最重、规模最大的大型引水与发电相结合的水利枢纽工程，是从根本上解决甘肃中部地区11县280多万人饮水灌溉问题的民心工程、德政工程、扶贫工程。笔者亲历、亲见了移民工程的点滴过程。

2005年8月，甘肃省政府将瓜州县白旗堡城区域确定为九甸峡水利工程移民安置区，根据项目实施总体规划，项目区拟建一个整建制农业综合开发乡镇，安置甘南州临潭县、卓尼县、定西市岷县等库区移民12000人，规划新建乡政府、乡医院、乡初级中学各1所，村委会、村小学、村卫生所各6所，并配套建设部分公共服务设施。

按照省政府安排，瓜州县成立了九甸峡水电工程瓜州移民项目建设协调领导小组，下设办公室（简称“九建办”），张才善同志任主任。县上制定了《九甸峡水利枢纽工程瓜州白旗堡移民安置项目实施方案》。2006年11月15日，瓜州县召开“瓜州白旗

① 董玉，瓜州广至藏族乡统计员。

② 徐静，瓜州县农机局局长。

堡移民安置区专用输水渠工程开工动员大会”，标志着甘肃省九甸峡水利移民工程在瓜州县的正式动工开建。

专用输水渠工程是移民安置区的命脉工程，工程总投资 2931 万元，2006 年 11 月 15 日正式开工，经过 8 个月的紧张施工，衬砌渠道 40.1 公里，修建渠系建筑物 67 座。

支渠及田间配套工程是安置区农经开发的重点工程，总投资 5634 万元，2007 年 4 月 20 日工程开工，经过 6 个月的紧张施工，10 月 30 日全部完工。支渠工程共衬砌支渠 4 条 26.1 公里，修建渠系建筑物 48 座。田间配套工程共完成平田整地 32918 亩，衬砌斗渠 64 条 71.3 公里，开挖农渠 917 条 412 公里，修建量水堰 51 座、农口 861 座、桥涵 397 座。

道路工程是安置区内外沟通的纽带，工程项目总投资 748.63 万元。2007 年 3 月 28 日路基工程正式开工，7 月 28 日路基工程完工，完成土方开挖 71245 立方米，土方夯填 62848 立方米，特殊路基清换土方 3743 立方米，修建桥涵 4 座，完成 16.6 公里的基础工程。

35 千伏供电工程是安置区的电源工程，工程总投资为 701.52 万元，2007 年 3 月 11 日正式开工，6 月顺利完工。共计完成线路架设 20.8 公里，杆塔组立 102 基，新建 35 千伏 /10 千伏、容量 4000 千伏安变电所一座，改扩建瓜州县城 35 千伏开关站预留的出线间隔、系统增容配电装置，并完成了开关站至项目区 ADSS 光纤通信。

10 千伏供电工程总投资为 420.33 万元。2007 年 7 月 1 日开工，经过 3 个月的紧张施工，共计完成线路架设 26.6 公里，安装成套变压器和多功能配电计量箱 49 台，各村提接点安装组合式分段断路器开关 6 台，开挖土方量 1418 立方米，回填土方 1285 立方米。

移民住宅建设一期工程。2007 年 4 月 26 日，酒泉市政府与甘南州、定西市政府签订委托建房协议，经过招标，省内13家建筑企业参与施工，共修建移民住宅1427套13.4万平方米，完成投资7995万元。

社区供水工程，新打人饮机井6眼，全部完成水质化验工作，符合人饮标准。配套工程9月20日开工，开挖安装主管线4.17公里，开挖安装次管线30.4公里，砌筑检查井838口，修建变频房6座，均占计划的100%。

村镇入户供电工程架设380伏线路20.36公里，架设220伏线路231公里，入户线路安装完成1427户；修筑村村道路8.7公里；修筑村内道路主街道7.7公里，修筑次街道37.5公里；广播电视线路工程埋设光缆64.7公里，架空电缆44公里；通信线路工程已完成铁塔组立工作，完成光缆架设34公里，电缆架设27公里。

项目区周边防风林带建设工程，完成东西两条防风林带46公里2600亩。

2008年2月，我负责广至乡的田间配套工程及供水、供电、通信、广电工程，同时，还参与了村委会、村卫生所建设工程，我主要负责在各单位之间进行协调。县上要求2月底田间配套工程全面开工建设，3月中旬完成工程量的50%，3月底要完成所有土地复整、大地改小、农渠整修等工作。3月中旬要将一期1427户住宅自来水入户、低压电入户、广播电视线路入户、各村主干通信线路架设工程安装调试完毕，3月底要验收并交付使用。二期住宅完工后1个月内完成全部自来水入户、低压电入户、广播电视线路入户工程。3月中旬完成6所村委会、村诊所招投标和开工建设工作，8月底要完工投入使用。

我们九建办的副主任刘生录当时负责的是道路工程，也是3月底要完成村内道路主次街道路基夯筑、修整、砂石铺垫。4月初要在6个村各完成1条人行道硬化示范工程。8月底完成对外道路路基整修、油面铺筑、村村道路和村内主次街道油面铺筑和一期住宅全部人行道硬化工程。二期住宅完工后，3 个月内完成村内道路铺筑及人行道硬化工程。因 4 月份首批移民要入住广至乡，我和刘主任的压力都很大，工期紧、工程量大，我们经常忙得没有时间回家，一直住在广至乡。

本文选自《西部大开发在甘肃》，甘肃文化出版社，2015 年 12 月。

奉献在生命线上的公路科研人

王苍和[①] 口述　　郭晓琴 整理

引子

2010 年 8 月 7 日 22 时许，甘南州舟曲县突降强降雨，县城北面的罗家峪、三眼峪泥石流下泄，由北向南冲向县城，造成沿河房屋被冲毁，一千多人遇难，数百人失踪，公路交通设施遭受严重损毁。泥石流阻断白龙江，形成堰塞湖。

本人，王苍和，时任甘肃省交通科学研究院有限公司副总经理，分管科研与试验检测工作，当年作为抢险突击队成员和技术负责人参与了抗洪抢险一线工作。以下，我就所亲历的救灾全过程予以叙述。

快速反应　公路科研人积极行动

2010 年 8 月 8 日一大早，关于甘南舟曲发生特大山洪泥石流灾害的新闻报道让每一个甘肃人感到揪心，看到通往灾区的国省干线公路发生严重水毁，交通中断，人员财产损失严重，参加过“5 · 12”地震抢险救援任务的我敏锐地意识到：“公司应该前往舟

① 王苍和，甘肃省交通科学研究院有限公司副总经理。

曲承担抢险救灾保通任务。”想到这里，我来不及吃早饭便匆匆赶到单位，立即与时任公司领导商议部署抢险救灾工作。

灾情就是命令，时间就是生命。根据甘肃省交通运输厅要求，当日公司迅速启动应急预案，紧急召开会议，成立了舟曲抢险救灾领导小组。公司交通运输应急救援保障小组立即抽调技术人员、仪器设备和应急车辆，采购储备后勤物资，主动与甘肃省交通抢险救灾指挥部取得联系，请求任务，队员们火速集结、随时待命，抢险救灾工作有条不紊地全面展开。

与此同时，舟曲发生特大山洪泥石流灾害的消息也传到了公司各个角落，广大员工自发聚在一起，纷纷向灾区伸出援助之手，各项目组通过电话等方式把驻地职工的爱心传递到了公司，短短几个小时，来自公司机关、生产单位、项目驻地的一笔笔爱心捐款就交到了公司工会。当日，共收到捐款 20700 元，这些捐款凝结着全体甘肃交通科研人对灾区同胞的牵挂和爱心。

主动请缨　勘察灾情不畏艰险

正当省交通科研院有限公司支援舟曲抢险救灾工作紧张有序展开的关键时刻，8 月 11 日晚至 12 日清晨，甘南舟曲县、迭部县和陇南宕昌县、成县等地又普降暴雨，持续降雨再次引发泥石流，致使国道 212 线宕昌县官亭至两河口、省道 313 线两河口至舟曲、省道 210 线巴仁口至代古寺等部分路段受阻，承担运送救灾物资、伤员转移等重要任务的“舟曲生命线”再次中断。接到灾情信息后，公司按照甘肃省交通运输厅统一安排，针对灾情状况立即作出反应：抽调 20 多名科研、检测和勘察设计人员，组成 5 个抢险检测勘察突击队，由公司领导带队分别赶往国道 212 线、国道 316 线江天路以及庆阳、平凉等地，对通往舟曲及陇南等灾区的公路设施安全状况进行全面检测，对存在地质灾害隐患的地段进行详细摸排，制定抢险保通应急方案，为科学救灾提供技术保障。

8月14日，由我带领第一小组先期赶赴陇南成县。15日中午，其他抢险队员集结完毕，他们携带了裂缝仪、地质雷达探测仪、道路检测车等多台先进设备，火速赶往灾区。接下来的4天时间里，公司检测勘察突击队兵分5路，起早贪黑，不顾危险，连续作战，高效科学完成了天水、陇南、甘南、庆阳、平凉等地公路水毁调查。

在抗洪抢险一线，白天队员们不是忙着赶路，就是忙着实地勘察、采集数据、制定方案，经常是一忙就错过了吃饭时间，晚上回到驻地后，大家又顾不上休息，聚在一起分析数据、调整方案，及时将检测勘察情况和应急处置方案反馈到甘肃省交通运输厅抢险救灾指挥部。但再苦再累，队员们都始终保持着甘肃交通科研人敢当大任、敢于拼搏的工作精神，哪里灾情最紧急，他们就出现在哪里。当得知国道316线天水至江洛段水毁严重的情况后，他们立即冒着大雨驱车前往，对沿线路基、防护、桥梁和涵洞水毁情况进行仔细检测和摸排。在被洪水完全冲断的青河沿隧道、刘家阳隧道引线路段，他们冒着滑坡危险深入现场，科学分析制定应急抢险方案，为抢险队伍提供了合理的技术建议。在灾情普查过程中，他们没有忘记公路科研人应有的责任和义务，每到一处塌方、滑坡和泥石流路段，总是尽可能地深入现场采集第一手数据，尽可能全面掌握地质构造和灾害成因，为下一步的泥石流防治技术研究和恢复重建积累资料。

经过连续奋战，8月19日，抢险突击队完成了第一阶段救灾任务，返回兰州休整。但严重的灾情紧紧牵动着每一位队员的心。他们顾不上休息，加班加点梳理总结收集到的基础资料，通过大量的数据分析和比较，编写了《公路抗洪应急抢险保通技术建议书》等技术文件。针对山洪泥石流等突发地质灾害发生后公路抢通、保通及恢复重建等不同阶段的需求，制定了详细的实施步骤和处置技术，为公路系统科学组织抢险保通提供参考，得到了省交通抢险救灾指挥部的高度肯定。

科学诊断　全力保卫“生命之桥”

8月23日下午5时，舟曲特大山洪泥石流抢险救灾指挥部紧急通知，要求甘肃省交通运输厅组织力量对舟曲城江大桥进行检测。时任甘肃省交通运输厅厅长杨咏中第一时间作出指示：由省交通科研院和省交通规划勘察设计院共同组成技术专家组，全力以赴完成城江大桥检测加固任务。接到命令后，公司紧急抽调16名经验丰富的科研和检测人员，组成舟曲城江大桥检测突击队，由我带队连夜奔赴舟曲。16名突击队员中，绝大多数刚刚从抗洪一线回来，为了整理数据和编写技术文件，已经连续几天没有睡过一个完整觉，但听说有紧急任务，他们没有任何犹豫和迟疑，简单收拾行囊后，再一次踏上了奔赴灾区的道路。

24日凌晨2时30分，突击队抵达舟曲县城。连续7个多小时的长途跋涉，队员们都显得很疲惫，但任务紧急，抢通要紧。大家主动放弃休息，连夜调试设备，拟订检测方案，为全面打响检测攻坚战做着准备。天刚蒙蒙亮，一夜没合眼的队员们便展开了对城江大桥的全面检测。因“8·8”特大山洪泥石流，城江大桥成为舟曲县城白龙江上唯一一座具备车辆通行能力的“生命之桥”，是白龙江清淤疏通大决战的重要道路交通保障。虽然灾害已过去半月有余，但白龙江水流仍然很快，桥下水位较高，看着桥下混浊的江水大家都有些发怵。“只有深入大桥最底部，才能准确掌握大桥损坏状况”，我来不及多想便带头站在了作业平台上，在桥梁检测车的帮助下慢慢深入到大桥底部。

4个多小时后，现场检测工作全部完成，在紧张的数据分析和研判后，检测突击队向甘肃省交通运输厅技术专家组汇报了检测结果。专家组对突击队的快速高效甚为赞赏，要求突击队会同勘察设计院立即制定加固方案和应急保畅措施。顾不上喝一口水、吃一口饭，队员们便投入到紧张的加固方案设计工作中。作为甘肃省桥梁检测加固方面经验最丰富的技术队伍，我们一边研究分析检测数据，一边现场察看大桥受损状况。8 月 24 日下午 4 时，《城江大桥应急检测加固报告》准时提交舟曲特大山洪泥石流灾害抢险救灾指挥部，指挥部充分肯定了加固方案，之后早已集结待命的加固维修队伍立刻展开了大桥加固工作，一场保卫“生命之桥”的攻坚战打响了……

由于舟曲抢险保通和城区清淤正处于冲刺的关键阶段，为了不影响救灾进度，在充分评估大桥实际承载力后，我们与承担清淤任务的武警水电部队主动协商，确定了“人车分流、单车通过、限载通行、全程监测”的应急保通方案，确保了灾区群众和救灾车辆的正常安全通行。在加固施工的 7 天时间里，队员们不分昼夜、轮换值班，对大桥实行 24 小时全面监测，为了不影响群众和救灾车辆通行，突击队把现场检测全部安排在每天晚上车流量较少的时间段进行，几天下来，队员们个个眼睛布满血丝，但没有一个人说一声累。

8 月 31 日凌晨，城江大桥加固施工全部结束。突击队对加固后的大桥进行了又一次的全面体检和诊断，各项检测数据显示：大桥完全符合加固设计标准，承载能力从加固前的 30 吨提高到 50 吨。上午 10 时，时任甘肃省交通运输厅厅长杨咏中宣布：“经过科学检测，城江大桥达到了加固维修目标，大桥加固工程竣工。”这一刻，所有突击队员的脸上终于露出了久违的笑容。

本文选自《西部大开发在甘肃》，甘肃文化出版社，2015 年 12 月。

白龙江畔巨龙舞　漫漫宕迭成坦途

祁伟[①]

2014年11月18日，注定会载入甘肃交通的史册，这一天，承载着藏汉同胞致富希望的康庄大道——宕昌（南河）至迭部二级公路正式建成通车了！

迭部沸腾，宕昌欢歌！

这一条长约145公里的美丽新路，用38座桥梁架起“飞天衢”，用8座隧道洞开重重险阻，穿迭山，辟铁峰，越沟壑，跨江河，让漫漫宕迭成坦途，为宕昌县、迭部县打通了经济腾飞的“大动脉”。

每当我看着曾经拍摄的照片，望着穿行在迭山白水之间的公路，回想起那冉冉升起的云雾和高耸入云的扎尕那山，看着那落差千米盘旋27弯被称为“山如铁来道如尺”的铁尺梁，还有素有“一夫当关，万夫莫开”举世闻名的天险腊子口，仿佛置身于虚幻飘渺的人间仙境，整个人都为之振奋，情不自禁回忆起我与同事们当初建设宕迭二级公路那一桩桩、一件件艰苦而又快乐的往事。

建设缘起

在甘肃省陇南市宕昌县和甘南藏族自治州迭部县的境内，铁

① 祁伟，甘肃路桥建设集团副总经理、宕迭项目经理。

尺梁、腊子口山在这里拔地而起，形成一道阻隔南北的天然屏障，在地理分界上，它是长江流域和黄河流域的分水岭。这里群峦叠嶂、地形狭窄、裸岩林立、沟壑纵横，气候环境恶劣、地质条件复杂、自然灾害频发，光海拔 3000 ～ 4000 米的山就有 7 座，纵横交错的山脊和横七竖八的沟壑形成 17 条沟谷，这些已然成为横亘在宕昌和迭部、岷县和迭部之间的一道道屏障。宕昌和迭部均属于边远少数民族地区及贫困地区，但就在这里，中国工农红军长征时曾播下革命的火种，洒下鲜红的热血。这里，也是以毛泽东为首的老一辈无产阶级革命家领导中国革命的转折点。但是长期以来，经济落后、交通不便成为制约这里经济社会发展的最大瓶颈，修路成为当地各族群众的热切企盼。

2010 年，甘肃省委、省政府启动了用 3 年时间实现全省县通二级以上公路的战略目标，迭部县作为藏区最后一个通二级公路的县，宕迭二级公路的开工建设对推动民族地区经济社会的发展有着十分重大的意义。2011 年，甘肃省发改委批复了工程初步设计及概算，概算总投资 24.179 亿元。该项目路线起点位于宕昌县南河乡，接国道 212 线，经腊子口隧道（大拉梁）、代古寺、九龙峡、旺藏、尼傲峡、迭部县城、卡坝，止于益洼沟口（甘川界），与省道 313 线两河口至郎木寺公路相接。全线总长 144.548 公里，其中新建 42.32 公里，改建 102.23 公里。该项目是国道 212 线和国道 213 线的连接线，其改造提级对提高公路通行能力和整体效能、完善甘肃路网结构和经济建设条件具有十分重要的作用。

委以重任

2011 年 11 月 11 日，省交通运输厅党组调我到甘肃路桥建设集团担任副总经理，我又回到了曾经为之奋斗过的地方。往事如烟，这时的我已经从当年单位的一名普通员工，走上了现在的领导岗位。此时甘肃路桥建设集团和甘肃省交通规划勘察设计院共同组建联合体中标承建甘肃公路建设史上第一个设计施工总承包项目宕迭二级公路。对于路桥集团而言，这是具有里程碑意义的重大项目。时任路桥集团董事长、总经理刘建勋，党委书记袁关良代表路桥集团董事会、党委找我谈话，因原宕迭项目经理调离，组织要我受命担任宕迭项目经理，尽管任务艰巨、压力倍增、责任重大，但我还是欣然接受了。

设计施工总承包项目在全省范围内毫无经验可借鉴，对我而言是一个全新的挑战，一切都得从头再来。通过科学谋划、多方参与、精心筹备，我们组建了宕迭建设大军，集中了路桥集团所属 10 个子公司的建设主力军，同时配备了精良的筑路设备，成立了 9 个路基分部，1 个路面分部，房建、交安、绿化、消防、机电 5 个分包商和 3 个工地试验室进场组织施工。

11 月 23 日，我很清楚记得那是一个星期六的清晨，夜色还笼罩着沉睡的大地，初冬的寒意阵阵袭来，那几天忙于处理手头的工作，为的就是此刻启程前往宕迭项目。迭山脚下，白龙江畔，英豪齐聚，宕迭建设儿女秉承甘肃路桥精神，以超常的魄力和胆略，超前谋划，超前决策，敢为人先，开始了在宕迭公路上的奋战。

攻坚克难

记得一次公路工程检查，我们行驶在即将交工验收的宕迭公路上，舒适的路面及两边的风光让同行者心情倍感舒畅。车上的人问我建设宕迭公路有何感想，我思索了一阵，回答道：“荆棘中前行、艰难中奋进。”的确，就是这样一句话，话虽简单，行却艰难。

从事公路建设多年，有人说在西部修路难，但我更清楚在地质复杂的峡谷地带和洪水、泥石流频发的地区修路更是难上加难。腊子口，当年红军突围的天堑，如今成建设者攻坚克难的要津。

宕迭公路重点控制性工程——腊子口隧道，位于宕昌县、迭部县交界的原始森林区，海拔近3000米，高寒阴湿，地下水丰富，地质多为饱和、中密、无胶结的冲洪积块石、碎石土，全年冰冻期超过6个月、雨雪期超过9个月，冬季长达7个月，一个月20多天非雨即雪，公路施工有效期非常短。此外，隧道围岩破碎，节理发育，有裂隙水，围岩无自稳能力，施工难度非常大。从宕昌南河口到大拉梁，24公里的路程海拔迅速上升了1000多米，缺水、缺电、缺氧是我们这些年轻的建设者时刻要面对的困难。由于腊子口海拔高、森林茂盛、负压较大，这里高原反应特别明显，项目部很多人都有不同程度的反应，有些年龄大的人撑不下去，最后项目上聚集的都是一帮年轻人。每年的春夏两季，无雨的日子，高原的天气就会变得异常炎热。在施工现场，大家正紧张施工，炎热的天气、轰鸣的机器，还有不时进场的高温沥青，使施工现场异常燥热。在强烈紫外线的炙烤下，在热浪腾腾黑色路面上，穿行着我们路面铺筑和试验检测人员忙碌的身影，他们有的还是刚毕业的学生，或者是刚参加工作的年轻人，用美好的青春默默地为甘肃交通事业奉献着。

宕迭公路在施工中始终坚持“安全为重、质量为本”的原则。为加快隧道开挖进度，我们提出了“日保周、周保旬、旬保月”的进度方针，编制严密的施工计划，确定关键工序与主导工序，加强施工动态管理，向关键工序要时间，向非关键工序要资源，并根据施工进度随时调整施工组织计划；对劳动力实行动态管理、优化组合；采用“空间交叉、平行作业”的施工模式，充分利用掌子面空间布局，科学设定台阶高度，合理安排台阶作业顺序和方式，形成在时间上重叠的施工优势。在开挖掌子面，在砼衬砌台车下，在架桥机旁，在施工的每个环节，都有一双双警惕的眼睛，都有一颗颗牵挂的热心。安全员、质检员活跃在工地的每个角落，时刻关注着施工安全和工程质量。这些平凡的点滴工作，积累起了不平凡的成绩。宕迭项目部多次受到上级的嘉奖，先后获得“甘肃省交通运输厅平安工地”“甘肃省市政公用科技示范工程申报单位”等荣誉称号。

以往隧道施工常是将隧道工程以工料机大包形式交给劳务队，在施工期间经常会出现劳务纠纷，工程质量、进度、成本都很难有效控制。为了有效化解大包模式的风险，使工程质量、进度、成本都能有效控制，我们积极探索出了新的施工模式：实行隧道班组化施工。班组化施工按施工工序将隧道施工分为开挖班、初衬班（喷锚班）、二衬班、出渣班、钢筋加工班五个班组，每个班组直接跟项目部签订劳务合同，采取计件工资制，即以完成一定的工作量为工资单位和结算依据。这一新的施工模式简化了管理层次，彻底改变了项目部和施工一线脱节的现象，实现了真正意义上的“零距离”管理，为企业降低施工成本、减少劳务纠纷提供了有效保障，也为路桥集团锻炼和培养了一批技术和管理人员。

一腔热血勤珍重，洒去犹能化碧涛。2014 年 1 月 19 日，回想起那历史性的一刻，随着一声清脆的炮响，经过数千名建设者艰辛的努力，全长 3735 米的腊子口隧道终于顺利贯通！从 2011 年 9 月宕迭二级公路腊子口隧道开工建设，到今天腊子口隧道贯通，三年多来，素有“筑路铁军”之称的甘肃路桥人，沿着冰雪覆盖、崎岖险峻的国家森林公园便道，以“力拔山兮气盖世”的英雄气概，挺进腊子口雪山，路桥儿女战严寒、斗风雪、抗缺氧、攻难关，一举打通了宕昌通往迭部的瓶颈——腊子口隧道，创下了甘肃交通二级公路建设史上阴湿高寒地区最长的高原隧道施工记录，为藏区人民打开了幸福之门，为全线建成通车奠定了坚实的基础。

肩负使命

作为宕迭项目经理，我时刻感受到身上肩负的责任和使命，丝毫不敢放松、懈怠。不管是身临一线检查指导工程施工，还是召开宕迭项目各种会议，我时刻强调和叮嘱项目负责人和施工人员要“修建一条经得起检验的路”。

自项目开工建设以来，我们着力将精细化和标准化要求贯穿工程施工各个部位和环节，健全管理体系，坚持精细施工，严格监督检查，为实现“整体设计、系统建设、优质高效、追求卓越”的建设方针，尽心竭力、勤勉奉献。在项目管理中，建立健全项目管理的各项规章制度，使工程管理制度化、程序化、规范化。汇编成册的《宕迭二级公路改建工程设计施工总承包项目管理手册》（第一、二、三册）包括项目管理理念、思路、方针及目标，各部门职能和岗位职责，质量、进度、安全环保、成本控制等方面的奖罚制度，主要工程或关键工序作业指导书等。在项目实施中，针对管理中存在的薄弱环节或盲点，不断总结分析，补充完善，使之不断适应设计施工总承包的管理要求。为全面搞好工程质量，我们设置了项目部和项目分部两级质量管理体系。质量和安全管理是建设管理工作的核心，工程实行质量终身责任制，认真贯彻工程建设规章规定，严格执行工程质量检验评定标准及技术规范要求，坚持以科学规范的检测手段、严谨准确的检测数据评价工程质量。

为了实现安全施工，项目部工地例会上经常进行安全生产事故案例教育，有原因分析，也有预防对策，让我们的宕迭建设者能够清醒地认识到悲剧发生的缘由，并以此为鉴，不断提高安全防范意识。

规范的制度、科学的管理，以及建设者们在施工中切合实际、精心推出的各种举措，都是为了让宕迭公路经得起各种检验。如今，经过三年多的鏖战，行走在平坦漂亮的宕迭公路上，观察、聆听、感知，一个个敢负责、能担当、立足高远的建设者形象变得越来越鲜活。

义不容辞

2012 年 8 月 6 日，暴雨致迭部县城以西扎尕那风景区公路发生塌方，部分路段被泥石流淹没，恰逢旅游旺季，多名游客被困。我们组织抢险，5 个多小时之后险情排除，游客得以疏散。隔日，迭部县委、县政府送来一面绣着“情系江迭路，爱洒扎尕那”的锦旗和一些慰问品，对宕迭项目部抗洪抢险表示感谢。

2012 年 9 月 11 日，宕迭公路九龙峡路段 92 公里 +140 ～ 220 米段突发山体坍塌，坍塌石方约 2300 立方米，致使省道 313 线交通中断。我们立即启动突发事件应急预案，迅速抽调临近宕迭三、六、七分部应急抢险人员和机械设备赶赴塌方现场抢险救援，经过 58 小时奋战，终于在 9 月 14 日下午，将坍塌路段危石和塌落渣体全部清除，道路恢复畅通。迭部县委、县政府将几面绣着“一方有难，八方支援”“情系藏区视群众为亲人，不畏艰险抢通生命之路”的锦旗送到了宕迭项目部，再次表示感谢。

2013 年 7 月 22 日 7 时 45 分，甘肃岷县、漳县交接处发生 6.6 级地震，闻讯后在省交通运输厅和路桥集团的指挥下，我们迅速组织救援抢险队伍赶赴地震灾区，开展抢险救援保畅。按照省交通运输厅的统一部署，参与岷县梅川镇马家沟村 7.5 公里长道路的抢通保畅任务，经过 6 个多小时的奋战，于 23 日 6 时抢通了梅川镇马家沟村三个社的道路，保质保量完成了省交通运输厅抗震救灾前方指挥部下达的抢通保畅任务，确保了该村三个社救援物资的顺利运送和伤员的及时救治。同时我们还多方筹集了 6000 条草麻袋用于岷县地震灾区抢险救援。

2013 年 7 月 25 日，暴雨导致白龙江 4 号桥路段、九龙峡路段、白龙江 5# 桥路段多处山体塌方，造成道路中断，我们立刻进行抢通，确保省道 S313 线甘南通往岷县地震灾区道路通畅。

哪里有险情，哪里有危险，哪里就有甘肃路桥人的身影！面对突如其来的灾害，我们全力投入抢险救援交通保畅，始终坚守在抗击自然灾害的第一线，以实际行动彰显为民情怀，用血肉之躯保护着藏区同胞的生命财产安全，用大爱无疆诠释着甘肃路桥人“修建一条公路，造福一方百姓”的深刻内涵。

宕迭二级公路建设期间，甘南州州委、州政府，陇南市市委、市政府领导，公路建设沿线各县（市）及部门领导，对宕迭公路建设给予大力支持，在四年的建设过程中，他们积极帮助解决征地拆迁等有关难题，慰问一线建设者，为工程顺利推进创造了良好的社会环境。

省政府辛平参事，省交通运输厅阮文易副厅长、赵彦龙副厅长、王繁已副厅长，省公路管理局李潭局长，甘肃远大路业集团魏公权董事长等领导多次带领相关处（室）和单位负责人赶赴宕迭工地，围绕制约工程建设的难题进行现场办公，对有关部门和单位提出要求，形成全厅上下齐心协力支持宕迭公路建设的良好氛围，有力地推动了工程进展。

大路壮歌朝天行，龙腾宕迭贯东西。这是一条通往辉煌的大道，美丽的迭部县从此插上了腾飞的翅膀。这是一条通联繁华的“脐带”，宕昌儿女从此步入了经济建设的新高速，实现着最真的梦想。

从这里出发，迭部人民生活，加速驶上幸福大道。

从这里出发，宕昌城市交通，引燃都市发展活力。

从这里出发，宕迭赶超之路，将向前方纵情延伸……

本文选自《西部大开发在甘肃》，甘肃文化出版社，2015 年 12 月。

黑多纪事

夏家立[①]

黑多是迭部县腊子口乡一个藏族小山村，距县城115公里，2013年2月6日晚不幸发生火灾，给该村造成重大财产损失，我全程参与了黑多村的火灾扑救和灾后重建工作，至今仍然记忆犹新，黑多在我心中留下深深的烙印，成为一生不能忘却的记忆。

2013年2月6日，农历腊月二十六，已经将近年关，家家户户都忙着杀猪宰羊、炸油馍、办年货，孩子们穿上了新衣，整个村庄沉浸在一片喜庆祥和的浓浓年味中。傍晚时分，一股火苗从一户人家窜起，人们还来不及扑救，熊熊的烈火就迅速向四周蔓延，呛人的浓烟笼罩着村庄，通红的大火照亮了附近的山川。

晚8点，接到县里通知，腊子口乡黑多村发生火灾，具体情况不明，请速赶赴现场。我来不及带洗漱工具和御寒衣物，叫上司机就匆匆出发了。当时迭宕二级公路正在修路，一路颠簸，当车过代古寺隧道到洛大乡翠古村附近时，远远就看到西北方的山上一片通红，在黑夜里显得格外刺眼，我怀着忐忑的心情，一路无语，急切向火点奔去。上山的路崎岖难走，加之路况不熟，经过两个多小时奔波，晚上10点多才抵达村口，但车辆和行人已将狭窄的山路阻塞，我只好弃车上山。一路上是参加救援的人们和

① 夏家立，甘南州委党史研究室主任。

满脸恐慌的村民，部分被村民抢救出来的财物胡乱堆放在路边，一些妇女和孩子在路边哭泣，经过 20 多分钟急行，终于来到火灾现场。

眼前的景象令人震惊，熊熊大火漫天飞舞，恶毒的火苗似盛开的罂粟，火光下到处是惊慌失措的人群，参加救援的人们黑夜中从四面八方赶来，帮助村民抢救财物、搬运木头、打隔离带。消防水车开到康多村，苦于山高坡陡无法上来，只好停在离火灾现场 10 多公里的山下，消防官兵每人肩背 40 多斤水的塑料桶徒步上山，但这点水在巨大的火海面前可以说是杯水车薪、无济于事。这个村庄的水源非常少，群众生活和饮用水平时从村北面一股小小的山泉背取，想用此水来救火几乎是不可能的，火借风势，在黑夜中发着淫威。漫天大火中，不时传来“噼啪”的响声，那是村民过年购买的鞭炮。救援人员在县乡村三级强有力的指挥下，一部分人劝村民撤离，清点人员；一部分人奔向村北面山坡上打隔离带，防止烈火把山林点燃；一部分人帮村民抢救财物。人们面对巨大的灾难悲痛欲绝，有几家女主人痛不欲生，想闯入火海，多次被我们拉住。一匹体格健壮的骡子被烧得皮焦肉烂，主人家想尽各种办法，还是没能把它救活。

该村房屋大部分是用木料建成的，当地人称之为“榻板房”，房顶是用木瓦建成的，常年风吹日晒，变得十分干燥，加之冬季少雪，天干物燥，村民房屋周围又堆积大量薪柴，房前屋后的篱笆、围墙也大都是用木板围成。当地群众的生活习惯是一楼用来生活、起居，二楼用来堆放麦草和饲料，每家的烟囱在二楼的麦草饲料旁经过，稍有不慎就会酿成火灾。而且每家每户的房屋鳞次栉比，巷道仅供人畜通过，一旦发生火灾，就会火烧连营，整个村庄遭受灭顶之灾。尤为严重的是，大部分村民的房屋建在半山坡上，巷道是用木柱作支架，上面铺设木板架起的凌空栈道，上下几米高，一旦栈道被烧毁根本无路可走，更谈不上救援了。

火光中，但见一片片被烧得变形的木瓦，像一支支绷紧的弯弓，突然向四周弹射出去，有的木瓦能弹射好几米远，每片燃着的木瓦，就是一个点燃的火把，一会工夫就将其他房子引燃，加之巷道狭窄，根本没办法救火，大家只能眼睁睁看着一座座房屋被引燃、一户户人家被焚毁，一棵百年老树烧焦的躯干独自立在残垣断壁间，冒着缕缕青烟。

天渐渐放亮，当太阳快要出山时，风渐渐减弱，肆虐了一整夜的火魔终于疲惫了，上午 10 点多，最后一处人家的房屋被烧毁后，大火终于熄灭了。经过整整一夜的奋战，群众和救援人员无一伤亡，但却造成了巨大的财产损失，火灾造成直接经济损失 2000 多万元，全村 92 户 420 人受灾，家家户户世代积累的劳动成果一夜间化为灰烬。

昔日桃花源，如今伤心地。过去宁静祥和的小山村，如今已是满地狼藉、一片废墟，我心中不由充满一股酸楚和悲壮。火灾过后，满目疮痍，像刚经历了一场鏖战，到处是断墙残壁、残砖碎瓦，到处是呛人的浓烟，一些没有烧完的木柱仍丝丝冒着火星，山风一吹，又呼呼窜出火苗。废墟下没有燃尽的粮食冒着黑烟，当地群众讲，那些被埋的粮食要一个礼拜才能烧完。火灾来得那样突然，令人猝不及防，人们匆匆从家中出逃，来不及抢救值钱的物件，有的人家连孩子的一件衣服、一双鞋子，甚至连一个碗一双筷子都没有拿出来，大火袭来村民忙于扑救，每个人都满脸尘灰、十指黝黑。

在村支书包闹当家的帐篷里，包闹当的妻子火灾后回到自己的房屋，从废墟里刨出几块融在一起的碎银子，包在小手绢里，伤心地说：“这几块银子托人从云南带来，本打算做两个耳环一个戒指，没想到现在烧成这样了。”我看到她这么伤心，就连忙安慰道：“不要紧，想开些，东西没有了还可以再挣，只要人好好的，一切都会有的。”村主任张给修没有其他爱好，就好喝两口，他家失火后，他的妻子——一个能干的中年妇女，没能从家里抢出任何值钱的东西，只给丈夫背出来40斤青稞酒，我对给修说："你真有福气，娶了这么好的媳妇，如果换了别人，会拼上性命为你背出几十斤土酒吗？"给修听后呵呵笑了。

火灾发生后，政府行动迅速，社会各界及时伸出援手，受灾群众迅速得到妥善安置，每家都分到两顶支好的帐篷，里面摆放着床铺被褥，炉子块煤，御寒衣物，面粉清油、方便面、矿泉水，家家户户生起了火炉，群众激动的情绪渐渐安定下来。我不想用大量篇幅去记录政府和社会各界的无私援助，但中华民族"一方有难、八方支援"的美好品德在这里得到了最好的诠释和验证。我每天都生活在感动与繁忙的工作之中，协助乡上搭建帐篷、分配救灾物资、召集群众开会、做思想工作，每天都忙到深夜，这样不知不觉就到了大年三十。尽管发生了这场突如其来的火灾，但年还是要过的，我在藏区工作二十多年，从没有在藏族群众家过年的经历，尤其是在发生火灾的黑多山上过年。

为了能让受灾群众过上一个安静祥和的新年，政府给每家每户分发了烟酒糖茶、饺子猪肉、瓜子水果，甚至还有鞭炮。没有对联，就在安置点高高悬挂了几面国旗，鲜红的国旗在寒风中猎猎作响，落雪的村庄一片银白，家家户户在帐篷里过年，尽管非常简单，却也其乐融融，安置点不时传来迎春的鞭炮声。

火灾发生后，二村村长乔老白的家定为我们救灾的临时指挥部。老白一家祖孙三代同堂，两个兄弟的房子也在这次火灾中化为灰烬，他家的房子这次幸免于难。老白不苟言笑，但却是一个热心人，一家人都热情好客，两个多月来（后来我们租用村民乔交乃家两间平房），他一家人给了我们无微不至的关心和照顾，老白家60多岁的老人与小孙子挤在灶房狭窄的土炕上，把客厅宽大的热炕留给我们，老人每天天不亮就起床，上山背水，打扫房屋，生火做饭，从早忙到晚，一刻也不停。老白每天随我们忙活一天，夜晚大家都休息后，才打着手电到受灾帐篷去住。我实在过意不去，坚决要求住帐篷，但腊月的夜晚非常寒冷，不小心冻感冒了，从此老白说啥也不让我到帐篷住，为此我俩都快翻脸了，实在拗不过这个朴实的铁塔般的汉子，只好又在他家热炕上住下了。

年三十晚上，我与留守的腊子乡干部、州电视台记者荔林、张嘉等六七个人聚在老白的家中，与其他受灾群众一样先点燃一串鞭炮，然后一起端着大号瓷碗，里面盛满煮熟的冻水饺，一连碰上好几下，喝着老白热好的青稞酒，彼此说着祝福的话语，就算是过年了。喝上几杯醇香的青稞酒后，老白的话匣子就打开了，他如数家珍述说着村中的古迹：有几人合抱的百年古杨，有像元宝一样的元宝山，有七兄弟山，有黑多娘娘的美丽传说，有红军长征攻打天险腊子口的前线指挥部等遗迹。他生动地讲述了当年毛泽东主席在黑多村亲自指挥腊子口战役的情景，最后不无伤感地说："可惜这个前线指挥所也在这次火灾中烧毁了。"等到休息时已经凌晨两点多了，大家仍然余兴未尽，相约明天继续听老白讲故事。

第二天大年初一，一些村民邀请我们到他们家做客，我与乡上干部一起拜访了几户村民，向老人们问寒问暖，给孩子们发压岁钱，鼓励受灾群众要有信心，让他们相信在政府和社会各界的全力支持下，一定会重建好家园的，然后吃一碗农家的杂面饭，喝一杯醇香的青稞酒，拉一会家常话，顿时拉近了与群众的距离，也从中感受到黑多人的朴实勤劳、热情好客的优秀品德。

黑多是一个多灾多难的村庄，全村建在海拔3000多米的高山上，四周都是巨大的滑坡体，2008年汶川"5·12"地震受到波及，许多村民的房屋向下滑动，墙体出现明显裂缝，不得不另建新家。这次火灾又使90多户村民无家可归。据省地质专家介绍，全村有大大小小的滑坡体十余处，没有一块完全适合居住的地方。

经过多次勘探，反复征求群众意见，重建点最终定在地质结构较为稳定的村庄东南山脊处，占地近60亩，每户庭院占地四分。政府给每户7万元重建资金，群众自己请工程队，自己投工投劳，木料是附近村民捐赠的旧木料，石头是本地的特产，只要舍得出力，石头遍地都是，只有沙子、水泥、钢筋和彩钢瓦要花钱购买。

省州给我们立下军令状：要确保群众入冬前住上永久性住房。看是简短的一句话，但要完成任务谈何容易，我们每个人都感到压力山大。“二月二抬娘娘”民俗活动结束后不久，我们就忙着协调有关单位给群众购买种子化肥，组织群众开展春耕生产。3月，组织有关单位设计住房户型、式样。4月，协调交通部门规划道路，打通通往重建点的山路，拓宽康多至黑多十多公里的主公路，拓宽重建点的主巷道，筹措发放重建启动资金。5月，拉通施工用电、工程用水，开展宅基地平整，组织人员培训，又多方争取14万块多孔砖，组织群众集中拉运，对重建点进行规划、确定宅基地、分户划线、打桩、抓阄等，动员群众备料。到6月底，“三通一平”（通电、通水、通路和平整场地）工作基本完毕，随时可以开工建设，但又遇到连绵阴雨天，连续下了将近一个月雨，黑多山大坡陡，土质黏重，即使下一点小雨，那些黑泥就会粘住你的鞋，让你举步维艰，车辆在山路上极易打滑，即使是摩托车也不能轻松上下。

漫天的迷雾从早到晚飘飘忽忽，一打开门窗，浓重的雾气就会飘进屋里，能见度只有十余米。我与乡上六七个干部被困在山上20多天，生计都发生困难，好在房东乔交乃一家人非常热情，经常送来烙好的饼子，端来做好的酸菜面，有时还拿来一些稀罕的蕨麻猪肉，有时我们也随村民上山打蕨菜、采蘑菇，以弥补蔬菜的严重不足。

尽管天气不好，可我们也一直没闲，每天都要调解处理重建中遇到的各种问题。黑多山多地少，土地置换是个大问题，矛盾纠纷多，比如双方互不让地、边界纠纷、尺寸不够、地块无法落实等问题，调解这类问题耗费了我们大量精力，费了不少口舌。一次雨后，我与乡干部杨加西才让、高豫政上山找一户村民调解土地纠纷，在一个又高又陡的半山坡上遇到了这个村民。他们一家三口正从很高的山上向下运一根木料，听到我们的呼喊，一家人停了下来，男主人蹲在木料旁，浑身几乎快要湿透了，一身泥巴裹在他又瘦又小的身体上，他的妻子和十几岁的女儿也一身污泥。男主人从腰里抽出一个铜烟锅，装上些散烟丝，点着后用力吸上一口，随即发出一阵剧烈的咳嗽，妻女赶忙劝他不要再抽了，别弄坏了身体。从她们关切的话语里，我能深深感受到一个中年男人对一个家庭的重要，也读懂了妻子对丈夫、女儿对父亲的那份浓浓的亲情。以前多次调解他都不配合，这次本想狠狠批评他一顿，但看到眼前的情景，我一切都想通了。群众是善良的，他们为生活费尽心血，为了自己的一点点利益去争取，为改变艰苦的环境去努力去拼搏，我们只有做更深更细的工作，才能获得群众的理解和支持。后来又经过多次调解，终于达成土地置换协议。

时间在飞速流失，群众却迟迟不能开工建设，我们心里也越来越着急。转眼到了 7 月中旬，天终于渐渐放晴，群众压抑了很久的心情有所放松，开始组织工程队建设了，先是村干部、老党员带头建房，划线、和浆、挖地基、砌石墙，随后全村群众都行动起来。

雨后的黑多空气特别清新，清脆的鸟叫打破小山村黎明的寂静，崭新而忙碌的一天开始了。村民们自己动手，男女老幼齐上阵，兰拖、农用车、翻斗车、搅拌机、振动棒轰鸣，工地上热火朝天，全村邀请了不下 20 支工程队，每个工程队都包 2 至 3 户。黑多人非常勤劳，又都很要强，家家投工投劳，人人奋勇争先，连妇女儿童都不甘落后。你建得快，我建的比你更快；你建的好，我建的比你更好。按规定，每户建两间 45 平方米的住房就行，但各家各户大部分按 3 间、4 间、5 间建造，有一户把房子 13 万元包工包料给工程队，一次修建 5 间正房，包括围墙大门。村文书包贵地筹资 30 多万元，修建上下两层楼 8 间正房，全部是框架结构，另外还修建了浴室、卫生间，可说是一步到位。在重建中，最忙的要数乔老白和包开山了。乔老白开着一辆三轮，从石料场到重建点，不到一小时就拉一趟，他体力好、装车快，不停地给自己的亲戚朋友帮忙拉运，每天要拉运近二十趟，也不知道劳累，经过一晚上休息，第二天又精神抖擞地出现在工地上。包开山是黑多寺村支书，脑子灵、办法多，创办了土鸡、蕨麻猪养殖场，还在康多开了一间商铺，是当地的致富带头人，参与邻村重建，完全是出于自愿、无偿支援，他每天开着自家的农用车，来来往往奔忙在重建点上，拉砂石、运砖瓦、装木料，从早到晚忙个不停。当我来到面带微笑的一村村长包吉喜面前时，他正在建正房。他家的院子原来也是四分地，他把挖机师傅叫来，将南面的一个小山头推平，平整出一亩多地的庭院，但院墙西面却是一个大台阶，他又叫来工程队用了足足半个月时间，投资 3 万多元钱，砌出一条 2 米多高、20 多米长的石墙，然后修了 4 间正房。

10 月底，一排排崭新的房屋建成了，银灰色的彩钢瓦或褚红色的琉璃瓦在阳光照射下熠熠生辉，家家户户都盘了土炕，有的家里还建成灶房、围墙、大门、厕所，院内进行了硬化，家家户户电视一体机里播放着中央电视台的新闻联播，自来水也接通了，火灾后的废墟被平整成耕地，村民苦涩的脸上终于露出久违的笑容。原副省长王玺玉带领省、州、县有关部门领导视察黑多灾后重建后，连声说：“速度快、效率高、质量好，达到了省州的要求。”

12 月初，黑多灾后重建工作顺利通过州、县联合验收，一个村容整洁、环境良好、管理民主、幸福和谐的新黑多展现在世人面前。

在黑多灾后重建中，我与黑多人民结下了深厚的友谊，眼前经常浮现出有血有肉、个性鲜明的黑多村民。无论走到哪里，都忘不了这块曾经工作的土地，忘不了勤劳勇敢、朴实无华的黑多人民，是他们教会我怎样面对人生，怎样面对艰难困苦，怎样工作生活，我要把他们的故事讲给身边每个人听，让大家都来关心黑多、帮助黑多，使黑多人民早日脱贫致富，早日实现他们心中的“黑多梦”。

2013 年 12 月

移民村的好日子

——疏勒河临潭移民基地见闻

张成芳[①]

2008年春节期间，我和老公带着不到两岁的女儿一起去疏勒河临潭移民基地看望了我的父母。父母亲原来居住在临潭县石门乡一个偏僻的小山村里，那里山大沟深，交通不便，信息闭塞，自然灾害频繁，人们的观念比较落后，靠天吃饭的思想根深蒂固，农业生产广种薄收，适龄儿童不能及时上学，从各方面看，没有大的发展前景。为了改变这一落后的现状，积极响应国家提出的易地搬迁富民政策，2004年初，父母把留恋的目光最后一次投向熟悉的老家后，带着全家六口人踏上西行的列车，来到疏勒河临潭移民基地创业。四年了，如今，昔日的荒滩已大大变了样。

我们是农历腊月二十二日从合作出发的，那两天天公不作美，连续降雪，地面大面积结冰，路面特别滑，但什么也阻挡不住想见父母的心情。二十三日晚上七点半我们从兰州乘坐直达父母家的卧铺班车，激动的心情久久不能平静，压根就没睡着，父母的音容笑貌在脑海里晃来晃去。常听父母在电话里说他们过得挺好的，他们究竟过得怎么样，一路上想象着父母住的地方和家中的

① 张成芳，《甘南日报》记者。

情景，盼着天快点亮。母亲是前年冬天来看我和女儿的，住了不长时间又匆匆回去了，可是父亲一次都没来过，不知道父亲现在什么样了，肯定老了许多。想着想着天已亮了。班车大约行驶了十二个多小时，听车上的人说嘉峪关到了，我想再有四个小时就可以到家了。不知不觉又过了两个小时，透过车窗，我忽然看见了旋转着的风力发电机，听父亲从电话里说看见风力发电机就等于到家了，那是玉门镇，玉门镇离家只有两个小时。一会儿，班车下了高速路，开始颠簸了，又过了一阵子就到了移民乡。经过移民乡后村子一个接着一个，路边的电线杆和钻天白杨急驰而过，一会儿车停了，是父亲挡住了车。公路离家门只有三十米左右，公路的边上，也就是家的门前，一排排整齐的碗口粗的钻天白杨茁壮成长。

下了车，映入眼帘的是贴着瓷砖装饰一新的五间铺面，中间两间是弟弟刚开业不久的小卖部，小卖部的横匾上写着“和平商行”四个鲜红的大字，下面的小字写着批发、零售、日用百货、学生用品等，还有手机号码，左边两间铺面的卷闸门拉得严严实实，右边的一间是大门。大门不像老家的，它是宽宽长长的一间走廊，后来才知道这走廊是专门为农用车和摩托车进出而做的。进了家门，院落干净整洁，院子的四周是平平坦坦的方块水泥地，中间是四四方方的一块小菜园，紧挨菜园的是自来水龙头，上房五间，厢房三间，门面也贴着浅白色的瓷砖，还有一间是车房。弟媳妇抱着孩子把我们领到了两间收拾好的上房中，房内摆放着一套一座加两座加四座的布艺沙发，沙发中间是一个大大的玻璃茶几，朱红色的电视柜旁边还配有一对带有几个喇叭的音响，农家人不能缺少的土炕也收拾得精致干净，土炕足足三米宽，炕边镶着黑底红花的瓷砖，屋内上方吊着顶并装有浅蓝色的灯，炕桌上沏好的茶发出淡淡的清香味。好一个舒适的农家小院！

母亲和我们拉了一会儿家常，让我们先休息，说肯定累坏了。

父亲笑着说:“不怕不怕，要是在老家回一趟娘家，车要倒来倒去的不用说，还得背着孩子上两个小时的山，路面坑坑洼洼，晴天尘土飞扬，雪天路面湿滑，遇到像今年这种天气，还不把孩子的脸给冻破了。现在好了，平整的柏油马路直接通到了家门口，方便极了，再也不为坐车而犯愁了。”我看着精神矍铄、不但没有老而且还胖了许多的父亲，心里舒服了很多。我做梦也没有想到，仅仅四年，父母亲就能过上这样好的生活。

老公夸房子盖得漂亮，弟弟指着这14间房子和硬化的院子说，这几间房子和院子的硬化，光沙子就拉了五间房大的两堆，在老家即使有愚公移山的精神也办不到，这还不得拉一辈子。拉着卷闸门的那两间铺面，瓜州联通公司的人已给了定金，一开春就租给他们用。从弟弟的言谈中可以看出他的生活是很幸福的。

临潭疏勒河移民基地是2001年启动建设的，设有4个行政村，总人口5618人，总面积14000亩，分别是临潭移民东点、临潭移民中点、临潭移民西点，还有一个点叫饮马，父母住的是中点，总共300多户，有乡政府、九年制学校和中心卫生院等。中点的房屋建筑、规划和其他点差不多，有三条路，中间一条是主道，是柏油路面，其他两条是沙石路。主道通向远方，宽而干净，两边是整齐的砖木房屋，设有很多小卖部、蔬菜粮油铺、饭馆等，但最令人注目的还是玉芬服装店和临潭瓜州联通、电信代办点。

冬天的薄雾笼罩在对面的祁连山上，山隐约可见，山对面这边统一规划、错落有致的现代建筑风格的移民新村的农民们沉浸在喜庆的气氛中。快过年了，和老家一样，女的在家忙着洗洗涮涮，男的在外购置年货，与老家不同的是，移民群众在家门口就能买到称心如意的年货。

农历腊月二十八九，弟弟不到50平方米的小卖部里顾客不断，正在购买年货的邻居微笑着说，要是在老家，办年货要坐车到几十里远的集市上去，得花一整天的时间，挤来挤去，不但买不到好东西，有时还把该买的东西给忘了，碰到像现在这样的天气，就更倒霉了，背着大包小包吃力得要命，还要上山下坡。现在方便多了，在家门口就可以买到想要的年货，走亲戚拿年礼，啥时候要啥时候买。

弟弟的小卖部里商品不算琳琅满目，但农民常用的东西基本齐全，冰柜里有肉食品，货架上有高到上百元的酒类，低到5分钱的火柴，而且物美价廉，东西新鲜，价格合理，乡邻们可以放心购买。

我们是正月初九到移民西点的表姐家去拜年的，西点到中点步行大约需二十分钟，坐着弟弟的摩托车不用五分钟就到了。西点的村子规划整齐、外观漂亮，全村人都沉浸在一片喜庆祥和的节日氛围之中，孩子们放着鞭炮，跑来跑去的。弟弟指着用瓷砖装饰一新、门口贴着大红春联的房子说，那就是表姐的家。走入院内，院子里的设计非常合理，前面的庭院大而宽敞，步入室内，房屋装潢一新，还添置了新式家具，有几分时尚与新潮。表姐忙前忙后，先为我们摆上了桃酥、点心、瓜子、水果等。不一会儿，又摆上了丰盛的饭菜，鸡肉、鱼肉以及自家的猪肉，样样俱全。我默想：几年没见，表姐的变化如此之大，不但饭菜做得可口，而且速度也挺快的。在与表姐的闲聊中得知在这里男人们打工挣钱方便多了，即使没有手艺的人一天最低也能挣50元以上，如果有手艺就挣得更多了，孩子上学也方便了，老人们都享清福了，坐在家里看看电视，打打麻将，妇女们更是舒服多了，基本不用到地里种田、拔草、收割，更不用上山去砍柴了。她指着厨房里的鼓风机和煤对我说，你看柴都不用烧了，煤用起来方便而且干净。从前，人们总拿“吃米不见糠，烧柴不见山”来形容一个人的懒惰，从今往后，这一俗语的内涵也该改写了。

表姐夫边开啤酒边说：“过去我们总羡慕城里人的生活，他们吃得好穿得好，而且还有漂亮的房子住，不养牲畜，干净卫生，如今我们农民也差不多过上了城里人的生活，我们从心底里感到高兴。”听着爽朗、喜悦的话语，我强烈地感受到表姐夫富裕起来的自豪。

在表姐的热情款待下，不知不觉天色已暗了下来，村子里唱起了“年戏”，土生土长的演员，饱含乡土气息的节目，让从各个移民点赶来的群众乐开了怀。

尽管天气寒冷，但舞台上却透露着开心过大年的气息。他们自搭舞台演唱，上至六旬老人，下至儿童妇女，都踊跃参加，场面十分热闹。该村负责人说，像这样的活动已举行几年了，从正月初一开始，一直到正月十六才结束，通过自己编演节目，极大地活跃了节日气氛，也丰富了人们的文化生活，现在移民不但生活富裕了，精神文化生活也不差。以前在老家，正月里除了喝酒瞎聊便无事可做，搞不好就是赌博成风，有的人连电视都没得看，生活单调乏味，而移民村里不但组织了文化活动，而且人人参与，单调的农村生活在移民村已被这丰富多彩的文化活动所取代，这很大程度上反映了人们思想观念的变化，村里人说以后还想把花样弄得更多一些，增加移民群众的兴趣。

我发现，移民村群众的拜年礼物也发生了巨大的变化，他们拎的多是箱装牛奶、营养食品、中档烟酒以及其他五花八门的礼品盒。而在老家，条件好一些的人拿的是罐头、冰糖等单包装的商品，而且还要拿 8 个、10 个或者 12 个馍馍，家境不好的就更不用说了。移民西点的一位老人说，以前要是买回一些茶叶和奶粉还要特意留着让孩子初二日拜丈人呢。由于信息不便如果错过初二这一天，女儿、女婿翻山越岭地去拜年，有时连父母亲都见不着。现在好了，可以用手机发个信息，或者用固定电话打个电话约定时间，真是方便啊！

父母的邻居、临潭移民基地村委会的一位负责人告诉我，这里地势平坦，四季分明，不但适宜种植农作物，还可以种植经济作物棉花、红花、茴香、大麦、孜然、干草、板蓝根以及西红柿、菜花、黄瓜、辣椒等蔬菜，农业生产基本实现了机械化，极大地节约了劳动力。如西点1号村鲁云春家，8亩地里套种了孜然和茴香，年纯收入6400元，种植棉花10亩，年纯收入9000元，并养殖了30多只多胎羊，畜牧业年收入10000元，种植了两亩小麦，就够他们全家人一年吃了。同时，这里外出打工方便，即使不出远门，在家门口也能挣钱，成年人工资每天最低也有30元，如在拾棉季节，60岁以下老人和10岁以上儿童都能在家门口挣钱。

2008年的冬天，移民基地格外寒冷，气温在零下30℃左右，厚厚的积雪很难融化，到处都结成了冰块。由于父亲胃疼，我正月初一走进了移民基地中心卫生院，卫生院干净整洁，推开一间住院部的门，室内暖意融融，小火炉上的茶壶正冒着热气，墙上挂着一面写有“妙手回春”的锦旗，一位妇女躺在铺着雪白床单的病床上输液，她的丈夫和其他陪同输液的人拉着家常。这位妇女告诉记者，由于咳嗽、发烧严重，大年三十都在这儿过的，一直有大夫值班，现在病好多了，准备明天出院，在这儿看病省时省钱又省力，跟城市里没什么区别。夕阳的余辉透过玻璃窗照在她的脸上，她笑得那么灿烂。

医院负责人闫喜锋三十有余，年轻有为，他激动地告诉我：“我是2007年9月底被聘任为临潭移民基地中心卫生院院长的，在上任不到半年的时间里，我想办法筹措资金，制订工作计划，明确人员分工，积极落实了群众关心的农村新型合作医疗、儿童计划免疫、计划生育、环孕检和结扎手术以及常见病的预防和治疗等。我能为这里的移民群众办点实事，减轻他们的看病就医负担，真是太好了！”说着他的脸上乐开了花。

“闫喜锋原来在移民基地村医疗站工作，由于分配到中心卫生院的医务人员大多数是刚毕业不久的学生，他们缺少工作经验，使医院的职能工作无法开展，群众对此意见很大，要求聘任事业心强而且有能力的医务人员担任中心卫生院院长，以改变医院的面貌。经过临潭移民基地管委会的推荐，临潭县政府同意了管委会的意见，闫大夫当上了院长，他对待病人认真负责，而且药费合理，我们以后看病再也不用发愁了。”住院的村民王大爷欣喜地说。

在那短短的几天中，我听着、看着，耳濡目染了移民基地的变化。是啊！父母的家园日渐秀美，生活日渐富裕，勤劳朴实的移民新的希望、新的生活不就在眼前吗？村容村貌和生活的改变，激发了广大农民热爱移民点和建设移民点的热情。我相信，在临潭县委、县政府的正确领导下，在临潭移民基地管委会的大力支持下，移民群众的明天会更好。

本文原载《甘南日报》，2008年3月7日。

大漠深处的曙光

——河西走廊的临潭移民生活剪影

王朝霞[①]

前　言

人多地少、资源匮乏、自然灾害频繁、农业基础脆弱等诸多因素一直以来都是困扰临潭县社会经济发展的瓶颈。由于各种自然条件的制约，当地农民增收渠道少，农村经济发展缓慢，一方水土难以养活一方人。为此，临潭县历届县委、县政府总结以往的扶贫开发经验，经过多次认真调研，根据“八七”扶贫攻坚“有水走水路，无水走旱路，水旱路都不通另找出路”的扶贫开发方针，提出了“内抓扶贫开发，外抓劳务移民”的工作思路，将移民工作作为脱贫致富的重要举措来抓。自 1998 年开始，通过自愿移民、劳务移民、劳务输出等多种方式累计输送移民达 6351 户 22948 人（其中新疆 4926 户 15113 人，疏勒河、酒泉、张掖、饮马农场等地共 1425 户 7835 人），有效缓解了该县人多地少的矛盾和人与环境资源的矛盾，使移出去的人们看到了致富奔小康的希望，实现了经济效益、社会效益、生态效益“三赢”的良好局面。

① 王朝霞，甘南州网信办网络舆情应急指挥中心主任。

为了使移出去的群众“稳得住、安心住”，分别向新疆、河西派出了移民劳务工作站，疏勒河七道沟派出了一个乡镇的机构，有管委会1个、村委会3个、小学3所、中学1所、卫生院1所、医疗站3所，健全了机构，稳定了民心，群众无论遇到大小事情，一出门便可找到“娘家人”解决。

2009年7月，记者随临潭县移民局副局长李爱民一行，专程前往河西采访了临潭移民在那里的新生活。

民心工程赢民心

炎热的7月，河西走廊正是棉花吐蕊、瓜果飘香的时节，吹过的风里全是太阳的炙热，而空气里到处都塞满了丰收的气息。

上午10点，瓜州县白旗堡移民安置点临潭移民村的村民王富生给庄稼地里放完水后回家休息。王富生一边擦汗一边对记者说，上午的活就算忙完了，吃完午饭后一直要休息到晚上八点，等天气稍微凉快时再下地干活。王富生是九甸峡库区移民大军中的一员，2008年4月，他和乡亲们一道拖家带口，离开了贫瘠而眷恋的故乡迁至瓜州县白旗堡安置点。谈到当时的感受时，王富生笑道：“开始肯定不习惯，从小生活在大山里，一下子来到戈壁大漠上，天宽地阔，很有一种无依无靠的感觉。好在住的房子公家已经全部给我们修好并且水电设施齐全，一过来就可以入住，让大家觉得很安慰。”

王富生一家分到了十多亩地，这在老家是想也不敢想的事。他和妻子勤劳能吃苦，地里的孜然、红花等经济作物长势良好，一年下来，收入要比在老家时好得多。王富生说：“不管在哪里，农民总是要种地的，只要有土地、肯吃苦，在这里肯定也能过上好日子！”

在白旗堡安置点的临潭移民村，整齐划一的民居在戈壁滩的阳光下折射出耀眼的光泽。时值中午，村民们为了躲开火辣辣的阳光都在家里休息，偶尔会见到老人和孩子在门前乘凉，浓浓的乡音里透着亲切。记者顺着门牌号走访了几家，发现家家的设施相似：宽屏彩电、枣红色的木艺沙发、时尚的客厅柜、电风扇、煤气灶等，让人疑心不是置身于农村而是在城镇居民家中。

九甸峡水利枢纽工程是省委、省政府实施西部大开发战略、加快少数民族贫困地区经济发展的一项标志性工程，也是全省水利建设史上最大的水利工程。该工程涉及临潭县羊沙、王旗、石门3乡10个行政村21个自然村共1027户4608人，共淹没耕地4495.96亩，淹没林地6594亩，淹没房屋239180平方米。库区移民工作自2002年7月正式启动以来，临潭县专门召开全县移民工作会议，研究制定了《临潭县九甸峡库区移民搬迁实施方案》《九甸峡库区移民搬迁工作安排》《临潭县九甸峡库区移民应急预案》等实施方案，抽调人员专门组成工作组，深入库区挨家挨户进行调查摸底登记工作，做到了村不漏户、户不漏项，并聘请兰州房屋评估专家对库区所有房屋进行全面评估，进一步提高了房屋补偿标准，解决了库区贫困群众在安置地有房住的实际问题，确保了移民工作的顺利开展。

为了做好库区移民的宣传工作，引导群众树立早搬迁、早安置、早稳定、早致富的观念，工作组成员深入各村组，通过召开村民大会、发放宣传材料、制作宣传标语等形式，把各项移民政策不折不扣、清清楚楚地送到了群众的心坎里。由于措施得力、办法灵活，消除了群众的顾虑，全面完成了安置协议签订工作。

移民建房是整个移民安置工作中最复杂、最庞大的一项工程，也是移民群众最关心的热点问题。为此，临潭县移民局多次组织人员赴酒泉和瓜州就建房大宗材料市场价格、建房户型等进行了考察，并协调瓜州县就大宗材料进行公开招标，于2007年4月委托瓜州县修建680套库区第一批移民居住房，保证了移民按期入住。同时，考虑到移民群众到达安置点后对环境、生活习惯、气候等方面不适应，该县筹资 40 万元购买了 700 多套煤气灶发放到户，使群众一到安置点就能在自己的新家里吃上饭，稳定和凝聚了民心。

因为天热无法下地干活，来自石门乡的赵尕秀正在屋里纳鞋底，她热情地为记者倒了一杯加了糖的凉白开后，指着屋内的设施说："在老家时屋里哪能摆上这些现代又时髦的家具，还用上了煤气灶，做饭又干净又方便，不用像原来那样烟熏火燎的。生活上的困难政府都替我们想到了，现在基本没什么顾虑，就是气候太热，一时半会儿适应不了。"

的确，为了保持库区的社会稳定，消除移民群众的思想顾虑，该县本着"一切为了移民"的原则，从入户调查、房屋补偿开始，一直到移民顺利到达安置点，始终坚持把移民的利益放在首位，及时解决移民反映的各类现实问题和矛盾，安抚和稳定群众情绪，使广大移民群众能够"移得出、稳得住"，为九甸峡水利枢纽工程的顺利开工打下了良好的基础。

县移民局负责人姜瑞林接受记者采访时说："移民工作量大面广，程序复杂，从开始做动员工作到顺利迁出，中间所有的细节都需要操心再操心、谨慎再谨慎，不敢有一丝懈怠和马虎，因为每一个环节都事关群众的切身利益。这么多年来，我们几乎天天跟群众打交道，虽然吃了很多苦，受了很多委屈，但看到移出去的群众渐渐过上了好日子，大家心里都感觉很充实、很满足……"

扎根异乡的致富梦

老李家是自愿插花移民的，也是临潭县第一批移民。自 1995 临潭县龙元乡迁至酒泉市丰乐乡后，至今已有 14 个年头了。我们到达时，正赶上老李家吃早饭，他老伴热情地端来刚出锅的韭菜包子请我们品尝。李老说这座小院是他迁过来后花了 3000 多元买的，另外还附带了 9 亩地，他觉得很合算。院子不大，种满了各种蔬菜，架上爬满了胖胖的南瓜，使整座小院充满了盎然生机。大门口堆满了收割后的孜然，散发着独特的香气。老李说，今年孜然价钱好，1 公斤可以卖到 14 元左右，所以他多种了一些。要供两个中学生读书，花钱的地方很多，好在这边气候好，能种各种经济作物，经济来源不用太发愁。

老李的话没错，跟他一起移过来的还有他的弟弟和邻居老周一家，距离也不远，平时谁家里有个事儿，三个人会相互帮忙照应。我们去时，老周正在修房，他欣慰地说，他的大儿子腿有残疾，迁过来后摆了个擦鞋摊，因活细价廉，生意很是不错，几年下来积累了一些资金，现在酒泉开了个“瀚皇”连锁擦鞋店，做起了老板。说话间，大儿子刚好打电话回来，老周兴奋地对儿子说：“‘娘家人’来看我们了，我们正在聊天呢！”喝了两杯啤酒的老周眉宇间洋溢着止不住的喜悦之情。

李爱民副局长是退伍军人，虽然已离开部队多年，但他身上依然保留着雷厉风行的军人作风，谈起移民工作来如数家珍，哪个县有几户插花移民，哪个点有集中安置移民，谁家已经脱贫过上了好日子，等等，全都了如指掌，让人感觉他的大脑就是个电脑储存卡。在进每个点、每个移民家之前，我总是先在他那里掌握移民的基本情况，这让我的采访工作很顺利。特别是老李这样的自愿移民，因为出来得早，又是插花安置，他们过得好不好、会不会受当地人欺负，多年来一直是移民局工作人员最为关注的问题。从老李家出来时，李爱民一再叮嘱他：“生活上如果有困难一定要及时找当地政府协调解决，把情况及时反馈给‘娘家人’，你们永远是临潭县‘嫁’出去的闺女，农活不忙时要记得回来看看……”

跟老李相比，他弟弟李义家那座粉白相间的房子几乎有些小别墅的味道了，门口的杏树上熟透的杏子透着繁华与富足，而屋内的装潢设施更让我们大开眼界：华丽时尚的布艺沙发、亮色的席梦思床、宽屏彩电……还没等我们惊叹完，西瓜、茶水、冰镇啤酒已摆在了茶几上。

李义的两个女儿都在县城读书，大女儿从初中开始一直都是班上的学习尖子，他拿出一摞荣誉证书，全是他女儿的。李义说，两个孩子是他最大的动力，因为要给她们存念大学的学费，所以他跟妻子两个人成天鼓足了劲儿地忙活，为的就是让女儿们能读到最好的大学。

后 记

河西之行的所见所闻一直让“树挪死，人挪活”的古话在我脑海里盘旋。为了过上更好的日子，我的父老乡亲们带着对故乡深深的眷恋和最简单的梦想，踏上异乡的土地，在河西走廊上描摹着新的生活蓝图。无论是在饮马农场移民点，还是疏勒河七道沟，无论是在临泽县的小河乡，还是瓜州白旗堡安置点，我感受到的全是希望，是他们致富奔小康的希望。虽然，奔向小康的这个过程中会有些许的阵痛，但毕竟路边大片的棉花已经吐蕊，那无边无际的油葵已绽放出最饱满的笑容。相信再过三五年时间，更多更醉人的绿色会填满那些思乡的缺口，富足的炊烟会在黄昏或清晨里，轻轻地飘在戈壁的上空，而我的父老乡亲们，正齐心协力地把大漠深处的曙光唤醒……

本文原载《甘南日报》，2009年12月25日，曾获第24届（2009年度）中国地市报新闻评选一等奖。

我所亲历的九甸峡库区移民搬迁

王忠[1]

提起“引洮工程”，多数甘肃人都知道，特别是素有“苦瘠甲天下”的甘肃中部干旱地区老百姓更是魂牵梦萦。它凝结着几代甘肃人的梦想，凝结着历届省委、省政府的心血与担当，更凝结着甘肃中部地区百姓的渴望与企盼。

在新中国成立初的困难时期，省上为解决甘肃中部干旱地区困难群众生产生活用水问题，启动实施了“引洮工程”，中部干旱地区的天水、平凉、定西、兰州等地纷纷响应省委、省政府的号召，数万人在岷县古城庄严宣誓，数十万人开山凿壁，想把洮河之水引向陇中。虽然工程因当时的经济条件、技术水平等综合因素而中途停止，但看得出在当时那么艰难的岁月里，省委、省政府下决心开工建设的“引洮工程”，是一项群众热切期盼的重要工程。第一次“引洮工程”虽然未能如期实现饮水夙愿，但是甘肃人民引洮河之水进陇中的梦想和追求一直没有停歇，一直在论证，一直在不间断的工作，一直在孜孜不倦的追求，300 万陇中老百姓也一直在焦急等待着。

① 王忠，卓尼县人大常委会主任。

艰难曲折移民路 为引清流进陇中

2002年12月，九甸峡水利枢纽及引洮供水一期工程奠基仪式在卓尼县藏巴哇乡燕子坪举行，使得全省人民看到了“引洮河清流，解陇中饥渴”的希望。

2006年11月22日，九甸峡水利枢纽及引洮供水一期工程开工典礼在九甸峡隆重举行，引洮工程的历史翻开了崭新的一页，陇中人民期盼半个世纪的引洮梦想从此走上了圆梦的新征程。九甸峡水利枢纽工程是引洮工程的水源工程、龙头工程，9.43亿方的库容需要淹没甘南、定西两地卓尼、临潭、岷县3县6乡13000多名群众的房屋耕地和生产生活资源。水库移民工作作为基础性、前瞻性、复杂性和难度最大的工作，摆在了“引洮工程”总体工作的面前。笔者时任卓尼县常务副县长，有幸参与了九甸峡水库移民动员、签约、搬迁、安置工作的全过程，其中酸甜苦辣、幸福与辛酸、艰难与曲折的滋味，在10年后的今天回忆起来，恍如昨日，记忆犹新。

故土情深难弃舍 艰苦卓绝话动迁

随着九甸峡水利枢纽工程和引洮供水一期工程的开工，“引洮工程”的号角已经吹响，移民的战鼓已经擂动。九甸峡库区移民工作在整体工程建设中的作用更加凸显，移民工作进度直接关系着水利枢纽工程的进度，关系到工程能否按期蓄水发电，关系到引水能否顺利成功。让老百姓搬离祖祖辈辈生活的地方，是一件非常困难的事。库区一草一木、一事一物都牵动着老百姓的心，那是乡愁，那是记忆，那是生命的传承，那是精神的寄托，那是祖辈的魂魄，因而故土难离、家业难弃、乡情难舍、亲邻难分！

但是，为了中部干旱地区300多万贫困群众的幸福和梦想，为了全省人民的梦想，为了全省人民整体脱贫致富，省、州层层部署动员，县乡齐心协力，库区百姓毅然决然地、义无反顾地迈开了移民搬迁安置的步伐。

2003年7月，九甸峡库区移民工作启动，省政府出台了《甘肃省引洮工程移民安置办法》，提出移民搬迁安置的基本原则是“搬得出、稳得住、能致富”。从此，省、州、县、乡四级政府带领移民群众代表开始了安置地选址工作，从兰州秦王川到渭源县黄香台，再到卓尼本县牛营寺等地，一个个方案提出，一个个又被否决，移民工作因选址问题而迟滞不前，各级领导急在脸上愁在心里，但大家共同的原则是：移民对安置地满意与否是我们工作的出发点和落脚点，再急再愁再难也要对百姓负责、为移民着想。为此，州、县从事此项工作的各级领导通过多种渠道，反复征求移民群众的意见和想法，了解到群众希望安置到自然条件较好、发展前景比较明朗、避开高海拔区域、能够相对集中安置、生产资料相对充裕地方，对这些情况，州、县向省直部门都做了详尽的汇报，以供选址参考。

2005年1月，省发改委召开了九甸峡库区移民安置会议，在综合各方意见、优化各种方案的基础上，提出将九甸峡库区三县移民群众集中安置到安西县白旗堡农场及周边地区，并组织专家进行深入论证，组织三县群众代表进行实地考察。同年8月8日，省政府主持召开九甸峡库区移民安置专题会议，正式确定安西县白旗堡为九甸峡库区移民安置区。当这一决定传达到库区后，洮砚、藏巴哇两乡6个村委会16个村民小组1035户4724名群众，认为安置区地处世界风口、沙漠地区、戈壁滩上，大家都不愿意去，但是经过县乡工作人员反复做工作，群众情绪才逐渐稳定下来，态度也发生了转变。

2006年7月22日，省政府主持召开引洮工程第六次协调领导小组会议，听取工作进展情况及移民安置有关问题的汇报，提出要精心组织，统筹安排，积极妥善地做好九甸峡库区移民工作。会后，省水利水电勘测设计院、九甸峡水利枢纽发电公司、县移民部门工作人员深入库区移民群众家中，做核对移民家庭基本情况、各种实物淹没数量、补偿标准及费用、搬迁意愿等基础性工作，并为每户移民群众发放“明白卡”，让移民群众对自己家的情况一目了然、心中有数。摸底工作看似琐碎细微，但它关乎着老百姓的切身利益，哪怕是一点疏漏，都可能造成不良后果，引起移民群众对我们工作的质疑。在移民实物补偿摸底和政策宣传中，我们深深感到肩上担子的分量，补偿费用计算得是否公平、公正和准确，直接关系到整个移民工作能否顺利推进，关系到水利枢纽水源地工程能否按期完工。

最令笔者难忘的一幕发生在落实洮砚乡政府机关搬迁前期事宜中。听到乡政府搬迁的消息，在整个库区就像是捅了马蜂窝一般，焦躁不安的氛围在附近村社萦绕，人心惶惶，易暴易怒。特别是洮砚乡机关迁建和洮砚大桥征地工作，在当时影响最大、最令人头疼。由于原洮砚乡政府机关地处淹没线以下，按照规划必须整体后靠搬迁到原引洮工程工地平台，占用该乡挖日沟、古路沟两村 200 多亩土地。此时，县委派我负责两村征地工作，在丈量阶段群众还比较配合，大家都积极参与土地丈量，感觉气氛还挺和谐融洽，可是在乡机关迁建地质勘探快要结束时，这家也不让建，那家也不给征地，提出了许多违规要求，如要求对原仗量耕地面积进行翻倍计算、提高征地补偿标准、提高青苗补偿价格、张三李四地界不清等。针对这种情况，县、乡组成工作组进村入户动员群众、讲解政策，但是无济于事，群众死活不给征地。在反反复复做各方面、各层级工作无效的情况下，我向县委、县政府主要领导进行了汇报，县委、县政府主要领导亲临现场，在了解实际情况后，研究决定将乡政府机关迁建到拉扎村加麻沟组石泊咯滩，并和加麻沟村群众就征地事宜、青苗补偿等进行了协商，该村群众同意在该处修建新的乡政府，县上这才邀请地质勘探单位进行地勘工作。这时候挖日沟、古路沟、古路坪、峡地、石门寺等村的群众又不干了，数百名群众到乡政府聚集，敲锣打鼓，夜以继日，致使乡政府无法正常开展工作。洮砚乡党委向县委汇报后，县委又指派我到洮砚乡负责做好移民思想工作，安抚移民群众，疏导移民情绪，稳定事态发展。当时由于卓尼县到洮砚乡的公路不通，接到通知后，我立即驱车冒雨绕道临潭县店子乡、陈旗乡抵达洮砚。远远看去当时洮砚大桥聚集着几百人，他们三五成群聚在一起，敲打的锣鼓声响彻云霄，场面看起来十分混乱。当我抵达后，现场所有的注意力都聚焦到我这个副县长身上，群众的声音一浪高过一浪，根本听不清他们在说什么，刚要回答这个问题，那个问题又来了，根本无法正常开展工作。在简单地听取洮砚乡党委、政府主要负责人情况汇报后，我提出移民群众选出代表，县乡两级党委、政府和群众代表面对面听取意见，尽快向群众讲明政策及在加麻沟修建新的乡政府的真实原因，将事态尽快平息下去。但是当时群众抱着法不责众的心理，人人是主角，人人又不站出来说话，七嘴八舌莫衷一是，拒绝选派代表，要求县上领导直接面对移民群众进行答复。当时村级组织已经难以发挥作用，我们就和老年人谈政策、谈看法、提要求，指出不能失去理智进行无谓的谩骂和进行所谓的围攻，把妇女儿童老人放在前面，户主等家中主事的全部缩于幕后，这样无益于事情的解决，更不利于工作的开展。经过苦口婆心的政策开导，最终选出 11 名群众代表，进行了开诚布公的交流谈话，他们提出新的乡政府和机关单位按原规划修建在古路沟与挖日沟交界处的工地平台，同意按政策征用土地。我将群众的意见向县委、县政府汇报后，县上同意将在加麻沟组修建乡政府的备选方案取消，按规划进行修建，才使得这一问题得到解决，这场搬迁地风波得以平息。

2007年1月14日，省发改委副主任常正国在兰州主持召开九甸峡库区移民协调会议，专题研究引洮移民工作的各项具体任务和移民安置的有关问题，原则同意移民搬迁计划。1月28日，卓尼县在县政府招待所二楼会议室召开九甸峡库区移民搬迁安置前期工作动员大会和培训会议，县四大班子领导和抽调的100多名干部参加了会议，县委书记才让当智宣布卓尼县九甸峡库区移民搬迁工作正式启动。移民搬迁安置工作是县上最主要的工作，要求全县各级领导和广大干部全力支持、积极参与移民工作，要牢固树立群众意识，想移民群众所想，急移民群众所急，全力以赴、全身心地投入到九甸峡库区移民工作当中，全面完成省委、省政府和州委、州政府交给我们的重大工作任务。

县委、县政府针对卓尼县的实际情况，成立了由县委书记才让当智任组长，县人大张振国、县政府杨武、县政协杨世英任常务副组长的卓尼县九甸峡库区移民工作领导小组，县人大、县政协主要领导任藏巴哇乡、洮砚乡工作组组长，由7名副县级领导担任6个行政村工作小组组长，抽调政治素质好、工作能力强、群众工作经验丰富的64名科级干部和54名部门骨干组成16个强有力的工作组，进村入户开展移民搬迁动员工作。

当时，我作为全县分管移民工作的副县长、卓尼县九甸峡水利枢纽工程移民搬迁工作副总指挥、藏巴哇乡新堡村工作小组组长，主要担负着全县移民工作的整体协调指挥和动员搬迁工作，足迹踏遍了全县16个移民搬迁村。哪里有移民群众聚集，哪里的动员工作进展缓慢，哪里的动迁协议签订任务完不成，哪里就有我的身影。在库区16个移民村组中，只有石旗组、新堡组没有被移民群众围攻，其余的均遭到了围攻，有的村组被围攻数十次，但是我毫无怨言，任劳任怨，心系移民，坚持原则，始终以一名移民家中成员的心态做宣传动员工作，最终取得了移民的认可和工作的圆满成功。我深深感觉到，移民牵扯到千家万户的切身利益，如果工作不细不实，对政策理解不到位、不深刻、不熟不透，在执行中出现一丁点偏差，就会影响党和政府的形象，就会引发群体性事件，就会造成一系列社会问题，就会使移民工作受到影响，进而影响到引洮工程整体工作。

移民工作的特殊性超乎我的想象，它既牵扯千家万户的利益，也牵扯家庭内部成员的利益分配，还牵扯村内、村之间的利益分配，有时候家庭内部的利益冲突也会转化为对移民工作者的一种敌对态度。在当时的库区，各种矛盾像万花筒，移民工作者成了出气筒，移民群众认为很多问题的症结都是移民引起的，而领导干部是这一问题的始作俑者，在村子内、农户家、道路旁、动员会等处，移民群众看到移民干部特别是领导干部都表现出异样眼光，那一道道幽怨的、责怪的、无奈的甚至是愤恨、仇视的眼光，让移民工作者受尽了委屈与责备。而移民工作就是要把这种怨恨化解，把群众的利益和意见统一起来，让方方面面、家家户户基本满意、基本接受、基本认可。因此，我将全部精力投入到移民工作当中，不敢有丝毫懈怠。

我深深地感受到，进百家门、听百家话、知百家情、喝百家水、吃百家饭、挨百家骂，是移民工作最基本的特点。有的移民群众不理解、不配合，甚至情绪激动，我们被谩骂、被围攻，偶尔还挨两拳已不是什么新鲜事。但是不管怎么样，我们的移民干部都能换位思考，做到骂不还口、打不还手，你气我、撵我我不走，政策讲解不透我不走，各种补偿不认可我不走，安置协议不签字我不走。真正做到了移民群众可以不理解我们的工作，但是我们必须理解移民群众的心情，我们的工作是难，但再难也没有老百姓背井离乡难、抛亲舍友难，我们有时候不理解上级政策，不理解群众态度，但老百姓更不理解他们的未来和前途，他们迷茫、失落、无主、无助，所以他们焦躁、过激、易怒、对抗，移民群众要到完全陌生的地方去生活创业，自古就有“创业艰难百战多”的说法，群众能高高兴兴地走吗？本着这样的想法，各工作组深入村户家中，承受着不可想象的压力来开展工作。他们组织召开各种动员会、党员会、老人会、妇女会、村干部会，宣传各项政策，释疑各种困惑，解决各种矛盾问题，真是吃尽了苦，受尽了罪。住在村子里不但要做户主的工作，更要做家庭主妇的工作；不但要做群众的工作，还要做村组干部甚至是国家工作人员的工作；老人的工作要做，孩子们的工作也得做，真正是见人就动员，逢人讲政策，有时候连自己都感觉有点烦。如此不辞辛劳的工作，效果却并不理想，到 2007 年春节，各村协议签订进展仍不均衡，动迁协议签订最好的村达到 70%，平均不到 30%，有的村协议签订率几乎为零，严重影响着移民搬迁进度、九甸峡水利枢纽工程 2170 线以下的移民搬迁、蓄水发电阶段性目标的实现。各级领导非常焦虑，其中情况最为糟糕的是洮砚乡四下川村，工作几乎毫无进展，成为九甸峡库区最难啃的一块硬骨头。

洮砚乡四下川村地处九甸峡水库腹地，是完全淹没区，全村有 76 户 371 人，耕地 860 亩（全部为水浇地，数百亩旱地撂荒），林地上万亩，海拔 2100 米，各类牲畜 2000 多头（匹、只），是整个库区资源最丰富、气候最温和、群众最富裕、幸福指数最高的村。这里是世外桃源、人间乐土，这里的群众从来不为吃饭发愁、不为经济所困，所以移民工作特别的难。当其他村组安置协议签订快要完成时，四下川村还处在进不了群众门、搭不上群众话、开不了有效会、签不了安置协议的阶段，县上领导焦急万分，驻村领导和工作组成员一筹莫展。四下川村离九甸峡水利枢纽工程坝址只有 3 公里，该村移民工作的成功与否直接关系整个库区移民工作的成败，直接关系 2170 线以下移民能否按时搬迁、九甸峡水利枢纽工程能否按期蓄水发电。为此，多次召开县委常委会会议，研究移民工作特别是四下川村的工作，县委、县政府经过再三研究，决定由我赴四下川村主抓移民动员和签订协议工作，以期攻克难关打开突破口。我受命进入四下川村后，才知道问题比我想象的要困难复杂得多，工作组成员基本上进不了群众家门，有的凭借和群众的私人感情或者七拐八弯攀亲戚到了群众家，但是和群众交不了心，工作依然如故，会议召集不起来，政策讲解不听，协议签订空白，年轻人白天进山深夜回来以躲避工作人员。我到村上后，经过充分了解情况，决定通过一对一、一对二的方式进户开展工作，对于特别的难缠户采取多对一的方式，由领导干部带头入户开展工作，哪怕是追到深山老林也要和移民群众见面，哪怕是蹲到天亮也要见到户主，同时将库区其他工作组的成员，在确保任务基本完成后，大部分派到四下川等工作难点村，四下川村由包括我在内的3名县级干部负责，最多时工作人员接近30人，夜以继日地开展工作，每天早上天麻麻亮召开会议安排工作，晚上召开汇报会汇报一天的工作进展情况，总结研究工作中出现的各种苗头性、倾向性问题，在各级领导的关怀支持下，在移民干部的真情感化下，经过苦口婆心、任劳任怨的工作，终于感化了四下川村群众。

2008年4月底，四下川村群众全部签订了安置协议，10户群众外迁，3户投亲靠友，63户自谋职业。其间，州长沙拜次力亲赴四下川村了解群众的困难，安抚移民情绪，检查指导移民工作，深深打动了不愿搬迁的移民们的心。在移民搬迁时，四下川村移民群众长跪于村中心的打碾场，表达着他们对故土的依恋和对亲情的难以割舍，也在祈祷他们的未来更加美好。

至此，卓尼历史上最大规模的移民搬迁安置协议全部签订完成，确认了安置意向、安置区房屋类型。库区1035户4724人中479户2214人签订了外迁安置协议，170户810人签订了自谋职业协议，61户237人签订了投亲靠友协议，325户1463人签订了后靠协议。

整地修房为移民 安置区内筹建忙

九甸峡水利枢纽工程库区移民安置区确定在瓜州县白旗堡，计划在135平方公里的范围内安置卓尼、临潭、岷县三县库区移民。在九甸峡库区各级政府和干部群众为了移民搬迁忙得不可开交、库区搬迁各项准备工作如火如荼进行的时候，瓜州安置区政府和迁出地政府派出的工作组也在紧张地开展各项工作，修建房屋、仗量土地、平田整地、修渠拉电，安置区内整日机器轰鸣，尘土飞扬，他们只有一个心思，那就是让移民群众按时住进新房，让他们在异地他乡感受到家的温暖与亲情。

根据移民安置规划，卓尼县移民安置在瓜州县广至乡二、三、四村，后来将二村定名为卓园村，安置了洮砚乡四下川村、结拉村、沙扎村、羊沙口村、纳儿村，藏巴哇乡包舍口村、古麻窝村151户移民和岷县60户移民共900多人。三村定名为卓尼村，安置了洮砚乡卡固村、挖日沟村、古路沟村，藏巴哇乡新堡村92户移民和岷县110户移民共880多人。四村定名为洮砚村，集中安置了洮砚乡杜家川、小湾、石旗村236户900多人。

卓尼县分三次向瓜州县委托修建移民住房479套，第一期委托建房347套，于2008年5月底全部搬迁入住；第二期委托建房91套，于2008年7月全部搬迁入住；第三期委托建房41套，于2008年9月全部搬迁入住，第三期委托建房住户主要是非外迁户改签外迁后的移民。在整个移民房屋建设过程中，有26户群众的补偿资金不足以支付最小的VI型房建设资金，针对这种情况，我多次与九甸峡公司沟通反映，由九甸峡公司为他们垫付了62万多元的差额资金，保证了移民群众一户一房、一房一户。

同时，安置区村镇公共服务机构、道路交通工程、水利设施工程、电力设施工程、广播电视工程等公共服务工程同步进行，保证了移民搬迁入住后正常的生产生活，为“搬得出、稳得住、能致富”奠定了良好的基础。

漫漫征程动迁路　移民千里大迁徙

要将卓尼县九甸峡库区2214名移民群众搬迁到1400千米外的瓜州县，各种问题层出不穷，各种困难超乎想象、精神压力大，使人食不甘味、夜不能寐。为了保障移民搬迁工作的顺利进行，我提前安排县移民局尽早着手，制定了《卓尼县外迁移民搬迁安置工作方案》，在征求各方意见、反复讨论研究的基础上，提请县委常委会讨论通过，从安全保障、医疗卫生、饮食起居、物资拉运、人员管理、护送安排等方面都非常详细地提出了各种预案，把责任细化到每一个人、每一个环节，落实到每一个细节，对搬迁线路和过程中可能出现的问题进行预演和实地走访。鉴于移民搬迁距离远、人员多、物资多、任务重的实际，通过积极汇报，省委协调兰州军区对移民搬迁给予大力支持，派出300多辆（次）军车帮助卓尼县进行移民搬迁，节省了移民群众的开支，提高了搬迁安全的组织性，为移民顺利搬迁到瓜州县提供了重要安全保障。同时，对外迁移民在动迁前两日全部上了人身安全保险，保期一个月。

2007年4月20日是个值得记忆的日子，县委、县政府、州移民局在洮砚乡石旗村举行了隆重的“卓尼县九甸峡库区移民动迁欢送仪式”。天空飘洒着雪花，泥泞的道路仿佛在挽留着离别的群众，四面八方前来送行的亲人乡邻们泪洒如雨，依依惜别，一声声嘱咐、一句句叮咛，让在场的每一个人肝肠寸断、泪流满面，长久紧紧的拥抱，既有号啕大哭，也有低声啜泣，我们善良可爱的老百姓舍小家、顾大家，为了陇中300万兄弟姐妹有水喝，要到遥远的河西走廊——瓜州县广至乡去进行第二次创业，在未知的世界去开创新的生活。

从4月20日洮砚乡石旗村64户群众动迁，到5月15日最后一批40户非外迁改外迁移民顺利搬迁为止，在25天时间内，全县分9批次，共外迁移民群众478户2214人，其中378名外迁学生实现了及时就近入学。我参与护送了第一、三、四、九批移民搬迁。由于组织得力，措施完善，服务到位，保障有力，实现了外迁途中安全责任事故为“零”的目标任务。

移民搬迁结束后，及时组织公安、民政、计生、卫生、残联、教育、社保、移民部门与瓜州县相关部门进行了移民档案整理交接工作，将478户外迁移民档案向瓜州县、九甸峡公司、州移民局进行了移交。

在不到一个月时间内完成如此多的外迁移民搬迁安置任务，在卓尼移民工作史上写下了浓墨重彩的一笔，移民工作得到了省委、省政府的肯定，也向省委、省政府和全省人民交上了一份满意的答卷。

在外迁移民搬迁安置过程中，特别是外迁移民搬迁安置结束后，县上的重点工作转移到了527户2510名非外迁移民群众的搬迁安置中。投亲靠友安置户基本都是直系亲属为国家公职人员，搬迁问题不大。自谋职业安置户有一部分移民群众无业可谋，没有正当的谋生手段，只是为了不外迁而采用的缓兵之计，他们的动迁关乎库区能否按时清理库底，按期蓄水发电。就地后靠群众及时安全地迁出库区侵蚀线，也是工作的重点。虽然外迁移民搬迁工作基本结束，绷紧的弦稍稍有所缓解，但是压力依旧，工作仍然千头万绪，当时最为突出的问题是洮砚乡下达勿村、丁尕村和藏巴哇乡新堡村由于淹地不淹村，群众不愿意进行搬迁，实行了就地后靠安置，房屋没有进行拆除。九甸峡公司当时决定不予兑现实物补偿款，这在库区反响特别大，移民情绪相当不稳定。我发现这种倾向后，多次与九甸峡公司进行协调，州、县政府向省上有关部门反映问题，才使得这一问题得到全面解决。九甸峡公司兑现了实物补偿款，而附属设施款停止兑现，平息了群众情绪，化解了矛盾，为移民争取了最大利益。经过近一年艰苦细致的工作，非外迁移民搬迁安置工作全面完成。2008 年 8 月 4 日，九甸峡水利枢纽建成暨首台机组投产并网，九甸峡库区移民搬迁安置工作全面完成。

后　记

九甸峡水利枢纽工程库区移民工作结束将近 10 年了，现在每当回忆过去的移民岁月，都让人感慨万千。移民工作每推进一步，各级干部和移民工作者都要付出许多汗水与泪水，辛劳与艰苦，压力与精力，真让人百感交集。反过来思考，有幸能参加这样一场艰苦卓绝、轰轰烈烈、百年一遇的伟大工作，是党对我们的信任，也是我们参与者之幸、人生之福、生活之眷顾。在移民工作中我们积累了经验，丰富了人生，品味了生活，体验了百味杂陈，可以说酸甜苦辣咸尽在其中。

现在，九甸峡库区洮砚、藏巴哇两乡原先的四下川等 12 个村民小组属地全部被水库所淹没，4 个村民小组属地部分被淹，那里呈现出的是高峡平湖的景色。九甸峡库区在卓尼县境内有 30 多公里长，水库蓄水 9.43 亿方，为九甸峡水利枢纽工程发电和引洮一期供水提供了可靠保障，也让甘肃中部干旱地区群众喝上了甘甜的洮河水。

2015 年 8 月 6 日，甘肃省举办了引洮一期通水暨二期开工动员大会，正式拉开引洮供水二期工程建设序幕。在此值得庆贺的日子，“引洮工程”作为甘肃人民梦寐以求的工程，作为党和国家关注的工程，作为省委、省政府确定的民生工程，因为我们的参与而全面实施，因为移民的无私付出而梦想成真。国家不会忘记，人民不会忘记，历史不会忘记卓尼县4724名移民为陇中人民的幸福生活而“舍小家、顾大家”，牺牲个人利益，放弃美丽家乡，为国家建设让步，毅然决然搬离祖祖辈辈生活的故土，他们才是“引洮工程”最大的功臣，他们才是这段历史的创造者，他们才是我们引以为豪的建设者。

近日，欣闻省委、省政府将制定九甸峡库区扶贫发展专项规划，甚觉欣慰与激动，国家不会忘记为国家重点建设做出牺牲和贡献的人民，这是国之幸、民之幸。

2017年4月

引洮梦

朱鑫[①]

引洮是一个梦，是一个很长时间的梦。是一个残缺不全的梦，也是一个美丽的圆梦。

中国西部的干旱问题，是长期以来为世人所关注和难以破解的问题。严重缺水，十年九旱，是陇中地区的基本气候特征。联合国组织的官员在对定西考察后做出的结论是：这里不具备人类生存的基本条件。

追梦洮河水，是陇中人民由来已久的祈祷梦。

据考查，早在东汉年间，马援引东峪沟水教民种稻。宋代郑宪民在临洮城南开渠引洮河水灌田。明代杨继盛教民制桔槔引洮河水灌溉。清代引三岔河水灌溉十八里川。民国时期，提出引洮济渭设想。1944年5月，甘肃省农会召开第一次会员代表大会，陇西代表王利仁等联署，重新提出引洮入渭。历次提案几经沉浮，最终石沉大海。

到了20世纪50年代的1958年，一个充满着诗情画意的狂热甜梦——引洮工程上马了。

1958年6月17日是当时所有的引洮人都难以忘怀的日子。甘肃岷县梅川镇沉浸在一片欢腾中，引洮工程开工典礼在那里隆重举行，省上领导和各厅局负责人参加了开工典礼。省委书记在大

① 朱鑫，西北师范大学环境保护工程在读博士研究生。

会上讲话并宣布：引洮工程正式开工！大家在那里庄严宣誓：“头可断、血可流，引洮工程不完成死不休！”

《甘肃日报》报道：由20万民工组成的基建大军，山山扎寨，步步为营，红旗飘扬，漫卷西风，高唱征服大自然的战歌，拉开千里长阵，他们要用勤劳的双手、冲天的干劲、智慧的头脑、钢铁般的决心，劈山平岭，让滚滚洮河水上华家岭、上董志塬。

当时设计的引洮工程干渠总长1130千米，需穿越崇山峻岭200多座。在开工初期，工程每天以挖土石方43.7万方的速度向前推进，但难题也接踵而至：大坝两次决堤，损失惨重。所蓄水量以每秒2000立方米的流量倾泻而下，人们的顽强努力在自然面前显得如此脆弱，所有的付出顷刻间付之东流，人们在思索中绝望了。1959年底，虽然古城大坝成功合拢，但当时已经毫无价值意义了——因为无法承担起蓄水的任务，引洮梦成了泡沫。

1962年4月18日，引洮工程宣告下马。

教训是沉重的，代价是惨痛的。陇中人民刚刚燃烧起来的引洮梦想，在追梦之始就梦断魂飞。引洮工程盲目立项，仓促上马，忽视科学，违背自然规律，在技术及财力等条件都不具备的情况下，失败是必然的。

追忆往事，如烟如梦。如今，从岷县古城到卓尼县洮砚、藏巴哇的山梁上，到处仍能看到引洮工程留下的印记，犹如一排排、一道道伤痕，默默向人们叙说着当年那段艰难的岁月。

我站在引洮平台凝望，遗址上农家庄院错落，菜园子里栽满了梨树、桃树、苹果树、核桃树、花椒树等。这些果木夏天绿树成荫，秋天果实累累。土壤比较好的地方整理成基本农田，成了农民的“吃饭碗”。寸草不长的无人区，库区移民时开辟了一条逶迤而去的山路。一株株小草从断壁缝隙中，从路旁的乱石缝中挣扎着生长。秋风吹来，仿佛在向我们诉说当年的艰难与遥远。

流淌不息的洮河，忘不了那段悠悠的往事。在那个浪漫而狂热的年代里，引洮梦破灭了，但引洮激情仍在燃烧，人们在沉痛的教训中一步步地探索前进。实践证明，如果要完成一项伟大的工程，就必须立足现实，着眼当前，实事求是，科学发展，尊重自然规律。一个沉睡了50多年的梦，随着国力强盛、甘肃经济腾飞发展，人们的认识也从空想主义逐步转向科学发展。经过认识到实践、再认识到再实践的过程，这个引洮梦终于还是姗姗走来。

2005年5月30日，甘肃省引洮工程专用公路开工典礼在渭源县峡城乡磨沟口举行，使引洮工程重新进入人们的视野。12月16日，洮河九甸峡水利枢纽及引洮供水一期工程奠基仪式，在甘肃省卓尼县藏巴哇乡燕子坪举行。这在甘肃水利建设史上可谓盛况空前，标志着引洮工程再次重新上马，也掀开了九甸峡历史崭新的一页。陇中人民期盼已久的世纪引洮之梦，从此走上了圆梦里程。

古往今来，人类就是通过实现梦想推动事物发展和社会进步的。

引洮梦成真，从空想梦跨入到现实梦，这是陇原儿女的梦圆时刻。

2013年12月7日，中国梦国际研讨会在上海举行，引起世界的关注。人民对民族复兴的期盼，对美好生活的向往，对人生出彩的渴望，使中国梦产生了巨大的凝聚力和感召力。中国梦是国家富强、民族振兴、人民幸福的梦，是中华儿女的共同期盼和精神旗帜，已成为引领中国进步发展的强大正能量。13亿中国人民实现梦想将是人类历史上的大事件，不仅将使中国的面貌焕然一新，也必将对人类做出新的重大贡献。

引洮梦，圆了陇中人民几代人的梦，也是甘肃人民盼望已久的梦想。

2011年6月26日

记忆中的引洮移民

吴煜[①]

“引洮上山是甘肃人民改造自然的伟大创举。”1958 年 7 月，中共中央副主席、全国人大常委会委员长朱德为引洮工程题词，引洮工程第一次出现在甘肃人民的记忆中。

自 1958 年到 1961 年，计划开凿 1400 公里水渠、灌溉 1600 多万亩农田的引洮工程，在实施一段时间后，终因技术条件、经济制约等原因，被迫下马。只为沿线遗留下满目沧桑的“地貌景观”，和一条缠绕在残壁断崖山腰间的引洮平台。半个世纪后，2006 年 11 月 22 日，在国务院再次审议通过九甸峡水利枢纽暨引洮供水一期工程可研报告后，引洮工程全面开工建设。沉寂了半个世纪的洮河两岸第二次被轰鸣的机器声吵醒，库区移民工程摆上重要议事日程。时任临潭县政府副县长的我，全程参与了库区移民的工作。

翻开厚厚的、略微发黄的笔记本，从第一次移民工作动员会，到最后一次瓜州春节慰问，模糊中有移民的愤怒、无奈、忙碌、泪水、笑容，有车队扬起的尘嚣和渐渐远去的背影。记忆中永远抹不去的是历时五年之久的漫漫移民之路。

2003 年，引洮工程移民工作正式启动。就引洮工程而言，建

① 吴煜，甘南州人力资源和社会保障局副局长、甘南州保险局局长。

设难度不仅在工程本身，而且也在于移民。总库长约 80 公里、库容 1.9 亿立方的库区，需要搬迁的人数之多，情况之复杂，加之甘南藏区工作的特殊性，难度可想而知。首先需要解决的是将来要去哪里？群众对补偿是否满意？将来能否稳得住？以后的生活是否有保障、能否致富？这些问题都摆在了面前。县委、县政府对九甸峡移民工作高度重视，将其列为全年各项重点工作之首，专门成立了领导小组，抽调了大批熟悉农村和基层工作、经验丰富的干部驻扎在村里开展宣传动员工作。

在选择安置地的问题上，因为涉及工程建设中大坝所在地的燕子坪急需开工征用建设用地，首先需要考虑一期移民的安置地。我们提出要以群众的意见为主，由省上选择两处以上可以集中安置移民的地点，既要考虑土地、交通、水利灌溉、气候等因素，也要考虑甘南藏区群众的宗教信仰得以延续等综合因素，由移民代表实地考察后，确定安置地。但要提供这样大规模人群的安置地谈何容易。第一次的安置地选择在兰州市机场附近的秦川镇，也是引大入秦工程灌区。但在实地考察后，临潭、卓尼、岷县三县群众提出了不同意见。临潭群众认为条件还可以，交通便利，距离省城兰州较近，务工的渠道宽一些，尚可接受，但也提出再考虑其他更好的地点。卓尼方面提出地方荒漠，农业用水成本较高，有相当一部分群众提出异议，不满意安置地。岷县由于移民数量少，原来的居住地条件更差，对于安置秦川的态度不置可否。群众代表回家后，把安置地的情况给大家做了描述后，三县群众意见大相径庭，导致移民工作陷入僵局。省发改委综合考虑后，按照集中安置的原则，重新考虑和选择安置地。在多次协商后，提出将九甸峡库区移民安置地改为疏勒河项目区和原玉门石油管理局花海农场，再次组织移民代表进行实地考察。2005 年 4 月 20 日至 28 日，在时任甘肃省常务副省长徐守盛主持下，召开了甘肃省引洮项目协调领导小组会议，确定省国土资源厅安西白旗堡农场以及周边宜垦土地为新的移民安置地。5 月 16 日至 20 日，经临潭、卓尼、岷县三县代表实地考察后，虽有不同意见，但大多数群众基本认可。

在库区移民实物补偿标准方面，由于库区移民均实行实物补偿，在未开展库区移民宣传动员工作以前，省水电设计院已经提前介入，对群众的房屋、偏房、牲畜卷棚、围墙、果树、坟地都有过详细的统计，绝大多数都经群众签字认可，宣传动员的工作相对容易许多。但在补偿标准方面，群众的诉求和省发改委批复的标准产生了巨大的差异，库区移民工作人员最大的工作难度就是在于无休止地、反复地向群众解释，群众也听烦了，干部也说累了。经过无数次向上反映，无数次给群众解释直到最终省上增加了移民实物补偿的概算投资，群众最终签字确认了实物补偿协议。几百移民干部挨家挨户说明情况，遭了多少白眼，吃了多少次闭门羹，挨了多少次唾骂，谁也记不清了。但干部们始终有一个信念，我们只是受了些委屈，比起离开世代生息繁衍的故土、举家外迁到 1300 公里以外、割舍了亲情的老百姓来说，算不得什么！我想，这恐怕也是许多人默默战斗在移民一线，坚守这块阵地的原因。我为他们喝彩，为他们感到委屈，为他们流泪，这也成了我这辈子最大的财富！

第一期蓄水高程 2170 米和蓄水的时间表确定后，安置地和迁出地的工作紧锣密鼓同步进行。临潭县羊沙乡的古主、古那两个自然村因为地处大坝底部，新中国成立后考虑到避免重复建设，在搬迁前还没有通电、通水，基础条件非常落后，库区移民搬迁对于他们来说是个遥远又好像就在眼前的概念，搬迁说了几十年，大家都已经习惯这个字眼了，但当确定马上就要离开这片故土时，大家都茫然了。由于瓜州安置地建设项目尚未开工，还不具备安置移民的情况下，作为第一批库区移民，只能永久安置在疏勒河生态移民安置区——玉门市七道沟。在实物补偿标准确定后，移民干部开始了耐心细致的宣传动员工作。长期生活在基础条件落后的古主、古那的群众既舍不得离开故土，又十分渴望了解和向往一种全新的生活环境，经过一个多月的工作，群众踏上了1300公里的漫漫旅途。送别的场面是那么让人心酸，有父母送女儿的，有出嫁到其他村的姑娘送年迈双亲的，在简短的欢送仪式上，我们所有的移民干部都哭了，要知道，这么远的路程，有可能是他们的一次生离死别，怎不叫人落泪。两年后，我专程去七道沟看望了九甸峡库区的第一批移民，在那里，老百姓生活得很好，生产生活习惯已经改变了许多，已经完全融入了当地，但是对家乡的思念之情也更加浓烈，问这问那，无不与家乡的事情有关。送我到路口的时候，许多人都默默无言，在挥手之间透着一份凄凉。

到2008年5月，历时一年有余，甘南、定西委托酒泉按照新农村的标准修建的1921套房屋、专用输水渠、对外连接道路、学校、乡政府、村委会等配套设施基本完工。人均耕地3亩的农田和渠系配套初具规模。在瓜州县的西南方，出现了酒泉历史上第一个藏族乡——广至藏族乡，一个从千里之外移民来的藏族群众聚集的移民点。

该到离家的时候了！每家每户都在忙着收拾东西，许多家私看了又看，扔了又捡回来，舍不得的东西太多了。拆房的、砍树的、整理木料的、整理洮砚毛料的、把家里的牲畜留给亲戚的、亲戚们从远处赶来帮忙送行的。有在坟地里烧纸的、有在田地里装一把家乡黄土的，洮河水呜咽着，写满了离愁，没有欢笑，到处是一片无声的忙碌。

在省政府的协调下，考虑到降低群众的长途运输成本，以及路途的安全，兰州军区某运输部队承担了移民的运输任务。在清明节后，外迁移民工作正式启动。从2008年4月开始搬迁，到最后一批移民离开家乡，宣传动员搬迁安置速度之快、移民距离之长在全国也不多见，也开创了甘肃移民的先河。共动用部队车辆

685车次，地方车辆590车次，搬迁客车149车次，完成移民搬迁安置9194人。浩浩荡荡的车队、扬起的灰尘、父老乡亲的泪水洒满了长长的离乡之路，老百姓在搬迁过程中的大度、宽容、奉献都留在了洮河两岸。

九甸峡水利枢纽工程建成发电了，一期引水项目区的老百姓喝上了甘甜的洮河水，二期引水项目如期启动。在工程建设竣工后，我又专程到清理完毕的库区去了一次，高峡出平湖的美景比原来的洮河两岸更加壮丽，库区两岸郁郁葱葱的灌木丛，网箱养鱼的绿色方格，碧绿的水、碧蓝的天。除了继续留在蓄水线以上的少部分居民外，已经看不到其他人了。站在蜿蜒的库区公路上，我想起了曾经世代在这里繁衍生息的各族群众、悠扬的山歌、成群的牛羊。当然，还有忙碌着、脚步匆匆的移民干部……

2016年10月

临潭劳务开赴新疆

薛兴[①]

题记：带着渴望，带着期盼，临潭农民组成的又一支700多人的劳务大军开赴新疆。随行的记者所能做的，只是以自己平凡的笔触，忠实记录他们的经历和昨天刚刚发生的故事。

1993年开始，临潭县将劳务移民作为扶贫开发的一项重要措施，通过多种渠道，组织移民安置和劳务输转，到1998年8月底，累计移民856户3358人，年均输出劳务人员1.83万人次，年创收入667万元。9月初，临潭县又一批由劳务移民办统一组织的劳务人员匆匆出发赴疆拾棉花。

千里行程，从午夜三点开始

9月3日凌晨3时，沉寂的总寨乡政府所在地突然喧闹起来，人们扛着简单的行李，带着亲人的嘱托，登上了来接他们的三辆大卡车，拥挤与慌乱中带着一种从未有过的亢奋。总寨乡报名参加的146人中，90%的是女性，年龄最大的50岁，年龄最小的14

① 薛兴，临潭县人社局干部。

岁。4 时，车灯的亮光和送别亲人的叮咛再次打破了夜晚的寂静，负重的车沿河而上，驶往新城，和等待在那里的其他车辆汇合。为了行程的顺利，临潭县交警大队的干警们在前面驱车引路，同行的还有公安局的两名干警以及背着药箱的大夫。临潭县主管劳务移民工作的县委副书记丁云青和县政府移民办主任唐佐国乘车护送。9 月 3 日上午 10 时，由 14 辆大小车辆组成的车队按编号出发，出新城，穿冶木峡，过临洮，驶往省城兰州。

艰难的行程和执着的向往

新城至康乐这段公路均是沙石路，异常颠簸难行，使一些从未乘坐过长途车的妇女们头晕目眩，呕吐不已；车轮卷起尘土，扑的满脸皆是。晚 8 时许，车队缓缓驶进省城兰州，马路上车辆拥挤，行色匆匆的都市人用异样的目光打量着这些风尘仆仆的乡下人。

偌大的火车站广场热闹起来，下车的群众手足无措，找不着自己的位置和同伴。因为人声嘈杂，更怕人员走失，所以丁云青和唐佐国和移民办的小李、小朱都扯开嗓子喊，从这头跑到那头，极为艰难地收拢涌动的人潮，按一个乡一个乡的排好队，带到候车大厅后面的空地上。这时天已经黑了，我们见到了早已等候在这里的省劳务移民办的领导和同志们，帮助协调登车事宜。晚 9 时整，我们告别了送行的丁、唐等县上领导和负责同志，与前来接我们的一二四团九连副连长蒋红刚一道，踏上了西去乌鲁木齐的火车。

找着各自的座位坐定后，人们渐渐安静下来，疲惫不堪的妇女们互相倚靠着进入了梦乡。

夜间有人病了，来找大夫。大夫找到病人的车厢，取出听诊器，听诊、号脉，那位 40 多岁的妇女说她晕得厉害，不想吃东西。“没事，是路上着了凉感冒了。”大夫让她服了药，又给另外几位身体不适的人看了看，给了些药。

因为整个列车只有一座小锅炉，所以小门被饥渴的群众挤得水泄不通，劳务办的干部和带队干部们便轮换着添煤烧水，给一个个空茶杯里盛满开水。9月5日晨8时许，列车准时到达乌鲁木齐火车站。

农场，越来越近的诱惑

乌鲁木齐火车站广场上，劳务人员的队伍周围不时有人游说，说愿出高工价雇人，新疆秋收劳动力紧张可见一斑。前来接人的新湖农场负责人、一二四团干部与车站工作人员吵了起来，车站的工作人员说广场不允许这么多人滞留，让立刻带走，争吵中，暴怒的工作人员抢过移民办小李手里的喇叭砸在他脸上……早上10时，700多人被分成两批，乘班车赶往高原镇和新湖农场。

同车的是八角乡的群众和副连长蒋红刚。在和群众的攀谈中，我得知他们中有夫妻同行的，有父女、母女同行的，有兄妹、姐妹同行的。三岔乡的群众中有一位戴着眼镜的青年，三岔乡带队干部李彦祖告诉记者，他是近十年来三岔乡唯一考上中专学校的，但是因为家境贫寒，接到省经贸学校录取通知书的他只能放弃学业，来新疆打工。贫困这个沉重的话题，使车中所有的人都缄默不语。

秋日的新疆一派丰收景象，路边的棉田里，人们在忙着采摘棉花。下午7时，我们乘坐的班车到达农七师一二四团九连连部。

吃不了苦就挣不了钱

说是连部，实际上是一个小村子，老户们低矮的土房在四周凌乱地排列着。又是排队。移民办的李德成和带队干部们成了主要角色，点人数，分发碗筷，打饭，每人一碗菜两个馍。菜是水煮包包菜，绛红色的馍咬在口里透着酸味。

吃完饭，姓张的连长指挥着保管、会计从库房里取来被褥分发给各队的群众，男人们睡板床，女人们则在地里铺开的草中铺上被褥，被褥不多，只能两个人睡一个铺。蚊子也来凑热闹，但没有蚊帐。安顿好群众后，连部的干部和我们开了一个小小的碰头会，带队干部反映，伙食太差，住宿条件也不好。连长也解释了他们的困难，并答应改善伙食，连夜去高原镇拉面粉和被褥。

9 月 6 日，雨，坐了几日几夜车的群众得到休整。9 月 7 日，太阳刚刚从地平线上露出头，人们便带着花兜、花袋下地了。

新疆的天地，早晚温差很大，晚上冷，白天热，地里蚊子特别多，实在叮的不行，妇女们便用头巾裹住脸，只露出眼睛。这期间，我在几块地里转了一圈，而更多的时间是去老户家里和他们聊天采访。在九连也有单身的临潭移民，看得出，他们已经习惯了，最小的一位 18 岁，承包着 20 多亩棉花地。

采访和接触了许多生活在那里的临潭人，得知他们来新疆有着各自不同的理想，或养家糊口，或赚钱致富，但他们和这次劳务输出中的大多数群众一样，都有一个共同的话题，那就是到新疆，吃不了苦就挣不了钱。连部保管员的妻子告诉我们，她刚来的时候也吃不了这里的苦，时间长了也就习惯了，每天拾棉花收入 30 多块钱。棉花地里，老户们一前一后挂着两个花兜，每天采摘的棉花最少在 80 公斤以上，最忙的时候，往往是抓起馍边吃边往地里走，连队干部也不例外。

新疆与临潭有近两个小时的时差，收工已是晚上 9 时许了，人们背着自己一天的劳动成果，到棉花厂里交验。9 月 8 日，连部广播里表扬了八角乡的一位妇女，她拾花 70 公斤，是临潭劳务工中拾棉花最多的一个。

结束语

记者在返回途中，脑海中时时闪现着众多务工者中那位失学青年的脸庞。贫困使意志坚强的人奋起，使意志薄弱的人消沉。回首近几年的劳务输出，临潭县付出了许多努力，进行了积极艰难的探索。毕竟县上组织的劳务输出技术含量极低，多以出卖劳动力为主，今后的劳务输送，应该逐步让群众掌握一定的生产劳动技术，由劳务输送转向技术协作，只有这样，才能挺直腰板不被人歧视，从而达到脱贫致富奔小康的目标。

本文原载《甘南报》，1999 年 10 月 14 日。

梦圆新家园

唐毅[①]

2008年，笔者曾三次深入我州临潭县移民区——张掖党寨乡、酒泉洋河乡、瓜州广至乡等村社，对移民的状况进行了采访，并以《我从大漠来》《再访白旗堡》为题，在媒体上作了长篇报道，时隔五年后，笔者又一次踏上了这片让人牵肠挂肚、既熟悉又陌生的热土。

列车终于撕破雨帘和夜幕，迎来了河西走廊的第一缕晨光，地平线上红霞犹如一匹锦缎，发出柔和、鲜红却并不灼目的光芒，车窗外，连绵不断的绿色经过一夜雨的洗礼后，显得格外翠绿，甚至绿得让人有些心悸。

时间跳至6月18日，前方疏勒河站就是我们步入移民生活的第一站，在这里，我们将换车进入当年被人们称作“七道沟”的瓜州县沙河乡。与笔者同行、进行移民工作回访的临潭县移民局的两位负责同志，一路热情地向我们介绍情况：十多年来，临潭的移民工作在县委、县政府的领导下，通过县移民局及全县干部群众的共同努力，历经坎坷，但还是成功地向新疆、我省酒泉等地迁移了大批百姓，积累了大量经验，也尝试着、探索着走出了一

① 唐毅，临潭县广播电视局主任科员，已退休。

条新路子，可以说，这是能载入史册的壮举，这是惠及子孙万代的历史性工程。而今天我们要去的沙河、临河、长顺三个村，仅是整个移民区中的一小部分。2000 年以来，临潭县先后向这里移民 996 户 3700 余人，他们均属自愿移民，分别来自临潭王旗、龙元、店子、三岔、长川等乡。

移民局的两位领导在移民局工作多年，这里又是他们当年为之挥洒汗水与倾注心血的地方，对这里的情况极为熟悉，对这里怀有感情，言谈举止中无不透出对这方热土的拳拳深情，对这里移民牵肠挂肚的殷殷之情。

交谈中，不知不觉，我们抵达了沙河乡沙河村。

如果说五年前我第一次采访这里时还心存担忧困惑的话，那么今天眼前的情景简直使人“瞠目结舌”，一个规划有序、整齐划一的村落掩映在戈壁深处绿色的怀抱中，街道宽敞、干净、笔直，人行道旁鲜花竞放，翠柳婆娑，街道两侧，二层平顶楼一字铺开，穿着艳丽、时尚的人们在各自经营的铺面里忙碌，这一切令人目不暇接，思绪万千。

面对今天的生活，回首在故乡时的窘况，我想探究自愿移民的心路。在沙河乡临河村，原临潭县三岔乡敏家村回族村民敏建国向我们讲述了他的经历：老敏的老家是一个靠天吃饭的地方，即便风调雨顺，辛苦一年，充其量也就收获够吃多半年的口粮。那年，一场冰雹砸碎了他所有的希望，老敏痛哭一场后，毅然踏上了北迁之路。而今，他再也不为吃穿发愁了。

如果说老敏一家不再为吃穿担忧的话，那沙河村原扁都乡哈尕滩村的石新荣，则是向小康的路上快跑了。石新荣一家五口人，种了 16 亩葵花，仅此一项年收入就在 3 万元左右，他又在临街盖了一幢 200 多平方米，价值约 40 万元的二层平顶楼，二楼住人，一楼是他妻子经营的服装超市，私家车就停在门口。当我们称赞他的日子过得红火时，他却摇头说，这根本算不了什么，在他们这个村，像他这样的多了去了，全村移民户中，拥有小轿车的不下 30 户，大小运输车辆将近 80 台，有的人家还在县上买了房。

该村何满科一家的变化既是佐证又是缩影。来自“伸手可摘星，挥锄能耕云”的原王旗乡中咀山村的何满科，感受颇深，辛苦一年，收入才 2000 元，出门不上山，抬腿就下山，甚至吃的水都要到山下去背，而今不说 60 多亩地枸杞的收入，仅他那台大型多功能拖拉机，一年就给他“拖”回纯收入 10 多万元，变化是毋庸置疑的。

离开了故乡，在某种意义上，妇女也摆脱了一些传统观念和生活方式的束缚，锅碗瓢盆、柴米油盐，不再是年复一年、日复一日的独奏曲。她们在精心务弄土地的同时，也在向其他方向尝试——有的在县城开出租车，有的搞房屋装修，有的收购药材……村妇女主任冯小莉告诉笔者，在这里，妇女才真正起到了半边天的作用，才真正有了用武之地，家里或因孩子小，或因耕地多不能出外务工的妇女，利用余暇就地打工，一年也能挣个一两万元。冯主任的朋友笑着插言道，他们村一位 78 岁的老奶奶，去年在看门喂鸡的同时，就近帮人摘枸杞、拾孜然都挣了 8000 多元呢。

赵开林，原临潭县王旗乡陈家庄村党支部书记，现在洋河村。中午时分，我们应邀来到他家里，这位昔日的村干部，老当益壮，雄心不已，谈起今昔生活的反差和对未来的憧憬，滔滔不绝中显得胸有成竹，侃侃而谈里又唏嘘不已。他带着浓浓的乡音说，物质生活发生的巨大变化，离不开思想解放，观念转变的一个重要因素就是传统农耕方式、产业结构的转变。

是的，采访中我亲眼目睹了这些变化，不见了故乡的青稞、洋芋、豌豆，取而代之的是产量高、效益好又不愁销路的经济作物，油葵、红花、枸杞……难怪年人均收入从原来的 1700 元猛增至现在的 5000 多元呢。

结束了在沙河乡的走访，第二天，笔者一行将走进九甸峡工程移民安置区的瓜州县广至藏族乡的新堡村（原6号村）。

挥手作别七道沟，我们驱车连续上路，两个多小时后，便抵达了沙漠腹地的瓜州县。这是一座古老而有新活力的边陲县城，随意徜徉于县城街头，不时有熟悉的乡音飘入耳际，开小铺的，开面铺的，开酒吧的，他们或秦腔，或“洮州花儿”，或用藏歌的手机铃声，就能知道，这都是故乡人，并能感受到这些故乡人生活的惬意。

终于来到了广至藏族乡的新堡村，这个村现有来自临潭县石门、王旗、龙元等乡村的移民562户2578人，总耕地面积约7400亩。笔者在移民进村入住时曾来过这里。那时这里黄沙漫天，不闻鸡鸣，不见一丝绿意，只有移民们的声声叹息和对故土的深深眷恋。移民们能站得住脚吗？这片荒漠能养育乡亲们吗？当时我曾这样为他们担忧过。

这次行走于新堡村宽敞整洁的大街小巷，我们俨然漫步在一个新型崛起的小镇，单位齐全，各种店铺应有尽有，商品楼已有人入住，农贸市场初具雏形，街头道旁鲜花竞开，一些老人在浓荫下纳凉。

在村委会书记唐俊德、副书记刘晓红的陪同下，我们信步来到原王旗乡下白崖社村民洪满州的党员示范大棚区。正好遇上洪满洲夫妇在为客户包装产品。走进大棚，西红柿、黄瓜、辣椒等在枝头叶间摇曳，红得欲破，绿得欲滴。洪满洲告诉我们，这已是第二茬，不愁销路，因为现有客户都知道，他的产品系纯天然无公害产品——他家有三座这样的大棚，年纯收入绝不会低于8万元。

才吃西红柿，又尝新枸杞。原王旗乡陈旗村村民陈志诚正在地里给枸杞松土、浇水。虽然，苗本有些不太均匀，但个个树大枝壮，叶茂果繁。老陈说，一般年景，枸杞亩产在200公斤左右，按每公斤40元出售，单产纯收入8000元。

在临潭老家，拥有农业机械是一种奢望，即使拥有，也无用武之地。而现在，据统计，全村现有农用四轮车351辆，三轮摩托车86辆，电动车225辆，东方红型电牛10辆，铲车2辆，大型运输车11辆，翻斗车2辆，摩托车392辆，出租车35辆，共计各类车达1114辆。

是啊，操着洮州方言的女出租车司机，哼着洮州花儿开三轮车去地里干活的洮州女子，都说明这里既有用武之地，也可大展身手。

转眼间已到晚上10点了，大漠上空的太阳才慢慢退去，在户外村头纳凉的村民们还在享受着傍晚凉爽的惬意，村民何举荣主动同我们攀谈起来：孩子们在外地，年过6旬的他在务好18亩田地的同时，还要照顾常年患病的妻子，即便这样，去年他利用农闲打工，都挣了近2万元呢——这些村民今天的幸福生活，只是移民生活的缩影，五年间的变化令人惊喜，令人感叹。

匆匆的走访就要结束了，欣慰的是：乡亲们已在这里扎稳了脚跟，已走出了“穷家难舍，故土难离”的阴影，阵痛过后，他们已爱上了这片昔日的不毛之地，他们在为实现更美好的未来与梦想，脚踏实地辛勤耕作着。这真是：

广闻当年鏖战急，至今犹忆腥风起。
藏寨今移白旗堡，乡风民俗传戈壁。
梦里依稀故园旗，圆梦大漠树壮志。
富民自有惠民术，地阔更添冲天翼。

本文原载《甘南日报》，2013年8月4日羚城周末版。

我与临潭县移民工作的不解之缘

梁录旺[1]

我是 2008 年元月份通过公开招考进入临潭县移民工作局工作的。来到移民局后，正赶上九甸峡库区临潭县移民大搬迁的繁忙阶段，各单位干部都常驻库区各乡镇村做动员、签订协议等工作。当时临潭县移民局局长是姜瑞林，副局长是丁学明、李海荣、李爱民，他们都比较年轻。局班子成员富有朝气，脑子灵活，工作思路也比较多。尤其是姜瑞林局长，多年在移民部门工作，对于移民工作非常熟悉。屈指算来，我在移民战线上已奋斗了将近七个春秋，先后担任过县移民局文书、副站长。虽然移民工作非常辛苦，群众有时不理解，但我感到，移民工作的意义在于能让群众摆脱贫困面貌，过上幸福生活。正因为这样，我才能够面对困难，持续向前。是移民工作锤炼了我的意志，教会了我做人的道理，成就了我的人生，充实了我的生活，丰富了我的阅历，也是我人生中一份巨大的财富和收获。

自 1986 年国家实施扶贫开发工作以来，临潭县的扶贫开发工作在省、州主管部门的大力支持下，投入了大量人力、财力、物力，同恶劣的自然环境进行了艰苦卓绝的斗争，取得了一定成效，但因自然条件太差，贫困程度太深，一些地方很难在短期内摆脱

① 梁录旺，临潭县移民工作局驻瓜州工作站副站长。

贫困，成为扶贫攻坚的一大难题。为了摆脱这一不利局面，县上根据“八七”扶贫攻坚“有水走水路，无水走旱路，水旱路不通另找出路”的建设方针，在认真总结以往扶贫开发经验的基础上，立足县情，提出了“内抓扶贫开发，外抓劳务移民”的工作思路，开辟了依托劳务移民脱贫致富的路子。往新疆劳务移民的工作面大量广、难度大，输送路途遥远，县上非常重视，多次组织工作人员入村社搞宣传动员、报名、组织输送工作。经过有效宣传动员，扎实工作，截至2013年底，累计向新疆生产建设兵团、新疆石河子天业集团有限公司、呼图壁东升砖厂、米泉市红旗造纸厂等国有企业输送劳务移民5125户19909人。输出的这些劳务移民按人均创收8000元计算，累计创收约1.6亿元。现今，绝大多数移民群众的生活发生了很大改变，从昔日居住的土坯房，变成了今天的砖木、砖混结构的农家小院，家里彩电、洗衣机、冰箱等家电一应俱全，一幅生机盎然的小康生活图已呈现在眼前。同时人均可以腾出2亩耕地，改善了临潭县群众的生产生活条件，改善了生态环境，缓解了全县人地、人与自然资源环境的矛盾，取得了很好的经济效益、生态效益和社会效益，有力推进了临潭县扶贫开发的进程，切实实现了“走出去、快致富”的战略思想。

自1995年开始，为了有效缓解人地矛盾，临潭县开始启动两西移民和疏勒河移民项目，当时县移民工作局主要负责实施移民的各项搬迁安置等工作。由于移民工作刚刚起步，各项工作都要从零开始，困难重重，没有现成的经验可以借鉴，要在实践中探索，在探索中前进，在前进中总结经验。当时的局领导姜瑞林和单位同事付出了很多汗水和心血，他常年和同事朱剑锋同志战斗在一线，在河西大满乡、疏勒河等地挖地窝，居住在没有人烟的茫茫戈壁，忍受狂风暴沙、寂寞无助，吃的喝的是沾满尘土的方便面和水，住的是随时有可能被风沙掩埋的地窝子。但在这种异常恶劣的环境下，他们没有退缩，而是继续为迁出移民选址、开地、搭盖房屋。一天下来，他们二人被沙土包裹，乍一看只能看见一双眼睛在风沙中打转。就是在这样艰苦卓绝的环境下，这些移民系统的前辈为我县的移民工作打开了一条前所未有的道路，才有了今天移民事业的持续健康发展和移民群众幸福美好的生活。当时，县移民工作局为实现困难群众脱贫致富的梦想，早日走出贫瘠的土地，过上富裕的生活，多次组织移民工作人员到河西走廊一带实地搞调查研究，学习取经。回来后，为临潭县的移民工作出主意、想办法、定思路，逐步制定了《移民发展规划》《移民搬迁优惠政策》，出台了《进一步加强劳务移民工作的实施意见》等政策性文件。

在党和政府的关怀下，在广大干部及群众的努力下，现在临潭县的移民工作已经走上正轨，具备了一定的规模，总结了一定的经验，取得了可喜可贺的成绩。截至目前，先后向酒泉市丰乐乡、张掖市、饮马农场、疏勒河七道沟等地实施移民累计达 1425 户 7835 人。移出的群众，按人均创收 7500 元计算，年均创收达 6268 万元。现今，这里的移民群众住的是二层别墅式的楼房，现代式家电一应俱全，甚至小轿车也进入了寻常百姓家。

2002 年 7 月，我县九甸峡库区移民工作正式启动，历经 7 年时间，于 2008 年底搬迁安置结束。7 年来，临潭县陆续抽调 420 名移民干部，深入库区 3 乡 10 个行政村 21 个自然村，逐村逐户调查核实确认淹没实物指标，坚持客观公正、实事求是的原则，做到了村不漏户、户不漏人。通过积极组织移民群众赴瓜州县白旗堡安置地进行考察，实地了解了安置地的土质、气候、发展前景等情况；全面宣传安置地发展前景、国家移民政策，把各项移民政策不折不扣地讲解给移民群众，引导移民群众树立早搬迁、早安置、早稳定、早致富的观念，做到了家喻户晓、人人皆知。移民群众共签订安置协议 1027 户 4608 人，外迁安置 803 户 3681 人，非外迁安置 226 户 927 人。古柱、古那一期移民在各种补偿标准未正式出台和省上要求在县内自行安置的情况下，我局工作人员面对严峻形势，主动出击，克服种种困难，多次反复耐心做群众工作，最后达成一致意见，签订了安置协议。及时将各类补偿资金兑现到群众手里，做到了公平、公正、廉洁、透明，赢得了移民群众的信赖。移民动迁时，县上成立了移民搬迁指挥部，下设7个工作组，各项工作在指挥部的部署下有序进行。分11批进行搬迁，每批移民均有一名县级干部护送，公安、交警、卫生等相关部门和包户工作组全程护送，瓜州工作站提前协调瓜州县安排生活，积极引导移民入户。县移民工作局及时组织工作人员，对全部移民档案以村为单位进行整理归类，确定专人负责外迁瓜州的移民档案基础资料，组织公安、卫生、教育、计生委、民政局等相关部门进行了对口移交。于2008年底圆满完成了九甸峡库区移民工作，按期完成了省上下达的计划任务，为九甸峡水利枢纽工程的建设做出了重要贡献。如今，安置在瓜州县广至藏族自治乡的移民群众，早已摆脱了往日贫困落后的生活，新建了一座座温室大棚，新栽了一排排钻天杨，充满生机的农家小院，具有现代气息的家具、家电一应俱全，天天吃着新鲜的蔬菜，开着小车、电动车到广袤无边的农田里劳动。

2009年下半年，省上落实了临潭县灾后重建安置移民工作任务之后，姜瑞林局长就立即召集全体干部部署和安排灾后重建新疆移民有关事宜。此次搬迁时间紧、任务重、涉及面广，加之县移民工作局干部人员少，面临的困难大、任务重。当时，局班子成员姜瑞林、丁学明、李海荣、李爱民、闫启宏五人经过讨论，由局长姜瑞林负责总协调和指挥工作，其他同志分为四组，分别负责王旗、石门、羊沙、三岔乡一带灾后重建移民的摸底、报名、登记工作。我当时是跟丁学明副局长在第二组负责王旗乡灾后重建安置工作，在王旗乡驻村入户实地调查、摸底，开展新疆灾后重建移民的登记、报名工作。在长达四十多天的时间里，我们始终与群众在一起，在群众家里、在田间地头都留下了我们移民干部向受灾群众宣传、讲解相关安置政策的身影。通过动员、做思想工作打消群众的顾虑，积极组织群众报名、签订安置协议。经过全体干部将近两个月的努力，灾后重建新疆安置移民的报名工作取得了很好的效果。报名结束后，县移民工作局全体干部经过加班加点的工作，对所报的安置移民资料，以户为单位进行了建档立卡及电子档案的整理工作，最终圆满地完成了新疆灾后重建移民 912 户 3167 人的报名、登记、造册、上报等工作。

从 2010 年 6 月开始，我在单位领导的安排下，和李爱民副局长、李贵平等同志赴新疆开展灾后重建新疆搬迁安置群众的前期准备工作。来到新疆后，我们深入新疆建设兵团的农四师、农六师、农八师，与团领导及业务骨干联系协调搬迁群众的房屋建设、土地划分、生活配备、学生上学、就医及搬迁群众代表考察等工作。经过我们多天的奔波，基本协商好了搬迁群众的前期准备、安置、房屋分配、土地划分等一系列繁琐的工作。搬迁群众考察代表的线路安排、食宿、行程是一项复杂琐碎的工作，在决定考察时间的前期，我和副局长李爱民以及李贵平等同志，就提前积极地与乌鲁木齐各旅行社联系考察事宜，经过多天的联系、沟通，就群众考察代表的运送、食宿等工作与新疆华夏旅行社达成共识，签订了合作协议。在 2010 年 8 月 8 日至 9 月 15 日期间，成功接待、组织搬迁群众代表 80 余人，分两批前往农四师、农六师、农八师三个安置点进行了考察，并组织安置团场的老职工与考查代表进行面对面的交流，了解安置点的相关优越条件，增强了群众的搬迁积极性。并对搬迁群众代表提出的各项问题收集整理，通过请示领导，认真、仔细地给搬迁考察代表解释、说明，得到了考察代表的好评。在完成前期的衔接和考察事宜后，按照县灾后重建新疆搬迁安置工作的部署和安排，我们赴疆工作组一行三人又积极和各安置团场联系、协调搬迁群众的住房分配、土地划分、生活设施的配备等工作，经过与各安置团场不辞辛劳的对接、协调，912 户群众在搬迁前，按报名情况顺利分配好了房屋，并协助安置点给每家每户配备了必要的生活用品。

2010年10月15日，在灾后重建新疆搬迁安置群众动迁前，我们赴疆工作组又与新疆乌鲁木齐客运站、石河子客运站、伊宁市客运站联系协商，负责搬迁群众在新疆的接站、输送、食宿等相关大量而琐碎的工作。经过多天的艰辛努力，顺利地完成了搬迁群众的接站、输送等工作，让912户搬迁群众顺利到达了安置点，安全住进了崭新明亮的新房，高高兴兴在安置地吃上了热腾腾的第一顿饭。搬迁工作完成后，按照“迁得出，稳定住，能致富”的总体要求，我又和同事们投入到灾后重建新疆搬迁安置群众的户口交接、档案整理、入户核实等后期管理、协调工作当中。

经过将近两年时间的不懈努力，灾后重建新疆搬迁安置于2010年10月正式开始分批搬迁，12月底全面完成了搬迁安置任务。三批共搬迁安置群众912户3167人，搬迁群众涉及全县14个乡镇52个村社。目前，搬迁安置群众思想稳定，生产、生活有了长足发展，耕作早已摆脱了昔日在原籍人背牛拉的局面，大多数群众种的是具有更高经济价值的棉花、葡萄等经济作物，耕作全部是用大型机械，家家住的是宽敞明亮的砖混平顶房屋，房前屋后已有了葡萄架、西红柿、辣椒……真是“东风催雨渥村乡，日月丰殷喜气扬。鸡鸭成群猪满圈，棉麻叠岭谷盈仓。楼房鳞栉连超市，道路蜿蜒跨水塘”。

灾后重建新疆异地搬迁移民项目的实施，有效缓解了人地矛盾、人与自然资源环境的矛盾，减轻了环境承载压力，并为受灾群众的发展、脱贫致富提供了良好条件，加快了扶贫开发的进程，促进了临潭县农村社会的可持续发展。

2014年8月20日于临潭县

百年甘南实录．5卷

策划：李万瑛　才让加　罗焰
责任编辑：毛乐燕
字数：415千字
印张：31.75